西北民族大学一流学科建设引导专项经费〔甘肃省一流特色学科"中国语言文学"（11080304）〕资助出版

中央高校创新团队项目"中华多民族文学遗产整理与研究"（31920180107）系列成果之一

马培洁 著

鲍廷博及其《知不足斋丛书》研究

中国社会科学出版社

图书在版编目（CIP）数据

鲍廷博及其《知不足斋丛书》研究 / 马培洁著 . —北京：中国社会科学出版社，2020.6
ISBN 978 - 7 - 5203 - 6157 - 6

Ⅰ.①鲍⋯ Ⅱ.①马⋯ Ⅲ.①丛书—中国—清代②《知不足斋丛书》—研究 Ⅳ.①Z121.5

中国版本图书馆 CIP 数据核字（2020）第 047055 号

出 版 人	赵剑英
责任编辑	田　文
特约编辑	冯广裕
责任校对	张爱华
责任印制	王　超

出　　版	中国社会科学出版社
社　　址	北京鼓楼西大街甲 158 号
邮　　编	100720
网　　址	http://www.csspw.cn
发 行 部	010 - 84083685
门 市 部	010 - 84029450
经　　销	新华书店及其他书店

印　　刷	北京君升印刷有限公司
装　　订	廊坊市广阳区广增装订厂
版　　次	2020 年 6 月第 1 版
印　　次	2020 年 6 月第 1 次印刷

开　　本	710×1000　1/16
印　　张	25.5
字　　数	392 千字
定　　价	158.00 元

凡购买中国社会科学出版社图书，如有质量问题请与本社营销中心联系调换
电话：010 - 84083683
版权所有　侵权必究

知不足齋主人渌飲先生遺像

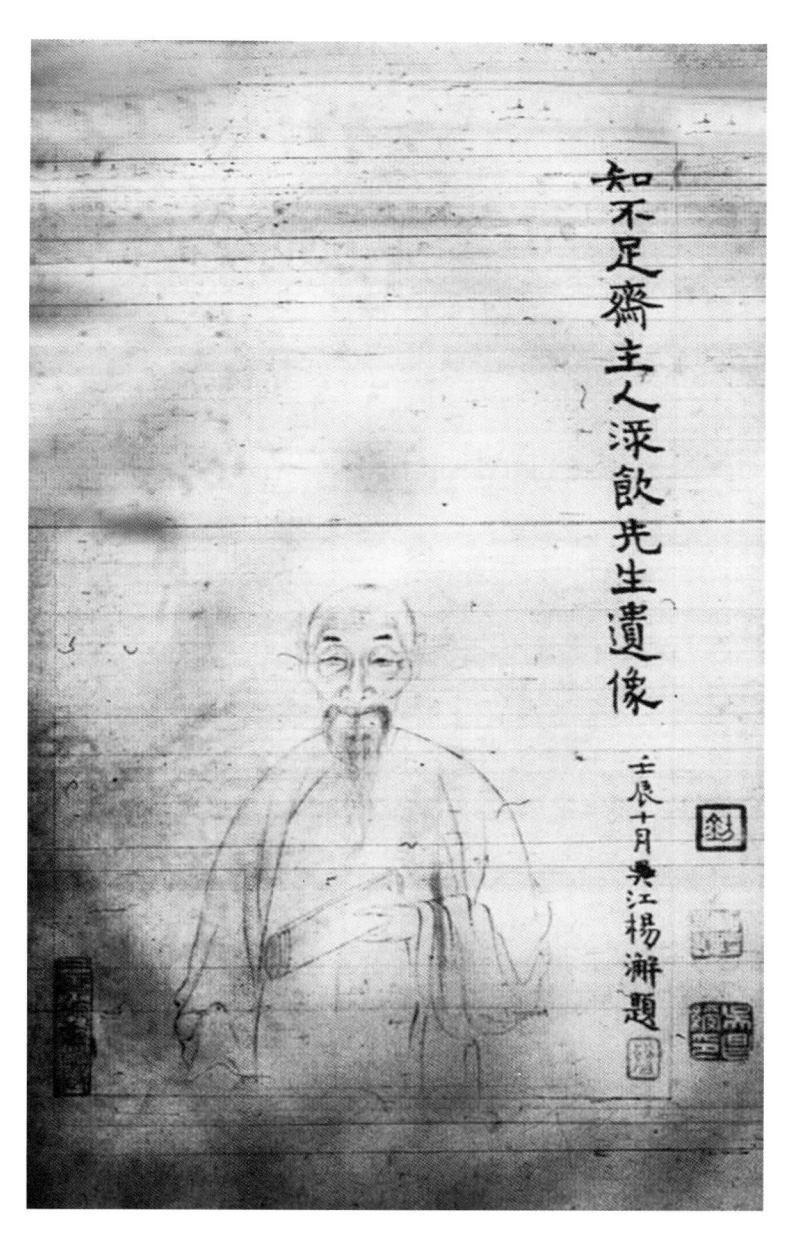

壬辰十月吳江楊澥題

《一角編》中的鮑廷博畫像（國家圖書館藏）

《一角编》之杨澥题识

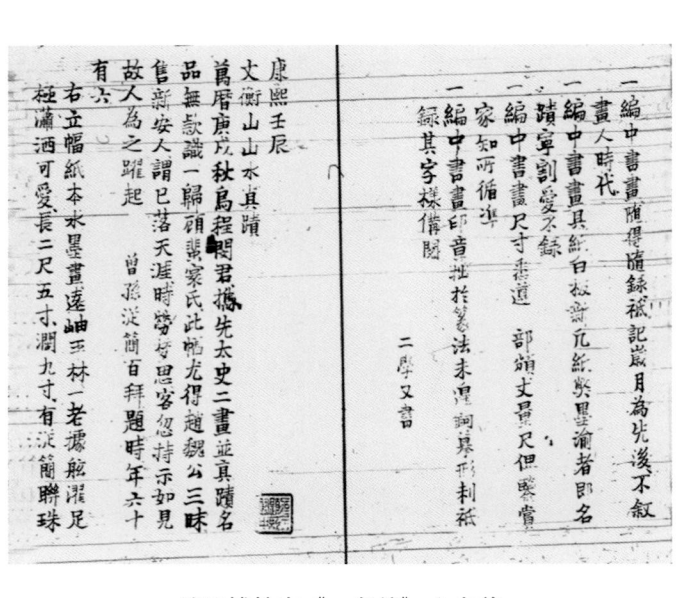

鲍廷博抄本《一角编》之卷首

花韵轩咏物诗存叙

咏物之体滥觞於荀卿之赋螝风舟於屈子之颂橘由是鹡鸰鸳鸯落花春草纷纷不一至李峤谢宗可始专为一集其刻画微至直欲使难绘之神靡不毕露而後已欤鄞鲍君以文少有书癖蒐罗繁富凡古人之长笺小疏谰言賸语一一掌录中朝开四库馆进书至七百种以上名动当宁因刻其所得知不足斋丛书二十馀集虽明人如虞山毛子晋无以踰之余赠诗所谓当世应无未见书

《花韵轩咏物诗存》叙（南京图书馆藏）

花韻軒詠物詩存

歙 鮑廷博 以文

書香

重帷深下暗香饒 班馬傳來一脈遙 雪案暖和蘭氣襲
月宮寒帶桂花飄 子孫能讀留應久 筆硯微沾洗不消
海舶謾誇名品貴 試開芸帙鬪清消

書味

一編相向食先忘 玩索同時味轉長 要識中邊寧有別
欲求烹飪卻無方 酸鹹與俗原殊嗜 辛苦從前總備嘗

《花韵轩咏物诗存》卷首

嶺雲詩鈔　　　錢塘魏之琇玉橫

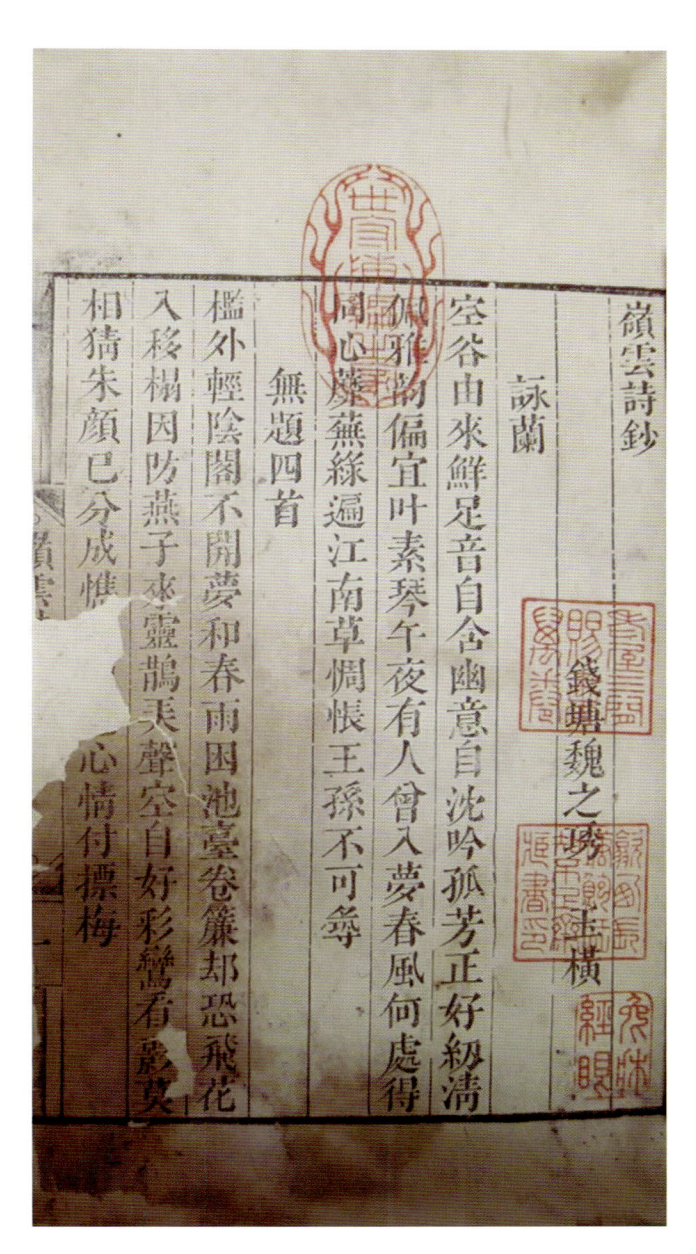

詠蘭

空谷由來鮮足音自含幽意自沈吟孤芳正好紉清佩雅韻偏宜叶素琴午夜有人曾入夢春風何處得知心

蘼蕪綠遍江南草惆悵王孫不可尋

無題四首

檻外輕陰閣不開夢和春雨因池臺卷簾却恐飛花入移榻因防燕子來靈鵲天聲空自好彩鸞看影裂相猜朱顏已分成憔悴心情付標梅

鮑廷博知不足斋刻《岭云诗钞》（南京图书馆藏）

題唐闕史
知不足齋奚不足渴於
書籍是賢乎長編大部
都庋閣小說卮言亦入
廚闕史兩篇傳撫拾晚

《知不足斋丛书》初印本之御题诗（南京图书馆藏）

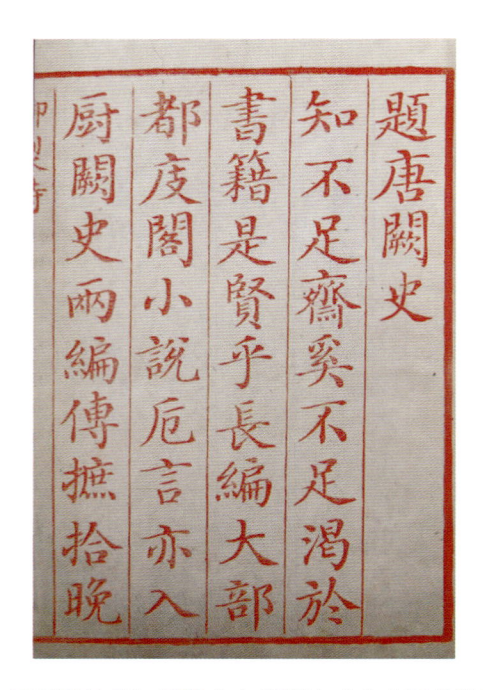

題唐闕史
知不足齋奚不足渴於
書籍是賢乎長編大部
都庋閣小說卮言亦入
廚闕史兩編傳撫拾晚

《知不足斋丛书》后印本之御题诗（南京图书馆藏）

吹劍錄外集跋　鮑以文校藏

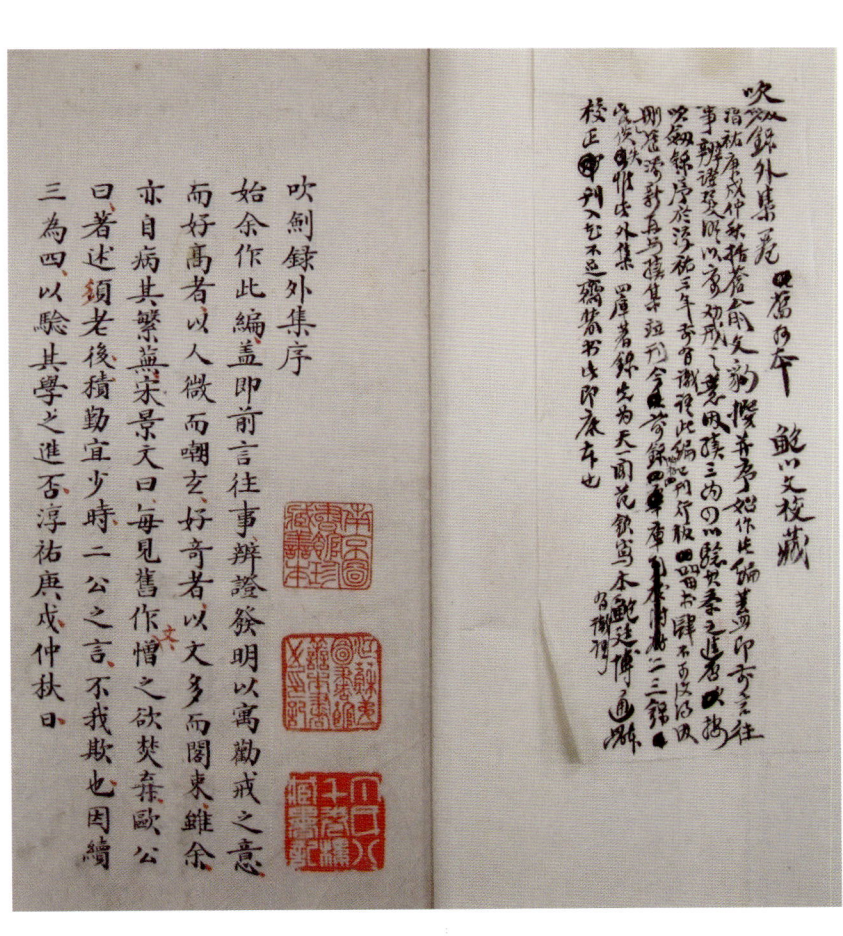

吹劍錄外集一卷宋俞文豹撰，著者於書中自述作此編蓋即前言往事辨證發明以寓勸戒之意，而好高者以人微而嘲玄，好奇者以文多而閣束，雖余亦自病其繁，蓋宋景天曰：每見舊作憎之欲焚。蓋歐公曰：著述須老後積勤，宜少時二公之言，不我欺也。因續三為四，以驗其學之進否。淳祐庚戌仲秋日

吹劍錄外集序

始余作此編蓋即前言往事辨證發明以寓勸戒之意，而好高者以人微而嘲玄，好奇者以文多而閣束，雖余亦自病其繁，蓋宋景天曰：每見舊作憎之欲焚。蓋歐公曰：著述須老後積勤，宜少時二公之言，不我欺也。因續三為四，以驗其學之進否。淳祐庚戌仲秋日

《知不足齋叢書》本《吹劍錄外集》之底本（南京圖書館藏）

口鉥鈘夕㿽

婺女倪君澤普淳祐十年廷對為第三名其族弟伯驥之祖素本五聖有林倫園二百畝於內殿書院其師初授書驥取坐樹下及上即背誦由是日以為常其師但自誦二十篇不二年驥盡通九經以童科免解而家遂陵告今年二十七貌寢材劣昏憒者百不二三少聰慧長昏憒者十常八九莊子云造無朕朕直忍反也朕字直徐反吾州解試賦家以朕字作兆朕押韻者皆見黜父廣叟考仁聖人之風賦廣字少一畫者皆不考胚渾字渾胡本夊遭試口字以意認浮入

存心養性以事天賦以渾字作平聲者皆不取近有押韻大全辨之甚詳聖人久於其道而化成人多擬為省試賦題淳祐七年考官供此題知舉云怛字辭以何為出處自是此題人不復擬
上蔡謝先生良佐學於伊川忽請歸試曰蔡人罕習禮記易於取解伊川曰子盲高識安肯規規共貨扑但於豐約之間未能忘進慚故謂之貨殖富貴有命而留情於此故孔子以為不受命者必去此而后九生自是不復計較且教人曰知命之說雖淺迩亦可為

《吹劍錄外集》底本中鮑廷博以意補字之例

《知不足斋丛书》本《归潜志》之底本（南京图书馆藏）

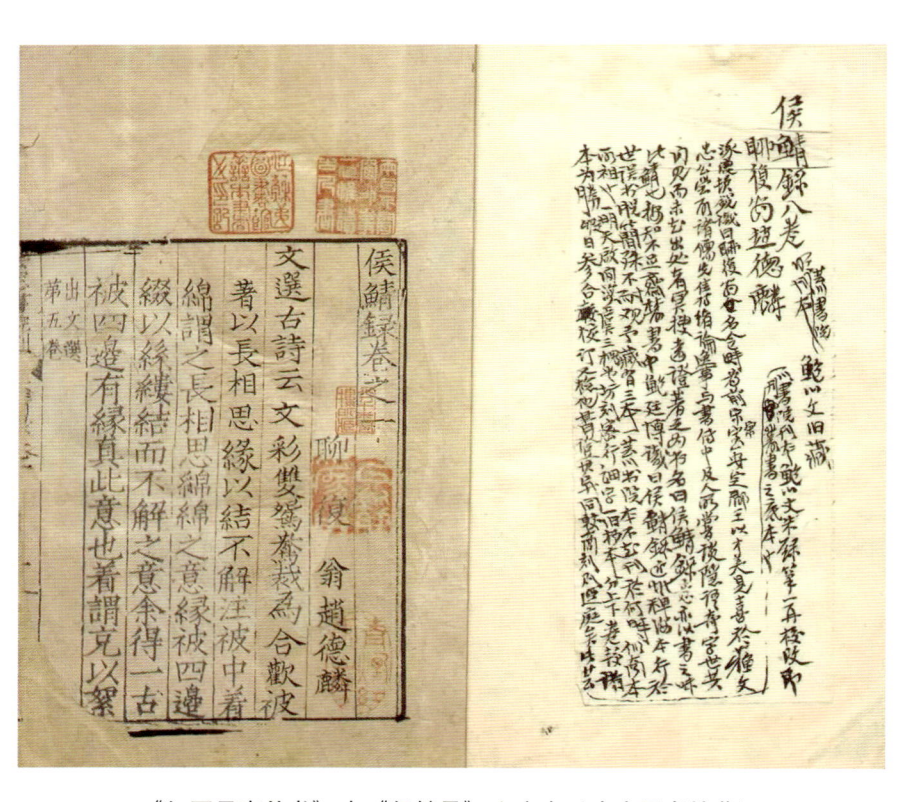

《知不足斋丛书》本《侯鲭录》之底本（南京图书馆藏）

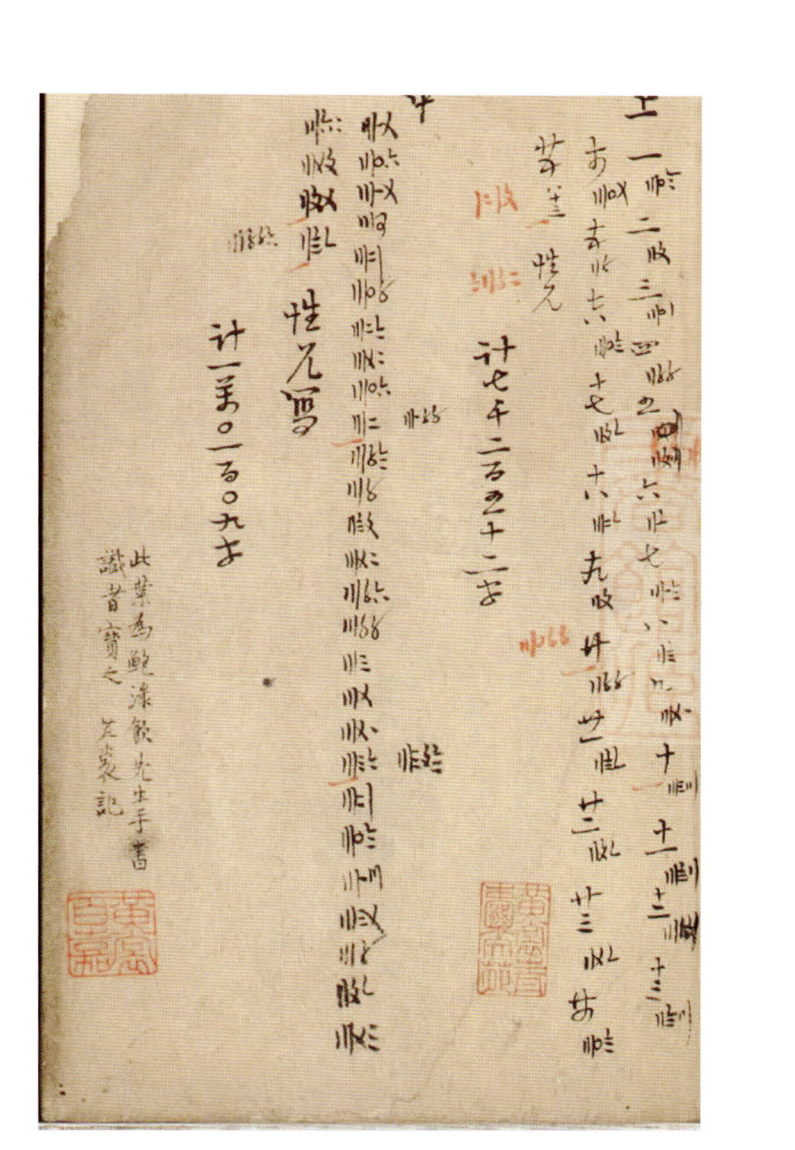

《知不足斋丛书》本《诗传注疏》底本鲍廷博计算刻工工作量之手迹
（上海图书馆藏）

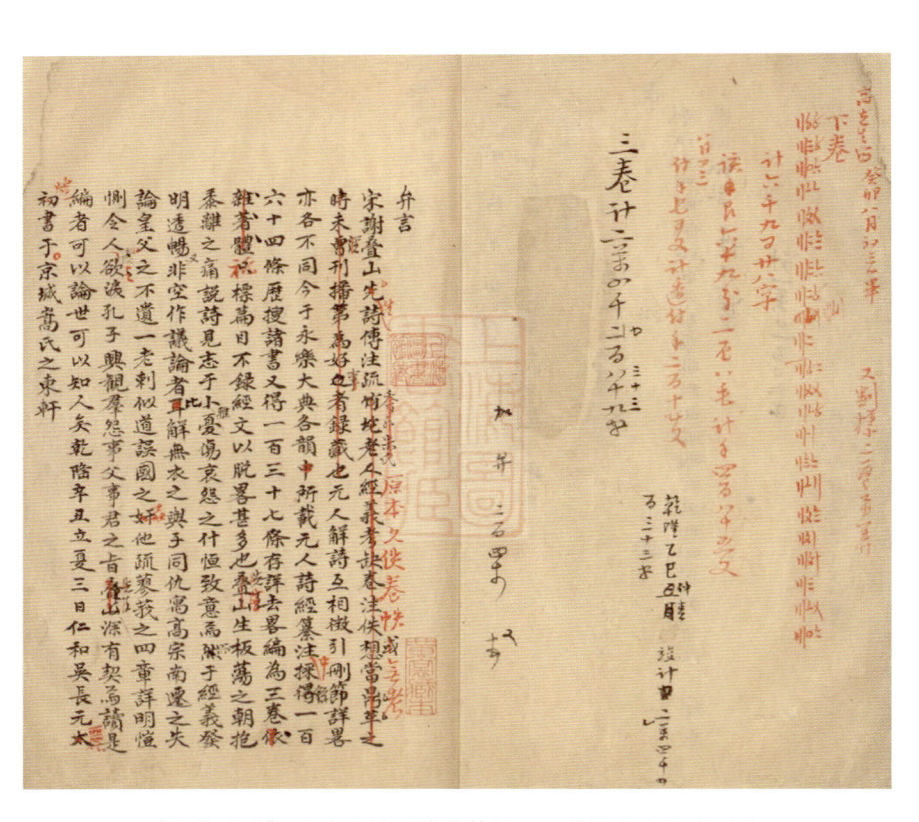

《诗传注疏》底本之鲍廷博计算刻工工价及弁言校改手迹

詩傳注疏卷上

宋謝枋得疊山氏著

周南

葛覃

貴為后妃正位乎內供織絍豈無媵嬪盛服飾豈無文繡有司者治之足矣今也刈葛為絺為綌其事至勞澣衣潔愛其事至細手之而不倦足之而不忘豈樂為襜褕哉將化天下以盡婦道也為人婦者聞后妃知本如此豈不克勤克儉乎豈不盡孝盡義乎敢曰一國之事繫一人之本又曰宜其家人而後可以教國人

樂大典詩經纂注元人失名以下注永樂大典以別于他書也

漢廣

游女獨行非有師傅範其前法制禁其後也恭敬羞惡之心積於

此诗传注疏三卷为知不足斋丛书之底本卷首尚存鲍以文先生手记一叶及悟政序文岩字卷尾墨笔博注表处其俟却无校笔余今日见之沈氏鸣野山房即拨归藏之鲍记中可睨当日写工工价亦刊刻书籍之良史料也如此本别增一叶其价乃当倍蓰余之跋此亦欲使读之读者重涂钦笔踪不以之人

还魂纸烟再 辛卯十一月十六日黄裳衣

《诗传注疏》底本之黄裳手跋

庶斋老学丛谈上

金大安元年河清三千余里次年庚午我
太祖皇帝经畧中原以应受
命之符
耶律楚溪诗集云角端呈瑞移 御营揭云问罪西域平注
云角端日行万八千里能言晓四夷之语昔我
圣祖皇帝出师问罪西域辛巳岁夏驻跸铁门关先祖中书令
奏云五月二十日晚近侍人登山见异兽二日如炬鳞身五
色顶有一角能人言此角端也当於见所俯礼祭之仍依所
言 则 书此天降神物预言吉凶也

《知不足斋丛书》本《庶斋老学丛谈》之钱功甫校本（上海图书馆藏）

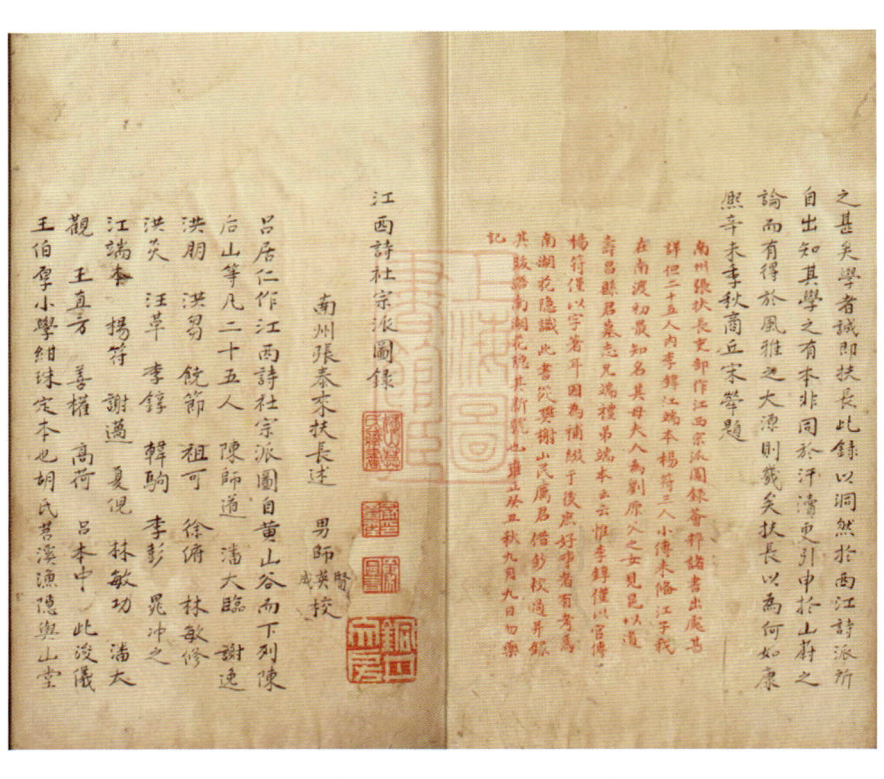

《知不足斋丛书》本《江西诗社宗派图录》之底本
（上海图书馆藏）

目　　录

绪　论 ……………………………………………………（1）
　　第一节　鲍廷博的学术活动概况 ……………………（1）
　　第二节　研究现状述评 ………………………………（16）
　　第三节　研究方法、思路及意义 ……………………（27）

第一章　鲍廷博著述研究 ………………………………（30）
　　第一节　鲍廷博著述考 ………………………………（30）
　　第二节　南京图书馆藏《花韵轩咏物诗存》的文献及
　　　　　　文学价值——兼及鲍廷博诗词辑佚 ………（45）

第二章　鲍廷博刻书研究 ………………………………（58）
　　第一节　鲍廷博知不足斋刻工研究 …………………（58）
　　第二节　鲍廷博与《汪氏振绮堂刻书》考略 ………（67）
　　第三节　鲍廷博与《永乐大典》辑佚书研究 ………（77）

第三章　《知不足斋丛书》校勘研究 …………………（89）
　　第一节　《知不足斋丛书》校勘述略 ………………（89）
　　第二节　鲍廷博校勘探微——以刊刻底本《归潜志》
　　　　　　《吹剑录外集》为例 ……………………（102）
　　第三节　《知不足斋丛书》初印本与后印本研究 …（113）
　　第四节　国图藏《〈金楼子〉附校》稿本与《知不足斋
　　　　　　丛书》本《金楼子》之校刻始末 ………（127）

第四章 《知不足斋丛书》刊刻底本及校本考 …………（136）
  第一节 《知不足斋丛书》刊刻底本及校本考（上）……（136）
  第二节 《知不足斋丛书》刊刻底本及校本考（下）……（171）

第五章 鲍廷博知不足斋书事丛考 ……………………（246）
  第一节 鲍廷博抄本《一角编》与鲍廷博画像 …………（246）
  第二节 《知不足斋丛书》与《宛委别藏》之比较
     研究 ………………………………………………（252）
  第三节 鲍廷博序跋辑存 …………………………………（266）
  第四节 《鲍廷博年谱》订补 ……………………………（310）
  第五节 知不足斋藏书总量及《四库》献书之初探 ……（324）

结　语 ……………………………………………………（333）

附录一：南京图书馆藏《花韵轩咏物诗存》………………（336）

附录二：鲍廷博相关诗词辑录 ………………………………（363）

参考文献 ………………………………………………………（393）

后　记 …………………………………………………………（405）

绪 论

第一节 鲍廷博的学术活动概况

一 鲍廷博的生平经历

鲍廷博（1728—1814）①，字以文，号渌饮，清代著名藏书家、刻书家，精通版本、校勘之学。②祖籍安徽歙县，父祖因经商寓居浙江杭州，后于乾隆四十九年（1784），迁居至桐乡乌镇之杨树湾。③鲍廷博二十三岁补歙县庠生，两次参加省试不中，断绝了仕途之念，潜心收藏典籍。其父鲍思诩以《礼记·学记》"学然后知不足"之语④，将藏书室取名为知不足斋。吴长元云其"先世所藏两宋遗集多至三百余家"⑤，在继承先世藏书的基础上，鲍廷博大力购藏和传抄书籍，使知不足斋藏书富甲一时。

鲍廷博积极响应清廷纂修《四库全书》的文化盛举，于乾隆三十

---

① 按：鲍廷博生年考证，详见刘尚恒《鲍廷博年谱》（黄山书社 2010 年版，第 2 页）卷一按语。

② 鲍廷博生平事迹文献，参见《亦有生斋续集》卷六《恩赐举人鲍君墓志铭》、《清国史》卷四七《鲍廷博传》、《挈经室集》二集卷五《知不足斋鲍君传》、《金盖心灯》之《知不足斋主人传》、《国朝耆献类征初编》卷四百四十一、《履园丛话》卷六、《清代朴学大师列传》第十九、《皖志列传稿》卷三等文献。

③ 按：《知不足斋丛书》赵学敏序注云："先生于甲辰岁移家檇李。"[（清）鲍廷博辑刻：《知不足斋丛书》第 1 册，中华书局 1999 年版，第 6 页]，可知鲍廷博于乾隆四十九年（1784）移居桐乡。

④ 按：《礼记·学记》第十八云："虽有嘉肴，弗食不知其旨也；虽有至道，弗学不知其善也。是故学然后知不足，教然后知困。"[（汉）郑玄注、（唐）孔颖达疏：《礼记正义》卷三十六，北京大学出版社 1999 年版，第 1051—1052 页。]

⑤ （清）鲍廷博辑刻：《知不足斋丛书》第 9 册，中华书局 1999 年版，第 561 页。

八年（1773）命长子鲍士恭进呈家藏善本七百余种①，多为宋元以来的孤本、善本，所献图书数量之丰富、版本之稀见、校勘之精审，令时人赞叹。为示嘉奖，乾隆皇帝在鲍廷博进献的《唐阙史》和《武经总要》上亲笔题诗，并赐《古今图书集成》一部。

  鲍廷博尽己之能将校勘善本刊印行世，造福后人，《庚子销夏记》《陶说》《湖山类稿》《真迹日录》和《岭云诗钞》等为知不足斋单刻本，版式宽展，字迹清朗，是清刻本中的精品。在此基础上，又刊刻了《知不足斋丛书》三十集。鉴于鲍廷博献书、刻书的突出贡献，嘉庆十八年（1813），恩赐举人功名，弥补了其一生仕途受挫的遗憾，惜受此殊荣之次年，即《丛书》刊刻至二十七集时，八十七岁的鲍廷博便离开了人世，《丛书》最后四集由其子孙刊刻完成。《知不足斋丛书》因选择底本精善，校勘精审，刊刻精美，在士人中影响较大，"鲍氏书纸贵一时"②，在当时绝非虚语。值得称道的是，《丛书》中诸多书籍由于鲍廷博的首次刊刻得以留存后世，由于鲍廷博等人的屡次校勘而成为善本，一些散佚的书籍经由鲍廷博的悉心辑录并刻入《丛书》而重现人世，充分发挥了丛书保存书籍的功能。

  "鲍君方坐拥数万卷，据案校书，丹铅不释手，镌工列坐廊庑"③，真实再现了鲍廷博校书不懈的身影和知不足斋刻书的生动场景。鲍廷博将人生的理想，生命的追求，以及生活的乐趣，寄托于藏书、校书与刻书活动中，其诗所云"独守一编常到晚，相依十载不知寒"④，便是最好的写照。

二　鲍廷博的学术活动

  鲍廷博的学术活动以书为中心展开，主要有藏书、校书、刻书活

---

① 按：一般认为鲍廷博献书的数量为626种，周生杰认为有700余种（《鲍廷博藏书与刻书研究》，黄山书社2011年版，第189—193页），中国台湾学者蔡文晋亦有论述。
② （清）周广业：《四部寓眼录补遗·序》，国家图书馆编：《国家图书馆藏古籍题跋丛刊》第5册，北京图书馆出版社2002年版，第1页。
③ 南京图书馆藏《知不足斋丛书》后印本《石墨镌华》乾隆三十九年（1774）赵衡阳跋。
④ 《纸窗》其七，（清）鲍廷博：《花韵轩咏物诗存》，广东省立中山图书馆、中山大学图书馆编：《清代稿抄本》第25册，广东人民出版社2007年版，第552页。

动，其间不乏诗歌唱和及书画鉴藏的文人雅趣。

（一）收藏图书

知不足斋的藏书遍及四部，但经部的书籍相对较少，其中又以宋人著述最为丰富，反映出知不足斋的藏书特色和鲍廷博的收藏旨趣。①鲍氏蓄积书籍，主要通过购书、抄书、获赠三种渠道。②

购藏的图书在鲍廷博藏书中所占比重不小，如乾隆三十六年（1771）在书肆购得抄本《昆仑河源汇考》③，乾隆五十四年（1789）从吴郡紫阳书肆购得《中吴纪闻》④，嘉庆十六年（1811）从杭城积书堂书肆购得旧抄本《辛巳泣蕲录》⑤，于厂肆书坊购得《汴都遗闻》⑥，从武林书肆购得宋刻本《白氏讽谏》⑦，还曾与黄丕烈至本立堂书坊一同观书⑧，等等。鲍廷博常常光顾上述书肆，与书商来往频繁⑨，钱听默便是其中非常有名的书贾，《南宋群贤小集》跋云："乾隆壬辰仲冬，予于吴门钱君景开书肆见之，惊喜与以百金，不肯售，许借校雠，才及三之一，匆匆索去，以售汪君雪礓。"⑩ 宝是堂徐氏与鲍廷博来往数年，《石门集》黄丕烈跋云："以文又云吴中书肆宝是堂徐氏者，以文于壮岁至吴，识徐氏一老者，生平精于鉴赏，并多

---

① 参见蔡斐雯：《鲍廷博〈知不足斋丛书〉之研究》，台湾大学硕士学位论文，1994年，第76—79页。

② 参见周生杰：《鲍廷博藏书与刻书研究》，黄山书社2011年版，第88—116页；刘尚恒：《鲍廷博年谱》，黄山书社2011年版，卷首第5—7页。

③ （清）汪璐辑：《藏书题识》，上海古籍出版社2009年版，第45页。

④ "中央图书馆"编印：《标点善本题跋集录》（1992年版，第172页）有题识云："乾隆己酉十二月廿七日购于吴郡紫阳书肆。知不足斋记。"

⑤ （清）陆心源：《皕宋楼藏书志》（中华书局1987年版，第272页）卷二十五有鲍氏手跋曰："嘉庆辛未八月九日，购于杭城积书堂书肆。"

⑥ 季秋华辑：《知不足斋序跋题记集录》，国家图书馆出版社2010年版，第54页。

⑦ （清）钱曾著，管庭芬、章钰校正：《读书敏求记校正》卷四，上海古籍出版社2007年版，第401页。

⑧ （清）黄丕烈著，屠友祥校注：《荛圃藏书题识》卷八，上海远东出版社1999年版，第199页。

⑨ 参见周生杰：《鲍廷博藏书与刻书研究》，黄山书社2011年版，第292—294页。

⑩ 天津图书馆藏读画斋刻本《南宋群贤小集》之清嘉庆六年（1801）鲍廷博跋。

蓄秘钞之本。以文与之往还，凡十余年。"①鲍廷博还曾借书肆抄本校补《吾汶稿》②，可见其不仅从书肆购书，还借书校勘，与书贾之间不只是买卖关系，更有交往中产生的友谊。

除购买书籍外，一生笔耕不辍地勤奋抄书，是知不足斋扩充藏书的重要途径。陈先行先生根据寓目的大量知不足斋抄本，对其版式特征作了如下总结：一种为黑格10行，黑口，双鱼尾，左右双边，版心下方镌有"知不足斋正本"六字，框17.7×11.5厘米；一种为黑格10行，白口，无鱼尾，左右双边，版心下方镌有"清风万卷堂藏书鲍廷博以文手校"十四字，框19×13.4厘米；一种为黑格10行，细黑口，无鱼尾，左右双边，框外左下方镌有"鲍氏困学斋"五字，框18.2×12.8厘米。③丁学松辑、季秋华补辑《鲍氏知不足斋抄校本书辑目》统计的鲍氏知不足斋抄本有106种④，瞿冕良《中国古籍版刻辞典》列举的有160余种⑤，可见知不足斋所抄之书数量较多。

那么这些书籍抄自何处呢？朱文藻《知不足斋丛书·序》云："浙东西藏书家，若赵氏小山堂、卢氏抱经堂、汪氏振绮堂、吴氏瓶花斋、孙氏寿松堂、郁氏东啸轩、吴氏拜经楼、郑氏二老阁、金氏桐华馆，参合有无，互为借钞，至先哲后人家藏手泽，亦多假录。"⑥鲍廷博与藏书家有广泛而深入的书籍交流活动，形成了较为稳定的图书交际网络，常常互通有无，借抄图书，如《知不足斋丛书》中刊刻的《归潜志》《清波杂志》借抄于赵起杲，《芦浦笔记》借抄于郁礼，《钓矶立谈》借抄于吴翌凤等，藏书家之间的良性互动，促进了知不足斋抄书、校书、刻书等活动的开展。

---

① （清）黄丕烈著，屠友祥校注：《荛圃藏书题识》卷九，上海远东出版社1999年版，第742页。
② 蔡文晋：《鲍廷博年谱初稿》（上），《中央图书馆馆刊》1994年第2期，第107页。
③ 《明清名家稿抄本特征列表》，陈先行：《打开金匮石室之门——古籍善本》，上海文艺出版社2003年版，第283页。
④ 刘尚恒：《鲍廷博年谱》附录四，黄山书社2010年版，第329—352页。
⑤ 瞿冕良：《中国古籍版刻辞典》（增订本），齐鲁书社1999年版，第368页。
⑥ （清）鲍廷博辑刻：《知不足斋丛书》第1册，中华书局1999年版，第8页。

鲍廷博的部分藏书乃朋友所赠，《知不足斋丛书》所载跋语多有反映，如郁礼赠叶石君旧抄本《两汉刊误补遗》《庶斋老学丛谈》和《吴礼部诗话》，倪建中赠《麓堂诗话》，陆贯夫赠《困学斋杂录》等，尽管获赠的书籍数量有限，但也是其藏书来源之一。

怎样鉴定知不足斋的藏书呢？鲍廷博所藏书籍大多钤知不足斋藏书印，如国图藏清抄本《郭天锡日记》一卷，钤"歙鲍氏知不足斋藏书"、"老屋三间赐书万卷"、"歙西长塘鲍氏知不足斋藏书印"和"知不足斋藏书"等印；国图藏清抄本《句曲外史贞居先生集》七卷，钤"知不足斋鲍以文藏书"、"金石录十卷人家"、"鲍廷博"和"倚文"等印，这些印章是判断知不足斋藏书的重要依据之一。但有些图书未钤鲍廷博的任何印章，如南图藏明抄本《虚斋乐府》二卷，且题识"己丑二月廿六日，从梁溪侯氏刻本勘一过"，亦无鲍廷博或知不足斋落款，故只能通过仔细辨别鲍廷博的手迹予以确认。藏书的鉴定需要丰富的经验，才能做到准确无误，尤其据手迹判断时，更须慎之又慎。此外，版心下方标有"知不足斋正本"或"知不足斋丛书"的特有抄纸，也是判断知不足斋藏书的依据之一。

（二）校刻书籍

陈登原云："故善爱其书者，惟有公诸天下，任人抄印。若已有财力，致力翻刻，则汲古阁主人、知不足斋主人之功，岂在著述等身之学人以下也？"[1] 充分肯定了毛晋、鲍廷博为古籍刻印流传所作的贡献。

朱文藻云鲍廷博："一编在手，废寝忘食，丹铅无已时。一字之疑，一行之缺，必博征以证之，广询以求之，有得则狂喜如获珍贝，不得虽积思累月不休。"[2] 鲍廷博一生丹铅不懈，校勘《乔吴集》时曾云："尽正写本之误，亦人生乐事也。"[3] 鲍廷博多次校勘《清波

---

[1] 陈登原：《古今典籍聚散考》，华东师范大学出版社2010年版，第403页。
[2] （清）鲍廷博辑刻：《知不足斋丛书》第1册，中华书局1999年版，第8页。
[3] 季秋华辑：《知不足斋序跋题记集录》，国家图书馆出版社2010年版，第300页。

杂志》后云："闲窗展卷，心目朗然，盖无以喻其乐也。"① 校勘工作是枯燥乏味的，但当历尽艰难，订正诸多讹误而整理出善本，刻印成书时，其内心的喜悦又是无法言语的，这便是校勘家心境的真实流露。

鲍廷博在书局、文澜阁校勘书籍的情形，其跋多有记载，如《圭塘欸乃集》跋云："乾隆三十八年岁次癸巳六月廿六日，取进呈别本校于分办书局，凡改正数十字。"②《彝斋文编》跋云："乙卯七月十八日，偕仁和赵晋斋魏恭诣文澜阁，就《钦定四库全书》纂修本校勘一过，凡补文一篇，诗三首，改正讹字若干。"③《严陵集》跋云："乾隆三十八年六月，从浙江遗书局借天一阁宋刻本对录，廿八日知不足斋记，凡一百七十四页。"④《蒙隐集》跋云："乾隆六十年岁次乙卯八月初四日，恭诣文澜阁校正一过。"⑤ 可见鲍廷博在《四库》献书的同时，借助进呈之书校勘书籍，受惠良多。鲍廷博对校勘怀有十分审慎的态度，不仅自己长年累月地勤勉校书，而且延请著名学者钱大昕、卢文弨、顾广圻、李锐等校勘群籍，使知不足斋校勘之书十分精善而闻名遐迩。以鲍廷博为中心的藏书家和学者的双重校勘群体，保证了知不足斋较高的校勘质量，为书籍的刊刻提供了忠实可信的底本。

鲍廷博将刻印书籍作为自己义不容辞的责任，《江月松风集》跋云："闻先生手稿国初时曾藏曹倦圃先生家，今不知流落何所，访求元本订正而流通之，固吾党之责也。"⑥ 卢文弨与鲍廷博交往多年，对其知之甚深，《征刻古今名人著作疏》云："吾友鲍君以文者，生而笃好书籍，于人世一切富贵利达之足以艳人者，举无所概于中，而唯文史是耽。所藏弆多善本，并有人间所未尽见者，进之秘省之外，复不私以为枕秘，而欲公之。晨书暝写，句核字雠，乃始付之梓人

---

① （清）鲍廷博辑刻：《知不足斋丛书》第 6 册，中华书局 1999 年版，第 634 页。
② "中央图书馆"编印：《标点善本题跋集录》，1992 年版，第 718 页。
③ 季秋华辑：《知不足斋序跋题记集录》，国家图书馆出版社 2010 年版，第 261—262 页。
④ 季秋华辑：《知不足斋序跋题记集录》，国家图书馆出版社 2010 年版，第 332 页。
⑤ 季秋华辑：《知不足斋序跋题记集录》，国家图书馆出版社 2010 年版，第 235 页。
⑥ 季秋华辑：《知不足斋序跋题记集录》，国家图书馆出版社 2010 年版，第 305 页。

氏。枣梨既精，剞劂亦良，以是毁其家不邮也。"① 直到嘉庆六年（1801），七十四岁的鲍廷博曾云："吴郡顾君涧蘋于金陵市上得之，以赠黄君荛圃。予以章琦本丐涧蘋就校，标其次第，正其讹误，命孙正言录成此本，以还旧观，亦老年乐事也。惜床头金尽，不能重刊行世，于先生若有歉焉。"② 顾广圻为鲍廷博精心校勘《丁鹤年诗集》，但晚年的鲍氏为校刻书籍已倾尽家资，无力承担刊刻费用，故内心充满了歉意，其传刻古书之良苦用心，于此可见一斑。

鲍廷博为使好友著述传诸后世，积极予以刊刻，如南京图书馆藏清乾隆二十一年（1756）知不足斋刻本《岭云诗钞》一卷。每半叶十行，行二十字，四周单边，黑口，双鱼尾，版心为"岭云诗钞"。钤"世守陈编之家"、"老屋三间赐书万卷"、"歙西长塘鲍氏知不足斋藏书印"和"兔床经眼"印。魏之琇序云："予幼而孤贫，长益落度，以手业自给几二十年矣。居恒好为韵语以自娱，无意于人之知也。甲戌岁获交以文，以文工诗而富于书，每商略前人，与予见多合，而尤爱予诗，抑予实未尝学问，唯是力作之余，任意为之而已。夫好为而寡学者病也。予又粗知医而不能自疗其病，兹以文之梓予诗，殆欲示善医者以疗之乎！"鲍廷博一生为传刻图书倾尽家资，却未曾刻印自己的任何著述。

（三）诗文唱和

《花韵轩咏物诗存》之郑竺《夕阳》诗小序云："予有幽忧之疾，老母命渡江养疴湖上。日与柳洲、渌饮倡酬为乐。入秋，归思颇切，会社中有拈此题者，即景言愁，勉占一律，不自知其言之悲也。"③ "会社中有拈此题者"，说明鲍廷博与魏之琇、郑竺、沈景良等组成了有一定组织、规模的诗社，有定期诗歌唱酬活动，鲍廷博《花韵轩咏物诗存》的产生可能与此诗社的唱和活动直接相关。"19 世纪之前，江南多数大藏书家都是凭借经营盐业赚取的利润起家的（如扬州马氏兄弟）。鲍廷博（1728—1814），安徽人，他家因在浙江经营盐

---

① （清）鲍廷博辑刻：《知不足斋丛书》第 9 册，中华书局 1999 年版，第 288—289 页。
② 季秋华辑：《知不足斋序跋题记集录》，国家图书馆出版社 2010 年版，第 303 页。
③ （清）鲍廷博：《花韵轩咏物诗存》，广东省立中山图书馆、中山大学图书馆编：《清代稿抄本》第 25 册，广东人民出版社 2007 年版，第 562 页。

业，已在杭州落户。汪启淑（1728—1799?）通过鲍廷博的介绍，于1745年加入杭州文人聚会的社团——西湖吟社。汪氏出身于安徽一个盐商巨富之家。鲍廷博、杭世骏都是西湖吟社资深成员，该社和上述的藏书家群体的活动十分近似。"① 据艾尔曼研究，郑竺所云为西湖吟社。②

鲍廷博所作夕阳诗情韵盎然、风雅别致，有"鲍夕阳"之美誉。除《诗存》中收录的不少唱和诗外，其好友诗集中亦保存了不少与鲍氏的唱酬之作，方薰《山静居遗稿》有《茆篷僧饷笋同鲍以文作》《书竹同以文作》《和鲍大以文西湖游春词》《菜花和渌饮》和《千里镜同鲍渌饮作》等。吴翌凤《与稽斋丛稿》有《夕阳八首和鲍以文》，诗前小序云："余与以文别九年矣，江湖间盛传其夕阳诗二十首，心甚艳之，惜未能寓目也。旅馆多暇，遥和八章，异日东归，当出以相质焉。"③ 不仅如此，朋友之间有时还以诗代跋，记述事件，传达感情，如《知不足斋丛书》之《斜川集》一书载吴长元《校录〈斜川集〉寄鲍以文》："蜒烟蛮雨独相从，笔下波澜嗣乃公。人诵高名琼海外，天留遗稿玉函中抄自《永乐大典》。清游乍识匡庐面旧时行世皆赝本，晚景还倾靖节风叔党晚景以渊明自况。寄语隐湖毛处士，苏门曾策汉青功。"故鲍廷博作《吴丽煌寄示〈斜川集〉志喜》云："湖阴水竹继高踪，海上文章喜亢宗。苏氏昔元推怒虎苏氏三虎季虎大怒，当时语也，叶公今始识真龙。飓风一赋犹堪补《飓风赋》从《宋文鉴》补录，小圃三诗那更逢惠州《小圃五咏》仅存二首。欣赏不忘知己共，远烦千里手题封。"④ 又《客杭日记》刻成后，鲍氏以诗代跋，亦有钱塘魏之琇同作之诗。

鲍廷博在藏书、校书、刻书之余，创作诗歌，自抒胸臆，其为人重情重义，诗作深情款款，余韵无穷。诗歌流露出的情感与其跋文所述完全一致，如八十七岁的鲍廷博在《南濠居士文跋》中云："嘉庆

---

① ［美］艾尔曼：《从理学到朴学——中华帝国晚期思想与社会变化面面观》，赵刚译，江苏人民出版社1995年版，第106页。
② 按：艾尔曼此说之文献依据待考。
③ （清）吴翌凤：《与稽斋丛稿》湘春漫与下，清嘉庆刻本。
④ （清）鲍廷博辑刻：《知不足斋丛书》第9册，中华书局1999年版，第463页。

甲戌六月六日，酷暑中检书得此，重阅一过，如与故人相见也。为予录此书者为仁和丁君用中，从予借钞则海昌吴君兔床也。兔床于去冬捐馆舍，用中之亡，盖已三十余年矣。慨故旧之沦亡，念桑榆之已迫，掩卷复为之黯然。"① 充满了对朋友的深切怀念，对时光流逝的无限感伤。

（四）书画鉴藏

藏书家、校勘家、刻书家身份之外的鲍廷博，对金石碑版、法书名画有着浓厚的兴趣，常与朋友一同赏阅品评，不乏文士的风雅享受。从文献记载来看，知不足斋的藏品颇为丰富，如乾隆四十年（1775），鲍廷博兴致勃勃地携元倪云林书画合璧卷造访金嘉炎，与其品鉴。金氏"展玩一过，觉苍润之气溢于纸墨之外，笔札亦极古雅冲澹，真可宝也"②。鲍廷博还收藏有文丞相草书尺牍③，颜鲁公铜印④，等等。米书九帖真迹有乾隆三十三年（1768）鲍廷博跋云："按《清河书画舫》云：'草书九帖笔法与海岱诸帖小异，有天真烂漫之趣。旧为水村陆太宰所藏，李西涯跋文称许之。'今考此帖既无长沙题语，又无水村图记，疑《书画舫》所记或别是一迹。卞氏《书画汇考》附录于此帖之后，误矣。"⑤又黄山谷真迹有鲍氏乾隆三十二年（1767）题识云："按此迹见于汪氏《珊瑚网》者，文与此同，凡四百二十一字。后有李日华、汪珂玉跋，而无项氏题识。汪跋云在宋楮上，楮高尺余，长二丈，绝无接缝。其见于《江村销夏录》者，系古色青褊，笺高七寸八分，长一丈二尺五寸，纸计七接，无'此字可令张法亨刻之'九字，故只四百十二字，本身有董文敏题识，亦无项氏题语，所列图记亦与此迥异。今青甫所见纸长五丈，竟一纸。是三家所见，各各不同甚矣，鉴别之难也。"⑥可见

---

① 季秋华辑：《知不足斋序跋题记集录》，国家图书馆出版社2010年版，第74页。
② （清）庞元济：《虚斋名画录》卷二，清宣统乌程庞氏上海刻本。
③ （清）阮元：《两浙輶轩录》卷二十四"王承祖"条有"观鲍以文所藏文丞相草书尺牍"，清嘉庆刻本。
④ （清）阮元：《两浙輶轩录》卷三十二"方薰"条有"颜鲁公铜印歌"，注云"印为绿（渌）饮所藏"，清嘉庆刻本。
⑤ （明）张丑：《真迹日录》卷二，清文渊阁《四库全书》本。
⑥ （明）张丑：《真迹日录》卷二，清文渊阁《四库全书》本。

鲍廷博对书画鉴藏也颇有心得，常常撰写题跋，并予以考辨。

鲍廷博嗜藏金石书画文献，悉心深入地进行研究，《知不足斋丛书》中校刻的此类著述颇多，如《画诀》《画筌》《山静居画论》《书学捷要》《石刻铺叙》《画梅题记》《闲者轩帖考》《石墨镌华》和《金石史》等，均考订审慎，刊刻精良，为人称道。

三 古籍丛书的编纂历史与《知不足斋丛书》的辑刻①

（一）丛书编纂的历史

丛书，指"以一种书为基本单位，依照一定的原则和体例，把两种以上的多种著作汇编为一新的书籍集合体，并题以总名"②。我国第一部综合性的丛书是南宋俞鼎孙、俞经辑《儒学警悟》，收录六种书籍。另一部南宋时的综合性丛书为左圭辑《百川学海》，分十集，收录书籍一百种。元代较为有名的丛书为陶宗仪编《说郛》一百卷，清顺治时陶珽重编为一百二十卷，世称宛委山堂本，吴家驹先生认为："作为早期产生的丛书，《说郛》对原书大量删削，还带有从类书脱胎而来的痕迹。"③ 宋元时期还有一些专门性的丛书，如《武经七书》《眉山七史》和《元刊杂剧三十种》等，这些丛书为后代丛书的编纂起了先导作用。

明代出现了一大批丛书，替代了宋元时期类书繁荣的局面，成为书籍保存和流传的重要方式。从类书汇集的片段式记载到丛书对整部书籍的完整保存，这一转变在古代典籍编纂史上具有十分重要的意义。明代编纂的丛书，如王文禄《百陵学山》、陆楫《古今说海》、吴永《续百川学海》、周履靖《夷门广牍》、钟人杰《唐宋丛书》、胡文焕《格致丛书》和毛晋《津逮秘书》等，内容丰富，类型多样，在取得了一定成绩的同时，亦存在以下弊端："删削内容，减少卷次"；"拼凑旧版，假托名流"；"抄袭前人著述，妄改书名、著者"；

---

① 按：有关古籍丛书编纂历史的论述，参考了李春光《古籍丛书述论》（辽沈书社1991年版，第28—173、235—317页），吴家驹《古籍丛书发展史》（南京师范大学出版社2011年版，第1—105页）的研究成果，特此致谢。

② 李春光：《古籍编纂丛书述论》，辽沈书社1991年版，第2页。

③ 吴家驹：《古籍丛书发展史》，南京师范大学出版社2011年版，绪论第11—12页。

"添改脱误，校勘不精"①。明代丛书的精品为毛晋辑刻的《津逮秘书》七百四十八卷②，共十五集，收书一百四十六种。每半叶九行，行十八或十九字，小字双行同，白口，左右双边。阙字均用□表示，序跋、题词多为手书上板，很多书末有毛晋题识。汲古阁藏书丰富，《津逮秘书》所收多为稀见之书，多以古本、旧本为刊刻底本，备受人们的重视，但所刻之书均无校勘记。不仅《津逮秘书》如此，明代刊刻的其他丛书，亦未见有校勘记，显然与清代编纂的丛书不同。

　　清代辑刻丛书成为一时风气，是丛书发展的巅峰期。前期较为著名的丛书有《抱经堂丛书》《士礼居丛书》《昭代丛书》《经训堂丛书》《平津馆丛书》和《读画斋丛书》等，后期有《守山阁丛书》《粤雅堂丛书》《海山仙馆丛书》《滂喜斋丛书》和《别下斋丛书》等。还出现了一些专门性的丛书，如辑佚丛书《汉魏遗书钞》《玉函山房辑佚书》，古逸书汇编《佚存丛书》和《古逸丛书》等，地方性丛书《岭南遗书》《豫章丛书》和《武林掌故丛编》等，个人著述丛书《亭林遗书》和《船山遗书》等，专门性丛书《十三经注疏》《通志堂经解》和《皇清经解》等，不仅私家辑刻丛书蔚为大观，而且官修之《四库全书》规模宏大。李春光指出："清代所辑刻的丛书约占我国古籍丛书的一半以上。以综合性丛书为例，据《中国丛书综录》所载，普通丛书就有二百三十余种，相当于明代的四倍多，占全部的一多半以上。自著丛书有五百余种，占全部的百分之七十以上，更非明代所能相比。拿专门性丛书而言，仅经类丛书就有一百三十余种，占同类全部丛书的百分之七十以上。"③

　　其中《士礼居丛书》是清代藏书家黄丕烈以家藏善本为底本刊刻的一部独具特色的丛书④，丛书目录标明了大多数书籍的底本，如《周礼郑氏注》为校宋本；《仪礼郑氏注》为宋刻严州本；《梁公九谏》为赐书楼藏抄本；《舆地广记》为曝书亭藏宋本；《焦氏易林》为校宋本；《博物志》为汲古阁影宋连江叶氏本等。黄丕烈

---

① 吴家驹：《古籍丛书发展史》，南京师范大学出版社2011年版，第44—49页。
② （明）毛晋辑刻：《津逮秘书》，民国十一年（1922）上海博古斋影印本。
③ 李春光：《古籍丛书述论》，辽沈书社1991年版，第108页。
④ （清）黄丕烈辑刻：《士礼居丛书》，清光绪十三年（1887）上海蜚英馆石印本。

刻书时不校改底本任何文字，只是在《伤寒总病论》，天圣明道本《国语》和《仪礼郑氏注》等书末附录了校勘札记，如《周礼郑氏注》末有《重雕嘉靖本校宋〈周礼〉札记序》和三十多页的校勘记。从上述诸端，可见黄丕烈对宋本的极度推崇和丛书刊刻中死校法的运用。卢文弨辑刻的《抱经堂丛书》不仅有随文校勘记①，考证案语，而且有些书末有附录或校正补遗，据"《白虎通》雠校所据新旧本并校人姓名"可知，仅《白虎通》一书的校勘，使用了明代傅鑰本、吴琯本、程荣本、何允中本和胡文焕本五种版本，参与校勘的人有庄述祖、赵曦明、梁同书、孙志祖、周广业、吴骞、朱型家、梁履绳、汪绳祖、卢文弨、孙祖瑞和孙祖全等，一书的校勘如此用力，足见《抱经堂丛书》为清代丛书中精于校雠的代表。不过，此丛书收录的书籍共有十八种，且其中的《钟山札记》《龙城札记》《群书拾补》为卢氏个人著述，故与《知不足斋丛书》相比，仍逊色不少，黄丕烈所刻《士礼居丛书》亦是如此。

　　清代后期辑刻的丛书中，钱培名《小万卷楼丛书》较为精善②，收书十七种。每半叶十行，行二十字，小字双行同，左右双边，单鱼尾，每部书卷端下有"小万卷楼丛书"。其中有随文校勘记的书籍有《易学滥觞》《西渡集》《唐书直笔》《道德真经集解》和《元城语录》，如《唐书直笔》随文校勘记云"案'刘昫'原本讹'刘敬'，今校改"；"案'章敬'原本讹'章恭'，今校改"；"案'中宗'原本讹'哀宗'，今校改"等。书末有校勘札记的有《越绝书》《申鉴》《中论》《医经正本书》和《陆士衡集》五种书籍。各书末均记覆校人姓名，如《唐书直笔》为华亭雷葆乾覆校；《易学滥觞》为清浦席元章覆校；《元城语录》为娄郭福衡覆校；《春秋通义》为娄韩应陛覆校；《左传博议拾遗》为海宁李善兰覆校；《律吕元音》为金山钱熙泰覆校等。许多书末有钱培名跋，《律吕元音》末附《复毕子筠明府书》，《中论》末附逸文，《西渡集》末有补遗，《丰清敏公遗事》末附《宋礼部尚书叙复朝请郎提举亳州太

---

① （清）卢文弨辑刻：《抱经堂丛书》，民国十二年（1923）北京直隶书局影印本。
② （清）钱培名辑刻：《小万卷楼丛书》，清咸丰四年（1854）刻本。

清宫丰公墓志》《追复枢密直学士诰》等。尽管此丛书的编刻规模远不如《知不足斋丛书》宏大，但从书中为数不多的随文校勘记，书末详细的校勘札记及一些附录来看，是积极吸收了清代前期丛书的优点后刊刻的。此外，清钱熙祚辑《珠丛别录》收录书籍二十八种，其中只有《阴符经疏》《亢仓子》《伤寒微旨论》《农桑衣食撮要》《谥法》个别条目有随文校勘按语。

清代丛书的编纂比此前任何一个时代都要繁荣，丛书中不同程度地体现出校勘成果，与考据学的兴盛有密切关系。校勘学作为考据学的核心命题，在丛书的编刻中至关重要，故清代丛书的校刻质量较高。

（二）《知不足斋丛书》的辑刻

在清代数量众多、类型丰富的丛书中，《知不足斋丛书》以其精校精刻而独树一帜，堪称清代私家校刻丛书之翘楚。从乾隆至道光，经过鲍廷博及其子鲍士恭、孙鲍正言三代人的苦心经营最终刻成。①《丛书》版框高12.8厘米，宽9.8厘米，为巾箱本。所收诸书行款基本一致，每半叶九行，行二十一字，左右双边，细黑口，版心下方镌"知不足斋丛书"。但有时既定行款会有变化，以宋本为底本校刻时，每行字数会随之改变，如《愧郯录》为每行十七字，与所据宋本同。有的书籍版心下方镌"知不足斋正本"，如《韵石斋笔谈》。鲍廷博《知不足斋丛书·序》云："汉唐以降数千百年，论著为一家言者，奚啻充栋，史志所载与夫藏弆家所著录，名存而书亡者，又何可偻指数，惟荟萃一编，俾有统摄，则诸子百家之撰述常聚也。宋左氏之《百川学海》、元陶氏之《说郛》、明陈氏之《秘笈》，前人颇以删节讹脱少之，然左氏十集，聚百余种，陶氏正、续多至二千种，陈氏五集亦二百余种，至今衰然具存，要非尽同一脔之尝，较之汉唐亡书，仅见于宋人类事及诸书注释所引用，得其一鳞片甲以为快者，其所资

---

① 按：《知不足斋丛书》刊刻完成的时间为道光三年（1823），诸家观点一致。而《丛书》开始刊刻的时间，则有三种观点：刘尚恒认为是乾隆四十年（1775）（《鲍廷博年谱》卷首，黄山书社2010年版，第14页）；周生杰认为是乾隆三十九年（1774）（《鲍廷博藏书与刻书研究》，黄山书社2011年版，第291、298页）；郑玲认为是乾隆四十一年（1776）（《鲍以文先生年谱》，黄山书社2006年版，第350页），诸家说法不同，待考。

益不已多乎。此廷博所以汲汲为丛书之刻，意盖有感于斯也。特自惭力薄，不能广求未见之书，仅守先人敝箧，可以公世者无几，惟是每刻一书，乐与同志悉力校勘，务求完善，视左、陶诸刻加精审焉。"①虽然宋代左圭《百川学海》、元代陶宗仪《说郛》、明代陈继儒《宝颜堂秘笈》有删节讹脱之缺点，但鲍廷博认为这些丛书保存典籍，有益于世人，故竭尽毕生心力精心校刻《知不足斋丛书》，造福后人。《丛书·凡例》云：

> 一、是编以八册为一函，以一函为一集。得书既有先后，校订亦有迟速，故不能统集部分，只于每集略为诠次。自癸巳岁恭进遗书，钦蒙皇上御题《唐阙史》及《武经总要》二书，颁示珍藏，因先以《唐阙史》敬谨校刻，冠一集之首。其《武经总要》卷帙稍繁，尚俟续刻。
>
> 一、先儒论著凡有涉于经、史、诸子者，取其羽翼经传，裨益见闻，供学者考镜之助，方为入集，以资实用。余如诗文专集，卓然可传者，间为另刻单行，概不搀入，非尽谓吟咏篇章，无关问学，盖是编裒集之体例宜然也。至于诗话、文史，每及风雅遗事，多类说家，存之以备尚论取益焉。
>
> 一、是编诸书有向来藏弃家仅有传钞而无刻本者，有时贤先辈撰著脱稿而未流传行世者，有刻本行世久远、旧板散亡者，有诸家丛书编刻而讹误脱略，未经人勘正者，始为择取校正入集。若前人已刻，传世甚广而卷帙更富，概未暇及。
>
> 一、编中诸书或敝箧旧藏，或书肆新得，或友人持赠，或同志借钞，其间流移授受之原委，与夫反复订证之苦心，皆为表微，缀之卷末，多藉光于良友，间僭附以鄙言。至于原本跋语，虽仅记年月，无关书指者，亦悉仍旧观，不敢湮没也。
>
> 一、旧本转写承讹袭谬，是编每刻一书，必广借诸藏书家善本，参互校雠。遇有互异之处，择其善者从之，义皆可通者两存之，显然可疑而未有依据者仍之而附注按语于下，从未尝以己见

---

① （清）鲍廷博辑刻：《知不足斋丛书》第1册，中华书局1999年版，第9页。

妄改一字。盖恐古人使事措辞，后人不习见，误以致疑，反失作者本来也。详慎于写样之时，精审于刻竣之后，更番铅椠，不厌再三，以期无负古人。间有未尽，则几尘风叶之喻，前人已难之矣，尚期同志随时指示，以便刊正。

　　一、古书流传，每多缺佚，万难求全者，留心购访，久而不得，姑仍其旧。每憾昔人刻书，遇脱简处连缀及之，贻误后人，匪细故矣。海内之大，岂无完善异本珍秘石仓，凡大雅君子得有邺架善本，可以补集中诸书之阙者，尚冀多方因缘寄示，俾成完书。此则公世之盛心，爱及古人，惠施来学，非廷博一人之私幸也。

　　一、廷博一介寒士，囊橐易尽而刻书之志无已时，是编经营已半，藉同人之力，兹后尚望爱我者，慨然将伯之助，俾得丛编嗣出，津逮无穷，实古哲先灵所抃手称庆者也。

　　一、是集不独阐述陈编，兼之表扬幽隐，海内名人贤裔家藏祖父遗书、前贤秘册未经流布，悉望寄刊，使不朽之业显出于名山，而集腋之裘日有所增益。盖家集专行，未始不可以传永久，然与名贤旧制荟萃一函，存与俱存，相为依倚，刻费多寡，随有力者助之，总期成全美举而已。

知不足斋后人鲍廷博谨识。①

《凡例》涉及《知不足斋丛书》编排、选目、版本、校勘、刻资等重要问题，指出《丛书》为随校随刻，只对每集次序略加排比，以乾隆皇帝御笔题诗之《唐阙史》作为首帙。将有裨见闻，有资考证，实用性强，尚未刊刻，流传不广，旧版散亡，校勘不精的书籍作为辑刻对象。书末附录跋语，述授受源流与校勘心得，并保留书中原跋。校勘原则为众本互校，择善而从，义可两通，均存其文，不擅改文字，附注按语与考证，写样、刻竣之后仍详审校勘。尽力搜求，刊刻完书，呼吁多方寄刊秘籍，助资刻书，以成鲍廷博传刻古籍之美举。

---

① （清）鲍廷博辑刻：《知不足斋丛书》第1册，中华书局1999年版，第10—11页。

《知不足斋丛书》刊刻的算学书籍有《五曹算经》《孙子算经》《丁巨算法》等；有关农业生产的著述有《农书》《蚕书》和《耕织图诗》等；文史考证之作有《新唐书纠谬》《五代史纂误》和《文苑英华辨证》等；诗话理论著作有《榕城诗话》《藏海诗话》《临汉隐居诗话》和《南濠诗话》等，涉及面广，有资考鉴，有益民生，与鲍廷博所云之选刻标准完全一致。

此外，鲍廷博在《知不足斋丛书》中选刻了《征刻唐宋秘本书目》中的九种罕传之书①，分别为：第三集《猗觉寮杂记》二卷；第四集《四朝闻见录》五卷、附录一卷；第五集《归潜志》十四卷；第九集《铁围山丛谈》六卷；第十集《续孟子》二卷、《伸蒙子》三卷；第十一集《五国故事》二卷；第二十集《芦浦笔记》十卷；第二十二集《重雕足本鉴诫录》十卷②，鲍廷博积极响应黄虞稷等人的号召，传播珍本古籍，以嘉惠学人。

第二节　研究现状述评

对鲍廷博学术活动的讨论，始于清代。鲍廷博与当时著名的学者卢文弨、阮元、邵晋涵、王鸣盛、赵怀玉等，藏书家黄丕烈、吴骞、吴焯、郁礼等交游往来，致力于书籍的收藏、校勘和刊刻，对清代学术发展起到了推动作用。但在清代之后，对鲍廷博的关注有所降低。可喜的是，20世纪尤其是改革开放以来，鲍廷博及其辑刻的《知不足斋丛书》又引发了学者的较多关注，国内外取得的文献整理和研究成果较为丰硕，主要表现在以下七个方面：

一　年谱编撰

鲍廷博的生平行迹一直是学者颇为关注的问题，王立中首次为鲍

---

①　（清）黄虞稷、周在浚编次：《征刻唐宋秘本书目》，《丛书集成续编》第68册，上海书店出版社1995年版，第1163—1174页。

②　按：（清）叶德辉：《征刻唐宋秘本书目考证》（《丛书集成续编》第68册，上海书店出版社1995年版，第1177页）除上述九种书籍外，还有《郑世子嘉量算经》三卷，为《知不足斋丛书》本，实际上《知不足斋丛书》并未收录此书，叶氏所云有误。

廷博撰写生平简谱，其《鲍以文先生年谱》为安徽省博物馆藏手稿本①，2006年由郑玲点校出版。由于资料和条件所限，《年谱》阙载年份较多，但其草创之功不可磨灭。②

继王立中之后，蔡文晋根据藏书志等文献记载，以及中国台湾地区"中央图书馆"善本书室、"中研院"历史语言研究所、故宫博物院所藏善本书中的鲍廷博批校题识，撰写了《鲍廷博年谱初稿》③，由于部分书籍为大陆图书馆所未藏，因而文献价值更显珍贵。对文献记载容易混淆致误和需要辨明之处，用按语加以考证说明，详略得当，重点突出。

刘尚恒《鲍廷博年谱》总论述及鲍廷博生平、著述，知不足斋藏书、校勘与刻书。④ 年谱部分自清雍正六年（1728）鲍廷博出生至嘉庆十九年（1814）辞世，清晰勾勒出鲍氏一生行迹。谱后纪要与附录内容充实，书末有综合索引，查检方便。刘先生在年谱编撰中，辑录了大陆各大图书馆所藏善本书中的鲍氏序跋、题识、牌记，交游唱和的诗文作品、信札等第一手资料，将相关文献抄录于相应年份之下，并在按语中对诸多问题加以考订，如通过题跋及诗歌的细致研究，对鲍氏家族成员的情况予以考察，敏锐地注意到鲍廷博女儿或孙女早卒，戴殿泗为鲍氏儿女亲家等鲜为人知的生活细节。该《年谱》是了解鲍廷博购访图书、校勘古籍、学术交游的重要著作。当然，在纷繁复杂的文献中，厘清鲍廷博一生行迹实非易事，年谱亦偶有失误，如对《花韵轩咏物诗存》现存版本状况的介绍，有值得商榷之处，对《知不足斋丛书》中《江淮异人录》底本的介绍有误等，但终究瑕不掩瑜，《鲍廷博年谱》是目前最有价值及影响的成果。此

---

① 王立中著，郑玲点校：《鲍以文先生年谱》（《清代徽人年谱合刊》），黄山书社2006年版，第348—376页。

② 按：对王立中《鲍以文先生年谱》的评价，参见郑玲《〈鲍以文先生年谱〉的史料价值》（《古籍研究》2007年总第51期），以及刘尚恒《首创有功，记事有憾》（《古籍整理出版情况简报》2008年总第477期）。

③ 蔡文晋：《鲍廷博年谱初稿》（上），《中央图书馆馆刊》1994年第2期；蔡文晋：《鲍廷博年谱初稿》（下），《中央图书馆馆刊》1995年第1期。

④ 刘尚恒：《鲍廷博年谱》，黄山书社2010年版。

后，刘尚恒发表《〈鲍廷博年谱〉补遗》[①]，以及《〈鲍廷博年谱〉再补遗》[②]，对已有成果作了补充。拙文《〈鲍廷博年谱〉订补》也对相关问题作了订补与考证。[③]

蔡文晋和刘尚恒所撰年谱，各有所长，刘撰年谱阙载年份如乾隆二十四年（32岁）和四十四年（52岁），见载于蔡撰年谱；而蔡撰年谱中嘉庆十六年（84岁）和十九年（87岁）鲍氏行迹的记载远不如刘撰年谱详细，故应将两者综合利用，推进此项研究的深入。此外，2017年又有刘尚恒《鲍廷博年谱长编》出版[④]，文献详实，是研究鲍廷博较为完备的资料汇编，为此项研究又添一佳作。

二 序跋辑录

对于鲍廷博撰写的序跋，民国时期著名学者孙毓修曾做过辑录工作，潘景郑云："此孙毓修氏所辑《知不足斋书跋》四卷，为文七十九首，其出于《知不足斋丛书》者居其半，余则采自藏家书录，及见闻所得，汇萃之功，可当不朽。"[⑤] 潘氏藏书现今多藏于上海图书馆，笔者多方搜寻却无收获。[⑥] "抗日战争爆发后，潘先生的宝山楼和著砚楼所藏文献遭受了一场灭顶之厄"，"不仅如此，1966年后，潘先生在献书之余，行箧犹存之卷册数十'又倾倒而去，遂无一存'。而当年旅居上海所藏文献，'十年动乱，旅居长物，亦化云烟'。"[⑦] 鲍廷博序跋的首次辑录成果，历经时代动荡之后，或许早已散佚不存，不免有遗珠之憾。

[①] 刘尚恒：《〈鲍廷博年谱〉补遗》，《历史文献》第16辑，上海古籍出版社2012年版，第481—526页。

[②] 刘尚恒：《〈鲍廷博年谱〉再补遗》，《历史文献》第18辑，上海古籍出版社2012年版，第544—576页。

[③] 马培洁：《〈鲍廷博年谱〉订补》，《古典文献研究》第18辑，凤凰出版社2016年版。

[④] 刘尚恒：《鲍廷博年谱长编》，国家图书馆出版社2017年版。

[⑤] 潘景郑：《著砚楼书跋》，上海古籍出版社2006年版，第128页。

[⑥] 按：陈先行先生系《著砚楼书跋》之编者，柳和城先生致力于孙毓修研究，撰有《孙毓修评传》，笔者于2010年在上海图书馆向两位先生询问知不足斋书跋之下落，得到指点，识此以表谢意。

[⑦] 王世伟：《版本目录学家潘景郑先生藏书聚书考略》，王世伟主编：《历史文献论丛》，上海科学院出版社2004年版，第104、105页。

令人欣喜的是，2010 年季秋华辑《知不足斋序跋题记集录》出版，这是对鲍廷博知不足斋书事予以全面反映的文献整理成果。该书辑录了鲍廷博及其子孙撰写的 184 篇题跋，涉及知不足斋藏书、校书、刻书及鲍廷博交游的各个方面。是书按经、史、子、集四部编排，录文准确，有按语说明，并编制索引，查检方便。惜所附书影多为《知不足斋丛书》和已刊之藏书志跋文，若多有鲍廷博手跋作为书影，则会增色不少。该书将《庆元党禁》末"文公梦奠语……以俟后之君子"一段内容，误作鲍跋文字，值得商榷。①《知不足斋序跋题记集录》为鲍廷博研究走向深入奠定了坚实的文献基础。2012年，又有周生杰、季秋华辑《鲍廷博题跋集》出版，该书可与《知不足斋序跋题记集录》结合使用。拙文《鲍廷博序跋辑存》在二书之外②，又辑得鲍廷博稀见序跋五十余则。此外，刘尚恒《〈知不足斋序跋题记集录〉序言》③，周生杰《略论鲍廷博藏书与刻书序跋文献价值》深入阐述了鲍氏序跋的价值所在④。

三　系统研究

　　蔡斐雯《鲍廷博〈知不足斋丛书〉之研究》⑤，对鲍廷博生平、藏书、刻书、交游，《丛书》刊印的原因、态度、时间、版本、版式、体例、子目选择的标准、内容、版本来源、校刊、价值及影响予以研究，并对中国台湾、大陆以及日本的《知不足斋丛书》的存藏状况进行了调查，是系统研究的初步奠基之作，由于论文涉及面广，探讨问题较多，因而在深度上有待于进一步开掘。

　　周生杰《鲍廷博藏书与刻书研究》将这一学术问题的探讨推向了高潮⑥，无疑是嘉惠学林的。该书将鲍廷博置于乾嘉学术大背景下进

---

① 季秋华辑：《知不足斋序跋题记集录》，国家图书馆出版社 2010 年版，第 38、420 页。按：关于此跋的考辨，详见本书第五章第四节《〈鲍廷博年谱〉订补》。
② 马培洁：《鲍廷博序跋辑存》，《文献》2015 年第 3 期。
③ 刘尚恒：《〈知不足斋序跋题记集录〉序言》，《图书馆工作与研究》2011 年第 1 期。
④ 周生杰：《略论鲍廷博藏书与刻书序跋文献价值》，《传统中国研究辑刊》第 11 辑，2013 年。
⑤ 蔡斐雯：《鲍廷博〈知不足斋丛书〉之研究》，台湾大学硕士学位论文，1994 年。
⑥ 周生杰：《鲍廷博藏书与刻书研究》，黄山书社 2011 年版。

行考察，探讨鲍廷博的藏书与刻书思想，专章研究其藏书、献书、刻书和校勘，并阐述其辑佚学成就，全面系统，论述清晰。介绍鲍氏私人交游及与著名藏书楼的书籍交流活动时，表述详尽具体。献书研究中通过一系列的数据分析，得出令人信服的结论，大量表格的运用，使论文观点直观明晰。尤其对鲍廷博《知不足斋宋元文集书目》的论述细致深入，谈及鲍氏刻书受人襄助时提出"书贾资助"和"官府资助"的观点，言前人所未言。但作者对个别问题的论述有待商榷，如周氏云"清廷将各地私家献书抄录毕，很快发还原书"①。实际上，黄爱平、杜泽逊两位先生通过研究，早已指出藏书家的大多献书被四库馆抄录之后，并未归还藏书家，而是一直滞留在翰林院，最后不了了之。② 周氏亦云："其他藏书家也有收到题诗之赠的，但是，岁月流逝，其他各家的题赠尽皆亡佚，唯有鲍氏这首《御题唐阙史》广为流传。"③ 此说不确，如马裕进呈的《鹖冠子》有御题诗云："铁器原归厚德将，杂刑匪独老和黄。朱评陆注同因显，柳谤韩誉两不妨。完帙幸存书著楚，失篇却胜代称唐。帝常师处王友处，戒合书绅识弗忘。"④《浙江采集遗书总录》保存了十一种书籍上的御制诗歌，分别是：题魏了翁《周易要义》天一阁、题《唐阙史》知不足斋、题《说文篆韵谱》瓶花斋、题《曲洧旧闻》四首振绮堂、题《书苑菁华》振绮堂、题《意林》四绝句天一阁、题刘一清《钱塘遗事》飞鸿堂、题《乾道临安志》寿松堂、题宋仁宗《武经总要》六韵知不足斋、题许嵩《建康实录》飞鸿堂、题吕祖谦《历代制度详说》瓶花斋，均保存了完整的诗歌内容。⑤ 当然，这可能与作者叙述语言的准确性有一定的关系。周氏认为鲍廷博考证《钓矶立谭》的作者为"史虚白之次子"

---

① 周生杰：《鲍廷博藏书与刻书研究》，黄山书社 2011 年版，第 109 页。
② 参见黄爱平：《四库全书纂修研究》（中国人民大学出版社 1989 年版，第 191、36 页），以及杜泽逊：《四库存目书进呈本之亡佚及残余》（淡江大学中国文学系主编：《两岸四库学——第一届中国文献学学术研讨会论文集》，学生书局 1998 年版，第 115、121 页）。
③ 周生杰：《鲍廷博藏书与刻书研究》，黄山书社 2011 年版，第 208 页。
④ （清）李斗著，汪北平、涂雨公点校：《扬州画舫录》卷四，中华书局 1980 年版，第 89 页。
⑤ （清）沈初等著，杜泽逊、何灿点校：《浙江采集遗书总录》，上海古籍出版社 2010 年版，第 753—756 页。

的结论"有理有据"①,但陈尚君先生已通过详实的考证,指出鲍廷博的观点有误②。尽管白璧微瑕,周著仍然是全面系统地研究鲍氏知不足斋藏书与刻书状况的重要成果,具有较高的学术价值。周生杰、杨瑞《鲍廷博评传》则是在《鲍廷博藏书与刻书研究》基础上的进一步延伸。

此外,陈洋阳《私家藏书与江南绅商文化圈的形成——以鲍廷博藏书、刻书为个案研究》③,以鲍廷博为中心,从传播学的角度,考察了私人藏书家与江南绅商文化圈之间的关系。

四 鲍廷博相关研究

戈金《鲍廷博与知不足斋——古为今用随笔》④,张弛《浅评清代藏书家鲍廷博》⑤,徐学林《以书为命的古籍整理大家鲍廷博》⑥,张森生《鲍廷博与"知不足斋"》⑦,张健、汪慧兰《清代徽籍藏书家鲍廷博》⑧,桑良之《长塘鲍氏藏书世家》⑨,张健《鲍廷博与"知不足斋"藏书》⑩,张力《清代乾嘉二帝褒奖的藏书家鲍廷博》⑪,是鲍廷博研究的通论性成果。张晓丽《鲍廷博在古籍版本学方面的贡献浅探》⑫,艾珺《难能可贵的藏书家"三德"——清代藏书家鲍廷博礼

---

① 周生杰:《鲍廷博藏书与刻书研究》,黄山书社 2011 年版,第 257 页。
② 参见陈尚君:《〈钓矶立谈〉作者考》,《汉唐文学与文献论考》,上海古籍出版社 2008 年版,第 242—244 页。
③ 陈洋阳:《私家藏书与江南绅商文化圈的形成——以鲍廷博藏书、刻书为个案研究》,华东师范大学硕士学位论文,2013 年。
④ 戈金:《鲍廷博与知不足斋——古为今用随笔》,《黑龙江图书馆》1989 年第 1 期。
⑤ 张弛:《浅评清代藏书家鲍廷博》,《图书馆学研究》1994 年第 1 期。
⑥ 徐学林:《以书为命的古籍整理大家鲍廷博》,徐学林:《徽州出版史叙论》,安徽美术出版社 1995 年版,第 125—133 页。
⑦ 张森生:《鲍廷博与知不足斋》,杭州徽州学研究会编:《徽学研究文集》,2000 年版,第 66—69 页。
⑧ 张健、汪慧兰:《清代徽籍藏书家鲍廷博》,《安徽师范大学学报》2001 年第 2 期。
⑨ 桑良之:《长塘鲍氏藏书世家》,《江淮文史》2005 年第 1 期。
⑩ 张健:《鲍廷博与知不足斋藏书》,《大学图书情报学刊》2005 年第 3 期。
⑪ 张力:《清代乾嘉二帝褒奖的藏书家鲍廷博》,《图书馆杂志》2008 年第 12 期。
⑫ 张晓丽:《鲍廷博在古籍版本学方面的贡献浅探》,《皖西学院学报》2009 年第 4 期。

赞》①，付嘉豪《鲍廷博与〈四库全书〉》②，周怀宇《论徽商鲍廷博对〈四库全书〉的贡献》③，肯定了鲍廷博在古籍版本学、《四库全书》编纂等方面的学术贡献，研究较为深入。

季秋华《新见鲍廷博墓志铭一则考述》首次对鲍廷博生平的重要文献予以研究。④ 刘尚恒《鲍廷博由杭州迁桐乡时间考述》⑤，周生杰《鲍廷博迁居桐乡考——兼补证刘尚恒先生"鲍廷博由杭州迁桐乡时间考述"》⑥，标志着此项研究不断走向深入。拙文《鲍廷博抄本〈一角编〉与鲍廷博画像》首次揭示了国家图书馆藏《一角编》中保存的鲍廷博画像的价值，使人们对一代藏书大家的风范有了直观感受。⑦ 黄伟《清代旅浙徽州藏书家鲍廷博与吴骞的交往考察》⑧，通过《吴骞日记》等文献，考察了二人诗歌唱和、传抄书籍等交游活动。

徐无闻《跋鲍廷博手校张奕枢本〈白石道人歌曲〉》⑨，郭建平《论明清时期的画学著书风气——以知不足斋本〈南宋院画录卷〉鲍廷博题跋为线索》⑩，则是对鲍廷博校本及题跋进行个案研究的论文。韦力《鲍廷博批校〈宋林和靖先生诗集〉跋考》研究了其藏本上保存的鲍廷博批校等⑪，具有一定的学术价值。

---

① 艾珺：《难能可贵的藏书家"三德"——清代藏书家鲍廷博礼赞》，《文化学刊》2011年第3期。
② 付嘉豪：《鲍廷博与〈四库全书〉》，《图书馆理论与实践》2011年第6期。
③ 周怀宇：《论徽商鲍廷博对〈四库全书〉的贡献》，《四库学》2018年第1期。
④ 季秋华：《新见鲍廷博墓志铭一则考述》，《图书馆研究与工作》2009年第4期。
⑤ 刘尚恒：《鲍廷博由杭州迁桐乡时间考述》，《图书馆研究与工作》2010年第1期。
⑥ 周生杰：《鲍廷博迁居桐乡考——兼补证刘尚恒先生"鲍廷博由杭州迁桐乡时间考述"》，《图书馆工作与研究》2012年第4期。
⑦ 马培洁：《鲍廷博抄本〈一角编〉与鲍廷博画像》，《中国典籍与文化》2011年总第79期。
⑧ 黄伟：《清代旅浙徽州藏书家鲍廷博与吴骞的交往考察》，《西南石油大学学报》2018年第2期。
⑨ 徐无闻：《跋鲍廷博手校张奕枢本〈白石道人歌曲〉》，《西南师范学院学报》1982年第3期。
⑩ 郭建平：《论明清时期的画学著书风气——以知不足斋本〈南宋院画录卷〉鲍廷博题跋为线索》，《首都师范大学学报》2011年第5期。
⑪ 韦力：《鲍廷博批校〈宋林和靖先生诗集〉跋考》，《图书馆研究与工作》2016年第1期。

此外，刘尚恒《鲍廷博研究三题》评述历次编撰的鲍廷博年谱的优劣得失，指出"鲍刻六种"为《振绮堂汪氏丛刻》之残本，提出应重视对诗家、书家的鲍廷博的研究，并谈及知不足斋藏书总量的统计问题。① 相宇剑、周生杰《知不足斋主鲍廷博校勘理念探微》总结了其校勘特点及思想。② 杨洪升《〈知不足斋宋元文集书目〉考实》③，认为该书目为浙江遗书局编订的"鲍士恭进呈书目清单"之文集部分的底稿，具有较高的学术价值。

五 《知不足斋丛书》及所收诸书研究

郑清土《鲍廷博和〈知不足斋丛书〉》④，李春光《鲍廷博和〈知不足斋丛书〉》⑤，汪嘉麟《鲍廷博和〈知不足斋丛书〉》⑥，胡春年《鲍廷博与〈知不足斋丛书〉》⑦，介绍了鲍廷博的生平，论述了《知不足斋丛书》的特点、价值和影响。王桂平《清代江南藏书与刻书研究》也对《知不足斋丛书》作了相应的研究。⑧

郑伟章致力于古代藏书家的研究，其《搜奇揽胜到东瀛的〈知不足斋丛书〉》是早期研究的论文⑨，具有奠基意义。李春光《古籍丛书述论》，从丛书起源、形成和发展的角度，对宋代到民国的丛书作了论述和评价，将《知不足斋丛书》置于历史的长河中予以考察，概括了其特点及成就："多收罕见难得的珍本秘籍"；"注重实用、内容广博"；"选用善本、校勘精审"；"必求首尾完备、序跋不遗"⑩。何庆善《评〈知不足斋丛书〉的文献价值和历史意义》肯定了《丛

---

① 刘尚恒：《鲍廷博研究三题》，《大学图书情报学刊》2011年第5期。
② 相宇剑、周生杰：《知不足斋主鲍廷博校勘理念探微》，《图书馆理论与实践》2012年第3期。
③ 杨洪生：《〈知不足斋宋元文集书目〉考实》，《文献》2014年第5期。
④ 郑清土：《鲍廷博和〈知不足斋丛书〉》，《安徽史学》1985年第4期。
⑤ 李春光：《鲍廷博和〈知不足斋丛书〉》，《文献》1986年第4期。
⑥ 汪嘉麟：《鲍廷博和〈知不足斋丛书〉》，《图书馆杂志》1999年第9期。
⑦ 胡春年：《鲍廷博与〈知不足斋丛书〉》，《四川图书馆学报》2003年第4期。
⑧ 王桂平：《清代江南藏书与刻书研究》，凤凰出版社2008年版，第80—94页。
⑨ 郑伟章：《搜奇揽胜到东瀛的〈知不足斋丛书〉》，《出版工作》1989年第9期。
⑩ 李春光：《古籍丛书述论》，辽沈书社1991年版，第123—137页。

书》的价值及意义。① 周生杰《〈知不足斋丛书〉底本选择述略》对《丛书》刊刻问题予以研究，认为鲍廷博注重刊刻研究经、史、诸子的书籍，并因著者人格的高尚而刊刻其书。② 陈志平《论鲍廷博、吴骞对〈金楼子〉的整理》③，拙文《国图藏〈金楼子附校〉稿本与〈知不足斋丛书〉本之校刻始末》④，拙文《岳珂〈愧郯录〉版本考述》⑤，较为深入地对《知不足斋丛书》所收诸书进行考察。沈秋燕《分级著录、逐层添加——以〈知不足斋丛书〉为例谈大型丛书普查著录的问题与对策》⑥，拙文《〈知不足斋丛书〉初印本与后印本研究》⑦，亦从图书馆学、文献学角度对《知不足斋丛书》的著录、版本问题予以了细致研究。

六 藏书、刻书、诗歌研究

刘尚恒在探讨《徽州刻书与藏书》时，将鲍廷博纳入"清代旅外私家藏书"进行了研究。⑧ 李永强《古代书画书籍之"浙江鲍士恭家藏本"的若干问题研究》对鲍氏进呈四库馆的书画类著作予以考察。⑨ 周生杰《论鲍廷博开放的藏书思想》探讨其"以聚为散"的藏书理念及具体实践。⑩ 马功兰、左雪梅《徽州藏书家鲍廷博的藏书实

---

① 何庆善：《评〈知不足斋丛书〉的文献价值和历史意义》，《安徽大学学报》2001年第6期。
② 周生杰：《〈知不足斋丛书〉底本选择述略》，《图书馆理论与实践》2011年第7期。
③ 陈志平：《论鲍廷博、吴骞对〈金楼子〉的整理》，《兰台世界》2012年第12期。
④ 马培洁：《国图藏〈金楼子附校〉稿本与〈知不足斋丛书〉本之校刻始末》，《兰台世界》2015年总第494期。
⑤ 马培洁：《岳珂〈愧郯录〉版本考述》，《古籍整理研究学刊》2016年第5期。
⑥ 沈秋燕：《分级著录、逐层添加——以〈知不足斋丛书〉为例谈大型丛书普查著录的问题与对策》，《图书馆理论与实践》2017年第12期。
⑦ 马培洁：《〈知不足斋丛书〉初印本与后印本研究》，《古籍整理研究学刊》2018年第2期。
⑧ 刘尚恒：《徽州刻书与藏书》，广陵书社2003年版，第280页。
⑨ 李永强：《古代书画书籍之"浙江鲍士恭家藏本"的若干问题研究》，《内蒙古大学艺术学院学报》2011年第2期。
⑩ 周生杰：《论鲍廷博开放的藏书思想》，《国家图书馆学刊》2011年第2期。

践与理念》①，探讨其藏书的背景、来源、整理、理念及影响。孙革非《范钦与鲍廷博的藏书思想比较》从目的、范围、管理等方面予以对比研究②，并述及二人对现代藏书事业的深远影响。黄伟《鲍廷博知不足斋旧藏善本流传考述》指出鲍廷博去世后，知不足斋的大部分善本被丁氏善本书室、劳氏丹铅精舍及陆氏皕宋楼收藏，并调查研究了鲍廷博藏书的海外存藏状况。③

郑伟章《鲍廷博知不足斋刻书》是较早关注鲍廷博刻书成就的学术成果。④ 周生杰《鲍廷博刻书理念述论》提出"顾眷皇恩、秉承先志"；"轻言获利、看重声名"；"服务学术、流播艺林"；"精选精校、创造精品"的观点。⑤ 周生杰《徽商刊刻明清小说的心理认同与文化意义——以鲍廷博襄刻青柯亭本〈聊斋志异〉为中心》⑥，阐发了徽商鲍廷博襄助刊刻《聊斋志异》的文化意义。拙文《鲍廷博知不足斋刻工研究》深入研究了刻工及刻书费用等知不足斋刻书的重要问题。⑦ 吴月英《藏书家鲍廷博与乌镇》考察了鲍廷博在乌镇的生活，指出其"曾借乌镇南栅的道观崇福宫（俗称南宫）作为刻书的场所"⑧，推进了对鲍廷博刻书的进一步认识。

刘尚恒《质朴清淡情亦豪——读鲍廷博〈花韵轩咏物诗存〉》最早考察了鲍廷博的文学创作成就。⑨ 周生杰《何处见君常觅句，小阑干外夕阳疏——略论藏书家鲍廷博的咏物诗》从情感、艺术手法和特征等角度研究了鲍廷博的文学造诣。⑩ 周生杰《鲍廷博〈花韵轩咏

---

① 马功兰、左雪梅：《徽州藏书家鲍廷博的藏书实践与理念》，《理论建设》2012年第3期。
② 孙革非：《范钦与鲍廷博的藏书思想比较》，《河南图书馆学刊》2014年第7期。
③ 黄伟：《鲍廷博知不足斋旧藏善本流传考述》，《图书馆工作与研究》2014年第7期。
④ 郑伟章：《鲍廷博知不足斋刻书》，《出版工作》1989年第8期。
⑤ 周生杰：《鲍廷博刻书理念述论》，《图书馆工作与研究》2011年第2期。
⑥ 周生杰：《徽商刊刻明清小说的心理认同与文化意义——以鲍廷博襄刻青柯亭本〈聊斋志异〉为中心》，《文学评论丛刊》2013年第1期。
⑦ 马培洁：《鲍廷博知不足斋刻工研究》，《文献》2013年第1期。
⑧ 吴月英：《藏书家鲍廷博与乌镇》，《图书馆研究与工作》2015年第4期，第68页。
⑨ 刘尚恒：《鲍廷博年谱》附录一，黄山书社2010年版，第262—268页。
⑩ 周生杰：《何处见君常觅句，小阑干外夕阳疏——略论藏书家鲍廷博的咏物诗》，《淮北师范大学学报》2011年第5期。

诗存〉钞本的文献价值》①，石梅《鲍廷博诗集辑佚史料述略》②，《鲍廷博未刊诗集〈花韵轩咏物诗存〉抄本考述》③，刘尚恒、季秋华《"定香亭下清风在，争看诗人鲍夕阳"——鲍廷博的诗作》④，拙文《八千卷楼本〈花韵轩咏物诗存〉的文献及文学价值——兼及鲍廷博诗词辑佚》⑤，以上论文对鲍廷博现存唯一著述《花韵轩咏物诗存》予以了深入研究。

七　国外学者相关研究

国外学者对于本课题的关注较少，日本学者松浦章的《江户时代唐船が中国へ持ち帰った日本书籍——安徽鲍氏〈知不足斋丛书〉所收の日本刻书》⑥，对《知不足斋丛书》中收录的访求于日本的《古文孝经孔氏传》《论语义疏》《孝经郑注》《五行大义》和《全唐诗逸》进行了考察。美国学者艾尔曼的《从理学到朴学——中华帝国晚期思想与社会变化面面观》⑦，对此论题亦有涉及。

纵观研究现状，随着国家对传统文化传承研究的倍加重视，鲍廷博与《知不足斋丛书》的研究再次成为文献学研究的前沿和热点问题，受到学者的重视，尤其是 2010 年—2011 年《鲍廷博年谱》《知不足斋序跋题记集录》和《鲍廷博藏书与刻书研究》的出版，推动了此项研究的纵横深入。当然，在取得一定成果的同时，仍有一些缺憾：首先，习用常见资料，稀见文献挖掘不够。其次，通论研究成果

---

① 周生杰：《鲍廷博〈花韵轩咏物诗存〉钞本的文献价值》，《文献》2013 年第 2 期。
② 石梅：《鲍廷博诗集辑佚史料述略》，《图书馆研究》2014 年第 4 期。
③ 石梅：《鲍廷博未刊诗集〈花韵轩咏物诗存〉抄本考述》，《蚌埠学院学报》2014 年第 6 期。
④ 刘尚恒、季秋华：《"定香亭下清风在，争看诗人鲍夕阳"——鲍廷博的诗作》，《图书馆研究与工作》2015 年第 1 期。
⑤ 马培洁：《八千卷楼本〈花韵轩咏物诗存〉的文献及文学价值——兼及鲍廷博诗词辑佚》，《西北民族大学学报》2018 年第 3 期。
⑥ ［日］松浦章：《江户时代唐船が中国へ持ち帰った日本书籍——安徽鲍氏〈知不足斋丛书〉所收の日本刻书》，复旦大学历史地理研究中心主编：《跨越空间的文化——16—19 世纪中西文化相遇与调适学术研讨会论文集》，2008 年。
⑦ ［美］艾尔曼：《从理学到朴学——中华帝国晚期思想与社会变化面面观》，赵刚译，江苏人民出版社 1995 年版，第 106 页。

较为丰富，实质性深入研究不足。有鉴于此，要重新审视并归纳已有成果，在此基础上深化研究。要拓宽研究思路和视野，搜集未被发现的文献资料，全面深入地考察鲍廷博的生平、著述、藏书、校勘、刻书等问题；对目前研究仍很薄弱的《知不足斋丛书》，应予以全面系统的考察。

第三节 研究方法、思路及意义

一 研究方法

文献调查。经鲍廷博手抄、批校的书籍基本已列为善本，分藏于国内外各大图书馆，笔者尽已所能，查阅了国家图书馆、北京大学图书馆、上海图书馆、南京图书馆、安徽省图书馆等藏稿本、抄本、刻本，将第一手的文献资料作为鲍廷博相关研究的基础。利用藏书志和影印出版的古籍，对鲍廷博刻书时所据的底本和校本的流传原委和流布情况进行了全面的调查和细致的梳理。

文献校勘。用传统的文献校勘方法，通过众多版本文字的比勘，竭尽所能考察了《知不足斋丛书总目》稿本未曾注明的书籍的刊刻底本和校本。并通过现存的珍贵刊刻底本保存的校改信息，研究鲍廷博的校勘方法及特点，进而对《知不足斋丛书》的整体校勘质量作出较为中肯的评价。对寓目的刊刻底本，亦采用抽样校勘的方法，考察其刻书是否忠实于底本文字，并归纳其刻书特点。

比较研究。通过对《知不足斋丛书》与《宛委别藏》共同收录的十种书籍的比较研究，肯定了鲍刻本的版本价值。通过对《四库全书》收录的并未亡佚的《永乐大典》辑佚书与《知不足斋丛书》本的比较，指出鲍廷博对书籍存佚状况的熟悉程度远甚于《四库》馆臣。通过对藏书家与学者校勘特点的分析和比较，提出鲍廷博兼具藏书家和学者的双重特点，是《丛书》辑刻成功的重要原因。

二 研究思路

本书在对鲍廷博相关书事有全面认识的基础上，从清代乾嘉学术的宏观背景出发，通过对众多江南藏书家交游活动的梳理，将鲍廷博与《知不足斋丛书》置于清代丛书辑刻兴盛的环境中，以前人研究中尚未涉及或语焉不详但具有学术价值的问题为切入点，予以专题研究，并对已有的研究成果作出订正和补充。从而诠释《知不足斋丛书》在古代丛书编纂史中的价值和意义，彰显鲍廷博对我国藏书史、出版史、文献学史、文化史所做出的卓越贡献。

三　研究意义

清代是我国古代文献编撰、古籍整理、文献学理论总结取得丰硕成果的时代，通过对鲍廷博及其《知不足斋丛书》的研究，启迪人们认识到私人藏书家、刻书家在特定历史时期对文化传承所发挥的作用，对新时期进一步促进中国传统文化的繁荣和发展，具有积极的现实意义和借鉴意义。

鲍廷博怀着传播古代文化的神圣使命，为热爱的书籍事业奉献了自己的一生。耗尽家资刊刻的《知不足斋丛书》，惠泽古今学人颇多。其中收录的书籍涉及经学、史学、哲学、文学等多个领域，内容广泛，有益世人。《知不足斋丛书》的辑刻成功，是乾嘉学术发展的必然结果，也是清代重版本、重考证、重校勘的良好学风的绝好诠释。鲍廷博科学的、符合文献学规范的辑刻丛书的完善体例，更是为后来丛书的编刻提供了一种范式，在古代图书编纂史上产生了重要影响，具有较高的学术研究价值。

四　章节结构

绪论阐述了鲍廷博的学术活动概况，回顾了学界对鲍廷博及其《知不足斋丛书》的研究历程，指出现有研究取得的丰硕成果及存在的不足，并述及本书的研究方法、思路及意义。第一章从广义上考察了鲍廷博的著述情况，重点揭示了南京图书馆藏《花韵轩咏物诗存》的文献及文学价值。第二章研究鲍廷博刻书，首次探讨了为知不足斋刻书的刻工及刻书费用等重要问题。通过对《汪氏振绮堂刻书》的深入研究，指出"鲍刻六种"是鲍廷博知不足斋为振绮堂所刻之书。探讨了《知不足斋丛书》中《永乐大典》辑佚书的刊刻情况，从而深化了对鲍廷博辑佚学思想的认识。第三章研究《知不足斋丛书》

的校勘问题，认为《丛书》较高的校勘质量，是由藏书家和学者组成的双重校勘群体决定的。从南京图书馆藏刊刻底本《归潜志》《吹剑录外集》入手，对鲍廷博的校勘实践作了细致入微的剖析，从而对《知不足斋丛书》的校勘作出了客观评价。《知不足斋丛书》初印本与后印本的研究，以及对《金楼子》校刻问题的考察，对正确认识《丛书》版本，更好地进行古籍整理研究，有积极意义。第四章借助藏书志等文献记载，通过寓目善本的抽样校勘，逐一考察了《知不足斋丛书总目》稿本未曾注明的书籍刊刻底本，并梳理了底本、校本的收藏地，具有较高的学术价值。第五章是鲍廷博知不足斋书事丛考，首次揭示了国家图书馆藏清抄本《一角编》中鲍廷博画像的价值，对《知不足斋丛书》和《宛委别藏》的版本价值予以了比较研究，对刘尚恒《鲍廷博年谱》作了订正、补充，新辑鲍廷博稀见序跋五十余则，可补《知不足斋序跋题记集录》与《鲍廷博题跋集》之不足，并论及知不足斋藏书总量及《四库》献书的相关问题。结论对鲍廷博的学术贡献予以了充分肯定。

《花韵轩咏物诗存》是现存的鲍廷博的唯一著述，此书最好的版本为南京图书馆藏本，因此本尚未影印出版，读者难得一见，故全文过录，作为本书附录一；此外，本书还广泛辑录了与鲍廷博相关的诗词作品作为附录二，以推动研究的不断深入。

第一章　鲍廷博著述研究

鲍廷博的多种著述未能流传后世，无疑是一种遗憾。本章将从广义上对鲍廷博的著述作一番钩沉考索。重点考察《花韵轩咏物诗存》的文献及文学价值，并辑补鲍廷博的诗词作品，尽可能呈现其文学创作的全貌。

第一节　鲍廷博著述考

"夫君工诗，格近晚唐，而夕阳诗尤著。所著多厄于火，唯《花韵轩小稿》二卷、《咏物诗存》一卷行世，盖晚岁记忆所录也。"① 赵怀玉云鲍廷博的著述在火灾中大多被毁，留存于世的《花韵轩咏物诗存》是根据晚年回忆重录的。

关于这次失火，方薰《渌饮不戒于火诗以慰之》云：

丹铅万卷竟成灾，辛苦平生较勘来。直欲搜罗空鲁壁，何期落劫等秦灰。古人岂负为君累，造物因兼忌尔才。检点百城余几辈，焦头烂额尽邹枚。

家具无多一炬残，偏逢露次雪风寒_{时值严冬}。频年托画神楼易_{昔人卜居不得，文待诏为作《神楼图》}，举室牵船住岸难。生计客愁焚后尽，赐书天护老来欢。世无杜甫诗中屋，乞与妻孥得暂安。②

---

① （清）赵怀玉：《亦有生斋续集》卷六《恩赐举人鲍君墓志铭》，清道光元年（1821）刻本。
② （清）方薰：《山静居遗稿》卷四，清嘉庆刻本。

赵怀玉云："辛亥冬，以文以其中尚可汰减，复寄商定，未浃旬而以文家失火，所藏梨枣半付六丁。"① 可知乾隆五十六年（1791）冬，鲍廷博书斋发生火灾，藏书损失严重。又《知不足斋主人传》云："余与先生交有年矣。忆自壬子仲冬，先生在金盖为营御书楼计，书为纯庙所赐，书曰《图书集成》，是缘住宅被灾故，先生气宇闲雅，未尝亟亟也，事遂中止。"② 乾隆五十七年（1792）冬天发生火灾，迫使鲍廷博停止了修建御书楼以存放《古今图书集成》的计划。那么火灾究竟发生在乾隆五十六年（1791），还是在五十七年（1792）？以上两条文献记载存在差异。通过对《金盖心灯·知不足斋主人传》的查考，发现其记载偶有失当之处③，且赵怀玉与鲍廷博交情深厚，故火灾发生于乾隆五十六年（1791），当更可信从。

鲍廷博鼓励锁冯普完成《古今姓汇》④，并支持吴枚庵将其词集刊刻成书⑤，而且在《知不足斋丛书》中刊刻了汪辉祖的《佐治药言》和《续佐治药言》，为魏之琇刊刻其《岭云诗钞》，但鲍廷博对自己的著述却迟迟未予刊刻。直到嘉庆十年（1805），鲍廷博已七十八岁之时，与其相交四十年的汪辉祖劝说其将关于书籍的考订心得撰录成书，但鲍氏却将心血与家资全部倾注于他人著述的校刻而无暇顾及，只是一笑了之。⑥

---

① （清）赵怀玉：《亦有生斋集》卷二《炙砚琐谭序》，清道光元年（1821）刻本。
② （清）闵苕旉著，鲍廷博注，鲍锟评：《金盖心灯》八卷、附《道谱源流图》一卷、《龙门正宗流传支派图》一卷，南京图书馆藏清光绪二年（1876）云巢古书隐楼刻本。
③ 按：后文"鲍廷博注《金盖心灯》"条有辨析，此处不赘。
④ 《古今姓汇·凡例》云："余撰次是编，花韵轩主人怂恿成事，笺释多所商订。"（季秋华辑：《知不足斋序跋题记集录》，国家图书馆出版社2010年版，第51页。）
⑤ "吴翌凤词集未刊本"条云："数年以来，余得词四十余阕，汇为一卷。长塘鲍廷博怂恿刻之，并题四诗于后。"又云："余自惭荒秽，终未敢出以问世也。"（季秋华辑：《知不足斋序跋题记集录》，国家图书馆出版社2010年版，第355页。）
⑥ （清）汪辉祖：《病榻梦痕录·余》："十二月十二日，鲍君以文东渡，喜阴雨连日，藉可信宿盘桓。予交以文四十年，《双节》诗文刻碑镂板具费心力。尔来岁一访予，今七十有八，精神愈健，谈说旧事，靡靡可听，于书籍尤殚见洽闻，尝劝其录记异同存佚，以资考订，以文每笑颔之，至今尚未属笔。"［清道光三十年（1850）龚裕刻本］

鲍廷博的著述中，现存最完整的是其诗集《花韵轩咏物诗存》。北京大学图书馆藏《知不足斋随笔》抄本，是其读书笔记。复旦大学图书馆藏《知不足斋宋元文集书目》抄本，反映了其所收藏的集部书的大体面貌。鲍廷博一生中撰写了大量的藏书与刻书题跋，具有较高的学术价值。鲍廷博深谙道教文化，曾为《金盖心灯》作注。此外，鲍廷博的著述，还有仅见于文献记载的《知不足斋日记》抄本。

一 《知不足斋日记》抄本

丛书之刻，至国朝而始精。若歙之鲍、吴之黄、金山之钱，张南皮所谓五百年中决不泯灭者也。然士礼居专重景宋，秘笈无多；守山阁专取《四库》未刻之本，犹嫌其经说及考据书太多，而唐宋说部及前人遗集独少。唯《知不足斋》三十二集①，于四部无所不收，而杂史、小说两种，所收犹夥。皆据精本、足本付刊，绝无明人专擅删改之弊。且巾箱小册，最便流通，其有功文献者，更在黄、钱上矣。南海潘峄琴学士衍桐尝言，曾在扬州书肆，见有《知不足斋日记》抄本数帙，密行细字，是渌饮老人真迹，皆记所得古书始末，及与乾嘉诸老往还商榷之语，于古刻之优劣、鉴别之方法，收藏家传授之源流，皆言之綦详。次日往购，则已为他人取去矣。此书未经劫火，当仍在世间，海内好事家倘为之刻布流传，其声价当在《皕宋一廛赋》② 之上也。③

潘衍桐（1841—1899），字荟廷，号峄琴，南海（今广东广州）人，同治七年（1868）进士。由编修累官翰林院侍读学士。光绪十四年（1888）督浙江学政。著有《朱子论语集注训诂考》《两浙輶轩续录》《拙余堂诗文集》等。潘氏云《知不足斋日记》为鲍廷博手

---

① 按：《知不足斋丛书》为三十集。
② 按："皕"，误，当作"百"。
③ 李孟符，张继红点校：《春冰室野乘》（《民国笔记小说大观》第1辑），山西古籍出版社1995年版，第169页。

迹，记载书籍授受源流、版本优劣、鉴别方法及与乾嘉学者探讨校勘之语，当是鲍氏多年藏书之心得，为研究鲍廷博相关问题之珍贵文献，惜今已不知流落何处。

二 《知不足斋随笔》抄本①

北京大学图书馆藏《知不足斋随笔》抄本，二卷，作者题署为"歙县鲍廷博辑"。版框19.35×12厘米，每半叶九行，行二十四字。钤"德化李氏凡将阁珍藏"、"木犀轩藏书"、"明墀之印"、"李氏玉陔"、"李印盛铎"、"李滂"、"少微"、"李盛铎读书记"和"北京大学藏"印，为李盛铎木犀轩藏书。《知不足斋随笔》上册收录了304条，下册收录了289条，共计593条。因此书尚未影印出版，读者不易得见，故笔者摘录其中二十二条如下，以明其面目。

1. 十四日，晚晴。开南窗观溪山。溪中绝多鱼，时裂水面跃出，斜日映之，有如银刀。垂钓挽罾者弥望，以故价甚贱，僮使辈日皆餍饫。土人云"此溪水肥，宜鱼"，及饮之，水味果甘，岂信以肥故多鱼邪？溪东南数峰如黛，盖青山也八十四字。

按：《知不足斋随笔》卷上。出自《入蜀记》卷二。

2. "外台"，见唐《高元裕传》："故事，三司监院官带御史者，号外台。得察风俗，举不法。"监院属三司，如杨子院是也，皆财货转易之地，故今监司亦号外台，皆以察风俗，举不法。刘梦得《和南海马大夫》云："汉家旌旆付雄才，百越南溟统外台。"以马总带御史大夫也九十六字。

按：《知不足斋随笔》卷上。出自《猗觉寮杂记》卷上。

3. 世之大儒，有其论不可晓者，欧公以《系辞》非孔子之言，诋之甚力。苏子由解诗不用《诗序》，今用其说，尚解不行，乃去而不用，以自己意解之。且如《七月》"陈王业也"云云，故其诗陈农桑之事，与《序》合，若子由不用《序》，"陈王业"一句，不知一篇为何而作，此易晓者。其他诗有未易晓者，若不用《序》，则尤更

---

① 按：刘尚恒云《知不足斋随笔》"应为鲍氏读书时的条目式札记，只是目前尚不能确知抄摘哪些书"。(《鲍廷博年谱》卷首，黄山书社2010年版，第17页。)

茫然一百十四字。

　　按：《知不足斋随笔》卷上。出自《猗觉寮杂记》卷上。

　　4.《尔雅》非周公书也。郭璞序云"兴于中古，隆于汉氏"，未尝指为周公，盖是汉儒所作，亦非中古也。其言多释诗，以是知之，"如切如磋，如琢如磨"，"瑟兮僩兮，赫兮喧兮"之类，皆卫诗；"猗嗟名兮"，刺鲁诗。是皆列国之风，非周公与中古时明矣八十八字。

　　按：《知不足斋随笔》卷上。出自《猗觉寮杂记》卷上。

　　5.余尝疑苏子由解《诗》不用《序》，以为非子夏所作。子夏所作，见《文选》。考《后汉·儒林传》，卫宏作《毛诗序》，得风雅之旨，于今传于世。又《隋·经籍志》："初，毛公作《诗序》，卫宏益之。"乃知子由亦有所本。王介甫《答韩求仁书》则云："序《诗》者，不知何人，然非达先王之法言者，不能为也。故其约而明，肆而深，要当静思熟讲之，不当疑其失。"荆公亦不知为卫宏作也。退之谓子夏不序《诗》，汉之学者籍之子夏是已一百四十八字。

　　按：《知不足斋随笔》卷上。出自《猗觉寮杂记》卷上。

　　6.汉石经，灵帝时蔡邕与堂溪典、杨赐等建，请邕书，刻石立太学门外。《北史·刘芳传》：汉造石经于太学，学者文字不正，多往质焉，号"石经"。唐石经，文宗时，郑覃以宰相兼祭酒建言，乃表周墀、崔球、张次宗、孔温业等是正其文，刻于石见本传。晋惠时，裴頠奏修国学，刻石写经。本朝石经，胡恢所书一百八字。

　　按：《知不足斋随笔》卷上。出自《猗觉寮杂记》卷下。

　　7.东野诗云："静木有恬翼，潜波无躁鳞。乃知喧竞场，莫处君子身。"盖谓君子之立身，不容不择其所。寓言云："谁谓碧山曲，不废青松直。谁谓浊水泥，不污明月色。"是又欲和光而同尘也。下句亦本太白"独漉水中泥，水浊不见月"，第反其意耳九十字。

　　按：《知不足斋随笔》卷上。出自《对床夜语》卷四。

　　8.姜白石云山句。

　　姜尧章诗云："小山不能云，大山半为天。"造语奇特。王从周亦云："未知真是岳，只见半为云。"似颇近之。然较之唐人"野水多于地，春山半是云"之句，殊觉安闲有味也六十二字。

　　按：《知不足斋随笔》卷上。出自《归田诗话》中卷。

9. 借人典籍，皆须爱护，先有缺坏，就为补治，此亦士大夫百行之一也。济阳江禄，读书未竟，虽有急速，必待卷束整齐，然后得起，故无损败，人不厌其求假焉。或有狼籍几案，分散部秩，多为童幼婢妾之所点污，风雨犬一本作虫鼠之所毁伤，实为累德。吾每读圣人之书，未尝不肃敬对之，其故纸有五经词义及贤达姓名，不敢秽用也。

按：《知不足斋随笔》卷下。出自《颜氏家训》卷上《治家篇》第五。

10. 算术亦是六艺要事，自古儒士论天道、定律历者，皆学通之。然可以兼明，不可以专业。江南此学殊少，唯范阳祖暅暅音亘精之，仕至南康太守。河北多晓此术。

按：《知不足斋随笔》卷下。出自《颜氏家训》卷下《杂艺篇》第十九。

11. 《汉书》中有"录囚"，《唐书》中有"虑囚"，《集韵》载"录"，音力倨切，分晓是"录囚"，其义且明白，盖北音"录"为"虑"，高丽人写私书，皆以乡音作字，中国人观之，皆不可知。余尝见"絛环"二字写作"唾环"，余皆类此，《唐书》一时书手误写，后人因而讹之。

按：《知不足斋随笔》卷下。出自《山居新话》卷三。

12. 顷年，西湖上好事者所置船舫，随大小皆立嘉名。如"汎星槎"、"凌风舸"、"雪篷"、"烟艇"，扁额不一，夷犹闲旷，可想一时风致。今贵游家有湖船，不患制名不益新奇，然红尘胶扰，一岁间能得几回领略烟波？但闲泊浦屿，资长年三老闭窗户以适昼眠耳。园亭亦然。

按：《知不足斋随笔》卷下。出自《清波杂志》卷十二。

13. 余尝见《本事曲》《鱼游春水》词云："因开汴河得一碑石，刻此词，以为唐人所作。云'嫩草初抽碧玉簪，绿杨轻拂黄金毯'，盖用唐人诗'杨柳黄金毯，梧桐碧玉枝'。今人不知出处，乃改作'黄金蕊'或'黄金缕'。"又如周美成《西河词》"赏心东畔淮水"，今作"伤心"，如此之类甚多。

按：《知不足斋随笔》卷下。出自《西塘集耆旧续闻》卷九。

14. 陈衍云："大痴论画，最忌曰甜。甜者，秾郁而软熟之谓。凡为俗、为腐、为版，人皆知之，甜则不但不之忌，而且喜之，自大痴拈出，大是妙谛。"余谓不独书画，一切人事皆不可甜，惟人生晚景宜之。

按：《知不足斋随笔》卷下。出自《山静居画论》卷上。

15. 千文题曰"敕员外制"，"敕"当作"梁"，盖传写误也。当时帝王命令尚未称"敕"，至唐显庆中始云"不经凤阁鸾台，不得为敕"，"敕"之名始定于此。智永禅师居长安西明寺，自七十之八十岁写真草千文八百本，每毕，人争取之，但作"律召调阳"，皆是。徐常侍最号博古，亦误为"吕"字。

按：《知不足斋随笔》卷下。出自《五总志》。

16. 画松，古人立势率多平正，取法不以奇怪为尚，发枝亦须上下虚实得宜，主树势有虚实，衬树随处生发位置。

按：《知不足斋随笔》卷下。出自《山静居画论》卷上。

17. 余题黄节夫所临唐元度《十体书》卷末云："游戏墨池传十体，纵横笔阵扫千军。谁知气压唐元度，一段风流自不群。"当改"游"为"漫"，改"传"为"追"，以"纵横"为"真成"，便觉两句有气骨，而又意脉联贯。

按：《知不足斋随笔》卷下。出自《藏海诗话》。

18. 凡学书，当先学偏旁。上下左右与其近似者，皆不相远。熟一偏旁，则数十字易作矣。凡作字，宜和墨调笔，使毫墨相受，燥润适宜。厚墨则藏锋，纸平、身正、腕定、指固，则结字有准矣。

按：《知不足斋随笔》卷下。出自《独醒杂志》卷八。

19. 项平庵曰："人生一世，谁能独佚？但当明其不可息之说，而勉吾之倦，则所遇无险，易而安矣。"又曰："处事者，必验之心，自心不安，则人心不服，人心不服，则己不得安。"又曰："读书观物，必尽用以治己，则不枉用功七十九字。"

按：《知不足斋随笔》卷上。出自《庶斋老学丛谈》卷中之上。

20. 东坡云："此生有味在三余。"用董迈"冬者，岁之余；夜者，日之余；阴雨，月之余"，皆为闲暇无事时也。人有疑阴雨者，盖阴雨则无出入，无宾客，俗事少，故可以读书。余尝验之，则知古人不虚语也七十二字。

按：《知不足斋随笔》卷上。出自《猗觉寮杂记》卷上。

21. 十六日，郡集于道院，历游城上亭榭。有坐啸亭，颇宜登览。城濠皆植荷花。是夜，月白如昼，影入溪中，摇荡如玉塔，始知东坡"玉塔卧微澜"之句为妙也五十七字。

按：《知不足斋随笔》卷上。出自《入蜀记》卷二。

22. 杜云："若耶溪，云门寺，吾独胡为在泥滓！"《南史·何胤传》：居若耶溪云门寺。杜全用此六字。又《前汉·食货志》："天用莫如龙，地□□马。"子美《遣兴》诗取两句为两篇首句六十二字。

按：《知不足斋随笔》卷上。出自《猗觉寮杂记》卷上。

由上可知，《知不足斋随笔》为鲍廷博从各书摘抄之内容，多为名人轶事（如苏轼）、风光景物（如银殿山、独秀山、屏风山）、书画技法、文学理论（诗话），偶有涉及藏书、校勘、辨伪等。这二十余条出自于《入蜀记》《猗觉寮杂记》《对床夜语》《归田诗话》《颜氏家训》《山居新话》《清波杂志》《西塘集耆旧续闻》《山静居画论》《五总志》《藏海诗话》《独醒杂志》和《庶斋老学丛谈》等。细审以上书籍，均为《知不足斋丛书》所收之书。笔者虽未检索书中每条文字的出处，但窥一斑而见全豹，可知《知不足斋随笔》为鲍廷博校勘、刊刻《知不足斋丛书》时的读书笔记，应是鲍氏摘抄的书中感兴趣的内容，因而比较零乱，不成系统。

《知不足斋随笔》仅存于北京大学图书馆，它的保存说明《知不足斋丛书》收录的二百余种书籍均经过了鲍廷博认真、仔细地阅读，也从侧面反映出鲍廷博对《丛书》校刻所耗费的心血，具有一定的文献价值。

三 《知不足斋宋元文集书目》抄本

复旦大学图书馆藏清抄本《知不足斋宋元文集书目》[①]，书名下有"癸亥夏日录存"，钤"公孟"印。"唐人文集"类钤"公孟手抄"印。"本书'宁'字缺笔，避道光帝讳……复旦图书馆著录作志学斋抄本，志学斋为清武进徐寿基斋名。"[②] "寿基字桂珤，武进人，

---

① 林夕主编：《清代著名藏书家书目汇刊》（明清卷）第23册，商务印书馆2005年版，第171—229页。

② 来新夏主编：《清代目录提要》，齐鲁书社1997年版，第75—76页。

光绪六年进士,山东某知县,博学工文,著述颇富,并精赏鉴。"①

《知不足斋宋元文集书目》由五部分组成,分别著录唐人文集 16 种、宋人文集 200 种②、南宋人小集 66 种、金元人文集 138 种、宋元总集 8 种,共计 428 种。鲍廷博藏书遍及四部,唯独将宋元集部书汇编成目,可见其珍爱程度及藏书中的重要地位。

"唐人文集"有文集 7 种、诗文集 8 种、诗集 1 种、抄本 4 种、刻本 12 种。著录项包括书名、时代、官职、作者、籍贯、卷数、诗、文集或诗文合集、刻本或抄本。书名,诗、文集或诗文集用大字著录,其余皆用双行小字著录。

"宋人文集"类著录图书 200 种,其中注明为文集的有 21 种、诗集 46 种、诗文合集 129 种、抄本 125 种、刻本 75 种。

"南宋人小集"著录 66 种图书,其中《抱拙小稿》《野谷诗集》《云泉集》《江浙纪行诗》和《采芝集》未著录卷数。此类书籍题名多为"小集"或"小稿",确为名副其实,卷数为一卷的有 50 种,占南宋小集总数的将近 75%。

"金元人文集"共著录图书 138 种,其中《静春堂集》未著录抄本或刻本。对《剡源诗文集》的著录较为详尽,著录为诗文集,其文集为刻本,诗集为抄本。书目著录时有意识地将同一作者的作品排列在一起,在后一作品的著录项中承上省略时代、作者、籍贯,只著录卷数,诗、文集或诗文集,刻本或抄本,如《翠寒集》"元宋无著,晋陵人,一卷",紧接着著录"《嶀吰集》同上,一卷",《须溪集略》也是同样的著录方式:"同上,四卷。"

"宋元总集"共著录图书 8 种,是元、明、清人所编选的宋元作品总集。著录顺序与前不同,著录项分别为书名、卷数、朝代、编选者、籍贯,抄本或刻本。同一作者编选的作品也采取承上省略的方式,如《元艺圃集》四卷,用"同上"省略朝代、编选者、籍贯,只注明刻本。最后一种为《群贤小集》,只著录了书名。

总体来看,整部《书目》的著录体例较为严谨,著录内容较为完

---

① 张季易编:《清代毗陵名人小传稿》卷九,新文丰出版公司 1981 年版,第 9 页。
② 按:《清代著名藏书家书目汇刊》(明清卷)第 23 册 174 页和 175 页影印重复。

整，对查考书籍有一定作用。其中著录"《景迁生集》，宋中书舍人晁说之著，钜野人，二十卷，小山堂藏本，诗文，抄本"；又"《徐清正公存稿》，宋礼部侍郎徐鹿卿著，丰城人，六卷，小山堂藏，诗文，抄本"等，个别书籍的著录中有"小山堂藏本"或"小山堂藏"，可见《书目》亦关注书籍的递藏源流。

《知不足斋宋元文集书目》反映了鲍廷博收藏的集部书的大部分情况，在知不足斋藏书总目没有传世的情况下，它的保存弥足珍贵。

四　《花韵轩咏物诗存》

鲍廷博的书斋除知不足斋外，还有赐书堂、宝绘堂、困学斋、青柯亭、花韵轩等，其中花韵轩之名十分雅致，鲍廷博将其诗稿命名为《花韵轩咏物诗存》。

咏物诗，是"以草木虫鱼鸟兽及各种自然现象为题材的诗歌"①。鲍廷博的咏物诗描摹光景，寄托遥深。作为藏书家，书香、书味、书声、书灯等书斋之物，自然成为鲍廷博首先摹写吟咏的对象，《书香》云"子孙能读留应久，笔研微沾洗不消"②，表达了收藏典籍，供后人阅读的愿望。《书声》其一云："一灯青处久琅琅，声彻东风出苑墙。醉读《离骚》音激楚，冷吟蟋蟀韵谐商。"③《书声》其二云："键户咿唔手一编，晨鸡未动响先传。"④《诗》其六云："重编甲乙谁相定，一字推敲久未安。"⑤《书味》云："一编相向食先忘，玩索回时味转长。"⑥ 鲍廷博刻苦读书和为一字之疑反复推敲的场景于

---

① 傅璇琮等主编：《中国诗学大辞典》，浙江教育出版社1999年版，第1162—1163页。
② （清）鲍廷博：《花韵轩咏物诗存》，广东省立中山图书馆、中山大学图书馆编：《清代稿抄本》第25册，广东人民出版社2007年版，第546页。
③ （清）鲍廷博：《花韵轩咏物诗存》，广东省立中山图书馆、中山大学图书馆编：《清代稿抄本》第25册，广东人民出版社2007年版，第546页。
④ （清）鲍廷博：《花韵轩咏物诗存》，广东省立中山图书馆、中山大学图书馆编：《清代稿抄本》第25册，广东人民出版社2007年版，第546页。
⑤ （清）鲍廷博：《花韵轩咏物诗存》，广东省立中山图书馆、中山大学图书馆编：《清代稿抄本》第25册，广东人民出版社2007年版，第557页。
⑥ （清）鲍廷博：《花韵轩咏物诗存》，广东省立中山图书馆、中山大学图书馆编：《清代稿抄本》第25册，广东人民出版社2007年版，第546页。

此毕见。《书厨》中"版扉勤启防新蠹,银钥严扃避巧偷"①,是藏书家保藏图书的生动再现。写日常生活中的事物也与"书"密不可分,如《枕》:"囊底书奇人未见,床头金尽汝先知。"②《当票》:"架防虫鼠心徒切,势杂龙蛇字费猜。"③ 鲍廷博校勘图书,丹黄满椠,为书籍的收藏和刊刻散尽千金,晚年生活困顿,这些内容在其诗歌中反映较多。

美丽娇艳的花朵也是诗人所关照的对象,如《庭花八咏》中的梅、桃、李、杏等,还有一些很少被人注意的稻花、蓼花、荻花、菜花,也在其生花妙笔下展现出光彩,如《稻花》:"扫尽春风桃李场,此花端合殿群芳。英英已作云腴色,郁郁先含饭甑香。望里珠光辉万亩,意中玉粒满千仓。东阡南陌循行遍,大胜闲游到洛阳。"④ 各种自然现象和动物也激发着诗人敏感的诗思,如晓月、雨声、雪、蟋蟀等。辣酱等生活俗物也被带进了诗歌的殿堂,真可谓雅俗结合,亲切可人。

鲍廷博夕阳诗享有盛誉,有"鲍夕阳"之称⑤。"夕阳"是鲍廷博表现其生命体验的典型意象,面对时光流逝、壮志未酬,心中充满了焦虑和感伤,但诗人并未就此消沉,而是更加积极地面对贫病交加下的藏书、刻书事业。"夕阳"意象透露出鲍廷博垂暮之年的无奈,但夕阳毕竟还有温暖,诗人对生命的热情,并未因光阴的逝去而消退,反而更加强烈,如《夕阳同魏玉横郑弗人作》:"背我青春同苙苆,饶人白发肯从容。宁知老眼增明处,瞥到云山第一峰。"其三云:"转眼却如花易落,无情不挽水西流。"其四云:"片晴春梦无踪迹,一霎秋山乍老苍。"其九云:"匆匆弹指去来今,怕见斜阳阁远岑。""肯与春宵同论价,直须一刻万黄金。"其十云:"急管弦中争一刻,

---

① (清) 鲍廷博:《花韵轩咏物诗存》,广东省立中山图书馆、中山大学图书馆编:《清代稿抄本》第25册,广东人民出版社2007年版,第546页。

② (清) 鲍廷博:《花韵轩咏物诗存》,广东省立中山图书馆、中山大学图书馆编:《清代稿抄本》第25册,广东人民出版社2007年版,第547页。

③ (清) 鲍廷博:《花韵轩咏物诗存》,广东省立中山图书馆、中山大学图书馆编:《清代稿抄本》第25册,广东人民出版社2007年版,第547页。

④ (清) 鲍廷博:《花韵轩咏物诗存》,广东省立中山图书馆、中山大学图书馆编:《清代稿抄本》第25册,广东人民出版社2007年版,第555页。

⑤ (清) 阮元:《定香亭笔谈》卷二,清嘉庆五年(1800)扬州阮氏琅嬛仙馆刻本;(清) 法式善:《梧门诗话》卷七,《清代稿本百种汇刊》,文海出版社1974年版。

曲阑干畔立移时。"其十七云："西窗一半影悠悠，晚景天应为我留。"《诗存》中鲍廷博与友人唱和的十七首夕阳诗，使交游唱和活动跃然纸上。这种同题共作的诗歌唱酬活动是鲍廷博藏书、校书之余的风雅享受，也是诗友门竞相显示才华，抒发内心情感的重要途径。

此外，《花韵轩咏物诗存》中鲍廷博怀念友人的诗歌情真意切，读后令人凄然，晚年的沧桑感俯拾即是，《读魏玉横郑弗人夕阳诗感念畴昔怆然于怀》《兰如鄂严相继下世重题诗后以寄哀思》《重感夕阳悼兰如即用前韵》《再用前韵悼鄂严》等均是伤感之诗。如：

> 秋日独游湖上追念柳洲弗人昔时倡酬之乐今夕阳遍野而二君墓木已拱诵昔人花前洒泪之句不禁涕洟之集也口占一律以写哀思
>
> 青山满目送凄凉，谁复欢呼共野航。隐隐寒笳动城郭，时时清泪湿衣裳。松楸入望新诗冢，歌吹无声旧酒场。我亦相思愁老去，可堪回首问斜阳。①

鲍廷博的诗歌世界里，是藏书家的爱书，校勘家的勤勉，生命有限的怅惘和对朋友的思念，《花韵轩咏物诗存》更多的是鲍廷博悲凉伤感的晚年心境的真实写照。

五 鲍廷博注《金盖心灯》

南京图书馆藏清光绪二年（1876）云巢古书隐楼刻本《金盖心灯》八卷、前附《道谱源流图》一卷、《龙门正宗流传支派图》一卷。作者题署为"新安鲍廷博渌饮注、武林鲍锟薇庵评"，扉页牌记云"光绪丙子季冬重刊"。每半叶八行，行二十二字，小字双行同，单鱼尾，白口，无行格，钤"丁氏八千卷楼藏书籍"和"南京图书馆藏"印。书首为鲍廷博序、同治十二年（1873）沈秉成重刊序、嘉庆十九年（1814）鲍锟序、嘉庆二十二年（1817）萧抡序，次为鲍廷博所订之《金盖心灯》征考文献录，后为《道谱源流图》。书末

---

① （清）鲍廷博：《花韵轩咏物诗存》，广东省立中山图书馆、中山大学图书馆编：《清代稿抄本》第25册，广东人民出版社2007年版，第564页。

有道光三年（1823）闵苕旉《金盖山纯阳宫古今迹略》、晏端书《闵懒云先生传》、杨维昆《闵懒云先生传》和沈秉成《懒云先生传》。鲍廷博序云："懒云子以礼去官，以病入山二十年矣。其存心也，忠孝以敬；其守身也，纯粹以精；其与人也，慈祥而溥；其为文章也，有渊云之气机，有班、马之疏达。山居日久，著作颇多，均堪传世。庚午秋夕，出其师传《源流》卷册并所撰《心灯》七卷商订于余。夫以千百年来流风逸韵与名山俱隐而未彰，一旦有揭之而行，咸使昭如星月。且其立言得体，崇道德，薄神通，笔笔精严，言言矩矱，诚乎其可以信今，可以传后矣。惟是宣尼有言曰：夏、殷之礼能言之，而杞、宋不足征，文献不足故也。若懒云子幸得以父老之流传，复征文以考献，积十余年耳目心思之力，而成于两旬日之间，盖有足多者矣。余恐后之人以传文之或异而腾其口说也，爰撷其所本据者集注之，第不免有阙漏遗讹于作家云尔。嘉庆十六年岁在辛未三月上巳，新安同学弟鲍廷博既集注已，乃拜叙于古书隐楼，时年八十有四。"

鲍廷博所订之《金盖心灯》征考文献录"凡五十二种"，有《晋书》《新唐书》《元史》《明史》《湖州府志》《乌程县志》《余杭县志》《天台县志》《金盖志略》《桐柏山志》《洞霄宫志》《金鼓洞志》《云林寺志》《钵鉴》《钵鉴续》《金盖云笈》《东原语录》《辍耕录》《菰城拾遗》《太平广记》《佛祖统纪》《灵峰宗论》《余学斋集》等，将"历代全真龙门高道记载可谓搜罗齐全，是研究明清时期全真教派史乃至道教史的重要工具书"①。

卷一《赵虚静律师传》末云："言言绳墨，字字精严，渌饮翁谓《心灯》八卷，其字句都从天平兑过，更无一线可上下者，才阅首篇已信。"卷一《沈太和宗师传》末云："按此质本狂简，克自裁成，渌饮翁谓此篇文字删烦就简而笔笔圆转，浑如明珠，自走于水晶盘中，真乃传神，妙手信甚。"卷八《七笠洞真使传》末："苏柳塘所述虽多讹传，而东生本身事实却与诸书所载相符，足据以传信者，至称韩夫人一节，亦连类而引之。正是以讹订信，讹者现则信者显矣。

---

① 吴士余、刘凌主编：《中国学术名著大词典》，汉语大词典出版社2000年版，第258—259页。

渌饮辨注,更为清晰。"可见鲍锟对鲍廷博注评价很高。卷六《江云城大师传》末注云:"按此篇悉采自江苏吕征所撰原传。"鲍廷博认为此篇不涉主题,应该删去:"愚按,此篇与金盖绝不相涉,何以亦列传于此?盖以其为吕云隐律师之妻。稽律师之开冠山一宗,实与金盖相峙阐扬,且尝至金盖,其门下亦多有居金盖者,为列传于《心灯》,宜矣。若江大师,虽未闻其至山,实为近时女贞班首,且其门下有来山修胡贞女塔院一事,其徒得传其师,若江大师,乌可不列传哉!况纪善不限以格,君子用心,正不必以其曾否至山而妄议删减也。不然,《道藏》所载金盖为古梅华岛,天下隐男贞居之,原不闻有女贞一流也,而近时既有数人,则因时制宜,自应列类矣。或有议此篇与金盖无涉,似应删去者,余故论及之。廷博识。"

《金盖心灯》卷七分为名贤、高人、善士、节妇、善女五类,其中高人类有《知不足斋主人传》:

  知不足斋主人姓鲍,名廷博,字以文,一字通纯,世称渌饮先生。原籍新安,兹因奏居乌程,可谓浙之渊博士矣。其学问、文章脍炙人口,所刊《丛书》华夷并布,以无鲁亥之讹耳。又号"夕阳"者,非其自命,以有"破楼僧打夕阳钟"句,为选诗人艳取,故不足为先生色。先生以休休为宗,恬淡为怀,不求考据,而或过目,自如铭泐;又以别无嗜好,而家富典籍,积数十载,藉书逍遣,遂以博学名。先生初无意于闻达也,已而伟人。先生纳交于前,云台先生踵崇于后,遂令海内名士咸以不见先生为怅,先生自视益加韬晦,此知不足斋之所以名也。余与先生交有年矣,忆自壬子仲冬,先生在金盖为营御书楼计,书为纯庙所赐,书曰《图书集成》,是缘住宅被灾故。先生气宇闲雅,未尝亟亟也,事遂中止。岁丙子特沐今上钦赐举人①,例得一体会试,大吏耸踊北上,先生第感激涕零而已,促之再,先生诺诺而退,然后竟从其志,此其中非具大高旷之学,鲜克不从此境迁者也。

---

① 按:"岁丙子特沐今上钦赐举人",误。鲍廷博蒙赐举人在嘉庆十八年(1813),而非其去世两年后的嘉庆二十一年(1816)。

是岁秋，余以《金盖心灯》质诸先生，先生见而许之，缕为注正引援，并以序言曰姑以俟诸博雅君子。未几先生竟长逝矣。夫以先生之学而自不足乃尔，述其概略，余亦所以自警、警人云。

此《传》所云鲍廷博"一字通纯"及营建御书楼之事，不见于其他文献记载。《金盖心灯》为"道教传记典籍"，"取释氏传灯之义，叙述龙门宗派，人系一传，后附名宦、高人及闺阁之贞婺，禅林之尊宿"[①]，鲍廷博广征博引，为此书作注，说明其对道教文化有较深的认知。

六 藏书与刻书题跋

鲍廷博撰写的题跋是考察其藏书、刻书思想，以及文献学思想的重要文献。其书跋一般包括书名、卷数、时代、著者姓名及字、号，籍贯、官职、生平事迹、撰述目的、内容、价值评判、版刻流传、校勘情况，底本、校本的选择及书籍的授受源流，书目记载、异文考证和佚文辑补等内容。

鲍廷博的版本意识十分明确，特别注重考察书籍的版刻流传情况，对书籍的刊刻主体、年代及地点时有云及，如《公是先生弟子记》跋云："是书一开于乾道，再版于淳熙，此承淳熙校本之旧，尤称完善。"[②] 鲍廷博常常以卷数差异订正讹误，考察书籍的散佚及后人辑录的情况，并通过校勘，比较版本优劣。鲍廷博力求将古本、精校本作为《丛书》刊刻的底本。并有意识地将图书授受源流、版本渊源关系与获藏途径的相关内容写入跋语，以供后人查考，无不显示出其在长期的古籍整理实践中形成的良好文献学修养。鲍氏题跋对书籍真伪的判定也偶有涉及，对书籍作者进行考证，亦可见其综合运用石刻文献、音韵学知识等进行校勘的例证，有理有据，对古籍校正作出了贡献。

鲍廷博的年代意识十分强烈，不仅能对书中年代记载的不同，敏锐地做出判断，亦能适时予以考辨，《西塘集耆旧续闻》跋中体现得

---

① 吴士余、刘凌主编：《中国学术名著大词典》，汉语大词典出版社2000年版，第258页。

② （清）鲍廷博辑刻：《知不足斋丛书》第1册，中华书局1999年版，第309页。

尤为明显。借书、抄书、校书、获藏图书的时间在题跋中常有记载，这为我们了解图书校勘、刊刻等情况提供了线索，对考察鲍廷博不同时期的藏书、刻书活动也很有帮助。

此外，鲍廷博还注重从书目著录的角度考察书籍流传，《郡斋读书志》《直斋书录解题》《延令宋版书目》《文渊阁书目》《宋史·艺文志》等，是鲍廷博考察书籍流传情况时经常翻检的书目。

鲍廷博对书籍的热爱，校勘事业的投入和对友人的深情厚谊多见于其撰写的题跋，这些文字是其生平精力所聚，集学术性与文化性于一体，具有较高的文献价值。

第二节　南京图书馆藏《花韵轩咏物诗存》的文献及文学价值——兼及鲍廷博诗词辑佚

鲍廷博所作诗歌情韵盎然、风雅别致，是咏物诗中不可多得之佳作。其诗歌作品主要保存在《花韵轩咏物诗存》中①，是我们了解其文学造诣、心态、思想及交游的重要文献。

《花韵轩咏物诗存》抄本分藏于国家图书馆、上海图书馆、南京图书馆、安徽省图书馆和中山大学图书馆。《清代稿抄本》已影印出版了中山大学图书馆藏抄本《花韵轩咏物诗存》一卷，为阅读与研究鲍廷博诗歌提供了方便。下文对《诗存》现存各抄本进行了考察，并划分其版本系统，揭示了南京图书馆藏本的文献及文学价值。在此基础上，对未见于《花韵轩咏物诗存》的鲍廷博诗词，作了进一步的辑录，以呈现其诗词创作的整体风貌。

一　现存各抄本叙录

（一）中山大学图书馆藏本

抄本《花韵轩咏物诗存》一卷。每半叶八行，行二十字，有行

---

① 按：王端履云："鲍绿饮先生著有《夕阳诗》一卷，系袖珍刻本，予幼时曾见于汪苏潭处，今无从访觅矣。"此为《花韵轩咏物诗存》有刻本的唯一记载。[（清）王端履：《重论文斋笔录》卷八，清道光二十六年（1900）授宜堂刻本。]

格。卷首有阮元《叙》：

> 咏物之体滥觞于荀卿之赋蚕，风舟于屈子之颂橘，由是鹧鸪、鸳鸯、落花、春草纷纷不一。至李峤、谢宗可始专为一集，其刻画微至，直欲使难绘之神，靡不毕露而后已。歙县鲍君以文少有书癖，搜罗繁富，凡古人之长笺小疏、谰言剩语，一一掌录。中朝开四库馆，进书至七百种以上，名动当宁，因刻其所得《知不足斋丛书》二十余集，虽明人如虞山毛子晋无以踰之，余赠诗所谓"当世应无未见书"者，此也。中年后尤耽吟讽，杖笠所至，一草一木，流连竟日，如"夕阳"一题，多至二十咏，可谓极体物之妙矣。而隶事渊雅，即于小注中见其一二，因裒为《咏物诗存》一册，请书其缘起。余思君生清时，无荀卿、屈子之境遇，而又不若李、谢之切切于时名，模山范水，独标冲澹之旨，不蕲名而名自至。昔"鲍清风"以《孤雁》一篇，至今口之不置，若斯之多且美者，后之人宜若何矜惜之邪？今君年近八十矣，因书此以为之寿。嘉庆十年扬州阮元序。①

阮元字伯元，号芸台，仪征（今江苏仪征）人。清代著名学者，与鲍廷博交往密切，此叙为《诗存》增色不少。阮元作序之嘉庆十年（1805），正值七十八岁的鲍廷博刊刻《知不足斋丛书》中《庶斋老学丛谈》《滦京杂咏》等书及校勘《桐江集》之时。

《叙》后有一则题跋，录文如下②：

> 鲍廷博字以文，歙人，号渌饮。诸生。流寓桐乡之乌镇，藏书极富。四库馆开，进书六百余种。又校刊《知不足斋丛书》三十集，时称善本。嘉庆中钦赐举人，已年八十六，逾岁卒。□《花韵轩咏物诗存》。阮云台编《两浙輶轩录》③，采清以来诗

---

① （清）鲍廷博：《花韵轩咏物诗存》，广东省立中山图书馆、中山大学图书馆编：《清代稿抄本》第25册，广东人民出版社2007年版，第545页。
② 按：题识字迹模糊，无法识别之处用"□"代替。
③ 按："云"，当作"芸"。后文作"阮云台"者，皆同此。此后从略。

人三千余家，廷博尚存，故不入选。集中咏诗第九首末云："抚卷自怜还自笑，《辀轩录》上未登名。"以为憾事也。此卷得于沪上，未□□□，□中脱字误抄者亦不少。丙子夏□□读记。①

此本共收录诗歌175首，词1阕，其中鲍廷博诗歌158首，词1阕。其余17首诗歌为鲍廷博朋友作品。

（二）南京图书馆藏本

抄本《花韵轩咏物诗存》一卷。每半叶九行，行二十一字，无行格。钤"八千卷楼藏书记"和"钱唐丁氏正修堂藏书"印，可知为丁丙八千卷楼藏书。书首为阮元《叙》。

此本共收诗歌181首，词1阕，是目前所见《花韵轩咏物诗存》收诗数量最多的一个版本。其中鲍廷博诗歌164首，词1阕。其余17首诗为鲍廷博朋友所作，分别为魏之琇5首，沈景良2首，赵怀玉1首，何琪1首，方薰1首，金德舆1首，郁礼1首，郑竺1首，范廷甫1首，无名氏1首②，吴长元1首，戴镐1首。

（三）国家图书馆藏两种抄本

国图藏抄本《花韵轩咏物诗存》两种。一种为《鲍夕阳诗》一卷。每半叶八行，行二十字，有行格，版式、行款与中山大学藏本同。阮元《叙》前有题识一则："光绪辛丑三月上巳后八日，购于淮阴儒雅斋古玩店中，归藏于读有用书斋，□莼外史绍如并志。"钤印有"长乐郑振铎西谛藏书"和"长乐郑氏藏书之印"等，可知曾为郑振铎收藏。考察后可知此本与中山本所收诗歌相同，两本同出一源。

另一种为《花韵轩咏物诗存》一卷。每半叶十行，行二十字，无格抄本。钤"沅叔藏书"和"藏园"印，可知为傅增湘藏本。此本扉页有跋云："歙县鲍廷博，字以文，喜聚书，又喜刻书，每得秘本，必精校付刊。《知不足斋丛书》风行海内，至今传为韵事。乾隆间曾拜《图书集成》之赐，故其藏书每钤有'老屋三间赐书万卷'印章，

---

① （清）鲍廷博：《花韵轩咏物诗存》，广东省立中山图书馆、中山大学图书馆编：《清代稿抄本》第25册，广东人民出版社2007年版，第545页。

② 按：中山大学藏本此诗作者题"夏璜"。

亦可谓极稽古之荣矣。此《花韵轩咏物诗存》一卷，首有嘉庆十年阮文达公一序，缮写精好，卷帙完整，世无雕本，流传已稀，岁阑得此，跋而藏之，清课亦清福也。光绪丁酉祭诗前四日，镜西识。"钤"镜西"印。考察后可知此本与南图本所收诗歌相同，应同出一源。

（四）上海图书馆藏本

抄本《花韵轩咏物诗存》一卷。每半叶八行，行二十字，无行格。钤"华亭封氏箦进斋藏书记"印，为封文权箦进斋藏书。书首为阮元《叙》。此本共收录诗歌84首。

书首有草书跋云："此卷曾刻于丛书，庚子春托王嘉銭司马丙□氏觅得，越一年乃抄成，□甬韵□□意学放翁□□□在，不足传后也。辛丑□春。"又《花韵轩咏物诗存·叙》后草书题识云："咏物之格最卑，余年来遇咏物题□以倚□写之韵，亦间作，皆未风□□物来编入外集，附□试帖之后，亦不忍割弃。"书末有草书题跋："咏物自以老杜为最高，否则寓意之作如渔洋《秋柳》，再次书写性灵，不□不即，方为能手。若意近平庸，词无鲜落，吾无取焉。□□□□，余亦有咏物之作存稿，存十之一二耳。年来□□酬应□斐然，□编入外集。"

通校数条后，可知此本与中山大学藏本同，应属同一版本系统。惜为节录本，内容不及中山本完整。

（五）安徽省图书馆藏本

抄本《花韵轩咏物诗存》一卷。每半叶九行，行二十字，有行格，左边框外题"陈氏慎初堂钞本"或"海宁陈氏慎初堂钞本"，钤"安徽省图书馆藏书"印。此本为陈乃乾慎初堂抄本。陈乃乾，海宁（今浙江海宁）人，是清代藏书家陈鳣之后裔，藏书斋有慎初堂和共读楼。抄本首为阮元《叙》。考察后可知此本收诗顺序、数量与中山本同，文字几无二致，可知与中山本属于同一版本系统。

二 两个版本系统及其比较

通过对各馆所藏《花韵轩咏物诗存》的考察，可知《诗存》有中山本和南图本两个系统。两个版本系统存在诸多不同，以下主要从收诗数量、诗歌文字、编排顺序三个方面予以比较：

（一）诗歌数量

南图本有 23 首诗歌未见于中山本，因此本尚无影印本，难得一见，故将诗歌原文过录如下：

蠹鱼

夕泳朝涵俨在渊，金题玉躞走翩然。剩偿投老耽书癖_{放翁诗}"投老爱书心未已，来生恐堕蠹鱼中"，更结多生食笋缘_{坡诗}"多生味蠹简，食笋乃余债"。逐队何心游学海，脱钩有字饵神仙。芸香莫漫轻相辟，或恐分身是米颠。

秋桑

蚕月匆匆节叙迁，井梧消息遍桑田。入林萧飒凉风爽，绕舍青黄夕照妍。戴胜初飞犹昨日，罗敷重见又明年。条空却值新醅熟，更锡嘉名到酒边_{桑落酒}。

再赋帘

映额钩鞵眼漫狂，小楼何处捉迷藏。斑斑湘泪分残靥，寸寸回波学断肠。借问几时才卷雨，不知底事欲留香。凭谁一放春风入，细数金钗十二行。

灯花

灵根一线毓膏兰，奕奕宵分吐渥丹。小剔翠煤横玉杖，仰承清露湛金盘。问晴私就红闺卜，隔雾轻垂碧帐看。远寄邯郸迟驿使，短檠先与报平安_{郝经诗}"应是灯花怜久客，故随人意报平安"。

其二

煜煜寒斋瑞锦凝，金蕤玉蕊缀银灯。明姿不共春光老，繁艳翻从火色腾。喜报红窗先占鹊，香飘黄卷巧逢僧。夜阑棋子闲敲处，待得郎来落未曾。

其三

一橒分从火树来，小揎红袖与亲栽。夜长浑欲留春住，枝暖还疑向日开。金粟玉虫争灿烂，南油西漆互滋培。何缘却落群芳籍，我欲重将花史裁。

其四

顷刻春回雁足铜，谁令火速代天工。纷争晚谢蜂和蝶，交妒深藏雨又风。吐尽芳心增锦灿，映来人面胜桃红。多情谁信潮阳守，曾道花然锦帐中。

绵鞋

吴蚕熟后履綦临，东郭宁愁雪霰深。顿觉阳乌升厚地，绝胜汤姥共重衾。小分塞上毡裘福，宽称田间老懒心。寄语芒鞋牢挂壁，踏青时节再相寻。

其二

漫笑先生屦不完，解令足下有余欢。蹑云仙峤宁输软，立雪师门最耐寒。踵膝相忘安布袜，头颅未称谢貂冠。古人肯共绨袍赠，感并乌靴赤舄看。

泥孩

百金价重满匡床，那羡人间琢玉郎。丹颊巧旋花靥小，雪肤嫩沁土脂香。不啼梨栗偏安分，解读诗书定异常。绣褓锦绷乔约束，可堪携抱送眉娘顾眉生事，见《板桥杂记》。

杖

孤往年来发兴新，一筇端欲了平生。过头略喜长于我，健足从跨捷似神放翁诗"老夫拄杖捷有神"。荷笠入山同上座，打门赊酒恼比邻。引年却老交相倚，谁是悬崖撒手人。

（阑干）其七 以下二首寓拨云巢作

偏绕琼楼十二间，丹砂谁炼好容颜。登临陟失层霄险，徙倚私偷半日闲。敢厌俉墙多曲折，最怜拾级有跻攀。玉窗珠户遥相映，曾与仙人共往还。

（阑干）其八

十二阑干绕翠鬟，碧城如画俯尘寰。万家井邑凭临外，千古兴亡指顾间。但觉一回增缱绻，不知几度换朱殷。却疑玉笛无人听，可是仙神也欠闲放翁诗"珥貂老仙期不来，空倚阑干吹玉笛"。

花幔

玉津金谷影沉沉，别有藏娇翠幄深。过雨不妨倾国貌，窥园早见惜芳心。浅深色映连书幌，覆被思多抵绣衾。明日绿章封事达，海棠遍为乞轻阴。

纸山 同何春渚作

争裁楮叶捣桑皮，装点南条缀北支。春水几经前渡浣，夏云陡起数峰奇。方惊六六鳌难驾，谁信空空鬼可移。尽把千翻拖半壁，洛阳价贵复奚疑。

其二

迤逦云蓝入望赊，量移楮国近山家。一湾活欠流云水，满坞浓蒸剪彩花。高起势机凌太华，买来价只抵麻沙。寒窗别有书城拥，万卷崔嵬老眼遮。

原作

裹就云蓝色浅深，俨然邱壑气萧森。也知装点工原费，只恐跻攀力不任。巀嶪纵饶千仞势，坚贞难信一生心。奇姿好是空濛里，却怕斜风细雨侵。

其二

仿佛含晖晓月初，一泓只欠绕清渠。休思观海扶筇上，大好摩崖纵笔书。体似膨脝终骫骳，貌加涂饰只空虚。五丁省却推移力，挟取横行任所如。

其三

莫认耐交呼石丈，须知渠是楮先生。买来翻笑钱空费，聚处终输米易成。逸少库中应弃物，季扬谱内漫争名 宋杜绾，字季扬，著有《石谱》一卷。秦邮两岸山光好，赖尔多情伴我行。

其四

良匠模山见未曾，可勘破费剡溪藤。涧声绝少潺潺落，云气何由续续升。谁借浣花心最苦，我怜炼石技兼能。一般玩好归淳朴，冷笑平泉枉自矜。

伞

高密侯封近毕星 高密侯，见《清异录》，影团团处雨冥冥。不教点滴沾衣袂，真似游行在户庭 鲁班妻造伞，谓其夫曰：君为人造居室，固不能移，妾为人所造，能移千里之外。一片云移头上黑，几时眼换马前青 用青凉伞事。解嘲只作寒窗下，浙沥芭蕉侧耳听。

洋钱

白水真人隔渺茫，天教飞渡越重洋。娇分妃面妆才半，雅负兄名孔欠方。龌龊岂甘铜并臭，团圞却喜月争光。雪肤花貌丰圜好，轻薄何堪配沈郎。

再赋杏花

红红白白闹青柯，月下曾闻载酒过_{东坡事}。渐喜故园归计近，那嫌客枕雨声多。窥墙静掩扉双扇，题帕香销墨一螺。争向尊前斗繁艳，红儿舞罢雪儿歌。

当然，中山本所存诗歌亦有16首不见于南图本，分别为《（书灯）其五》《帘钩》《（酒旗）其四》《煮茶声》以及《张征士苕堂买舟湖上山舟太史颜之曰烟波宅予为作十二绝句题之》。因有影印本可供参看，此处不再赘录。

（二）诗歌文字

通校全文，可知南图本与中山本诗歌文字多有不同，举其中4首为例：

书香

重帷深下暗香饶，班氏传来一脉遥。阆苑芳随红杏拆，月宫寒带桂花飘。子孙能读留应久，笔研微沾洗不消。别有清芬染襟袂，还应亲侍紫宸朝。①（中山本）

书香

重帷深下暗香饶，班马传来一脉遥。雪案暖和兰气袭，月宫寒带桂花飘。子孙能读留应久，笔砚微沾洗不消。海舶谩夸名品贵，试开芸帙斗清消。（南图本）

书味

一编相向食先忘，玩索回时味转长。要识中边□有别，欲求烹饪岂无方。酸咸与俗原殊嗜，辛苦从前总备尝。一盏儿时旧灯火，夜深犹自耿龟堂。②（中山本）

---

① （清）鲍廷博：《花韵轩咏物诗存》，广东省立中山图书馆、中山大学图书馆编：《清代稿抄本》第25册，广东人民出版社2007年版，第546页。

② （清）鲍廷博：《花韵轩咏物诗存》，广东省立中山图书馆、中山大学图书馆编：《清代稿抄本》第25册，广东人民出版社2007年版，第546页。

书味

一编相向食先忘，玩索回时味转长。要识中边宁有别，欲求烹饪却无方。酸咸与俗原殊嗜，辛苦从前总备尝。残睡乍醒初掩卷，更于胸次觅余香"睡余书味在胸中"，"掩书余味在胸中"，俱放翁诗。（南图本）

枕

一掬吴绫晚系思，曲屏幽幌睡来时。锦衾有烂欣同荐，长簟空闲懒自支。囊底书奇人未见，床头金尽汝先知。晨鸡催工花梢日，却怪先生梦醒迟。①（中山本）

枕

一觉游仙梦醒迟，钗零粉涴剩相思。锦衾有烂欣同荐，长簟空闲懒自支。囊底书奇人未见，床头金尽汝先知。何当重走邯郸道，更乞回翁借少时。（南图本）

酒旗

望里长亭更短亭，一竿谁系酒旗星。招邀风月归花县，点染溪山入画屏。江岸晴飘诗思迥，河桥晚带别愁青。竹篱茅舍逢迎处，笑解吟骖为小停。②（中山本）

酒旗

知近轩辕第几星，玉鞭遥指影娉婷。招邀风月归花县，点染溪山入画屏。江岸晴飘诗思迥，河桥晚带别愁青。等闲占断萧闲境，竹里高楼面水亭。（南图本）

文以气为主，诗歌尤为如此。作品能否以气脉一以贯之，是评价诗歌出色与否的重要标准。比如，中宗李显幸昆明池赋诗会上，上官婉儿评价沈佺期和宋之问的诗云："二诗工力悉敌，沈诗落句云：'微臣雕朽质，羞睹豫章才。'盖词气已竭。宋诗云：'不愁明月尽，

---

① （清）鲍廷博：《花韵轩咏物诗存》，广东省立中山图书馆、中山大学图书馆编：《清代稿抄本》第25册，广东人民出版社2007年版，第547页。

② （清）鲍廷博：《花韵轩咏物诗存》，广东省立中山图书馆、中山大学图书馆编：《清代稿抄本》第25册，广东人民出版社2007年版，第553页。

自有夜珠来。'犹陡健豪举。"① 可见诗歌末句以气脉豪举为贵，以词气衰竭为下。《枕》这首诗中，南图本较之中山本，增用"邯郸梦"的典故，丰富了诗歌内涵，尾联"更乞回翁借少时"给读者留下了更多的想象空间。《书味》一诗，南图本较中山本尾联也有改动，中山本尾联"一盏儿时旧灯火，夜深犹自耿龟堂"，诗意紧承颈联，表现读书人的勤勉辛苦，却脱离了诗题；而南图本尾联"残睡乍醒初掩卷，更于胸次觅余香"，承接颈联诗意的同时，又转回到诗题"书味"上来，可谓紧扣题目。因此，从诗歌创作的角度来看，南图本文字优于中山本。

（三）编排顺序

中山本鲍廷博《夕阳》20 首之后，便是其朋友沈景良、赵怀玉、何琪、方薰、金德舆、郁礼《题夕阳诗后》6 首，魏之琇、郑竺、沈景良等《夕阳》10 首，然后是鲍廷博《自题夕阳诗后》三首及《读魏玉横郑弗人夕阳诗感念畴昔怆然于怀再题卷后》等怀念朋友的诗歌。而在南图本中，鲍廷博 20 首《夕阳》后，紧接着是《读魏玉横郑弗人夕阳诗感念畴昔怆然于怀再题卷后》等鲍廷博怀念朋友的诗作，然后是沈景良、赵怀玉等《题夕阳诗后》6 首，魏之琇、郑竺等《夕阳》10 首，以及鲍廷博《自题夕阳诗后》3 首。大致来看，中山本鲍氏 20 首《夕阳》后是朋友同作诗，然后是鲍氏怀念友人的诗作，这种编排顺序似乎更符合创作的思维习惯和过程，很有可能反映的是诗歌创作初期的面貌。而南图本则试图将鲍廷博的诗歌作为整体编排在一起，而将其朋友之作置于鲍作之后，似乎是经过仔细思索后的编排，更符合诗集编纂的一般体例，很可能是《花韵轩咏物诗存》编定后的面貌。

两个抄本系统存在诸多差异，应与其创作过程有密切关系。这一百多首诗歌是鲍廷博较长时期的创作成果，应是在单篇诗作的逐渐积累下，形成具有一定规模的诗抄的。鲍廷博是乾嘉时期著名的藏书家、刻书家，加之其夕阳诗享有盛誉，传抄者必众，早年抄录之《诗存》，所收诗歌数量相对较少，后来所录之《诗存》，因有鲍廷博陆续创作的

---

① （宋）尤袤：《全唐诗话》卷一，（清）何文焕辑：《历代诗话》，中华书局 1981 年版，第 62 页。

新作增入，数量必然较多，故而出现两个版本系统收诗数量的不同。至于两个版本系统的异文，可能是鲍廷博在创作某些诗歌后，为精益求精，不断修改润色的结果，如《书味》《枕》等诗作，南图本比中山本诗味更胜一筹，明显带有被加工打磨过的痕迹。此外传抄中出现的异文，也是在所难免的。《诗存》诗歌编排顺序的差异，也可能是后来调整的结果。

此外，《恩赐举人鲍君墓志铭》云："夫君工诗，格近晚唐，而《夕阳诗》尤著。所著多厄于火，唯《花韵轩小稿》二卷、《咏物诗存》一卷行世，盖晚岁记忆所录也。"[①] 赵怀玉指出，鲍廷博的著述在火灾中大多被毁，《花韵轩咏物诗存》是后来根据回忆重录的。可能这也是造成《诗存》流传的两个版本系统存在较多差异的重要原因。

总之，南图本《花韵轩咏物诗存》的价值不可忽视。当然，两个版本系统各有优长，不能偏废，只有将两者结合起来进行整理研究，才能完整呈现出《花韵轩咏物诗存》的面貌，更好地评鉴鲍廷博的文学创作成就。

三　鲍廷博诗词辑佚

鲍廷博创作的诗歌基本收录于《花韵轩咏物诗存》中，但并不完整，仍有部分作品散见于其他文献，故笔者悉心辑录，于《诗存》之外又辑得词作 6 首，诗作 5 首，以便于今后整理较为完备的鲍廷博诗词集。

（一）词作辑佚

沁园春

急管哀丝，谁解玲珑，新声可怜。佇南箕北斗，量珠簸玉，东阡西陌，问舍求田。老冉冉兮，是栖栖者，总怕春寒夜雨连。芳堤上，镇青青不改，草色年年。

如何醉买江天。载鸡犬图书共一船。借柳阴横笛，消磨风月，花间小令，商略云烟。帆去帆来，潮生潮落，只在斜阳白鸟

[①] （清）赵怀玉：《亦有生斋续集》卷六，清道光元年（1821）刻本。

边。从人唤,作潇湘渔父,瀛峤神仙。①

沁园春·题陶篁村西湖泊鸥庄

我羡南村,卜筑西泠,东篱数椽。恰林逋老去,梅花冷落。陶潜小住,杨柳依然。三径初成,两峰相对,喜见山人放鹤还。忘晨夕,伫多情鱼鸟,作态云烟。

先生何许人焉。看须鬓飘飘总欲仙。趁竹窗风度,微欹酒面,柴门月上,私倚吟肩。笑把纶竿,闲堆蓑笠,管领沧波一钓船。渔郎误,指桃源又是,同泊鸥边。②

玉楼春

桃花面暖芙蓉冷,著意端相都未肯。隔帘偷眼太匆匆,对镜凝妆空整整。

光明藏放琉璃境,一片春冰沉古井。请君深掩碧窗纱,分付惊鸿来照影。③

沁园春·题殳山卜居图

卜宅南村,我羡君归,偏饶胜情。指平冈迤逦,云连野寺,远林明灭,烟隔层城。竹里楼高,茶边屋矮,阑槛萧闲水石清。经营遍,还旧时月色,别馆秋声。

迁莺短棹寻盟。喜生客,门前熟犬迎。恰山僧初去,一枰棋乱,春风先到,满树花明。位置壶觞,安排笔砚,为我西窗小榻横。披图笑,问主人何日,日就园成。④

秦楼月·二分明月女子折枝墨桃

风吹折。恼人半面曾相识。曾相识,年年一笑,清明时节。

玉台小试簪花笔。无端点点胭脂黑。胭脂黑,多应错弄,画眉颜色。⑤

浣溪纱·题汤雨生参戎与其配董夫人合绘画梅楼图

爱向孤山蹑屐游,曾经索笑到罗浮,雍容裘带古无俦。

---

① (清)黄燮清:《国朝词综续编》卷七,清同治十二年(1873)刻本。
② (清)黄燮清:《国朝词综续编》卷七,清同治十二年(1873)刻本。
③ (清)黄燮清:《国朝词综续编》卷七,清同治十二年(1873)刻本。
④ (清)黄燮清:《国朝词综续编》卷七,清同治十二年(1873)刻本。
⑤ (清)黄燮清:《国朝词综续编》卷七,清同治十二年(1873)刻本。

更有双成仙侣好，为梅写照替梅愁，输君艳福几生修。①

（二）诗歌辑佚

周生杰于《花韵轩咏物诗存》外，已辑得鲍廷博佚诗 23 首②，分别为《挽金德舆》《题竹诗》《题洞霄图志并诗集后寄张礼恭炼师》《青本〈聊斋〉题辞》《挽汪鱼亭比部》《小寒食乌青泛舟即事诗》《题宋刻六十家小集诗》4 首、《赵味辛舍人刻〈斜川集〉成寄丽煌》2 首、《珠泪诗》3 首、《〈客杭日记〉刻成小诗代跋》4 首、《题吴翌凤词作》4 首。笔者在此之外，又辑得诗歌 5 首，兹录如下：

《潋提集》题辞

不图今有天池子，开卷令人喜欲狂。莫插陶家书架上，亲留全帙付中郎。③

鲍廷博和方薰题画诗四首④

玉版同参舌尚存，蕨甜茶苦拟重论。却嫌路滑山行懒，挂杖烦师自打门。

筠笼万颗泻琼瑰，野老无因一饷来。多喜庵僧能好事，山厨特地为君开。

又是春城絮乱飞，西湖别梦重依依。尊前忽漫添惆怅，莼菜花香土步肥。

使君成竹具胸中，戏写猫头也自工。剩欲少偿餐玉债，万竿烟雨一梳风。⑤

---

① （清）丁绍仪：《国朝词综补》卷二十九，清光绪刻本。
② 周生杰：《鲍廷博佚诗辑考》，《安徽文献研究集刊》2014 年第 6 期，第 39—45 页。
③ （清）阮元辑：《两浙輶轩录》卷二十六"洪简"条，清嘉庆刻本。
④ 按：诗题为笔者所拟。诗前有云："有僧以笋饷方兰坻先生者，先生为作小横卷。箬龙戢戢，生意盎然，又题四绝句其上。渌饮先生见而和之，超超元箸，不著一尘，洵无上逸品也。此图为夏梦禅所藏，丙子冬遇于吴门，出以见示。余为击赏不置，惜无仇池片石易此宝墨。乃题数语，郑重归之。渌饮诗，余不多见，爱录此以见一斑。"
⑤ （清）郭麐：《灵芬馆诗话》卷九，清嘉庆二十一年（1816）刻，二十三年（1818）增修本。

第二章　鲍廷博刻书研究

鲍廷博知不足斋所刻之书为清代版刻中的精品，历来为人们所推崇。过去学者往往注重从知不足斋选择底本精良、校勘精审、刻印精美等角度去评价其刻书质量，然而为知不足斋刻书的刻工群体，并未引起足够重视，一直以来鲜有人辑录、整理，更无系统地研究论述，本章辑录刻工姓名，并对刻书费用等相关问题进行了探讨。其次，通过对鲍廷博知不足斋与汪氏振绮堂之间的藏书、刻书活动的梳理，在借鉴前辈学者研究成果的基础上，考察了《汪氏振绮堂刻书》《振绮堂丛刻》与鲍廷博之间的关系，从而厘清了对"鲍刻六种"的认识。再次，《知不足斋丛书》中刊刻的十四种《永乐大典》辑佚书，是清代辑佚学繁荣发展的产物，鲍廷博十分重视辑佚，对古代典籍的流传状况有准确把握，下文在考察其辑佚活动的基础上，总结其辑佚学思想，进而肯定了其辑佚学成就。

第一节　鲍廷博知不足斋刻工研究

知不足斋所刻书籍和各大图书馆所保存的鲍氏知不足斋抄本中记载了不少刻工姓名，但却没有引起研究者的重视。因此，下文在辑录刻工信息的基础上，对鲍廷博刻书的具体状况重加认识，以此彰显刻工在知不足斋刻书中的重要地位，进而推进对清代刻书业的研究。

一　知不足斋刻工辑录

下表主要根据鲍廷博辑刻《知不足斋丛书》（中华书局影印本，1999年）中保留的刻工信息绘制。知不足斋单刻本用※标示。

书名	卷次/数	时间	字数	写刻工姓名
《南湖集》	卷第一	乾隆庚子秋九月廿六日辛丑写竟	计六千六百五十一字	仁和方溥
	卷第二	十月十三日戊午写竟	计七千九百零九字	溥
	卷第三	月廿日乙丑写竟①	计七百六十九十九字②	溥
	卷第四	十月二十八日癸酉写竟	计六千四百零五字	溥
	卷第五	十一月七日辛巳写竟	计七千零八十四字	溥
	卷第六	十一月十七日辛卯写竟	计七千八百九十五字	溥
	卷第七	十一月十八日壬辰写讫	计五千五百六十八字	仁和陈性安
	卷第八	十一月二十二日丙申写竟	计六千七百五十七字	仁和高擎亭
	卷第九	十一月廿二日丙申写竟	计四千九百八十二字	溥
	卷第十	十一月二十七日辛丑写竟	计六千三百八十七字	彭
	附录上	十二月初七日辛亥写竟	计四千零十三字	溥
	附录中	十二月初七日辛亥写竟	计一千八百四十六字	性安
	附录下	十一月三十日甲辰写竟	计一千三百六十三字	性安
《古文孝经孔氏传》	一卷		通计经一千八百六十一字，传八千七百九十四字	
《石墨镌华》	八卷			仁和陈立方刻，住兴忠巷。
《耕织图诗》	一卷	乾隆辛丑正月十九日壬辰写竟	计一万八千七百零五字	仁和方溥
《万柳溪边旧话》	一卷	乾隆壬寅正月二十九日校写毕	计八千一百八十九字	陈世彭
《故宫遗录》	一卷	壬寅二月二十七日校写竟	计三千三百八十九字	陈世彭

---

① 按：根据前、后卷的写刻时间及此日干支，"月"上脱字当为"十"。
② 按："七"下脱"千"字。

续表

书名	卷次/数	时间	字数	写刻工姓名
《北山酒经》	三卷	乾隆壬寅四月初十日校写讫	计一万二千四百八十四字	陈世彭
《诗传注疏》	三卷	乾隆乙巳仲春校刊	计二万四千五百三十三字	
※《狯园志异》①	十六卷			杭州陈立方刻
※《名医类案》②	十二卷			仁和陈立方写并刻
※《汪水云集》③	一卷			仁和陈载周刻

据上表可知，为知不足斋写刻书籍的有方溥、陈性安、高擎亭、陈世彭、陈立方和陈载周，这些人物无论在《知不足斋丛书》的刊刻，还是在知不足斋所刻之单行本中均屡屡出现，无疑表明这些刻工是为知不足斋写刻书籍的一支较为稳固的队伍，而且这个刻书群体以陈姓刻工居多。此外，负责《南湖集》刊刻的刻工还有方溥、陈性安、高擎亭和彭（彭可能就是刊刻《万柳溪边旧话》《故宫遗录》和《北山酒经》的陈世彭）。从《南湖集》的情况来看，卷帙较多的书籍刊刻，是由多位刻工共同协作完成的。

陆凤台《明清时期安徽的雕版印刷工艺》一文谈及《知不足斋丛书》时云："鲍氏此书虽是在浙江嘉兴邬镇所刻的，但其刻印工人大都来自安徽……这部丛书的版片，笔者于解放前夕曾在苏州图书馆见过。"④ 陆先生又言及安徽刻工流动性较大，常寓居杭州、苏州、

---

① （明）钱希言：《狯园志异》十六卷，天津图书馆藏清乾隆三十九年（1774）鲍氏知不足斋刻本。
② （明）江瓘编：《名医类案》十二卷、附录一卷，国家图书馆藏清乾隆三十五年（1770）鲍氏知不足斋刻本。
③ （宋）汪元量：《水云集》一卷，国家图书馆藏鲍氏知不足斋刻本，王国维校并跋，赵万里校。
④ 陆凤台：《明清时期安徽的雕版印刷工艺》，上海新四军历史研究会印刷印钞分会编：《历代刻书概况》，印刷工业出版社1991年版，第320—321页。

南京等地刻书，但未见徽州刻工为知不足斋刻书的具体说明。① 就笔者目前掌握的资料来看，方溥、陈性安、高擎亭、陈立方、陈载周这几位刻工姓名前均有"仁和"二字，表明籍贯在杭州。加之仁和陈立方"住兴忠巷"，表明刻书者的居所在杭州的兴忠巷，此处可能就是陈立方的刻书之地，此语带有明显的商业广告宣传之意。此外，清乾隆五十三年（1788）赵怀玉亦有生斋刻本《斜川集》附录上有"杭城兴忠巷陈立方缮刊"，可知陈立方也曾为赵怀玉刻书。不知陆先生所谓为知不足斋刻书的刻工大都来自安徽的依据何在？由于缺乏依据，陆说待考。

二 《知不足斋丛书》底本《诗传注疏》中的刻工资料

上海图书馆藏宋谢枋得撰《诗传注疏》三卷，清鲍氏知不足斋抄本，一册，每半叶十二行，行二十五字，无行格。钤"周家书库"、"黄裳藏本"、"黄裳"、"木雁斋"和"上海图书馆藏"等印。抄本末有黄裳手跋，可见其对此抄本之宝爱：

> 此《诗传注疏》三卷，为《知不足斋丛书》底本，卷首尚存鲍以文先生手记一番及增改序文数字。卷尾墨笔增注数处，其余却无校笔。余今日见之沈氏鸣野山房，即携归藏之。鲍记中可觇当日写工工价，亦刊刻书籍之良史料也。如此本别增一印，其价乃当倍蓰。余之跋此，亦欲使后之读者重渌饮笔迹，不以之入还魂纸炉耳。辛卯十一月十六日，黄裳。

黄裳指出此抄本为《知不足斋丛书》第十一集所刻《诗传注疏》之底本，抄本《弁言》保留有鲍氏多处朱笔手校之迹，且卷首有鲍廷博手书，朱墨灿然，是研究知不足斋刻工及刻书费用的真实记录。兹分卷说明如下：

上卷，分别记页次和每页字数，共计二十五页，最后有"性兄"

---

① 陆凤台：《明清时期安徽的雕版印刷工艺》，上海新四军历史研究会印刷印钞分会编：《历代刻书概况》，印刷工业出版社1991年版，第320—321页。

及"计七千二百五十二字"。

中卷，未标识页次，而是将三十一页的每页字数分别罗列，最后有"性兄写"及"计一万〇一百〇九字"。

上述统计数据用墨笔记录，间有朱笔修正之处，均为鲍氏手书。后有黄裳墨笔题识："此叶为鲍渌饮先生手书，识者宝之。黄裳记。"

下卷，同中卷例，分别统计了二十二页的字数和"计六千九百廿八字"总数。统计数据前有朱字"癸卯八月初三日毕"，"又割样二卷另筭"，"高先生写"。统计数据后有朱字"该艮［银］六十九分二厘八毛，计千四百八十五文"，"八月初三"，"付千七百文，计透付千二百十五文"，墨字"乾隆乙巳仲春竣，计二万四千五百三十三字"，"三卷计二万四千二百八十九字"①，"加《弁》二百四十四"②。

以上刻书费用清单的信息，主要表明了以下几点：

首先，上、中、下三卷的字数十分明确，分别为 7252 字、10109 字、6928 字，三卷合计为 24289 字，加上抄本弁言的 244 字，恰好与抄本所载之"记二万四千五百三十三字"的总数合，并与《知不足斋丛书》中《诗传注疏》卷下末之牌记："乾隆乙巳仲春校刊，计二万四千五百三十三字"吻合。而且每卷的页数：卷上 25 页、卷中 31 页、卷下 22 页，也与《知不足斋丛书》刻本的页数完全吻合，可证此抄本确为《知不足斋丛书》之底本无疑。

其次，"性兄写"与"高先生写"，是有关写刻工的重要信息。"性兄"可能为《知不足斋丛书》中《南湖集》的刻工陈性安。"高先生"可能为《南湖集》的刻工高擎亭。

第三，"付千七百文，计透付千二百十五文"，"透付"一词表明在当时的刻书业中，也存在透付现象。

第四，"计六千九百廿八字"以及"该□六十九分二厘八毛，计千四百八十五文"，为计算每百字版片写刻价格提供了参考依据，是研究乾隆年间书籍刊刻资费的难得史料。汪辉祖云："（嘉庆六年，1801）四月朔，属梓人开雕《三史同名录》。曩刻《双节赠言初集》，

---

① 按："二百"之"二"旁有"五"；"八十九"旁有"三十三"。
② 按：《知不足斋丛书》刻本《弁言》为二百四十三字。

每百字版片写刻共制钱五十六文，追刻《续集》，增工价七文。丙辰（嘉庆元年，1796）儿辈刻《梦痕录》，又增十七文，今欲仍八十文之数，承揽者尚有难色，强而后可。昨年以文言杭、苏已至一百十文，而刻手不如《初集》之工。镂版日增，势实使然。"① 汪辉祖与鲍廷博交游往来甚多，《知不足斋丛书》第十二集刊刻有汪辉祖所作之《佐治药言》和《续佐治药言》。此处汪称鲍廷博言嘉庆五年（1800）时苏、杭每百字版片写刻费用达一百十文的记载，当可信从。这则材料对嘉庆初年书籍写刻价格的记载，恰好可以与乾隆年间刊刻《诗传注疏》时的价格进行对比，大体可知十余年间刻书价格的涨幅变化，从而窥见清代刻书业的变迁。

三 《知不足斋丛书》底本《归潜志》中的刻工资料

南京图书馆藏金刘祁撰《归潜志》十四卷、附录一卷，抄本，四册。每半叶十行，行二十一字，左右双边，双鱼尾，细黑口，版心下方为"金石录十卷人家抄本"，钤"以文手钞"、"四库著录"、"嘉惠堂藏阅书"、"奇书无价"、"皆大欢喜"和"钱唐丁氏藏书"等印记。此本为鲍廷博手抄、手校、手跋之书，是《知不足斋丛书》之底本，价值斐然。

抄本扉页丁丙手书题签云："今为鲍以文廷博手写校本，丹黄满纸，圈点精细，卷尾每纪岁月杂事，即为刊《知不足斋丛书》底本，居今视昔，亦不下于孟凫手录也。"次页为鲍廷博乾隆己亥十月墨笔手跋。抄本中鲍廷博手识甚多，兹将其中有关该书写样、刊刻的题识择录如下：

> 己亥正月十九日写样，方先生。（《归潜志·序》末）
> 俞赤兄写样。戊戌腊月十四日写样毕，是日大雪不止，几尺许，与顾君松乔、戴君东瀛、沈君效□同至湖上。（卷三末）
> 戊戌十二月十四日，陈性兄写样完。（卷四末）
> 戊戌十二月廿日写样毕，性。（卷五末）

---

① （清）汪辉祖：《病榻梦痕录·余》，清道光三十年（1850）龚裕刻本。

二十日写样毕，雨。（卷七末）

己亥上灯夜写样完，俞赤兄。（卷八末）

乾隆己亥正月十一日写样完，阴，性兄。（卷九末）

己亥正月廿四日写样毕，高先生。（卷十末）

己亥正月十二日写样完，方先生。（卷十一末）

己亥元宵方先生写样完，阴雨，戴瀛三兄自浦江来。（卷十三末）

己亥正月十九日写样毕，方先生。己亥正月二十日写样完，方先生。己亥正月廿二日写样完，晴。（卷十四与附录）

题识中所涉写样之人有"方先生"、"俞赤兄"、"陈性兄"、"性"、"性兄"和"高先生"。"性"、"性兄"和"陈性兄"，可能即为写刻《南湖集》的陈性安；方先生可能为《南湖集》和《耕织图诗》中署名为"仁和方溥"的刻工；高先生可能为负责《南湖集》的高擎亭。而"俞赤兄"在知不足斋所刻其他书籍中尚未见到，《归潜志》底本中关于此人的记载，实属难得。从乾隆四十三（1778）到四十四（1779）年，由四位刻工分别负责不同卷次，顺利完成了《归潜志》的刊刻工作。

四 其他刻工

叶德辉谈及《古今刻书人地之变迁》时曾言："乾嘉时，如卢文弨、鲍廷博、孙星衍、黄丕烈、张敦仁、秦恩复、顾广圻、阮元诸家校刻之书，多出金陵刘文奎、文楷兄弟。"① 检李国庆《清版刻工知见录》②，刘氏兄弟刊刻的书籍有：

1. 《独断》一卷，乾隆五十五年（1790）卢文弨抱经堂刻本，江宁刘文奎、（刘文）楷镌字。

2. 《读诗传讹》三十卷，嘉庆二十年（1815）韩氏木存斋刻本，

---

① （清）叶德辉：《书林清话》卷九，岳麓书社1999年版，第210—211页。
② 上海图书馆历史文献研究所编：《历史文献》第4辑，上海科学技术文献出版社2001年版，第90—109页。

江宁刘文奎镌。

3.《泛槎图》六卷，嘉、道年间刻本，羊城尚古斋张太占刻、金陵刘文楷刻。

4.《芳茂山人诗录》十卷，光绪十年（1884）吴县朱氏槐庐家塾刻本，江宁刘文模镌。

5.《封氏闻见记》十卷，乾隆五十七年（1792）刻本，江宁刘文奎镌。

6.《古文辞类纂》七十五卷，清金陵吴氏刻本，金陵刘文奎、（刘文）楷家镌。

7.《古文苑》九卷，嘉庆十四年（1809）兰陵孙氏刻《岱南阁丛书》本，江宁刘文楷、（刘文）模镌。

8.《故唐律述议》三十卷，嘉庆十二年（1807）影刻元本，江宁刘文奎、弟文楷、文模镌。

9.《海愚诗抄》十二卷，乾隆五十九年（1794）刻本，金陵刘文奎镌字。

10.《韩非子》二十卷，嘉庆二十三年（1818）全椒吴氏刻本，江宁刘文奎、子觐宸仲高镌。

11.《韩诗外征》四卷，乾隆六十年（1795）刻本，江宁刘文奎镌。

12.《华阳国志》十二卷，嘉庆十九年（1814）刻本，金陵刘文奎、弟文楷、文模镌。

13.《黄帝五书》六卷，光绪间刻《槐庐丛书》本，江宁刘文模、刘文楷镌。

14.《解春集文抄》十二卷，乾隆五十七年（1792）卢氏抱经堂刻本，江宁刘文奎、（刘）文楷镌字。

15.《金陵朱氏家集》四十卷，嘉庆二十年（1815）刻本，金陵刘文楷家镌。

16.《李氏音鉴》六卷，嘉庆十五年（1810）宝善堂刻本，江宁刘文奎家镌字。

17.《礼记》二十卷，嘉庆十一年（1806）阳城张氏影刻宋本，刘文奎刻字。

据张振铎《古籍刻工名录》①，刘氏兄弟所刻书籍还有：

1.《释名疏证》八卷，汉刘熙撰，清毕沅疏证，乾隆五十四年（1789）刊本。江宁刘文奎、刘文楷刻。

2.《炙砚琐谈》三卷，清汤大奎撰，乾隆五十七年（1792）亦有生斋刊本。江宁刘文奎、刘文楷刻。

3.《平津馆丛书》六集，清孙星衍辑，嘉庆间刊本。江宁刘文奎，刘文楷，刘文模刻，顾广圻书。

4.《庐州府志》五十四卷，图一卷，清张祥云修，孙星衍等纂，嘉庆八年（1803）刊本。江宁刘文楷刻。

5.《魏三体石经遗字考》一卷，清嘉庆十一年（1806）刊于金陵，五松书屋藏板。江宁刘文楷刻。

6.《尔雅》三卷，晋郭璞注，清嘉庆十一年（1806）顾氏思适斋重刊明吴元恭本。江宁刘文楷刻，秣陵陶士立写，姚之麟绘图。

7.《文选》六十卷，唐李善注，清嘉庆十四年（1809）鄱阳胡克家影刊宋淳熙本。江宁刘文奎、弟文楷、文模刻。

8.《续古文苑》二十卷，清孙星衍撰，嘉庆十七年（1812）刊本。金陵刘文奎、刘文楷、刘文模刻。

9.《资治通鉴》二百九十四卷，附《释文辨误》十二卷，宋司马光编，元胡三省注，清嘉庆二十一年（1816）鄱阳胡克家影刊元初本。金陵刘文奎、刘文楷、刘文模刻。

10.《述学》内编三卷，外编一卷，补遗一卷，别录一卷，清汪中撰，道光三年（1823）刊本。江宁刘文奎刻。

以上列举的27种书籍显示，刻工刘文奎、刘文楷、刘文模兄弟确实曾单独或共同为卢文弨、孙星衍、赵怀玉、张敦仁、顾广圻等人刻书，但其中无一种与知不足斋所刻之书有关。笔者也尚未在任何知不足斋所刻之书或底本中见到有刘氏刻工的记载。王欣夫先生云："宋刻间有刻工和缮写者姓名，相沿成例，清刻本也如此。嘉、道时精刻，多出江宁刘文奎、文模兄弟，卷末往往有款识。顾广圻经办的影宋刻本，写者为许翰屏，见徐子晋《前尘梦影录》。《铁华馆丛书》

---

① 张振铎：《古籍刻工名录》，上海书店出版社1996年版，第238—243、245页。

写者为金缉甫,见叶昌炽《藏书纪事诗》。而原书末均不具名,非经徐氏、叶氏提出,已无人知晓了。"① 刘氏兄弟刻书技艺精湛,在清代刻书业中颇具声名,但为知不足斋刻书的情况,目前由于资料阙如,叶氏之说需有材料证之,才可信从。

总之,知不足斋所刻书中保存了不少刻工资料。上海图书馆所藏《诗传注疏》抄本保留了鲍廷博用数字符号计算每卷字数的资料,是业主与刻工之间计算工作量的真实凭证,其中记载的写刻银价是研究知不足斋刻书成本,乃至清代雕版印书费用的珍贵信息。南京图书馆所藏《归潜志》中鲍廷博手跋提及的写刻工姓名,使我们了解到这一群体为知不足斋刻书作出的贡献,使他们的事迹不再湮没无闻。刻工作为古代刻书业发展中的关键一环,为书籍传播起到了不可忽视的作用。对此问题的深入考察,必将丰富中国古代印刷史研究的内涵。

第二节　鲍廷博与《汪氏振绮堂刻书》考略

汪宪(1721—1771),字千陂,号鱼亭,钱塘(今浙江杭州)人。乾隆十年(1745)进士。官刑部主事,迁陕西司员外郎,以双亲老,乞归。家富藏书,建静寄东轩、振绮堂收藏古籍善本。乾隆三十七年(1772)诏开四库馆,其子汪汝瑮进呈善本三百余种②,为《四库全书》的编纂积极出力。鲍廷博在汪宪身前身后从振绮堂抄录了不少图书。对于鲍廷博与《汪氏振绮堂刻书》《振绮堂丛刻》之间的关系,以及学界较为关注的"鲍刻六种",下文作了较为深入的考察。

一　《汪氏振绮堂刻书》与《振绮堂丛刻》为同一种丛书

国家图书馆藏清汪远孙编《汪氏振绮堂刻书》,收书七种,分别为《阙史》二卷、《曲洧旧闻》十卷、《敬斋古今黈》八卷、《五经

---

① 王欣夫:《文献学讲义》"有名的刻工和写者"条,上海古籍出版社2005年版,第143页。

② 参见郑伟章:《书林丛考》(增补本),岳麓书社2008年版,第592页。

算术》二卷、《蛮书》十卷、《金石史》二卷、《云谷杂记》四卷，共三十八卷。每半叶十行，行二十一字，小字双行同，细黑口，左右双边。丛书首有"钱唐汪氏《振绮堂丛刻》目录"。后有题跋云："右七种，分订八册，本馆油印，旧目作原刻《聚珍版丛书》零种。按《曲洧旧闻》《金石史》《阙史》向未见有聚珍本，且审视边线，绝非聚珍，而《汇刻书目》亦未见著录。嗣于江安傅氏双鉴楼见有此七种，亦无序目，询知相传系清嘉、道间钱唐汪氏刻本云。"丛书所收七书中，唯《蛮书》目录下有"武英殿聚珍版原本"一行。丛书无任何刊记。

又国家图书馆藏清汪远孙编《振绮堂丛刻》，收书七种，分别为《唐阙史》二卷、《曲洧旧闻》十卷、《敬斋古今黈》八卷、《五经算术》二卷、《蛮书》十卷、《金石史》二卷、《云谷杂记》四卷，共三十八卷。每半叶十行，行二十一字，小字双行同，细黑口，左右双边。傅增湘校。丛书无任何刊记。

校勘《振绮堂丛刻》与《汪氏振绮堂刻书》所收各书，唯《唐阙史·序》与《御题唐阙史》诗装订前后顺序不同外，两部丛书收录书籍一致，版式相同，文字亦同，故国图著录丛书之名虽略有差异，但实际上为同一种丛书。

二 《汪氏振绮堂刻书》（《振绮堂丛刻》）为知不足斋所刻

（一）南图藏《曲洧旧闻》

南京图书馆藏清汪氏振绮堂刻本《御览曲洧旧闻》十卷。每半叶十行，行二十一字，左右双边，细黑口，钤"寿平"、"望江余氏藏书"、"寿平手校"和"南京图书馆藏"等印。扉页有"《御览曲洧旧闻》"，"钱塘振绮堂汪氏藏板"。书首为朱印《御题曲洧旧闻》，钤"乾隆御览之宝"、"乾"、"隆"印。卷端题"《御览曲洧旧闻》卷第一"，书末有"大理寺寺丞职衔臣汪汝瑮恭校刊"。通过校勘，可知此本实际上是《汪氏振绮堂刻书》（《振绮堂丛刻》）的零种。此本刊记"钱塘振绮堂汪氏藏板"，"大理寺寺丞职衔臣汪汝瑮恭校刊"，不见于他本。

又南京图书馆藏清刻本《曲洧旧闻》十卷，每半叶十行，行二十一字，左右双边，细黑口，钤"嘉惠堂丁氏藏书记"、"应氏烨掌斋印"、"四库著录"、"两江总督端方为江南图书馆购藏"和"南京图书馆善本图书"等印。书首有《御题曲洧旧闻》四首。通过校勘，可知此本实际上是《汪氏振绮堂刻书》（《振绮堂丛刻》）的零种。

（二）中国台湾藏《曲洧旧闻》

中国台湾"中央图书馆"藏清钱塘汪氏振绮堂刻本《御览曲洧旧闻》十卷，清顾广圻过录惠栋校语并手跋。将《中央图书馆善本题跋真迹》所附《曲洧旧闻》之书影与南图藏清刻本对比，可知两书同出一版，故此本亦为《汪氏振绮堂刻书》（《振绮堂丛刻》）的零种。

此本卷十末顾广圻过录惠栋识语云："戊申五月借金孝章先生手录本校对一过，凡二日毕。定宇。"又顾氏手跋云："红豆先生手校此书，《秘笈》本在小读书堆，予借临于鲍君渌饮新刻本，盖新刻与《秘笈》正同也。思适居士记。"① 此处"鲍君渌饮新刻本"，究竟为《知不足斋丛书》本，还是《汪氏振绮堂刻书》（《振绮堂丛刻》）本《曲洧旧闻》？

民国影明《宝颜堂秘笈》本《曲洧旧闻》四卷，作者题署为"宋朱弁少张撰，明郁嘉庆伯承、沈元照广生校"。每半叶十六行，行三十六字。对比《知不足斋丛书》本与《秘笈》本，可知《秘笈》本脱漏较多，如鲍刻本卷一"五代以前官制"条"五代以前官制及士大夫碑碣并不见有场务监官太祖亲见所在"二十六字不见于《秘笈》本；鲍刻本卷三"欧公父为绵州司户参军"条亦不见于《秘笈》本；鲍刻本卷五"温公既薨于位"条"开陈累千百言……天下计当如此耳"一百一十二字不见于《秘笈》本；鲍刻本卷五"予尝闻陈叔易"条从"予尝闻陈叔易"至"予在南平城得元祐所"一百六十二字不见于《秘笈》本；等等，可知鲍刻本与《秘笈》本差异较大，故顾氏所谓"新刻本"非《知不足斋丛书》本明矣。《秘笈》本虽脱文较多，而脱文处恰与汪本同，故顾氏所云"鲍君渌饮新刻本"应为汪本，且明确指出此本为鲍廷博所刻。林夕先生曾两次撰文指出此

---

① "中央图书馆"编：《中央图书馆善本题跋真迹》，"中央图书馆"1982年版，第1483—1485页。

点：" 往年在旧书店中看到一本《曲洧旧闻》，无序无跋，似乎是丛书零本。看版式不过是嘉庆刻本罢了，索价却极高。后来细细翻阅，发现此本的刊记为他本所无，刊记表明叶德辉、傅增湘先后考订的所谓《汪氏振绮堂丛刻》确实是汪汝瑮所刻，而且跟同版别一印本顾千里跋对照，可知出鲍廷博之手。"① 又云："七种中有《曲洧旧闻》一书，曾见一本封面有'钱塘振绮堂汪氏藏板'，末叶有刊记'大理寺寺丞职衔臣汪汝瑮恭校刊'一行，足以证成二家之说。不过其中还有隐情，据顾广圻跋（见《中央图书馆善本题跋真迹》1485页），此《曲洧旧闻》为鲍廷博所刻。顾跋本为同版别一印本，末叶无刊记，此书应该是鲍氏为汪汝瑮所刻。"②

三 《汪氏振绮堂刻书》（《振绮堂丛刻》）之刊刻底本

《郋园读书志》卷六载《唐阙史》二卷、《曲洧旧闻》十卷、《敬斋古今黈》八卷、《五经算术》二卷、《蛮书》十卷、《金石史》二卷、《云谷杂记》四卷，汪汝瑮无年月重刻武英殿聚珍版本。云："以上七种武英殿聚珍版已活字印行，此即据以重刻者，惟《蛮书》目录下有一行云'武英殿聚珍版原本'，余种无之。半叶十行，行二十一字。无刻书人姓名及年月，亦不知此外尚有何种。其七种次序系依原写书根本数，书法是道光中馆阁体，似是原书次序本如此也。从子康侯、定侯兄弟得之旧书肆，持以呈阅，不能定为何时刻本。余忆旧藏汪汝瑮所刻《书苑菁华》版本似是如此，取以相校，无累黍差，故敢断为汝瑮刻也。此七种为藏书家及谈版本学者所未见，当是印行不多，版为粤匪之乱所毁，故其子孙修补振绮堂所刻书版，亦未述及之，知其毁失久矣。"③ 叶德辉云七种书为重刻武英殿本。但实际上，《唐阙史》《曲洧旧闻》《金石史》三书并未刻入《武英殿聚珍版丛书》中。那么《汪氏振绮堂刻书》（《振绮堂丛刻》）所收七书的刊

---

① 林夕：《丛书的版本和收藏——古书版本知识》，《藏书家》第10辑，齐鲁书社2005年版，第86页。
② 杨成凯：《清代版本散论》，《文献》2004年第2期，第216页。
③ （清）叶德辉著，杨洪升点校：《郋园读书志》卷六，上海古籍出版社2010年版，第323页。

刻底本究竟是何本？

（一）《蛮书》

"《蛮书》目录"下注"武英殿聚珍版原本"，故此书应据武英殿本刊刻。

（二）《云谷杂记》

校勘《汪氏振绮堂刻书》（《振绮堂丛刻》）本与武英殿本《云谷杂记》目录、提要、张淏书，有异文两处，汪本"纠其缪"，"缪"，殿本作"谬"；汪本"予侍先大夫还"，"夫"，殿本作"父"。校勘两本卷一"孟子云尧使九男二女"条，"《管子》固管仲所著也"条，"《说苑》赵简子游于河"条，"《鹖冠子》《汉·艺文志》"条，"韩子楚人和氏得玉璞于楚山中"条，"太史公管仲赞曰"条，"《史记》宰予字子我"条，"秦始皇三十七年"条，文字全同，可知此书底本为武英殿本。

（三）《五经算术》

校勘《汪氏振绮堂刻书》（《振绮堂丛刻》）本与武英殿本《五经算术》目录，卷上"尚书定闰法"条，"推日月合宿法"条，"求一年定闰法"条，"求十九年七闰法"条，文字全同，可知此书底本为武英殿本。

（四）《敬斋古今黈》

校勘《汪氏振绮堂刻书》（《振绮堂丛刻》）本与武英殿本《敬斋古今黈》目录、提要、卷一"卦有六爻"条，"天体正圆如弹丸"条，"坎卦象辞"条，"欧阳公布信《周易》系辞"条，"郭兼山先生说乾之策"条，"阴阳相配之物"条，"王弼既注《易》"条，"唐邢璹注王弼《周易》"条，"伊川易传曰"条，有两条异文，汪本目录"集类四十六"，"六"，殿本作"五"。汪本"借使老阳少阴为耦"，"阳"，殿本作"阴"。其余文字均同，故此本底本亦应为武英殿本或出自武英殿本。

（五）《唐阙史》

校勘《汪氏振绮堂刻书》（《振绮堂丛刻》）本与《知不足斋丛书》本《唐阙史》卷下"郑少尹及第"条，"卢员外题青龙寺"条，"崔起居题上马图"条，"崔尚书雪冤狱"条，文字全同，且两本所收条目亦同，可知此书底本为《知不足斋丛书》本。

（六）《金石史》

校勘《汪氏振绮堂刻书》（《振绮堂丛刻》）本与《知不足斋丛书》本《金石史》，汪本"关中郭宗昌允伯著"，"允"，鲍刻本作"嗣"。两本卷下"唐大雅集王右军书吴将军碑"条，"唐九成宫醴泉铭"条，"又"条，"唐道因禅师碑"条，"唐赠太师鲁国孔宣公碑"条，"唐述圣颂"条，"唐华岳精享碑"条，"唐褚书同州倅厅圣教序记"条，文字全同，且所收条目亦同，可知此书底本为《知不足斋丛书》本。

（七）《曲洧旧闻》

从中国台湾"中央图书馆"藏《御览曲洧旧闻》顾广圻跋："红豆先生手校此书，《秘笈》本在小读书堆，予借临于鲍君渌饮新刻本，盖新刻与《秘笈》正同也。"① 顾氏认为汪本与《宝颜堂秘笈》本同。通过上文鲍刻本与《秘笈》本的对比，可知《秘笈》本脱文较多，且脱文处与汪本正同。但《秘笈》本为四卷，汪本为十卷，且校勘两本卷一前十七条文字，有八处异文，《秘笈》本作者题署为"宋朱弁少张撰，明郁嘉庆伯承、沈元照广生校"，与汪本"新安朱弁少章撰"不同，故汪本底本非《秘笈》本。

又国家图书馆藏明沈敕楚山书屋刻本《曲洧旧闻》十卷，每半叶九行，行十九字，白口，左右双边。书首为附录。校勘此本与《汪氏振绮堂刻书》（《振绮堂丛刻》）本卷一前十七条，有五处异文，此本作者题署为"宋朱弁少张撰"，与汪本略有差异，且此本与汪本同为十卷，核对卷一、卷三所收条目，两本亦同，故此本与汪本的相似度要高于《秘笈》本。

又国家图书馆藏明纯白斋刻本《曲洧旧闻》十卷，每半叶十行，行十九字，白口，四周双边。此本卷一、卷三所收条目与《汪氏振绮堂刻书》（《振绮堂丛刻》）本同。此本作者题署为"朱弁少张撰"，与汪本略有差异。校勘此本与汪本卷一前十七条，有十处异文。

---

① "中央图书馆"编：《中央图书馆善本题跋真迹》，"中央图书馆"1982年版，第1483—1485页。

又文渊阁《四库全书》本《曲洧旧闻》十卷，作者题署为"宋朱弁撰"。书首为《御题曲洧旧闻》四首、提要。《四库全书总目》卷一百二十一载此书十卷，为"浙江汪汝瑮家藏本"。云："《文献通考》载弁《曲洧旧闻》一卷，《杂书》一卷，《骩骳说》一卷。此本独《曲洧旧闻》已十卷。然此本从宋椠影抄，每卷末皆有'临安府太庙前尹家书籍铺刊'字。又'惇'字避光宗讳，皆缺笔。盖南宋旧刊，不应有误。"[①] 馆臣云《四库》本底本为影抄南宋本。《四库》本与《汪氏振绮堂刻书》（《振绮堂丛刻》）本条目分合有不同，个别条目隶属卷帙不同，如汪本卷一首条"太祖皇帝在周朝"，在《四库》本卷二；汪本卷三"银杏出宣歙京师"条，在《四库》本卷四；汪本卷九"凡史官记事所因者"条后半部分的三百一十八字，《四库》本注"阙"。虽《四库》本底本为振绮堂藏本，但从诸多差异来看，汪汝瑮上呈之本与《汪氏振绮堂刻书》（《振绮堂丛刻》）本底本并无关联。

从上述各版本来看，明沈敕楚山书屋刻本《曲洧旧闻》十卷与汪本相似度最高，但从《汪氏振绮堂刻书》（《振绮堂丛刻》）其他六书底本的考察来看，这部丛书刊刻时，基本不校改文字，是按照底本文字刊刻的，故明沈敕楚山书屋刻本虽与汪本异文较少，但仍不能确定其为汪本底本。明纯白斋刻本《曲洧旧闻》十卷与汪本相似度次之。虽《宝颜堂秘笈》本异文与汪本亦较少，但与汪本分卷不同，条目入卷情况亦有较大差异，故顾广圻的观点有误。此书还有国图藏清钱曾、清王振声校、清孙谋跋明抄本，上海图书馆藏清抄本，重庆图书馆藏清赵烈文校并跋清抄本等，不知是否为汪本底本，故《曲洧旧闻》底本仍待考察。

四　鲍廷博为振绮堂刻书的原因

（一）汪宪与鲍廷博的同乡之谊

《汪穰卿先生年谱》云："先世为徽州黟县之洪村人，明末有讳

[①] （清）纪昀：《钦定四库全书总目》卷一百二十一，中华书局1997年版，第1611页。

元台者业盐于杭，遂系籍杭州钱唐县。"① 可知振绮堂汪氏先世为安徽黟县人，明末汪元台因业盐而迁居杭州，系籍钱塘县。鲍廷博祖籍安徽歙县长塘村，其父祖因经商寓居浙江杭州，后又迁居浙江桐乡乌镇杨树湾。汪宪与鲍廷博本为安徽同乡，又寓居杭州，有同乡之谊，襄助刻书，符合情理。

（二）鲍廷博从振绮堂借抄书籍

乾隆四十一年（1776），朱文藻为《知不足斋丛书》作序云："余馆于振绮堂十余年，君借钞诸书，皆余检集。"② 鲍廷博从振绮堂借抄了不少书籍，如《南濠居士文跋》《桐江集》《近光集》《扈从集》《居竹轩诗集》《金荃集》《龟峰词》《刘给事文集》等。③ 汪宪去世后，鲍廷博作《挽汪鱼亭比部》诗，以示悼念："整整牙签万轴陈，林间早乞著书身。种松渐喜龙鳞老，埋玉俄惊马鬣新。清白家声钦有素，丹黄手泽借还频。西风谁送山阳笛，偏感春明儌宅人。"诗歌自注云："先生既捐馆，余尚向邺架借书。"④ 可知鲍廷博在汪宪去世后，依然向振绮堂借抄书籍。作为朋友间的交往及回报，为鲍廷博知不足斋刻书的刻工为振绮堂刻书亦在情理之中。

（三）共同承刊《武英殿聚珍版丛书》

鲍氏知不足斋与汪氏振绮堂曾承刊《武英殿聚珍版丛书》。《武林藏书录》之"重刊聚珍版诸书"条云："省城振绮堂汪氏、寿松堂孙氏、大知堂汪氏、知不足斋鲍氏，公印通行，皆进书之家而承刊者。世又称为三单本，迄今百余年，全帙亦罕觏矣。"⑤ 又法式善记载了"鲍氏知不足斋重刊聚珍版书：《易纬》十二卷，宋蔡渊《易象意言》一卷，宋郭雍《郭氏传家易说》十一卷，宋钱时《融堂书解》二十卷，宋毛晃《禹贡指南》四卷，宋袁燮《絜斋毛诗经筵讲义》

---

① （清）汪诒年：《汪穰卿先生年谱》卷首，民国九年（1920）铅印本。
② （清）鲍廷博辑刻：《知不足斋丛书》第1册，中华书局1999年版，第8页。
③ 季秋华辑：《知不足斋序跋题记集录》，国家图书馆出版社2010年版，第74、277、294、294、299、348、349、224页。
④ （清）叶昌炽著，王欣夫补正，徐鹏辑：《藏书纪事诗附补证》卷五，上海古籍出版社1989年版，第496页。
⑤ （清）丁申：《武林藏书录》，《澹生堂藏书约》（外八种），上海古籍出版社2005年版，第25页。

四卷,宋张淳《仪礼识误》三卷,宋刘敞《春秋传说例》一卷,宋萧楚《春秋辨疑》四卷,唐太宗《帝范》四卷,元翟思忠《魏郑公续谏录》二卷,汉卫宏《汉官旧仪》二卷,宋程俱《麟台故事》五卷,晋陆翙《邺中记》一卷,唐刘恂《岭表录异》三卷,北魏郦道元《水经注》四十卷,宋陈振孙《直斋书录解题》二十二卷,晋王弼注《道德经》二卷,晋傅玄《傅子》一卷,元司农司《农桑辑要》七卷,明沈继孙《墨法辑要》一卷,北周甄鸾《五经算术》二卷,《孙子算经》三卷,《夏侯阳算经》三卷,魏刘徽《海岛算经》一卷,宋刘荀《明本释》三卷,宋袁文《瓮牖闲评》八卷,宋张淏《云谷杂记》四卷,宋叶大庆《考古质疑》六卷,宋韩淲《涧泉日记》三卷,宋周密《浩然斋雅谈》三卷,元李冶《敬斋古今黈》八卷,宋张戒《岁寒堂诗话》二卷,宋胡宿《文恭集》五十卷,宋袁燮《絜斋集》二十四卷,宋曾几《茶山集》八卷,金王寂《拙轩集》六卷,元仇远《金渊集》六卷,此皆初颁之本,惜后来大部书未尽付锓,人间遂不可得见矣"①。以上书籍虽未全部付梓,但《汪氏振绮堂刻书》(《振绮堂丛刻》)本之《五经算术》《蛮书》《云谷杂记》和《敬斋古今黈》是据殿本刊刻的。傅增湘云:"余意其时《聚珍版丛书》方就浙中缩刻巾箱本五十种,督其役者适为鲍以文,其说见于法梧门《陶庐杂录》,而鲍氏又自刻三十集《丛书》初成。汪氏近在会垣,因取其稀觏之籍及精校之本萃为此编,改刻大版,以垂久远。其未加题识者,缘所采皆为钦定之书,不敢缀名姓于简末,以示尊崇谨畏之意云尔。"②《汪氏振绮堂刻书》(《振绮堂丛刻》)的刊刻缘起可能与承刊《武英殿聚珍版丛书》有一定的关系。

五 "鲍刻六种"命名之缘起

对中科院图书馆藏"鲍刻六种",学者多有关注,徐学林云:"鲍氏刻书也有类似书商根据需要将已刻和新印重新拼凑的丛书出售的现象。如中国科学院图书馆所藏《鲍刻六种》31卷,印制精

---

① (清)法式善:《陶庐杂录》卷四,清嘉庆二十二年(1817)陈预刻本。
② 傅增湘:《藏园群书题记》卷十,上海古籍出版社1989年版,第544页。

良。"① 郑伟章云:"这些书均为高册大典,但刻印极精雅,纸黄墨黑,字体隽秀,俨然有宋元本之遗风,堪称善本。"② 谢国桢为鲍刻书残存六种,二十七卷,知不足斋刻本,撰写提要云:"廷博恒志钱塘,为振绮堂汪氏刻书,版式与所刻诸书相同,故封面题鲍氏知不足斋开雕者……是鲍氏所刻大本,究不知有若干种也。"③ 谢氏所见本封面有题"鲍氏知不足斋开雕",亦为《汪氏振绮堂刻书》(《振绮堂丛刻》)为鲍廷博所刻之明证。刘尚恒指出郑伟章"从科图所见的《鲍刻六种》,实则为《振绮堂汪氏丛刻》之残本。所谓'六种',当为该馆编目者自拟丛书名。这种现象,阳海清先生称之为'汇藏丛书'……中科院图书馆有此类例子,如清《黄氏家集六种》、清易本烺的《纸园丛书》等,该馆皆自拟丛书名,只是《鲍刻六种》连书名也拟错了"④。《汪氏振绮堂刻书》(《振绮堂丛刻》)原本收书七种,中科院图书馆收藏者,亦为此丛书,只是其中《敬斋古今黈》散去,仅存六种,因丛书为鲍廷博知不足斋所刻,故被称为"鲍刻六种"。中科院图书馆藏本因寓目者较多,使"鲍刻六种"之名流传较广。

结 论

《汪氏振绮堂刻书》与《振绮堂丛刻》实为同一种丛书,为鲍廷博知不足斋所刻,中科院图书馆所藏"鲍刻六种"为此丛书之残本。该丛书所收《蛮书》《云谷杂记》《五经算术》《敬斋古今黈》的刊刻底本为武英殿本,《唐阙史》《金石史》的刊刻底本为《知不足斋丛书》本。鲍廷博与汪宪有同乡之谊,从振绮堂借抄了大量书籍,且二人曾共同承刊《武英殿聚珍版丛书》,故鲍廷博知不足斋的刻工为振绮堂刻书亦在情理之中。

---

① 徐学林:《以书为命的古籍整理大家鲍廷博》,徐学林:《徽州出版史叙论》,安徽美术出版社1995年版,第133页。
② 郑伟章:《书林丛考》(增补本),岳麓书社2008年版,第79页。
③ 中国科学院图书馆整理:《续修四库全书总目提要》(稿本)第30册,齐鲁书社1996年版,第278页。
④ 刘尚恒:《鲍廷博研究三题》,《大学图书情报学刊》2011年第5期,第86—87页。

林夕云："版本之学虽是小道，通人所不屑为，若非广见博闻，仅凭臆测发论，难免武断失言之憾。各家书目所载也多龃龉，若一一照录，而不目验征实，必至纠葛横生，茫茫然而不知所从。"① 黄丕烈云："书有一印本，即有一种不同处。"② 又云："且书必备诸本，凡一本即有一本佳处。即如此，固多舛误矣，而亦有一二处为他本所不及，故购者必置重沓之本也。"③ 实为治版本学之甘苦体会。《汪氏振绮堂刻书》（《振绮堂丛刻》）的研究中，只有将南图与中国台湾藏《曲洧旧闻》所保存的刊记与顾广圻跋，以及谢国桢所见"鲍刻六种"封面所题"鲍氏知不足斋开雕"等综合起来考察，才能对此丛书有全面正确的认识。此问题的解决也深化了对鲍廷博与振绮堂交游情况的研究。

第三节 鲍廷博与《永乐大典》辑佚书研究

《知不足斋丛书》中刊刻的《永乐大典》辑佚书有十四种，分别为：第八集《南湖集》十卷，第九集《金楼子》六卷，第十一集《江南余载》二卷、《诗传注疏》三卷，第十二集《庆元党禁》一卷，第十三集《逍遥集》一卷、《百正集》三卷，第十七集《五代史纂误》三卷、《岭外代答》十卷，第十八集《灉山集》三卷，第二十一集《益古演段》三卷，第二十二集《藏海诗话》一卷、《画墁集》八卷，第二十六集《斜川集》六卷、附录一卷，这些书籍的刊刻与清代学者的帮助密不可分。本节以此为切入点，探讨了鲍廷博对古籍流传散佚的深刻认识，肯定了其古籍辑佚的学术贡献。

一 清代学者与鲍廷博《永乐大典》辑佚书的抄刻
1. 张羲年

张羲年（1737—1778），字淳初，号潜亭，余姚（今浙江余姚）

---

① 林夕：《闲闲书室读书记》，广西师范大学出版社2011年版，第115页。
② （清）黄丕烈著，屠友祥校注：《荛圃藏书题识》卷三，上海远东出版社1999年版，第182页。
③ （清）黄丕烈著，屠友祥校注：《荛圃藏书题识》卷六，上海远东出版社1999年版，第452页。

人。乾隆四十二年（1777）举人，授国子监助教，乾隆四十三年（1778）赐进士。著述有《噉蔗集》《周官随笔》和《丧礼详考》等。中国台湾"中央图书馆"藏《松雨轩集》鲍廷博题识云："乾隆乙未闰十月二十八日，灯下校于知不足斋，是日得国子监助教张君书云：'四库馆所办各省遗书，腊月可以蒇事，书目已办五千五百余篇矣。'"① 乾隆四十年（1775），张羲年函告鲍廷博四库馆办理遗书的最新进展。鲍廷博对古籍散佚状况十分熟悉，加之与馆臣交往频繁，故对纂修《四库全书》及《永乐大典》的辑佚进展关注较多。此外，从《知不足斋丛书》本鲍廷博《刻〈南湖集〉缘起》，可知张羲年本已见报四库馆新辑的《南湖集》，但未及抄录，乾隆四十三年（1778）张氏辞世，后鲍氏转而通过邵晋涵得到此书，刻入《知不足斋丛书》。

2. 邵晋涵

邵晋涵（1743—1796），字与桐，号二云，余姚（今浙江余姚）人。乾隆三十年（1765）举人，三十六年（1771）进士。三十八年（1774）诏修《四库全书》，除翰林院庶吉士，充纂修官，逾年授编修，官至侍讲学士兼文渊阁直阁事。② 著述有《尔雅正义》《旧五代史考异》《南江札记》和《南江诗文钞》等。

南京图书馆藏叶石君手抄本《五代春秋》二卷，为鲍廷博藏书，书末有邵晋涵手跋云："薛氏五代史叙事详核，而帝纪未免冗烦。尹师鲁《五代春秋》书法谨严，欧阳史帝纪所仿也，论者多病其太简，然于十国废兴大事必书，视欧阳史之不载于纪者，为得史法矣。传写多脱误，鲍君以文以叶石君抄本见示，因取卢绍弓先生校本对勘，参以旧时所见本，为校正四十一字，至'张颢'作'灏'，'漠谷'作'幕'，薛、欧二史本有异同，今仍其旧云。"③ 邵晋涵为鲍廷博校勘

---

① "中央图书馆"编印：《标点善本题跋集录》（1992年版，第607—608页）载（明）平显：《松雨轩集》八卷，清咸丰丁巳（1857）仁和劳权手钞本，劳权自校并跋兼过录鲍廷博题识，近人邓邦述手书题记。

② （清）江藩：《国朝汉学师承记》卷六，清嘉庆十七年（1812）刻本。参见张宇、罗炳良：《邵晋涵字号考辨》，《廊坊师范学院学报》2009年第2期，第48页。

③ （宋）尹洙：《五代春秋》二卷，南京图书馆藏清初抄本，清邵晋涵、赵怀玉校并跋、丁丙跋。每半叶八行，行十八字，无行格，钤"钱唐丁氏正修堂藏书"、"歙西长塘鲍氏知不足斋藏书印"、"陆氏金管斋审定印"和"歙西长塘鲍氏知不足斋藏书印"。

《五代春秋》。

《知不足斋丛书》中所刻《南湖集》底本，即为邵晋涵寄示，鲍廷博跋《履斋四明吟稿》云："乾隆庚子十二月二十五日，校于知不足斋。是日沈剑舟先生自都中来，得朱朗斋书并《销夏记》评语一册。邵二云以《南湖集》见寄，云在沈芦士先生处。沈，不知何处人？当往觅之。"① 国家图书馆藏鲍廷博校清抄本《南湖集》，钤"晋涵之印"、"邵氏二云"、"邵晋涵印"和"二云"等印，亦可证鲍廷博是在邵晋涵藏本基础上，经过认真校勘和悉心辑补后刊刻此书的。中国台湾"中央图书馆"藏鲍廷博手校清抄本《百正集》，钤鲍廷博藏书印和"邵氏二云"印②，南京图书馆藏清抄本《灉山集》钤"晋"、"涵"、"邵氏二云"等印，两本均为鲍刻本底本③，说明鲍廷博据邵晋涵藏本校补后刻入《知不足斋丛书》。此外，《文禄堂访书记》卷四载宋苏泂《泠然斋诗集》八卷、补遗一卷，为鲍廷博手抄本，鲍氏手跋曰："乾隆戊申六月初五日，寓两广会馆钞竟，计一百四十六纸。原本邵太史晋涵录自《永乐大典》，脱误处无从校正，略以意改数字而已。"④ 可见，除《知不足斋丛书》所刻书籍外，鲍廷博仍有从邵晋涵抄录的《永乐大典》辑佚书。

3. 周永年

周永年（1730—1791），字书昌，历城（今山东济南）人，乾隆三十六年（1771）进士。与邵晋涵等共同征诏入四库馆，改翰林院庶吉士，授编修，乾隆四十四年（1779）充贵州乡试副考官。博学贯通，著述有《先正读书诀》。周永年曾提出著名的《儒藏说》："书籍者，所以载道纪事，益人神智者也。自汉代以来，购书藏书，其说綦详；官私之藏，著录亦不为不多。然未有久而不散者，则以藏之一地，不能藏于天下；藏之一时，不能藏于万世也。"⑤ 此说在当时引

---

① 季秋华辑：《知不足斋序跋题记集录》，国家图书馆出版社2010年版，第260页。
② 周生杰：《鲍廷博藏书与刻书研究》，黄山书社2011年版，第165页。
③ 详见第四章第二节《知不足斋丛书》刊刻底本及校本考（下）。
④ 王文进著，柳向春标点：《文禄堂访书记》卷四，上海古籍出版社2007年版，第311—312页。
⑤ （清）周永年著，王岚点校：《儒藏说》，北京燕山出版社1999年版，第115页。

起了较大反响，周氏身体力行，创立借书园，积极服务学人。乾隆四十六年（1781）汪辉祖跋云："太史从《永乐大典》辑录《金楼子》六卷，命致鲍君以文者，亦俨然在焉。"① 可知《金楼子》为周永年从《永乐大典》中辑录之书，俾鲍廷博刻入《知不足斋丛书》。

4. 余集

余集（1738—1823），字蓉裳，号秋室，仁和（今浙江杭州）人。乾隆三十一年（1766）进士。乾隆三十八年（1773）与邵晋涵、周永年、戴震、杨昌霖同入四库馆，人称"五征君"。著述有《梁园归棹录》《忆漫庵賸稿》和《秋室诗钞》等。

鲍廷博所刻《庚子销夏记》八卷，有乾隆二十六年（1761）余集题识云："以文之刻是书，其成有日，惜不能扫阁焚香，重与身山（夏璜）纵观而快论也，能无存亡殊向之感哉！"② 乾隆三十五年（1770）余集为鲍廷博所刻之《名医类案》撰序云："吾友魏君玉衡、鲍君以文精加雠比，网罗史氏，研搜家集，毕力补缀，丹铅告疲，始称完好，重付杀青。"③ 是书卷端下署"后学仁和余集蓉裳、钱塘魏之琇玉衡、仁和沈烺敦曾、歙鲍廷博以文重校"④，可知余集也参与了此书的校勘。乾隆四十七年（1782）余集在知不足斋为《杨忠愍公手书赠应养虚册子》撰跋曰："此册之归于以文非偶然者也，他日勒贞珉以不朽之，亦足以激发人忠义之气也乎。"⑤《聊斋志异》的校刻中，鲍廷博与余集也作出了重要贡献。

不仅如此，余集还利用在四库馆修书之便，为鲍氏所刻书籍辑补文献，如《知不足斋丛书》之《宋遗民录》有嘉庆十二年（1807）鲍廷博题识云："右诗二篇载《永乐大典》第二万二千五百六十三卷第十七页，仁和余编修集自京师寄示，因补录于此，以存沧海中一粟，可谓幸已。"⑥ 虽目前尚未发现鲍廷博直接从余集抄录《永乐大

---

① （清）鲍廷博辑刻：《知不足斋丛书》第3册，中华书局1999年版，第624页。
② 刘尚恒：《鲍廷博年谱》，黄山书社2010年版，第18页。
③ 刘尚恒：《鲍廷博年谱》，黄山书社2010年版，第40页。
④ 季秋华辑：《知不足斋序跋题记集录》，国家图书馆出版社2010年版，第105页。
⑤ 刘尚恒：《鲍廷博年谱》，黄山书社2010年版，第113—114页。
⑥ （清）鲍廷博辑刻：《知不足斋丛书》第8册，中华书局1999年版，第651页。

典》辑佚书的文献记载，但通过吴长元，鲍廷博间接得到了余集的帮助。①

5. 沈叔埏

沈叔埏（1736—1803），字剑舟，一字埴为，号双湖，秀水（今浙江嘉兴）人。乾隆五十二年（1787）进士。官吏部主事。著述有《颐彩堂集》《中峰集》和《东村集》等。

鲍廷博曾多次得到沈叔埏的帮助，鲍跋多有记载，如知不足斋抄本《老圃集》跋云："乾隆己酉孟冬，传嘉兴沈比部叔埏本并校。"②《溪堂集》跋云："乾隆己酉仲冬，借沈比部叔埏本对录。"③《彝斋文编》跋云："乾隆辛亥正月，假于秀水沈带湖叔埏，钞录甫竟，旋毁于火，明年冬为重录焉。《补遗》一卷，则葺自他书者也。"④《东堂集》跋云："癸卯六月二十三日，秀水沈叔埏用底本校，诗用檇李□□校补。"⑤《日涉园集》跋云："嘉庆五年庚申闰四月，借嘉兴沈带湖比部本对写，五月初四日毕，端午日校于知不足斋。"⑥《洪龟父集》跋曰："乾隆己酉仲冬，借沈比部叔埏本对录。"⑦ 由以上跋文，可知鲍廷博从沈叔埏处借抄并用以校勘的《永乐大典》辑佚书数量不少，但限于资金等各种因素，鲍廷博并未刊刻其中的任何一种书籍。

6. 赵怀玉

赵怀玉（1747—1823），字亿孙，武进（今江苏常州）人。乾隆四十五年（1780）召试，赐举人。授内阁中书，青州府同知，以忧归，终于家。著述有《亦有生斋集》及《续集》，曾刊刻《咸淳毗陵志》《韩诗外传》和《斜川集》等，在当时有一定声名。

---

① 按：见下文"吴长元"条。
② 季秋华辑：《知不足斋序跋题记集录》，国家图书馆出版社2010年版，第231页。
③ 季秋华辑：《知不足斋序跋题记集录》，国家图书馆出版社2010年版，第221页。
④ 季秋华辑：《知不足斋序跋题记集录》，国家图书馆出版社2010年版，第261页。
⑤ 季秋华辑：《知不足斋序跋题记集录》，国家图书馆出版社2010年版，第223页。
⑥ 季秋华辑：《知不足斋序跋题记集录》，国家图书馆出版社2010年版，第222—223页。
⑦ 缪荃孙著，黄明、杨同甫标点：《艺风藏书续记》卷六，上海古籍出版社2007年版，第416页。

赵怀玉与鲍廷博交往密切，在《知不足斋丛书》的校刻中参与较多，曾为《丛书》撰序，《丛书》中《碧血录》《天水冰山录》《鉴诫录》《广释名》均有赵氏序跋、题词。从乾隆五十三年（1788）赵怀玉校刻《斜川集》序，可知其于乾隆四十六年（1781）在翁方纲处见到《斜川集》之《永乐大典》辑本，但未及抄录，一直耿耿于怀，乾隆五十一年（1786）在桐乡时告知鲍廷博此事，不想鲍氏早已有吴长元惠寄之本，赵氏万分欣喜，校阅一番，鲍氏又补以遗事若干条，二人商订校勘后，赵氏于乾隆五十三年（1788）主持刻成亦有生斋本，从而成为此书的重要版本之一。《丛书》之外的书籍，"若《简明目录》，向无聚珍排印本，亦惟浙江鲍氏据赵味辛司马怀玉得馆中副墨付梓"①。

赵怀玉《恩赐举人鲍君墓志铭》叙鲍廷博生平为人，甚为中肯，是研究其生平事迹最为重要的文献②，其中云鲍廷博"生平石交则余学士集、汪大令辉祖外，石门方薰、桐乡金德舆及余，亦称莫逆"③。赵氏对鲍廷博知之甚深，云"君虽不求仕进，远迹城市，一编在手，将以终身。而激浊扬清，往往义形于色，谈忠义则欣然起慕，闻奸邪则愤然不平"④。赵怀玉《亦有生斋集》中关涉鲍廷博的诗歌较多，如《十月十七夜鲍秀才廷博招宿湖上玩月》《六月廿一夜鲍大廷博招饮湖上》《春日鲍秀才廷博招同人谯集西湖》《题风雨闭门图为鲍大》等，还有其自著之《收庵居士自叙年谱略》，均记录了与鲍廷博、金德舆、方薰等交游往还的点滴细节。鲍廷博过世后，赵怀玉哀婉伤痛，作挽诗悼念：

追挽老友鲍孝廉廷博

乌戌丹枫昔系舟，殷殷执手话床头辛未秋访君，君时病足卧榻。江湖别作重泉隔，鸡黍邀曾竟日留。长物家犹余万卷，旷观身早定千秋。乙科晚荷君恩重，也算平生素愿酬。天涯沉痼幸生还，恶

---

① （清）傅以礼：《华延年室题跋》，上海古籍出版社2009年版，第93页。
② 参见季秋华：《新见鲍廷博墓志铭一则考述》，《图书馆研究与工作》2009年第4期。
③ （清）赵怀玉：《亦有生斋续集》卷六，清道光十二年（1832）刻本。
④ （清）赵怀玉：《亦有生斋续集》卷六，清道光十二年（1832）刻本。

耗迟闻老泪潸。德寿世谁如后福，显扬子亦继名山_{哲嗣士恭方续刻}《丛书》。明湖莲叶波常冷_{君尝招饮西湖看荷}，高馆桐华客莫攀_{桐乡桐华馆，妇弟金少权所居，君与方兰士及余过从最密，今金、方已先后物故。}忍把前尘更追忆，独怜衰病滞人闻。①

赵怀玉云嘉庆二十年（1807）"同人颇欲为余刻诗文稿，余属鲍志祖_{士恭}，估计非七八百金不可，所费甚巨，恐事未必成耳。十月归，过乌戍，作诗挽鲍以文_{廷博}，遣儿子往吊"②，此诗作于鲍氏离世之次年。

鲍廷博生前答应赠送赵怀玉《剡源集》，未及实现而离开人世，后来鲍士恭将此书补赠予赵氏，兑现其父生前许诺，赵氏有跋记此事云："爰识此书之所从来，并及鲍氏两世交谊。"③ 鲍廷博去世后，其子孙仍与赵怀玉保持着良好的交往关系，《亦有生斋集》中《鲍生正言明经孙也以听鸟图乞题》是赵氏为鲍廷博孙鲍正言所作，两世交谊，深厚感人。赵怀玉妇弟金德舆亦为鲍廷博至交。

7. 吴长元

吴长元，字太初，号丽煌，仁和（今浙江杭州）人。著述有《宸垣识略》，是书有邵晋涵序云："吴君太初久客都下，雅才洽闻，公卿士大夫争招致雠校艺文，益充拓其识，博观而约取，以身所涉历，融洽前言，编纂成书，题曰《宸垣识略》。"④ 吴长元是帮助鲍廷博获得《永乐大典》辑佚书的重要人物之一。

吴氏《斜川集》书云："予妹婿余编修_集于孙中翰_溶斋偶见稿本，亟以告予。"⑤ 吴长元通过余集，抄录到数种《永乐大典》辑佚书。北京大学图书馆藏清抄本《平庵悔稿》十四卷、《平庵丙辰悔稿》一卷、《平庵悔稿后编》六卷、补遗一卷，作者题署为"括苍项安世平甫著"。每半叶八行，行二十一字，无行格，钤"燕京大学图书馆珍

---

① （清）赵怀玉：《亦有生斋续集》卷三十二，清道光元年（1821）刻本。
② （清）赵怀玉：《收庵居士自叙年谱略》，清道光十二年（1832）刻本。
③ （清）赵怀玉：《亦有生斋集》卷七，清道光元年（1821）刻本。
④ （清）吴长元：《宸垣识略》，清乾隆池北草堂刻本。
⑤ （清）鲍廷博辑刻：《知不足斋丛书》第9册，中华书局1999年版，第560页。

藏"等印。是书有乾隆四十六年（1781）吴长元跋云："是编为余秋室集太史分纂《永乐大典》摘出，时误传全集已抄入《四库全书》，遂未经编录。庚子秋冬予寓秋室邸舍，愁病相侵，杜门不出，取案头存稿，粘帖成书，手录副本。"此外，有题识云："嘉庆乙丑知不足斋录副讫，七月二十九日记。"赵魏跋落款为"嘉庆乙丑冬日，仁和赵魏借知不足斋本编讫并识"①，吴长元据余集《永乐大典》辑本抄录，鲍廷博据吴本录副，赵魏又借知不足斋本录副，并重新予以编次。

《知不足斋丛书》之《诗传注疏》有乾隆四十六年（1781）吴长元书云："宋谢叠山先生《诗传注疏》原本久佚，卷帙无考，元人解《诗》，互相征引删节，详略亦各不同，今于《永乐大典》各韵所载元人《诗经》纂注中采录一百六十四条，历搜诸书又得一百三十七条，存详去略，编为三卷，只标篇目，不录经文，以脱略甚多也。"②此书久佚，吴长元从《永乐大典》中辑录三百零一条，编为三卷，始得睹此书之面貌。此外，《丛书》所刻之《洛阳搢绅旧闻记》，为吴长元池北草堂校本，《五国故事》亦据吴长元藏本刊刻。

8. 钱大昕

钱大昕（1728—1804），字晓征，号辛楣，江苏嘉定（今属上海）人。乾隆十六年（1751）举人，授内阁中书，乾隆十九年（1754）进士，选翰林院庶吉士、散馆，授编修。著述甚丰，有《三史拾遗》《廿二史考异》《潜研堂集》和《十驾斋养新录》等。

钱大昕精通史学，《知不足斋丛书》中所刻之《新唐书纠谬》即为钱大昕校本。鲍廷博刻本《后汉书年表》有钱大昕序云："歙鲍君以文得熊氏《后汉书年表》手自校雠，将刻以行世，以予粗涉史学，属覆校焉。予弟晦之尤熟于范史，因与参考商略，正其传写之讹脱者，两阅月而毕事，乃识其后。"③钱大昕、钱大昭兄弟二人共同为

---

① （宋）项安世：《平庵悔稿》，《续修四库全书》第1318—1319册，上海古籍出版社2002年版，第81—83页。
② （清）鲍廷博辑刻：《知不足斋丛书》第4册，中华书局1999年版，第239页。
③ （宋）熊方：《后汉书年表》十卷，国家图书馆藏清乾隆刻本，清鲍廷博、卢文弨校正。每半叶十行，行十八字，左右双边，双鱼尾，白口。

鲍氏校勘《后汉书年表》，殚精竭虑，是为精刻。《元朝秘史》"十五卷本最先由清末翰林钱大昕从《永乐大典》中抄出，鲍廷博据钱大昕抄本抄出"①，鲍氏抄得是书后，并从刻本补写，有题识云："嘉庆乙丑元宵，从刻本补写讫，通介叟记。"又"嘉庆乙丑二月廿一日，从刻本补写，七十八叟识"②。

鲍廷博在以上各位的帮助下，抄录了为数不少的《永乐大典》辑佚书副本。七十八岁的鲍廷博曾撰跋云："仇山村《金渊集》，董浦太史始于竹房诗题中耳其名，诧为异闻，而深惜其不传。未几，高宗纯皇帝开馆采访遗书，得之《永乐大典》中，既纂入《四库全书》，复颁武英殿集珍版本于各直省，承学之士遂家有其书，而樊榭、董浦已相继下世矣。博末学小生，幸天假之年，转得见所未见，岂非平生望外之喜欤。"③鲍廷博看到《永乐大典》辑佚书《金渊集》时欣喜异常，因深知这些书籍的重要价值，故而积极传录辑佚书副本，并精选数种予以刊行。

二　鲍廷博对古籍流传散佚的准确认识

"元在浙常常见君，从君访问古籍。凡某书美恶所在，意旨所在，见于某代某家目录，经几家收藏，几次钞刊，真伪若何，校误若何，无不矢口而出，问难不竭。古人云'读书破万卷'，君所读破者，奚翅数万卷哉！"④鲍廷博对古籍版本流传谙熟于心，令学识渊博的阮元赞叹不已。《知不足斋丛书》凡例云："古书流传，每多缺佚，万难求全者，留心购访，久而不得，姑仍其旧。每憾昔人刻书，遇脱简处连缀及之，贻误后人，匪细故矣。海内之大，岂无完善异本珍秘石仓，凡大雅君子得有邺架善本，可以补集中诸书之阙者，尚冀多方因缘寄示，俾成完书。此则公世之盛心，爱及古人，惠施来学，非廷博

---

① 乔吉、晓方：《蒙文史籍要览》，《内蒙古社会科学》1985年第2期，第95页。
② 《致伯希和》，陈垣著，陈乐素、陈智超编校：《陈垣史学论著选》，上海人民出版社1981年版，第620页。
③ （清）陆心源：《皕宋楼藏书志》卷九十六，中华书局1987年版，第1087页。
④ （清）阮元著，邓经元点校：《揅经室集》二集卷五，中华书局1993年版，第495页。

一人之私幸也。"① 鲍廷博想方设法求得足本、善本后方才付刻,《知不足斋丛书》中《苏沈内翰良方》《袁氏世范》《五曹算经》《孙子算经》《江淮异人录》和《竹谱详录》的刊刻,充分显示出鲍廷博对文献流传散佚的了解远胜于《四库》馆臣。

《知不足斋丛书》第四集《孙子算经》三卷,鲍廷博据汲古阁影宋本刊刻。《四库全书总目》卷一百零七载此书三卷,为《永乐大典》本。"旧本久佚,今从《永乐大典》所载,衷集编次,仍为三卷。其甄、李二家之注,则不可复考,是则姚广孝等割裂刊削之过矣。"② 馆臣将《永乐大典》辑本抄入《四库全书》,并刻入《武英殿聚珍版丛书》。

《知不足斋丛书》第四集《五曹算经》五卷,鲍廷博据汲古阁影宋本刊刻。《四库全书总目》卷一百零七载此书五卷,为《永乐大典》本,"自元明以来,久无刻本。藏书家传写讹舛,殆不可通。今散见《永乐大典》内者,甄鸾、韩延、李淳风之注,虽亦散佚,而经文则逐条完善。谨参互考校,俾还旧观,遂为绝无仅有之善本"③,此书宋刻本目前仍然存世,馆臣却以为久已无传而从《永乐大典》中辑录。

《知不足斋丛书》第十二集《江淮异人录》一卷,鲍廷博据足本刊刻,所收条目与明《正统道藏》本同。《四库全书总目》卷一百四十二著录《江淮异人录》二卷,为《永乐大典》本,"其书久无传本,今从《永乐大典》中掇拾编次,适得二十五人之数,首尾全备,仍为完书。谨依《宋志》仍分为上、下二卷,以复其旧焉"④,馆臣以为此书散佚,便从《永乐大典》中辑佚,并据《宋史·艺文志》记载厘定为两卷,抄入《四库全书》。《四库》本已非此书原貌,所收条目、排列顺序、条目标题均与鲍刻本有较多差异。

《知不足斋丛书》第十四集《袁氏世范》三卷,据鲍刻本杨复吉序与袁廷梼跋,可知袁氏据宋本刻入家谱,鲍廷博又据袁氏家乘本刻

---

① (清)鲍廷博辑刻:《知不足斋丛书》第1册,中华书局1999年版,第10—11页。
② (清)纪昀:《钦定四库全书总目》卷一百零七,中华书局1997年版,第1402页。
③ (清)纪昀:《钦定四库全书总目》卷一百零七,中华书局1997年版,第1403页。
④ (清)纪昀:《钦定四库全书总目》卷一百四十二,中华书局1997年版,第1882页。

入《丛书》。《四库全书总目》卷九十二载此书三卷，为《永乐大典》本，"明陈继儒尝刻之《秘笈》中，字句讹脱特甚。今以《永乐大典》所载宋本互相校勘，补遗正误，仍从《文献通考》所载勒为三卷云"①，《四库》馆臣用《永乐大典》所载与《宝颜堂秘笈》本互勘，据《文献通考》厘定为三卷后，抄入《四库全书》。

《知不足斋丛书》第十七集《苏沈内翰良方》十卷，鲍廷博据吴郡程氏藏足本刊刻。对于殿本和程本的优劣，鲍氏指出："殿本辑自《永乐大典》，大概详沈而略苏，程刻较完而承讹袭谬。"②《四库全书总目》卷一百三著录《苏沈良方》八卷，为《永乐大典》本，"是正、嘉以前，传本未绝，其后不知何时散佚。今据《永乐大典》所载，掇拾编次，厘为八卷"③，馆臣将辑本抄入《四库全书》，并刻入《武英殿聚珍版丛书》。《四库》本、殿本在内容和排列顺序上与鲍刻本有较多不同。

《知不足斋丛书》第二十四集《竹谱详录》七卷，鲍廷博以明成化间抄本为底本刊刻，据阁本补缺久竹一图，并自序一篇。《四库全书总目》卷一百十二载《竹谱》十卷，为《永乐大典》本，"其书世罕传本。浙江鲍氏所传抄者，仅有一卷，疏略殊甚，惟《永乐大典》载其完书"④，馆臣从《永乐大典》辑出此书，厘定为十卷。经考察可知，《四库》本与鲍刻本虽卷数不同，但所收条目全同，只是无鲍刻本柯谦、牟应龙两序。

通过以上六书《知不足斋丛书》本与文渊阁《四库全书》本的对比，可知《四库》馆臣由于对书籍的版本流传及存佚状况认识不足，故而辑录了一些原本并未散佚的书籍，所谓的佚书，其实并未真正亡佚。当然，尽管这些书籍并未亡佚，辑佚的意义并不是很大，但被抄入《四库全书》后，产生了较大的影响，成为书籍流传中另一版本系统之源头，是校勘和整理古籍时使用的版本之一，其价值也不可忽视。鲍廷博对古籍流传散佚的准确把握，从《知不足斋丛书》

---

① （清）纪昀：《钦定四库全书总目》卷九十二，中华书局1997年版，第1209页。
② （清）鲍廷博辑刻：《知不足斋丛书》第6册，中华书局1999年版，第477页。
③ （清）纪昀：《钦定四库全书总目》卷一百三，中华书局1997年版，第1338页。
④ （清）纪昀：《钦定四库全书总目》卷一百十二，中华书局1997年版，第1494页。

中这些书籍的刊刻可见一斑。

三 鲍廷博的辑佚学贡献

首先，鲍廷博多方努力，传抄《永乐大典》辑佚书，使四库馆辑本有副本在民间流传，这些副本由于较好地保持了早期辑本的面貌，而与抄入《四库全书》后的文字有时会存在差异，故而有其校勘价值。

其次，鲍廷博以私人之力刊刻《永乐大典》辑佚书，不仅使那些散佚已久的古书重新回到人们的视野，为学术研究提供了方便，而且通过知不足斋的刊刻，使这些书籍化身千万，扩大了传播的范围，为古籍流传作出了贡献。

第三，抄书、校书中网罗散佚、辑录佚文，是鲍廷博整理古籍时十分重视的一项工作。如宋邓牧《伯牙琴》原本六十余篇，流传中散佚较为严重，鲍廷博从《大涤洞天记》《洞霄图志》《吴礼部诗话》《元诗体要》和《武林耆旧集》等书广泛辑补佚文，使《知不足斋丛书》本成为较为完备的版本。《张子野词》有鲍廷博跋云："顷得绿斐轩钞本二卷，凡百有六阕，区分宫调，犹属宋时编次，喜付汗青。既又得亦园《十家乐府》所刊，去其重复，得六十三阕，诸家选本中采辑一十六阕，次为补遗二卷，合计得词一百八十四阕，于是《子野词》收拾无遗矣。"① 鲍廷博对散佚古书所作的辑补工作尤为可贵。

第四，鲍廷博积极刊刻从海外访求的中土久佚的汉籍。喻春龙指出："鲍廷博、缪荃孙等人百计搜求我国本土已佚，尚存日本、朝鲜等我国历史上东传之书，作为辑佚活动的延伸。"② 《知不足斋丛书》中刊刻的《古文孝经孔传》《论语义疏》《孝经郑注》《五行大义》和《全唐诗逸》是鲍廷博历经多年努力，积极从海外访求的书籍。鲍廷博没有将眼光局限于《永乐大典》辑佚书，以及校勘书籍时辑补的佚文，而是将视角伸向国内亡佚、海外仍存的古籍，扩大了古籍辑佚的范围，反映出其对辑佚的深入认识。

---

① （清）鲍廷博辑刻：《知不足斋丛书》第5册，中华书局1999年版，第270页。
② 喻春龙：《清代辑佚研究》，上海古籍出版社2010年版，第6页。

第三章 《知不足斋丛书》校勘研究

校勘精审是知不足斋校刻书籍久负盛名之根本所在，本章对《知不足斋丛书》的总体校勘情况予以阐述；从刊刻底本入手，对《知不足斋丛书》的校勘作了深入研究；揭示了《知不足斋丛书》前后印本的区别，以《金楼子》为例，说明《知不足斋丛书》印行之后一再校改的事实；并指出《吹剑录外集》中鲍廷博以意改字的一例，从而对鲍廷博的校勘作出了全面客观的评价。

第一节 《知不足斋丛书》校勘述略

《知不足斋丛书》除鲍廷博去世后刊刻的最后四集中的一些书籍外，其余书籍均由鲍廷博亲自参与校勘并主持刊刻。鲍氏对整部丛书的校勘竭尽心力，延请专家校勘，如钱大昕校勘史学著作，李锐校勘算学书籍，较为繁难的书籍则请顾广圻、卢文弨等学术名流共同校勘。即使经名家校勘的书籍，鲍廷博仍再三补校，使《知不足斋丛书》成为清代丛书中精于校雠的代表。

余嘉锡《黄顾遗书序》将校书分为读书者与藏书者之校书，认为以顾千里为代表的读书者校书时：

> 每校一书，先衡之以本书之词例，次征之于他书所引用，复决之以考据之是非。一事也，数书同见，此书误，参之他书而得其不误者焉；一语也，各家并用，此篇误，参之他篇而得其不误者焉。文字、音韵、训诂则求之于经，典章、官职、地理则考之于史，于是近刻本之误，宋、元本之误，以及从来传写本之误，

罔不轩豁呈露，了然于心目，跃然于纸上。然后胪据义证，杀青缮写、定则定矣。

以黄丕烈为代表的藏书家校勘时：

> 至于荛圃之校书，盖得一宋刻本而爱之，或爱之而不能得，因传录于近刻本之上，寻行数墨，句勘字比而已耳，勾勒其行款，涂改其讹字而已耳，譬之唐临晋帖，一笔毋敢出入，号曰为宋本留真面目，其实不如毛氏影宋钞远甚，是尚不能传宋刻之形貌，其能定古书之是非乎？……荛圃《士礼居丛书》固取善本覆而墨之矣，绌于赀力，不能多刻，则姑就所见宋、元本校于近刻本上，一字不易，为宋、元本留一种子，好学者得而读之，从而定其是非焉，其有功古书，不亦多乎？此其道自何义门、鲍渌饮类然，即惠定宇、卢抱经亦往往而然，荛圃自守校雠家法耳，未可用此为訾议也。①

《知不足斋丛书》收录诸书因校勘者素养，寓目版本数量，底本、校本选择等主客观因素的制约，在校勘质量上呈现出差异。余嘉锡对校勘的分类，具有一定的启发意义。下文将借鉴其观点，从藏书家与学者的角度对《知不足斋丛书》的校勘情况予以考察。

一 《知不足斋丛书》的校勘

（一）藏书家的校勘

叶德辉《藏书十约》云：

> 书不校勘，不如不读，校勘之功。厥善有八：习静养心，除烦断欲，独居无俚，万虑俱消，一善也；有功古人，津逮后学，奇文独赏，疑窦忽开，二善也；日日翻检，不生潮霉，蠹鱼蛀虫，应手拂去，三善也；校成一书，传之后世，我之名字，附骥

---

① （清）顾广圻著，王欣夫辑：《顾千里集》，中华书局2007年版，第429—431页。

以行，四善也；中年善忘，恒苦搜索，一经手校，可阅数年，五善也；典制名物，记问日增，类事撰文，俯拾即是，六善也；长夏破睡，严冬御寒，废寝忘食，难境易过，七善也；校书日多，源流益习，出门采访，如马识途，八善也。①

叶德辉将其多年收藏典籍、校勘古书之体会娓娓道来，对藏书家来说，校勘不只是校正文字，整理善本，更是充满了典藏的乐趣。

《知不足斋丛书》的校勘，自然以藏书家鲍廷博为中心展开。从其父鲍思诩开始收藏典籍，通过两代人的努力，知不足斋蓄积了丰富的藏书，为校勘提供了坚实的基础。同一种书有多种版本收藏，是校勘书籍的重要条件。藏书家之间的图书交流，也为其利用众本，互勘书籍提供了便利。《丛书》中有些书籍的校勘是由藏书家完成的。

吴翌凤（1742—1819），字伊仲，号枚庵，祖籍休宁（今安徽黄山），侨居吴郡（今江苏苏州）。诸生。主讲浏阳书院。著述有《怀旧集》和《卬须集》等。《玉壶清话》跋云："是册为吾友枚庵漫士手校，庶为精核，其间一二事与《宋史》未合者，偶为正之。"② 鲍廷博认为吴校精核，略作补校后刊刻。《丛书》中《钓矶立谈》亦由吴翌凤校勘。

吴骞（1733—1813），字槎客，一字葵里，号兔床，海宁（今浙江海宁）人。诸生。辑刻有《拜经楼丛书》，著述有《愚古文存》和《拜经楼诗集》等。乾隆四十五年（1780），吴骞命名藏书室为"千元十驾"，意追黄丕烈"百宋一廛"，恰逢鲍廷博赠明郑旼《拜经图》，吴氏甚为欢喜，当即赋诗两首。③ 嘉庆十七年（1812）吴骞云："与予以文字交垂五十年，君长予五岁，知予爱《霏雪录》，即检以见贻，观其手校，笔画端谨挺秀，无异少壮，诚可谓熙朝之人瑞

---

① （清）叶德辉：《藏书十约》，《丛书集成续编》第5册据长沙叶氏观古堂刊本影印，新文丰出版公司1988年版，第793页。
② （清）鲍廷博辑刻：《知不足斋丛书》第2册，中华书局1999年版，第629页。
③ 《予以庚子岁筑藏之楼名以拜经顷绿（渌）饮游新安购得明郑旼画拜经图见贻率酬二绝》，（清）吴骞：《拜经楼诗集》卷五，清嘉庆八年（1803）刻增修本。

矣。"① 鲍廷博与吴骞相交近五十年，友情甚笃，《知不足斋丛书》的校刻亦不乏其身影。《金楼子》刊行后，吴骞和鲍廷博再次通校全文，弥补了初印本的缺憾，国图现藏有二人的校勘稿本，价值十分珍贵。②

在《知不足斋丛书》的校刻中，藏书家或提供善本，或积极校勘，起到了至关重要的作用。当然，藏书家因自身学识的制约，与专业知识丰富、朴学功底深厚、精通校勘的学者相比，自然略逊一筹。藏书家关注的不仅是版本文字的优劣，也十分在意书籍的品相等典藏价值，他们为搜寻善本费尽心力，这与将精力完全贯注于文字内容的校勘家自然有所区别。鲍廷博深知不足，对《丛书》中必须具备非常高的专业素养才能胜任校勘的书籍，从不勉力为之，而是延请各个领域的专精学者进行校勘，并亲自参与其中，既是对书籍校勘质量的负责，同时在相互讨论中，提高了自身的校勘水平。

（二）清代学者的校勘

张舜徽先生认为："像顾千里、卢文弨这般人遇书即校，遍及四部，这是校勘家博涉一派；也还另有专精一派，一生功力的重点，摆在一方面，不大涉及或者很少涉及其他方面，例如王念孙、王引之父子的校勘群经，钱大昕、钱大昭兄弟的校勘诸史，都是用力精邃，取得了很大成就的。"③ 钱大昕是清代著名的史学家，擅长史籍的考证及校勘。《知不足斋丛书》第十五集所刻之《新唐书纠谬》，就是其校勘的精品。李锐（1769—1817），字尚之，号四香，元和（今江苏苏州）人。清代著名数学家，精通算学。著述有《弧矢算术细草》《勾股算术细草》等。鲍氏所刻之《测圆海镜细草》《益古演段》和《缉古算经细草》均为其所校。这些学者从治学兴趣出发，专注于某一学术领域，是校勘中专精的一派。魏之琇（1721—1772），字玉衡，号柳洲，钱塘（今浙江杭州）人。著述有《柳洲遗稿》。世医出身，精通医学，知不足斋所刻《名医类案》便是由其校勘的。

---

① （清）吴骞：《愚谷文存续编》卷一，清嘉庆十九年（1814）刻本。
② 详见本书第三章第四节国图藏《〈金楼子〉附校》稿本与《知不足斋丛书》本《金楼子》之校刻始末。
③ 张舜徽：《中国古代史籍校读法》，华中师范大学出版社2004年版，第319页。

博涉派的校勘家，学识广博，不仅对经、史、子、集四部著述均有涉猎，而且对专门之学造诣颇深，卢文弨就是其中的代表。卢文弨（1717—1795），字召弓，一作绍弓，号抱经，又号矶渔，仁和（今浙江杭州）人。乾隆十七年（1752）进士。授翰林院编修充侍读学士。后在江浙各地书院讲学。藏书楼名"抱经堂"。著述有《抱经堂文集》《钟山札记》《龙城札记》和《仪礼注疏详校》等。乾隆五十七年（1792）卢氏撰写《徽刻古今名人著作疏》，倡议各方襄助鲍廷博刊刻《知不足斋丛书》。鲍氏所刻《玄真子》《碧血录》《翰苑群书》和《游宦纪闻》，所据均为卢文弨校本。鲍廷博校勘《归潜志》时亦使用了卢校本。《五国故事》刊成后，鲍氏又据卢校本勘定，写成订误十则，置于《丛书》后印本之首。卢文弨对算学类书籍的校勘亦游刃有余，乾隆四十三年（1778）为鲍氏校勘《五曹算经》，订正所据影宋本之误，为《知不足斋丛书》的校勘出力不少。

顾广圻亦属校勘家中博涉一派。顾广圻（1766—1835），字千里，号涧薲，元和（今江苏苏州）人。著述有《思适斋集》《思适斋书跋》。《知不足斋丛书》中顾氏校勘了《履斋示儿编》《文苑英华辨证》等。乾隆末年鲍廷博嘱顾氏校勘《梧溪集》，欲刻入《丛书》，以广其传，但直到鲍氏去世，未能达成心愿，而后鲍志祖为完成鲍廷博遗志，于嘉庆二十一年（1816）再次嘱托顾氏校勘，后刻入《丛书》第二十九集。

（三）藏书家、学者与《知不足斋丛书》的校勘

藏书家拥有的善本为校刻书籍、学术发展提供了良好的基础，学者精深的学术造诣为校订善本、传诸后世提供了保证，两者的完美结合推动了清代考据学的发展。

《知不足斋丛书》第二十五集所刻《履斋示儿编》是藏书家和学者各出其长，协作校勘的代表。嘉庆十五年（1810）鲍廷博跋云："予尝请之卢学士文弨、孙侍御志祖互相雠勘，不特尽扫乌焉之误，于履斋千虑之失，亦时时有所纠正焉。萧山徐君北溟鲲熟精选理，海昌钱君广伯馥精于音韵之学，又各出其所长，以资参考。继而元和顾君涧薲复得茶梦散人手抄本，反复勘定，不使少有遗憾。于是是编精

神焕发，顿还旧观矣。"① 诸位学者均有其学术特长，顾广圻在孙志祖和卢文弨校勘的基础上，又用姚舜咨抄本校勘，此书之校刻汇聚了众人心血。鲍廷博为一书之刊刻如此用力，真正体现出知不足斋精校、精刻的特点。鲍刻本注文保存了卢文弨、桂馥、孙志祖、严元照、徐鲲、顾广圻和鲍廷博七人的案语，涉及文字校勘和内容评注等，对了解版本异文和阅读此书裨益良多。

关于知不足斋校刻《履斋示儿编》，有一段书林掌故需在此揭出。乾隆五十年（1785）以前，鲍廷博请卢文弨校订此书，卢氏认为"此书辨书之形声，实可益于初学，余亦以资闻见，以文欲得一善本以传世也，固宜"，但"此书援引甚繁富，而刻本不精，其讹字脱句往往而是，倘仅叩平生所记忆者略为正之，虑所记忆者亦不能无失也。且亦有旧校者在其上，不知何人，不能为之剔蠹屠赘，而反益之痏痈，若更以我所校益之，惧将为之分过，故卷书还之，其事遂中辍"②。卢文弨拒绝后，鲍廷博并未放弃，又请孙志祖校勘，卢文弨云孙氏"爬梳洗剔，视元本不可以道里计，乃不自信而重谉谇及予"③，而后卢文弨又受孙志祖嘱托校勘是书，卢氏为二君之雅意所感动，"遂发愤而取家所有四部书，有可疑者一一比对，具有证佐，乃敢为之乙改涂注，视向之舛误者，可十去其八九矣"④，在孙、卢二人校勘的基础上，鲍廷博又请顾广圻于嘉庆十六年（1811）再次用姚舜咨抄本校勘，鲍氏于此年"刷印稿样，属事覆勘，数过荒居，再三商榷，乃按原文钩稽摘剔，又于群籍旁考得证，当杀青之"⑤，此书刷印后，顾氏再用姚抄本覆勘，鲍、顾二人反复商榷后，最终定本。令人遗憾的是，鲍廷博去世后，顾广圻才得见汪士钟藏宋刻本再校⑥，订正了鲍刻本存在的错误，为此顾氏在嘉庆二十四年（1819）撰《〈示儿编〉覆校宋本条录》，并跋云："鲍氏《丛书》廿五集刻

---

① （清）鲍廷博辑刻：《知不足斋丛书》第9册，中华书局1999年版，第196页。
② （清）鲍廷博辑刻：《知不足斋丛书》第9册，中华书局1999年版，第195页。
③ （清）鲍廷博辑刻：《知不足斋丛书》第9册，中华书局1999年版，第195页。
④ （清）鲍廷博辑刻：《知不足斋丛书》第9册，中华书局1999年版，第195页。
⑤ （清）鲍廷博辑刻：《知不足斋丛书》第9册，中华书局1999年版，第186页。
⑥ 按：实则为元刻本。参见瞿冕良：《版刻质疑》，齐鲁书社1987年版，第37—38页。

《示儿编》据抄本，未见宋本也。长洲汪氏艺芸书舍近收得之，属其校出作副，后并真本借来，覆勘第二十卷，题刘氏学礼堂刊，即胡楷所谓本堂者也，与抄本大概相同，其资以是正者，除修改外，尚百余条，汇而录之，略著一二按语附于最后。至于宋本有误而已经鲍氏订正，则不复及焉。"① 发现鲍刻亦未能订正的元刻本讹误时云："此类俱非隐僻，然宋本已误，钞本、明刻沿之前，此《丛书》校刻时亦未订正也。设使季昭元书《编》前、后集二十四卷之本，复出再勘一过，则几尘风叶必所得益多。鲍氏当日以'知不足'自名其斋，厥意深远矣。"② 因而发出校书之难和无法得见孙奕原书的感慨。数次校勘使顾氏更为深切地体会到"知不足斋"命名之深意。从笔者寓目之国图藏顾广圻用元刻本手校的清抄本中题识"辛巳又校"，可知顾氏在嘉庆二十四年（1819）之后，于道光元年（1821）再度校勘。顾千里从嘉庆十六年（1811）到道光元年（1821），持续十年对卷帙繁复的《履斋示儿编》屡次校勘，撰写校勘记和题跋，其孜孜以求的学术态度，无愧"清代校勘第一人"之称誉。虽然已有诸多学者尽心竭力地校勘此书，但是从鲍刻本的案语、跋文来看，鲍廷博参与到校勘的整个过程中，未曾缺席。

需要指出的是，所谓藏书家的校勘与学者的校勘，二者并非截然分离，此处如此分类，着眼于在其学术活动中，何者居于主导地位，如鲍廷博、吴骞、吴翌凤、黄丕烈等，自然是以藏书家著称，校勘也是藏书中非常重要的一个环节。而钱大昕、卢文弨、顾广圻等，无可争议的是清代学术发展史上的领军人物，一定的图书收藏量必然是学者进行研究的基础。藏书家中学问精深者亦可为学者，学者中收藏丰富者亦兼具藏书家之身份，像鲍廷博这样，学问造诣较高、校勘亦较为精审的藏书家、刻书家，对学术发展的推动作用亦不亚于真正意义上的学者，故《知不足斋丛书》誉满海内外，与鲍廷博自身的学术素养有密不可分的关系。藏书家苦心搜求善本和一丝不苟的校勘，辅之以一流学者的精心校勘，促成了《知不足斋

---

① 北京大学图书馆藏明潘膺祉如韦馆刻本《履斋示儿编》末过录之顾千里跋。
② 北京大学图书馆藏明潘膺祉如韦馆刻本《履斋示儿编》末过录之顾千里跋。

丛书》的辑刻成功。

二 校勘成果的体现方式

在书中刊刻校勘记和考证结论，是鲍廷博刻书的突出特点，也是清代刻书重版本、重校勘的学术风气的集中体现。在《知不足斋丛书》中主要表现为以下六种方式。

首先，随文记录有价值的版本异文。简明的校勘记使读者得一本而知别本文字，在比较中可以判断文字优劣。如《离骚集传》"皇览揆余于一无于字初度兮"①；"惟草木之零零，一作苓落兮"等②，此类校勘记在《丛书》中随处可见。

其次，随文出疑误校，对参校及他校的文献来源予以说明。如《墨史》卷下载："杨振，字声伯，长兴人，武举得官，蓄古器最富，多精品，故所制不下赵彦先案，'古器'疑'古墨'。"③如《江南余载》卷上载："元宗初，冯延鲁自水部员外郎为中书舍人，李建勋叹曰：'爵禄所以驭士，今四郊未靖而延鲁以一言称旨，辄骤迁之，若后有立大功者，当以何官赏之？'按，陆游《南唐书》延鲁本传亦载此，乃江州观察使杜昌业之言，此作'李建勋'，疑误。"④

第三，随文考证案语增强了校勘的学术性。《湛渊静语》《江西诗社宗派图录》和《斜川集》等有鲍廷博、赵怀玉的考证案语。如《五国故事》有"廷博案，孺赟本名'宏达'，赐名'宏义'，今云本名'达'及后云赐名'义'者，皆避宋宣祖讳，如前伪汉第三主晟之例也。考《十国春秋》又作'仁达'，盖亦宋时例改，如《表忠观碑》称'忠献'为'仁佐'是也，并附识之"⑤。

第四，书首或书末附录存疑、订误、校补、辨证。《金楼子》书首之朱文藻、吴骞附订，《吴礼部诗话》和《松窗百说》末附存疑，《斜川集》末之订误，《履斋示儿编》末有顾广圻辛未年重校补，《新

---

① （清）鲍廷博辑刻：《知不足斋丛书》第4册，中华书局1999年版，第533页。
② （清）鲍廷博辑刻：《知不足斋丛书》第4册，中华书局1999年版，第534页。
③ （清）鲍廷博辑刻：《知不足斋丛书》第4册，中华书局1999年版，第688页。
④ （清）鲍廷博辑刻：《知不足斋丛书》第4册，中华书局1999年版，第347页。
⑤ （清）鲍廷博辑刻：《知不足斋丛书》第4册，中华书局1999年版，第369页。

唐书纠谬》末有钱大昕续写的辨证若干条。鲍廷博注重校勘质量，但凡一字之疑，均反复琢磨，精益求精，书籍刻成之后，亦不断订补。

第五，书末附录校勘记。《石刻铺叙》三十一条校勘记有丰富的版本异文，鲍氏据何本文字刊刻，对何字心存疑问，对已刻误字的订正，均可从校勘记获知，得一本而知各本文字，其作用不可忽视。

第六，书末跋语申述校勘内容。鲍廷博《山房随笔》跋云："明初写本较商氏《稗海》所刊殊胜，开卷'平仲'二字，即商本所脱也。中如党怀英《孔子庙诗》末句'泰岱参天汶泗长'，误'汶泗'为'汾水'，相去不啻千里矣。'梅梁松牖'一联，证以石刻，亦此本为是。聂碧窗《北妇诗》云：'江南有眼何曾见，争卷珠帘看鹧鸪。'初不解其旨，及检此本，则'鹧鸪'为'固姑'，由校者不知'固姑'为妇人冠名，妄易'鹧鸪'以趁韵耳。《题赵太祖真容》'河北山东总旧臣'，误'臣'字为'君'字，则并上新、神之韵不押矣。"① 此类跋语在鲍廷博所刻书中较为常见。

鲍刻本有些案语前冠有名氏，如《玉壶清话》卷九有"翌凤案，此下至'乾德丁卯之岁也'一段系中主事，不应误入，先主薨于晋出帝时"②，《履斋示儿编》卷十九有"广圻案，当依《酷吏传》改'宁'"③，既如实反映学者的学术见解，又是对其学术成果的尊重。

三 清代学者与藏书家对校勘的认识

（一）学者对校勘的认识

叶昌炽咏顾千里云："不校校书比校勘，几尘风叶扫缤纷。误书细勘原无误，安得陈编尽属君。"④ 顾氏以不校校之的校勘原则历来受到人们称赞，其对校勘的认识在文献中多有理论性阐发，如《平津馆丛书》所刻《古刻丛钞》乃顾氏校勘之本，顾跋云"因再四寻勘其间，即有所审正，必取资别本，未尝只字敢凭胸臆"，可见校勘改

---

① （清）鲍廷博辑刻：《知不足斋丛书》第7册，中华书局1999年版，第137—138页。
② （清）鲍廷博辑刻：《知不足斋丛书》第2册，中华书局1999年版，第620页。
③ （清）鲍廷博辑刻：《知不足斋丛书》第9册，中华书局1999年版，第151页。
④ （清）叶昌炽著，王欣夫补正，徐鹏辑：《藏书纪事诗附补证》，上海古籍出版社1989年版，第590页。

字必须要有版本依据,是顾广圻校勘的基本原则。又跋云:"夫校石刻文字之书,非特不可以意推测,并不可据他书改补。"① 顾氏认为石刻文字的校勘具有特殊性,不可轻易用他书改字、补字,这些看法与现代校勘学的精神完全一致。

顾广圻致函汪喜孙时云:

> 《广陵通典》自闰月至今,无日不看,仅校定大半。凡校书之法,必将本书透底明白,然后可以下笔,必将本书所引用之书透底明白,然后可以下笔。否则望文生解,或寻觅出处,必致失其本指而不自觉。虽方今宇内颇少能知书之误不误者,然潦草塞责,岂见委之意耶?②

以上是顾广圻通过多年的校勘实践提出的真知灼见。顾氏认为必须对本书和本书所引之书的内容"透底明白",才可动笔校勘,否则会望文生义,失去本旨,这是校勘的基本要求。

卢文弨在《钟山札记》中多处阐发了对校勘的认识,如《蔡中郎集》条云:"凡传古人书,当一仍其旧,慎勿以私见改作。""古书流传,讹谬自所不免,果有据依,自当改正。""盖即一篇之中,其当改订者不少,但究须审慎,疑者宁阙,以俟后之人,或有能通其意者。若遽凭臆改定,而又全没旧文,则似是而非之弊,又有不可胜言者矣。"③"大成牛"条云:"古书之不可轻议更改也。"④ 校勘《履斋示儿编》时,云:"具有证佐,乃敢为之乙改涂注。"⑤ 强调保持书籍原貌的重要性,证据确凿时应订正讹误,但态度必须审慎,疑者宁阙,不得肆意妄改。

---

① (清)孙星衍辑:《平津馆丛书》,天津图书馆藏清光绪十一年(1885)吴县朱氏槐庐家塾刻本。
② 李庆:《顾千里研究》,上海古籍出版社1989年版,第451页。
③ (清)卢文弨著,杨晓春点校:《钟山札记》卷一,中华书局2010年版,第31、32、33页。
④ (清)卢文弨著,杨晓春点校:《钟山札记》卷二,中华书局2010年版,第42页。
⑤ (清)鲍廷博辑刻:《知不足斋丛书》第9册,中华书局1999年版,第195页。

专精史学的钱大昕认为："儒者之学，贵乎阙疑存异，而不可专己守残者以此。"① 又云："若史文舛讹，加以驳正，皆必依据古书，匪敢自逞臆见，仍注于逐条之下，以便省阅。"② 强调校勘要有阙疑精神，反对无据妄改，提倡撰写校勘记。

（二）藏书家对校勘的认识

黄丕烈（1763—1825），字绍武，号荛圃，又号复翁，长洲（今江苏苏州）人。乾隆五十三年（1788）举人。官主事。著述有《求古居宋本书目》和《百宋一廛书录》等，是清代首屈一指的藏书家，在我国古代藏书史上具有举足轻重的地位。黄丕烈对版本和校勘有深刻的认识："然书本子，一本有一本之面目，非得真本，即尽美矣，安得谓之尽善乎。"③ "大凡书籍安得尽有宋刻而读之，无宋刻则旧钞贵矣，旧钞而出自名家所藏，则尤贵矣。"④ "未见宋刻，诸家各为异同，无可适从。今校宋刻于叶本上，一一存其真，虽宋刻亦有讹舛处，就目验云然，是非又在善读者自能辨之耳。"⑤ "书有一印本，即有一种不同处。"⑥ "且书必备诸本，凡一本即有一本佳处。即如此，固多舛误矣，而亦有一二处为他本所不及，故购者必置重沓之本也。"⑦ 又云："然不得宋刻，总不敢定其是非。即以文理论之，此刻实可通，而抄与活本皆不如是。是又未敢定此为是也。"⑧ 认为校勘

---

① 《潜研堂文集》卷六《答问三》，（清）钱大昕：《嘉定钱大昕全集》第9册，江苏古籍出版社1997年版，第78页。
② 《潜研堂文集》卷十八《续通志列传总序》，（清）钱大昕：《嘉定钱大昕全集》第9册，江苏古籍出版社1997年版，第285页。
③ （清）黄丕烈著，屠友祥校注：《荛圃藏书题识》卷六，上海远东出版社1999年版，第477页。
④ （清）黄丕烈著，屠友祥校注：《荛圃藏书题识》卷七，上海远东出版社1999年版，第561页。
⑤ （清）黄丕烈著，屠友祥校注：《荛圃藏书题识》卷七，上海远东出版社1999年版，第561页。
⑥ （清）黄丕烈著，屠友祥校注：《荛圃藏书题识》卷二，上海远东出版社1999年版，第182页。
⑦ （清）黄丕烈著，屠友祥校注：《荛圃藏书题识》卷六，上海远东出版社1999年版，第452页。
⑧ （清）黄丕烈著，屠友祥校注：《荛圃藏书题识》卷六，上海远东出版社1999年版，第465页。

时要广储众本，强调断定是非时以宋本为据，若无宋刻，则以旧抄为贵。姚伯岳先生指出："黄丕烈的校书，是藏书家的校书。他也对许多古书进行了从头到尾完整的校勘，但是更多的时候，他校书只是为了比较一书各本文字内容的优劣。这就使他在校书的目的上，与一般的校勘家区别了开来。""其目的皆在于比较一书不同版本的文字内容差别及其优劣高下，都不是校勘学意义上的校勘。""校勘家的校书，大多是综合采用各种办法，以便将一书的原貌真貌尽可能地反映出来。黄丕烈的校书，则属于藏书家的校书。这种校书与校勘家的校书不同，是将一书的祖本或其他较早的版本上与底本互异的文字校录在底本之上，目的是在自己所收藏的版本上保存其他善本的面貌，以供学者参考比较。这种校勘方法，古人称之为'死校'，今人称之为'对校'，也称'版本校'。"① 姚先生以黄丕烈为例，认为藏书家的校勘是为了比较版本文字的差别和优劣，通过对校来保存善本的面貌，与校勘家力图恢复古书原貌的宗旨不同。

那么同是藏书家的鲍廷博的校勘思想是否与黄丕烈一致呢？鲍廷博在《知不足斋丛书·凡例》中阐述其校勘思想云：

> 旧本转写，承讹袭谬，是编每刻一书，必广借诸藏书家善本，参互校雠。遇有互异之处，择其善者从之，义皆可通者两存之，显然可疑而未有依据者仍之，而附注按语于下，从未尝以己见妄改一字。盖恐古人使事措辞，后人不习见，误以致疑，反失作者本来也。②

鲍廷博一生校书，丹黄满椠，八十五岁高龄时为《申斋刘先生文集》撰跋，借王雪溪之言道出了严谨校勘的重要性：

> 王雪溪云：校雠是正文字，固儒者先务，然执一而意改者，所当慎也。盖一字之疑，后或得善本正之，若率意以改，即疑成

---

① 姚伯岳：《黄丕烈评传》，南京大学出版社1998年版，第198、198、201页。
② （清）鲍廷博辑刻：《知不足斋丛书》第1册，中华书局1999年版，第10页。

实，传世行后，此字由我而废，故学者所宜弛张变通也。此书杭州赵兄完伯从其尊人素门先生所藏明初钞本写以见贻，藏之三年矣。以多错误，因借原本勘正，别风淮雨，姑仍其旧，以俟后来，非敢借雪溪之言，自文其不学也。①

鲍廷博将恢复古书原貌作为校勘的终极目标，特别强调妄改文字的危害，指出校勘时应众本互校，择善而从；义皆可通，两存其文；不以己意，妄改一字；心存疑问，附注按语。

显然，同样是藏书家的黄丕烈与鲍廷博，对校勘的认识存在差异。两人均认为广储诸本以备校勘的重要性，但黄氏校勘时将善本文字一丝不苟地校录于底本之上，强调保存善本面貌，而鲍廷博在众本互勘中对异文进行取舍判断，尽可能地使所校之书恢复到作者笔下的原貌，这与乾嘉学者的看法是一致的。两人因校勘出发点的不同，采用了不同的方法，从中亦可见藏书家的校勘具有多样性。

洪亮吉将藏书家分为考订家、校雠家、收藏家、赏鉴家和掠贩家②，认为鲍廷博与黄丕烈是藏书家中鉴赏家的代表，其观点被叶德辉引入《书林清话》，产生较大影响。这种观点有待商榷，林夕先生指出："说鲍廷博是赏鉴家就更不合适，他用毕生的精力校书和刻书，用今天的眼光看，工作性质应该属于整理古籍，水平高低另当别论。他抄书和校书出名，却没有听说他收藏多少宋本，'独嗜宋刻'的帽子也扣不上。"③ 其实，并非所有藏书家的校勘只停留在句勘字比，勾勒行款，校勘讳字，临宋本文字于校勘底本之上，保留宋本面貌的层面，黄丕烈极度重视宋本的死校法在藏书家中并不具有普遍性。

通过对鲍廷博校勘的深入分析，可知藏书家校勘时亦灵活运用对校、本校、他校、理校四种方法，有时为解决一字之疑，同时采用多种方法反复考证，并借助音韵学、舆地学、金石学等多方面的知识综合分析，不迷信宋本，不盲目运用石刻文献订正传世文献之误，态度

---

① 邓邦述著，金晓东整理，吴格审定：《寒瘦山房鬻存善本书目》卷六，上海古籍出版社 2014 年版，第 498—499 页。
② （清）洪亮吉：《北江诗话》卷三，清光绪授经堂刻《洪北江全集》本。
③ 林夕：《藏书家的眼光》，《藏书家》第 4 辑，齐鲁书社 2001 年版，第 4 页。

审慎。

鲍廷博既是藏书家，又兼具学者的学识和眼光，自然在藏书、校书和刻书上更胜一筹。加之周围有一批藏书家和学术名流鼎力相助，《知不足斋丛书》的辑刻成功不是偶然的。

第二节 鲍廷博校勘探微——以刊刻底本《归潜志》《吹剑录外集》为例

南京图书馆藏《吹剑录外集》与《归潜志》底本，是从鲍廷博校勘实践入手，研究其校勘状况的珍贵文献。下文从第一手文献出发，分条缕析地考察鲍廷博是如何践行其所申述的校勘准则的，并由此总结其校勘的方法、原则及思想，进而评价其优点及缺点，这对于深入认识《知不足斋丛书》的校勘质量深有裨益。①

一 《吹剑录外集》与鲍廷博的校勘

（一）明抄本《吹剑录外集》

南京图书馆藏明抄本《吹剑录外集》一卷，每半叶九行，行二十一字，无行格，封面钤"八千卷楼珍藏善本"印。书首有序，钤"丁氏八千卷楼藏书记"和"南京图书馆珍藏善本"等印。书末有范钦跋。扉页有丁丙手书题签：

《吹剑录外集》一卷，旧抄本，鲍以文校藏。
淳祐庚戌仲秋括苍俞文豹撰。并序"始作此编，盖即前言往事，辨证发明，以寓劝戒之意……因续三为四，以验其学之进否"。按《吹剑录》序于淳祐三年，前有识语，此编已刊行，板留书肆，不可复得，因删旧添新，再与续集并刊。今前录附存《四库》，二、三录□□佚失，惟此《外集》《四库》著录，先为天一阁范钦写本，有识语。鲍廷博通体校正，刊入《知不足斋丛

---

① 按：通过对底本的逐条分析，可知部分文字的校改，鲍廷博并未交代版本依据和他书佐证，限于目前所能寓目的版本数量，文章对这一部分异文，暂不作讨论。

书》，此即底本也。

丁丙言此本为《知不足斋丛书》本《吹剑录外集》之底本，抄本中鲍廷博朱、墨批校甚多。从范跋可知，此本为范钦于明嘉靖三十年（1551）从扬州知府借抄。朱文藻跋《吹剑录》有案语云："知不足斋有范钦手钞《吹剑录外集》……计其书五十叶，四日录毕，亦云勤矣。行书精妙，令人观之不忍释手，既为吾友所得，不能割爱也。"① 朱氏所云即为此本。

《知不足斋丛书总目》稿本云《吹剑录外集》底本为范尧卿抄本，书末有范卿跋。鲍廷博校勘天一阁本后刻入《丛书》，底本中朱、墨批校较多，兹举几例以见一斑，如"'文豹'小字居中"；"'诗'，疑'诸'字之讹"；"'邑人'上疑脱'下'字"；"'然取'二语未明，疑有误"；"此行似有脱文"；"似当连上为一条"；"'丁难'或即'丁艰'"；"梁武帝谓喻药"条眉批云："《宛委余编》：俞姓在江东最为寒族，武帝欲加俞药，以口为喻，力辞而止，且曰：'江东俞钱无君子，姓不可改也。'"

底本中鲍廷博没有明确说明使用何本校天一阁本，整部抄本眉批只云"元本"。因《知不足斋丛书》本首有《钦定四库全书》提要，故用文渊阁《四库全书》本校勘，发现校改之处的一部分异文与《四库》本吻合，但仍有许多溢出《四库》本之外的异文，这说明《四库》本可能是鲍氏所采用的其中一个校本。但大量溢出的文字，说明鲍氏用以校勘的还有其他版本。傅增湘《双鉴楼善本书目》著录："《吹剑录外集》一卷，旧抄本，雍正八年长白秀道人手写。"② 此本现今不知流落何处。目前流传的《吹剑录外集》的主要版本即为《知不足斋丛书》本和《括苍丛书》本。因而试图考察出鲍廷博使用的校本，从目前掌握的版本及文献资料来看，似已不大可能。

---

① （清）汪璐辑，李慧、主父志波标点：《藏书题识》，上海古籍出版社2009年版，第59页。

② 傅增湘：《双鉴楼善本书目》，1929年藏园刊本。

（二）鲍廷博校勘中的以意补字

《吹剑录外集》中一处文字校改，反映出鲍廷博校勘态度十分草率的一面，鲍刻本"婺女倪君泽普"条云："其师初授书骥辄坐树下及上口即背诵。"范钦抄本原无"口"字，鲍氏用墨笔小字增补，并有墨批云："'口'字以意增入。"而文渊阁《四库全书》本，无"口"字，唯鲍本之"树下及上"，作"树上及下"。鲍廷博在底本眉批中明言是其意补之字，却仍将此字刻入《知不足斋丛书》，无疑是令人遗憾的。

又南京图书馆藏清抄本《伯牙琴》一卷、补遗一卷，为知不足斋抄本。其中有一条鲍廷博墨笔眉批云："'择才且贤者'句，原本脱落二字，今据文义添入。"鲍氏在校改时，据文义补入"且贤"二字，严重违背了校勘的原则，好在刻入《知不足斋丛书》时，并未增补"且贤"二字。此外，《文禄堂访书记》卷四载宋苏洄《泠然斋诗集》八卷、补遗一卷，为清鲍以文手抄本。鲍氏手跋曰："乾隆戊申六月初五日，寓两广会馆钞竟，计一百四十六纸。原本邵太史晋涵录自《永乐大典》，脱误处无从校正，略以意改数字而已。"① 鲍廷博因此本抄自《永乐大典》，无从校正，故"略以意改数字"。

笔者寓目的数种《知不足斋丛书》刊刻底本，及鲍廷博撰写的两百余篇题跋中，只发现上述几处鲍氏以意补字之例，无论最终是否刊刻妄补之字，均违背了校勘的基本原则。

南京图书馆藏清劳权抄本《元郭天锡手书日记真迹》，劳权校并录宋葆淳、厉鹗、赵辑宁、鲍廷博题识，有丁丙手书题签。其中有两行文字值得注意："饮香居士以意校，绿笔。""乐余居士以意校，蓝笔。"由此可知，古人校勘中以意改字的情况并不罕见。

明抄本《吹剑录外集》使我们了解到鲍廷博校书时鲜为人知的真实细节，而这恰恰在《知不足斋丛书》中是无法看到的，毕竟刻本呈现给人们的是校改成型的定本，这也是说明了刻书底本的重要价值和意义。

---

① 王文进著，柳向春标点：《文禄堂访书记》卷四，上海古籍出版社2007年版，第311页。

二 清抄本《归潜志》与鲍廷博的校勘

（一）清抄本《归潜志》

南京图书馆藏清抄本《归潜志》十四卷、附录一卷，清鲍廷博校并跋，丁丙跋。鲍廷博手抄、手校、手跋，是《知不足斋丛书》本《归潜志》之底本。丁丙手书题签云：

> 《归潜志》十四卷，鲍氏知不足斋批校藏本。
>
> 前有乙未季夏浑源刘祁京叔自序，盖壬辰北还，以"归潜"榜于室，即题其所著。金亡五年之后，复出就试，魁南京，选充山东西路考试官，又七年而殁。其书一卷至六卷皆金末诸人小传；七卷至十卷杂记遗事；十一卷录大梁事，纪哀宗亡国始末；十二卷纪崔立作乱时，群臣媚为立碑事；十三、十四卷杂说锡文，钱曾《读书敏求记》载此，首卷乃陆孟凫手录，以炫艺林。今为鲍以文廷博手写校本，丹黄满纸，圈点精细，卷尾每纪岁月杂事，即为刊《知不足斋丛书》底本，居今视昔，亦不下于孟凫手录也。有"奇书无价"、"皆大欢喜"、"以文手钞"三印。按《知圣道斋读书跋》云卷中叙崔立碑事，乃京叔平生疚心处，鲍氏附注元裕之《外家别业上梁文》、郝陵川《辨甘露碑》诗，可谓得是非之公。京叔、裕之乃两造之辞，其以"伊谁受赏"一语归狱京叔，并不讳言之，且以其时京叔安用崔立所赐进士出身为也？陵川乃裕之门下士，观其集中裕之墓志，京叔哀辞于二子轩轾可见，要之碑辞之作无论为元为刘，而裕之乃右司员外郎，京叔布衣，情事有间。特附此备考。

书中丁秉衡批校有二，卷六"李参政巩字君美"条眉批云："《金史》作'革'不作'巩'，非无传也。丁秉衡记。"意在纠正鲍廷博批校之误。卷八"赵闲闲尝言律诗最难工"条眉批云："此实为五代时刘昭禹语，非党公创论。丁秉衡记。"除丁氏批校外，抄本中所有文字均为鲍廷博手迹。

从题识时间来看，鲍氏抄写此书在乾隆三十年（1765），并集中精力于此年校勘，而后在乾隆四十三年（1778）和四十四年（1779）刻工写样时，进行了部分卷次的重校、复阅。

（二）校改文字之分析

从《归潜志》抄本的校改情况来看，鲍廷博会直接乙正抄本误倒之处，统一异体字、俗字，为避讳将"弘"改"宏"，"玄"改"元"等，亦避孔子讳。在校勘中主要做了以下工作：

1. 划分条目分合

如鲍刻本卷十二"士之生于世"条和"予生壮年"条，底本原为一条。鲍刻本卷十三"予平生有二乐"条与"肥酞甘脆"条，底本原为一条，鲍氏墨批云："肥酞云云，当别是一则。"并且前一条末批注"另起"，后一条末批注"原本连上为一则"。

又如鲍刻本卷十三"吾道盛衰"，"贤人君子"和"分人以财"三条，底本原为一条，鲍氏在前两条末分别批注"另起"，将其划分为三则，鲍氏底本墨批云："'贤人君子'及'分人以财'，疑俱当别为一则。"

2. 取舍底本原有异文

鲍廷博对底本原有之"一本某"，作异文取舍后刊刻。如卷一"宋翰林九嘉"条"得风疾……英迈不群……"，底本有"'疯'，一本'风'"，鲍氏划去了"疯"；底本有"'英'，一本'豪'"，鲍氏划去了"豪"，划去的异文不见于鲍刻本。

3. 刻本简注异文

底本中异文甚多，但鲍刻本只随文夹注有校勘价值的异文。如卷七"金朝用人"条"由省令史迁左右司郎中员外郎"，抄本鲍氏墨批云："《全金诗》及赵、郁本俱作'选左右司'。"鲍刻本云："'迁'，一作'选'。"又卷一"章宗天资聪悟"条："冷怯玻璨盌。"抄本鲍氏墨批云："丁本'盌'作'盏'。"鲍刻本列举异文云："一作'盏'。"

又如卷一"章宗天资聪悟"条："命翰林待制朱澜侍夜饮诗云：'夜饮何所乐，所乐无喧哗。三杯淡醽醁，一曲冷琵琶。坐久香成穗，夜深灯欲花。'"抄本鲍氏墨批云："丁本云'所乐静无哗'，'夜阑灯欲花'。"鲍刻本云"一云'所乐静无哗'"。"'夜深'，一作'夜阑'。"

此外，底本中鲍氏所作的判断未刻入《丛书》。如底本批注云："《金史》字'仲实'，一字'子瑜'，《金史》作'仲实'者，误。"而刻本只云："按《金史》，字'仲实'，一字'子瑜'。"将鲍氏之判断略去不言。底本批注："'犹不足也'句，似失'以为'二字。"刻本只云"句似有误"。

4. 从底本可知鲍刻本"一作某"、"一云某"指何本或何书

虽鲍刻本以"一作某"、"一云某"罗列了有校勘价值的异文，但终究不明何本作某字，以至于无法了解各个版本的面貌。可贵的是，《归潜志》底本明确标识为何本文字，为我们了解不同版本的异文，进而判断其版本价值，以及考察鲍廷博选用底本是否得当，选择异文是否精准等问题，提供了重要依据。

从底本可知鲍刻本注文列举之"一作某"、"一云某"，分别为卢本、丁本、赵本、郁本等版本异文。"一本"亦指他书异文，如卷三"史怀季山"条"作诗甚有力"，鲍刻本云"一作'功'"，底本鲍氏墨批云："《全金诗》云'作诗甚有功'。"可知"一本"指《全金诗》。此外，"一本"有时指多种版本，如卷三"刘琢伯"条："闻在武仙军中。"鲍刻本"一云'军人中'"，底本鲍氏墨批云："郁、赵二本云'闻在武仙军人中'。"可知"一本"指赵、郁两种版本。

5. 从底本批注可知其他版本的面貌

卷五"李陈州山"条，眉批云"郁本欠此页"；"高尚书夔"条，刻本注"一本此后空白七行"，墨批云"赵本此后空白七行"，可知鲍刻本所云之"一本"即赵本；又"郭子通"条，墨批云："此条赵本在十卷之末。"卷七墨批云："此条（'金朝取士'条）下赵本接'宰相之职'一条。"说明赵本条目的排列情况；又如朱批云："赵本错简，不足据也。"卷十"金朝钱币"条，墨批云："元本空二行，赵本此条正止于此。"又朱批云："空二行写。"刻本注文云"原本空白二行"，在刊刻时空出两行。又卷十三后附录《游龙山记》，眉批云："原本在十三卷后，今依赵本，附于此卷。"以上均表明了赵本的大体面貌。

6. 底本记录校勘思想片段

底本中偶有鲍廷博点评之语，如附录《游龙山记》眉批云："数语甚

佳。"卷十三"余读书至汤誓汤诰"条有朱批云:"何□以操莽比汤武。"鲍氏有时会抄录与此条所记人物相关的诗作,如卷五"马天来元章"条有墨批云:"元章《咏竹》诗云:'人天解种不秋草,欲界独为无色花。'《雪》云:'夜来窗外浑疑月,今日墙头不见山。'"

三 校勘的方法、原则、态度及评价

(一) 校勘方法

1. 精心对校

《归潜志》十四卷,可谓卷帙繁复,鲍廷博却一丝不苟,用五种版本精心互勘,认真对校,丹黄满椠,为此书刊刻提供了较为精善的底本。《知不足斋丛书总目》稿本云此书底本为传抄莱阳赵氏本,以文瑞楼、抱经堂诸本校,并录宋彬王、李北苑、卢召弓跋。乾隆四十四年(1779)鲍廷博跋亦云:"此本传钞于莱阳赵太守起杲,再假文瑞楼、抱经堂诸本互相雠校。"① 从今存《归潜志》各种版本来看,鲍氏提及的三种版本均不见完整流传,唯上海图书馆藏清传是楼抄本配文瑞楼抄本《归潜志》十四卷,有幸保留了文瑞楼抄本的部分面貌。② 卢文弨本现今不知流落何处,仅见《抱经堂文集》卷九载卢氏《书〈归潜志〉后》③,赵起杲本更是不知所踪。

从底本来看,鲍氏采用的校本除卢文弨本、赵起杲本外,还有丁本和郁本。丁本可能为丁敬身藏本,南图藏小山堂抄本《归潜志》有赵谷林朱笔手跋云:"刘京叔《归潜志》,余先购得八卷,后从城南处士丁敬身得其全书十四卷,补录之。"④ 而郁本可能为鲍氏好友郁礼所藏,不过目前仍未查考到相关文献的著录及记载。《知不足斋丛书总目》稿本和跋语所云之文瑞楼抄本,在底本十四卷的大量批注

---

① (清)鲍廷博辑刻:《知不足斋丛书》第2册,中华书局1999年版,第494—495页。
② 上海图书馆藏《归潜志》十四卷,每半叶十一行,行二十二字,有行格,版心下题"传是楼"或"文瑞楼",钤"亚东沈氏抱经楼览赏图书印"、"浙东沈德寿家藏之印"和"抱经楼藏书印"等。
③ (清)卢文弨著,王文锦点校:《抱经堂文集》,中华书局1990年版,第130页。
④ 南京图书馆藏小山堂赵谷林抄本《归潜志》十四卷,序文每半叶十行,行十九字,正文每半叶十行,行二十字,有行格,钤"八千卷楼珍藏善本"和"嘉惠堂藏阅书"等印。

及校勘记中，无明确记载。从抄本个别校改之处，没有交代版本依据的情况来看，文瑞楼抄本可能是鲍廷博在校勘过程中最后使用的版本，许多问题在使用其他校本时已经解决，故在有疑窦之处，进一步用此本考校，直接作出了判断，而未予注明。

鲍廷博将版本对校作为校勘的基础，如鲍刻本卷一"金海陵庶人"条："其意气亦不浅。"底本作"志"，改作"意"。朱批云："'志'，卢本'意'。"卷四"许司谏"条："由叔麟之为凤翔录事。"墨批云："元本'田叔麟之'，今依郁、赵二本改'由'。《全金诗》删去此四字。"卷四"王元朗"条："琵琶声断黑河秋。"墨批云："元本作'琵琶声隔断河秋'，今依郁、赵本改正。"

2. 勤于他校

鲍廷博充分利用相关文献进行他校，正如其《归潜志》跋所云："略采《宋史》《中州集》及诸家杂说，以疏其异同。"① 他校所用之书较多，如卷四"杨尚书云翼"条朱批"《金史》传甚详"；"庞户部铸"条眉批"《金史》传甚略"；"高左司庭"条旁注"《金史》无传"，等等。校勘《吹剑录外集》时，眉批云"查《履斋集》"。

理据充分时，鲍廷博会据他校文献改字、补字。卷五"聂左司天骥"条："为作《聂孝女传》。"底本作"子"，改作"女"。朱批云："《金史》有《聂孝女传》，孝女字舜英。"又卷三"雷管伯威"条："汉魏六朝、唐人过此皆置之不论。"底本无"此"字，鲍氏朱笔增补。墨批云："《全金诗》云'过此皆置之不论'。"

3. 悉心本校

《归潜志》中亦有采用本校法之例，如鲍刻本卷一"李翰林纯甫"条云："如周嗣明、张毂、李经、王权、雷渊。"按：底本原有校勘记云"'泾'，一本'经'"，鲍氏保留了"经"，并有眉批云："'李泾'，当是'李经'之讹，'李经'见第二卷之首。"可见鲍氏对本书前后内容十分熟悉，采用本校法对异文作出了正确判断。

---

① （清）鲍廷博辑刻：《知不足斋丛书》第2册，中华书局1999年版，第495页。

4. 利用墓志、碑文等进行校勘

《归潜志》卷十三"张平章"条，鲍氏墨批云："赵本'弥孝'。"朱批云："《遗山神道碑》作'弥学'。"卷一"赵学士秉文"条："夏五月卒，年七十三。"鲍氏案语云："按元本作'夏四月卒'。考元遗山撰《墓志》云卒于五月十二日，予家有闲闲手书诗一卷，后遗山跋语亦云五月十二日下世，今据以改正。""按《金史》卒年七十四。"底本作"四"，改作"五"。鲍氏据元好问所撰墓志和跋语订正讹误。

《归潜志》和《吹剑录外集》底本中，几乎没有看到鲍廷博使用理校法的例子，可见其态度审慎。总体来看，对校法和他校法是其常用的校勘方法。当然，四校法的运用并非截然分离，鲍廷博根据校勘实际，灵活采用不同方法，或综合使用四校法，取得了良好的效果，如《归潜志》卷五"田总管琢"条："爱君不减侯莘卿。"抄本墨批云："赵、郁二本云'侯华卿'。赵、郁二本第六卷作'侯莘卿'，而此本第六卷又作'华卿'，竟不知孰是孰非也？尝查《滏水集》订正之。"从此条的校勘可知，鲍氏首先采用对校法，发现同书不同版本记载之异，后用本校法，发现同一版本前后文字记载互异，最终选择他校法，从作者本人的诗文集入手，解决问题，无疑是将三种校勘方法综合运用的绝好例证。检《四部丛刊》影明抄本《滏水集》，卷四《从军行送田琢器之》正作"侯莘卿"。又《遗山集》卷二十一《希颜墓铭》亦作"侯莘卿"①，关于此人，《金史》卷一百八有载："侯挚，初名师尹，避讳改今名，字莘卿，东阿人。明昌二年进士，入官慷慨有为。"② 以上文献均可证鲍廷博异文选择的精当。

（二）校勘的原则及态度

鲍廷博将"求真求是"作为校勘的最高准则，践行其"慎改古书"的原则。凡校改一字，反复琢磨，一再推敲，如《归潜志》卷五"郭子通为太常博士"条"清州防御使"，底本作"清"，圈改为

---

① （金）元好问：《遗山集》卷二十一，《四部丛刊》影印明弘治本。
② （元）脱脱：《金史》卷一百八《侯挚传》，中华书局1975年版，第2384页。

"青",又回改为"清"。朱批"'清州',当依赵本作'青州'",后被鲍氏划掉,刊刻时仍依底本。

鲍廷博在有版本依据,有文献佐证,理据充分时才会改字,如《归潜志》卷一"密国公璹"条"我知麋鹿强冠襟",底本作"巾",描作"襟"。朱批云:"'巾'字出韵,卢作'襟'。"又卷四"时治中戬"条:"尝属余作记。"底本作"为",改作"属"。墨批云:"《全金诗》及郁、赵二本俱作'尝属余作记'。"

他本虽有异文,但原本可通,鲍廷博一般不擅改文字,如《归潜志》卷一"密国公璹"条"殊无骄贵之态",眉批云:"卢本'殊'作'绝'。"又"晚自刊其诗三百首",眉批云:"卢本'刻'。"又如卷四"冯吏部延登"条"公为人谨厚",墨批云:"《全金诗》及赵、郁二本俱作'为人谨愿'。"卷二"麻九畴知几"条"尽传其学",墨批云:"赵本云'尽得其学'。"

对校勘中的疑误,鲍廷博会在刻本中出疑误校,不改动底本文字,如卷四"刘昂次宵"条"虿铓极螳背展",底本朱批云:"'螳背'疑'螳臂'之误,他本俱同,姑仍之。"刻本注文云:"'背'疑'臂'。"又卷十三附录《游龙山记》:"山势渐颇隘。"鲍刻本注文云:"'颇'字疑误,《元文类》同。"底本墨批与此同。又《游龙山记》"秀女几之婉严",底本墨批云:"《全金诗》:'女几之婉蜒',《元文类》与此同,予疑当是'婉丽'之讹。"刻本注文云:"'严',疑是'丽',《元文类》同。"

(三)鲍廷博校勘的客观评价

鲍廷博以善本为底本,广泛收集名家校本进行校勘,在诸本汇校中选择版本异文。校勘《吹剑录外集》时,以天一阁精抄本为底本,校勘《归潜志》时采用多种校本,择善而从。鲍廷博对异文的选择比较精当,如《归潜志》卷五"高斯诚"条:"李之纯游为诗文恬澹自得。"底本作"枯淡",鲍氏朱笔描为"恬澹",墨批云:"赵本云'诗文恬澹自得'。""枯淡"与"自得"语气不相协调,而赵本之"恬澹"与"自得"则相得益彰。

鲍廷博将考订他书之误作为考察对象,扩大了校勘的范围,提高了校勘的学术性。如卷一"雷翰林渊"条:"兴定末召为英王府文学。"鲍刻本注文云："'英王',《中州集》作'荆王',按《金史》宣宗第二子守纯,本名盘都,祯祐元年封濮王,兴定三年进封英王,至哀宗正大元年,始进封荆王,则兴定末当称'英王',《中州集》称'荆王'者,误也。"① 底本朱批亦同,并有落款："己丑正月廿二日识。" 底本卷五"程御史震"条,有鲍氏朱批云："'英王'即'荆王',在兴定初当称'英王',说见第一卷六页。" 又卷三"王郁飞伯"条"余先子雷渊",墨批云："'雷渊',《全金诗》作'雷颜',误。"

鲍廷博附录相关重要资料,以保存文献。《归潜志》卷九"赵闲闲本好书"条注云："按闲闲以书名世,其真迹流传绝少,予藏有草书诗稿一卷,附录以永其传。"② 鲍廷博将此真迹中的十九首诗刻入《知不足斋丛书》,诗后还有作者赵秉文和元好问的题识,这些文字不见于底本,当为刊刻时,鲍廷博另纸增入的。

鲍廷博在校勘过程中,会补录底本原无,却与上述记载相关的内容。如卷七末："宣宗尝责丞相仆散七斤：'近来朝廷纪纲安在？'七斤不能对,退谓郎官曰：'上问纪纲安在？汝等自来何尝使纪纲见我？'" 鲍刻本此条末注："按此事《金史》述刘祁之言,见《完颜奴申传》,补录于此。"③ 鲍刻本卷十三后附录《游龙山记》,末有注文云："按刘祁《神川遁士集》二十二卷已失传,偶得遗文一篇,附录于后。"④ 并于卷十四末补笺《困学斋杂录》的三条记载。这些文献记载对了解刘祁及《归潜志》具有一定的参考价值。

当然,鲍廷博的校勘也存在失误。首先,异文选择偶有失当者,如《归潜志》卷十四"归潜堂记"云"由铜壶过燕山"。《士礼居藏书题跋记》卷四载《归潜志》十四卷,校旧抄本,有施北研跋云："翁以余喜说金源事,因出此旧钞,原校与鲍刻略同,惟《归潜堂记》之'铜壶',此作'铜台',向阅鲍本,'壶'字不解,曾拟改作'鞮'字,

---

① （清）鲍廷博辑刻：《知不足斋丛书》第 2 册,中华书局 1999 年版,第 389 页。
② （清）鲍廷博辑刻：《知不足斋丛书》第 2 册,中华书局 1999 年版,第 444 页。
③ （清）鲍廷博辑刻：《知不足斋丛书》第 2 册,中华书局 1999 年版,第 429 页。
④ （清）鲍廷博辑刻：《知不足斋丛书》第 2 册,中华书局 1999 年版,第 475 页。

今见此'台'字,乃知旧本之足贵。"① 底本鲍氏墨批云:"赵本'由铜台过燕山'。"可知鲍廷博知此异文,但没有采用,此处异文的选择显系失当。武英殿本作"壸",与鲍本同,可见"壸"与"台"在不同的版本中并行流传,二字繁体形近,容易致误。《归潜志》卷帙较多,异文的选择偶有疏漏,也在所难免。

其次,以意补字违背了校勘的基本原则。《吹剑录外集》底本"'口'字以意增入"的眉批,无疑暴露了鲍廷博校勘时偶有以意补字的现象。这与其所云"未尝以己见妄改一字"②,"盖一字之疑,后或得善本正之,若率意以改,即疑成实,传世行后,此字由我而废,故学者所宜弛张变通也"的校勘精神是背道而驰的。③ 对鲍廷博的校勘,应有客观的认识和评价。

第三节 《知不足斋丛书》初印本与后印本研究

使用《知不足斋丛书》时,一些学者由于没有注意到初印本与后印本的差别,导致评价《丛书》中收录书籍的版本价值时,出现了失误。下文通过对初印本与后印本的比较研究,指出鲍廷博在《丛书》印行之后,对其中收录的书籍再次进行了校改,导致后印本与初印本文字有所不同,从诸多方面来看,两者各有优劣。因此,在使用《知不足斋丛书》时,应尽可能将前、后印本予以对比,择善而从,更好地进行古籍整理与研究。

一 《知不足斋丛书》之初印本与后印本

林夕先生指出:"丛书包含多种书籍,刊刻周期长,加上随刻随印,这就导致丛书的版本有许多复杂的情况。最重要的是,不同

---

① (清)黄丕烈著,潘祖荫辑,周少川点校:《士礼居藏书题跋记》,书目文献出版社1989年版,第158页。
② (清)鲍廷博辑刻:《知不足斋丛书》第1册,中华书局1999年版,第10页。
③ 邓邦述述著,金晓东整理,吴格审定:《寒瘦山房鬻存善本书目》卷六,上海古籍出版社2014年版,第499页。

时期的印本子目种数不一样，有的多，有的少，这关系到对一部丛书是不是完整应该有正确的认识。其次是雕版有所谓初印、后印、修补、改版，这些情况在丛书中都存在，但由于部头大，复本少，不容易发现。"① 正如其所言，《知不足斋丛书》便有初印本与后印本之差别。

  1921年上海古书流通处据许博明藏鲍氏家藏本影印，1999年中华书局据上海古书流通处本影印出版，是现在通行使用的版本，是《知不足斋丛书》的初印本。共三十集，收书二百余种。而南京图书馆藏《知不足斋丛书》存二十二集，一百七十六册，是《知不足斋丛书》的后印本。此套丛书卢文弨序有"希古右文"朱方，题"御览《知不足斋丛书》"。首帙《御览唐阙史》首为朱笔《题唐阙史》。第一集首有朱印《御制内廷知不足斋诗》，后为卢文弨、朱文藻、单炤、鲍廷博序及凡例。除首帙《唐阙史》外，第一集收录了《古文孝经孔氏传》《涉史随笔》《客杭日记》和《七颂堂小识》。

  鲍廷博《知不足斋丛书·凡例》云："详慎于写样之时，精审于刻竣之后，更番铅椠，不厌再三，以期无负古人。间有未尽，则几尘风叶之喻，前人已难之矣，尚期同志随时指示，以便刊正。"② 通过对初印本与后印本的仔细对比，发现鲍氏所谓《丛书》印行之后，一再校改，绝非虚语。下文是对初印本与后印本对比研究后得出的几点结论，以便于学者今后对《知不足斋丛书》的使用和研究。

二　初印本与后印本之比较

（一）后印本版心下方多重刊、修刊、修补之记

《知不足斋丛书》后印本补刊、修刊、重刊一览表③

---

① 林夕：《丛书的版本和收藏——古书版本知识》，《藏书家》第10辑，齐鲁书社2005年版，第77页。
② （清）鲍廷博辑刻：《知不足斋丛书》第1册，中华书局1999年版，第10页。
③ 按：蔡斐雯：《鲍廷博〈知不足斋丛书〉之研究》（台湾大学硕士学位论文，1994年，第65页）指出："鲍氏原刻曾经补刊，之后，书板流至岭南，为苏氏所藏，后复由卢氏芸林仙馆就部重镌刊行，三种不同版本于装订、序跋、校补多寡有相当的差异，是值得使用此丛书者注意的。"

第三章 《知不足斋丛书》校勘研究

书名＼时间	甲寅校正重刊	嘉庆庚午重刊	庚午重刊	壬申重刊	壬申修补	癸酉刊	癸酉重刊	癸酉修刊	嘉庆戊寅重刊	戊寅重刊	嘉庆己卯重刊	己卯重刊	道光辛巳重刊	道光壬午重刊	道光甲申修刊	道光甲申重刊	道光丙戌修刊	道光戊寅重刊	重刊
《御题唐阙史》			1		1					2		4	42						
《寓简》										1		5			3				
《两汉刊误补遗》															2				
《测圆海镜细草》										6		8							2
《芦浦笔记》								3											5
《五代史记纂误补》								2		3									
《吴船录》	25						2												
《清波杂志》												1							
《灉山集》		3										7			1		1		
《周端孝先生血疏贴黄册》															1				
《粤行纪事》		3		4	1			2				9				2			
《孝经郑注补证》												2							
《五总志》												6			1				1
《古今纪要逸编》	2							2				3							
《滇黔土司昏礼记》		1																	
《清隽集》		1		2		1	1					1							
《一百二十图诗集》				2				2				2							
《所南文集》								2		2			1						
《北行日谱》		1		1		3	12	1	1	2		2		3					4
《天水冰山录》		1								2									
《诗纪匡谬》					1														
《耆旧续闻》				2									4						
《黄山岭要录》												2	1						
《公是先生弟子记》						2													
《碧溪诗话》												2		1					
《梁溪漫志》														1					
《麓堂诗话》												6		2					

续表

书名＼时间	甲寅校正重刊	嘉庆庚午重刊	庚午重刊	壬申重刊	壬申修补	癸酉刊	癸酉重刊	癸酉修刊	嘉庆戊寅重刊	戊寅重刊	嘉庆己卯重刊	己卯重刊	道光辛巳重刊	道光壬午重刊	道光甲申修刊	道光甲申重刊	道光丙戌修刊	道光戊寅重刊	重刊
《石墨镌华》												2		2	1				
《宣和奉使高丽图经》												5							
《武林旧事》											1	3		2					
《金楼子》							2					2							
《铁围山丛谈》												1		1					
《闻见近录》		1					1												
《麟角集》												3							
《兰亭考》												1							
《兰亭续考》										1									
《石刻铺叙》								1				2		1					
《江西诗派小序》												1							
《万柳溪边旧话》												1		4					
《江南余载》										2									
《五国故事》		1		1								2							
《故宫遗录》		2										1							
《伯牙琴》											1								
《诗义指南》												3							
《庆元党禁》							1					2		2	1				
《北山酒经》							1					2							
《山居新话》		4					1					2							
《南湖集》												2							
《五代史纂误》		1																	
《岭外代答》		2										1							
《南窗纪谈》		1			1							2							
《苏沈内翰良方》		2		1	1					1		4		4	1				1
《浦阳人物记》										1									
《北轩笔记》												2							
《吴礼部诗话》													1						
《画墁集》												3							
《颜氏家训》										1									

注：标注数据表示重刊之记出现的次数。

当然，初印本也不是没有重刊之记，中华书局影印本《知不足斋丛书》第十八集《吴船录》卷上版心下方均有"甲寅校正重刊"，卷下只有一处，这是在《丛书》初印本中看到的唯一有重刊之记的书籍。

《麟角集》后印本版心下方有三处"道光壬午重刊"，重刊之页的笔划明显比初印本细。但经过仔细勘对，发现两者文字并无区别。说明有时重刊个别书页，应与版片刻成后一再印刷，导致字迹漫漶或版片损坏有关，而与校正文字无关。

（二）后印本多重校、复校题识

南图藏《知不足斋丛书》后印本中以下复校、重校题识不见于初印本：

序号	书名	题识
1	《游宦纪闻》	乾隆癸卯仲春重校一过，知不足斋记。
2	《愧郯录》	乾隆癸卯仲春重校一过，知不足斋记。
3	《金楼子》	乾隆癸卯仲春重校一过，知不足斋记。
4	《责备余谈》	乾隆癸卯仲春重校一过，知不足斋记。
5	《湛渊静语》	乾隆癸卯仲春重校一过，知不足斋记。
6	《五曹算经》	乾隆癸卯仲春重校一过，知不足斋记。
7	《碧溪诗话》	乾隆癸卯仲春重校一过，知不足斋记。
8	《离骚草木疏》	乾隆癸卯仲春重校一过，知不足斋记。
9	《麟角集》	乾隆甲辰季春重校一过，知不足斋记。甲寅仲夏复校，改正十九字，廷博识。
10	《兰亭考》	乾隆甲辰季春重校一过，知不足斋记。
11	《兰亭续考》	乾隆甲辰季春重校一过，知不足斋记。
12	《石刻铺叙》	乾隆甲辰季春重校一过，知不足斋记。
13	《江西诗社宗派图录》	乾隆甲辰季春重校。
14	《万柳溪边旧话》	乾隆甲辰季春重校一过，知不足斋记。
15	《张丘建算经》	乾隆癸卯仲春重校一过，知不足斋记。
16	《默记》	乾隆癸卯仲春重校一过，知不足斋记。
17	《南湖集》	乾隆癸卯仲春重校一过，知不足斋记。

由以上题识来看，鲍廷博在刊行这些书籍后，对初印本的校刻质量并不满意，故而进行了重校，在后印本中记载了重校时间，以示与初印本的区别。

（三）前后印本序跋多寡不一、次序有别

由于装订问题，或有的跋语写于初印之后，故《丛书》前、后印本有些书籍的序跋有所区别。如《唐阙史》初印本之赵昱跋和鲍廷博跋不见于后印本，而后印本之黄伯思跋，不见于初印本。后印本《伸蒙子》无初印本刘希仁书、方应发书及顾锡奇题识。《孝经郑注》后印本嘉庆七年（1802）钱侗《重刊郑注孝经序》，不见于初印本。何琪与鲍廷博于乾隆三十四年（1769）将《石墨镌华》校勘后付梓，为是书《知不足斋丛书》本之初印本，中华书局即据此本影印。此本末只保存有何琪跋："兹为鲍君以文藏本，余访之有年，今获展对，余于子函不可谓无缘矣。因与以文商略付梓，以广其传。以文又有子函《植品》二卷，略仿嵇含《南方草木状》，而意趣过之，末附《偏园记》及咏园中诸胜诗，笔亦古峭有致。惜流传绝少，俟续刻与是编并行，尤快事也。"① 何琪，字东甫，号春渚，别号小山居士，钱塘（今浙江杭州）人，布衣。有《小山居稿》。《知不足斋丛书》中《山居新话》的底本，便是鲍廷博从何琪传抄的。《石墨镌华》后印本赵衡阳和鲍廷博跋不见于初印本，因两篇跋文有助于了解此书之传刻情况，故录全文如下：

> 余家先世著述之富，名于关中。高祖屏国公著《石墨镌华》及《计偕草》《偏园记》《植品》《关中二隽》《终南五咏》《傲山楼遗稿》《雨声堂文集》行世。垂二百年，四方名士过里门征求遗编踵相接。而故简漫漶，深以不克重事校刊为憾。嗣是曾伯祖文叔公则有《縠音集》《南游草》，叔祖黄岩令心见公则有《古今诗评》《耕余草》，伯考心安公究心理学，则有《大道》《明目》《小学十三经》，俱梓工未竣，不获流传海内。迨余不肖，樗栎庸材，见闻未广，向与鄂杜张子卓选辑订经史合参，有

---

① （清）鲍廷博辑刻：《知不足斋丛书》第1册，中华书局1999年版，第877页。

志未逮，惟《平仄四书》《诗学备要》则已刊行，然皆文艺之末，无足论者，每追怀先泽，勿克负荷，愧且惧焉。武林鲍君以文积学好古，多蓄异书，何君东甫尤以工书闻，于阐述书画法帖之家皆所留意，乃以先高祖《石墨镌华》同校而梓之。中表陈君听鹤宦于浙，扁舟远访武林旅次，从蒲邑和孝廉立本案头得见新刻本，叹其审订精善，亟造访二君之门。何君适有淮扬之行，独晤鲍君方坐拥数万卷，据案校书，丹铅不释手，镌工列坐廊庑，所镌《丛书》皆先哲未传之业，由是知鲍君心爱古人，阐扬幽隐，延续废坠，而先世遗书藉以再垂不朽，存者、没者均怀感激，岂区区数言所能罄哉。乾隆甲午中春，关中赵衡阳书于钱唐旅馆。

　　《石墨镌华》八卷，前明关中赵子函先生所著，刊于万历戊午，垂二百年，原刻漫灭，今世流传亦尠。往岁己丑，余与何君东甫校雠而重刊之。越六年，其六世孙雁峰从武林旅次得见此本，喜而见访，话于知不足斋，历叙其先世撰述甚富，所获远方人士重刊流布者只见此书，庆幸之怀，形于词色。余年来选刻《丛书》凡数十种，多阐发先贤流传未广之秘册，尝私谓：古人著述，留贻后人，异日显晦之迹，多托之不可知之数，安必其有人焉为之重付剞劂，绵延坠绪，使一时笔札所寓，不终委之风零雨散耶？今赵公此书，余与东甫精心校刊，若有冥契，而又获交其云礽于数千里之远，先哲有知，必怀慰藉。使其余诸家皆得通其疏逖，则余之所交天下士日益广，而余之愉快日益增，后之人有知余之乐而继余志焉，则古人之精神所以留待后世者，岂不重有赖哉？因书简末以志喜云。乾隆甲午端阳前三日，得闲居士鲍廷博识。

　　从两跋可知，此书作者赵崡之六世孙赵衡阳得见《知不足斋丛书》中所刻《石墨镌华》，慨叹其审订精善，亟访鲍廷博，感激之情溢于言表。鲍廷博怀想六年前，即乾隆三十四年（1769）与何琪共同校勘此书，精心刊刻，未想有此机缘，有赵崡之后人拜访，似为冥冥之中的安排。使古人精神留待后世，是鲍廷博传刻古书的不竭动力，鲍氏带着喜悦的心情，满怀慰藉地写下了这篇跋语，希望后人了解其刊布古书之乐，并继承其事业，使古籍化身千万，惠泽学人。这是知不足斋书事中令人感怀的一件往事，也是一段值得记录的书林轶话。

（四）后印本吸收印行后的校勘成果，文字更优

《知不足斋丛书》第十三集刻《碧血录》二卷。后印本与初印本文字多有不同，兹举数例如下：

（1）初印本"三尺童子争诵说"，后印本"诵"上补"相"字。

（2）初印本"至于刀砍东风闻道矣"，后印本"闻"上补"疑"字。

（3）初印本《碧血序》"而吾友人毅然传之"，后印本"而吾友人"四字作"谜庵黄子"。

（4）初印本《碧血序》至"悉不具录"结束，而后印本"悉不具录"后补"刻既成而山中人漫翁为之序"十二字。

（5）初印本著者项署"黄煜汇次"，后印本为"古忠义城谜庵黄煜汇次"。

（6）初印本卷上"别同志绝笔"条至"故聊复及之"结束，后印本末补"哀哉"二字。

南京图书馆藏光绪二十二年（1896）傅以礼七林书堂刊本《碧血录》二卷、《附录》一卷。傅氏跋云："向有鲍氏椠本，近从三山坊肆购得旧抄，参互雠对，时有异同详略……疑鲍刻为未定初稿……旧抄乃续纂之足本。"校勘后可知《知不足斋丛书》后印本增订文字均与傅氏刊本同，说明后印本校改之处有版本依据，鲍廷博在印行《碧血录》后，又用别本校勘，并在后印本中吸收了校勘成果，故后印本为足本。

此外，《知不足斋丛书》第十集刻《麟角集》一卷，校勘后可知此书前后印本文字有差别，兹列《四皓从汉太子赋》《凉风至赋》《诏遣轩辕先生归罗浮旧山赋》等前十五条的校勘异文如下：

（1）初印本"故得随鸡载之"，"载"，后印本作"戟"。
（2）初印本"空惊微雨之故"，"雨"，后印本作"禹"。
（3）初印本"辽东之趣"，"辽"，后印本作"莲"。
（4）初印本"衔芦违溟之群"，"溟"，后印本作"漠"。
（5）初印本"复谓见化于川"，"见"，后印本作"剑"。

可见鲍廷博对初印本的校勘质量并不十分满意，后来又作了校改，后印本吸收了新的校勘成果，文字更为精善。

（五）后印本无重校、复校题识，仍与初印本存在不同

《知不足斋丛书》第二集刻《独醒杂志》十卷，其后印本版心下方无一重刊字样，书中亦无重校题识。但将初印本与后印本大体比较后，可知有数处文字不同：

（1）初印本《独醒杂志·序》："抑有幸不幸欤。"

按：后印本"不"上补"有"。

（2）初印本卷一"皇祐元年何正臣与毛君卿"条："时皇嗣后未生，上见二人年甚幼而颖悟过人，特爱之，留居禁中数日。"

按：后印本此段文字末补有按语："'皇嗣后未生'句，'后'字疑衍文。"

（3）初印本卷一"天圣八年应书判拔萃科者"条："六问应受复除而不给，不应受而给者，及其小徭役者，各当何罪？"

按：后印本此段文字末补按语："按'不应受而给者'，'者'字疑衍文。"

（4）初印本卷四"曹子建七启"条："今之胜寒也，古乐府《名都篇》亦有'寒鳖炙熊蹯'之句，因知今人食品有所谓蒸汗假鳖者，夫岂承其舛而讹其语耶？"

按：后印本此段文字末补有按语："'今之胜寒也'，案李善注云'寒，今之胜肉也'，'承其舛'，'舛'字疑'制'字或'法'字。"

（5）初印本卷十"里中有富家翁"条："见一蛇于草间吐吞涎沫，蟠缩不动，后再过之，不复见蛇，而鳖殆蛇之变，尚新甲，虽鳖而身尚蛇也。"

按：后印本此段文字末补有按语："'不复见蛇而鳖'句，语不足，疑有脱文。"

（6）初印本楼钥跋："余比官成均曾无逸为僚。"

按：后印本"均曾"旁补"临江"。武英殿本《攻媿集》卷七一《跋曾氏〈独醒杂志〉》云："余比官成均临江曾无逸为僚。"可知鲍氏所补之字有版本依据。

从此书来看，即使无重校、复校题识，鲍廷博仍有可能将初刻时

脱漏之字在行格线处以小字增补，心存疑问之处在条目末尾以按语形式说明，故在使用《知不足斋丛书》本时，要对初印本与后印本的具体文字予以比较，不能只据题识进行判断。朱杰人先生整理《独醒杂志》时①，以《知不足斋丛书》后印本为底本，在前、后印本之间择善而从，值得称道。

（六）后印本附录之《补遗》不见于初印本

《知不足斋丛书》第十三集刻《贞居词》一卷，后印本书末补遗为初印本所无，兹录于下：

东风第一枝·玉簪

清泪如铅，绿房迎晓，宝阶低拥云叶。蜻蜓飞上搔头，依前艳香未歇。西窗暗雨，怪帘底、参差凉月。正一丛、深倚琅玕，石上只愁磨折。

问瑶草、应怜短发。曾醉堕、无声腻滑。羞他金雀钿蝉，似高水仙罗袜。芳心断绝。谁与赠、湘皋琼玦。试折花、掷作银桥，看舞素鸾回雪。

柳梢青·题杨补之墨梅

面目冰霜。逃禅正派，只让花光。怪底徐卿，为渠描貌，萦损柔肠。有谁步屧长廊。更折竹声中一作吹细香。酒半醒时，雪晴寒夜，月上西窗。

可见在印行此书后，鲍廷博又辑得词作二篇，附录于后印本印行。②

（七）后印本挖去初印本补遗误收之条目

《知不足斋丛书》第十一集刻《石湖词》一卷、补遗一卷。后印本挖去初印本《补遗》下"知不足斋辑录"六字，以及误收的《木兰花慢》一首，并"补遗终"三字，可见鲍廷博一再刊正初印本

---

① （宋）曾敏行著，朱杰人点校：《独醒杂志》，上海古籍出版社1986年版。
② 按：陈奎英：《元后期江浙词坛翘楚张雨及其〈贞居词〉研究》（暨南大学硕士学位论文，2008年，第128页）认为《知不足斋丛书》本无补遗二首的看法不完全准确。

之误。

（八）初印本与后印本眉批存在差异

《知不足斋丛书》第二十一集刻《孝经郑注》一卷。后印本"子曰因天之道"句上有眉批云："'子曰'二字衍。"此批语不见于初印本。又"先之以敬让而民不争"句，初印本眉批云："《释文》：'法'疑衍。"后印本眉批云："据《释文》：'法'字疑衍。"后印本表意更为明确。

（九）后印本因清廷忌讳而改动原文

《知不足斋丛书》第七集刻《论语集解义疏》十卷。前辈学者已指出此书初印本和后印本的区别：首先，后印本挖去了初印本每卷首的"临汾王亶望重刊"。其次，后印本挖去了初印本卷一至十末的"仁和汪鹏校字"，"临汾樊士鉴校字"，"秀水朱休度校字"，"临汾王裘校字"，"临汾王棨校字"，"仁和孙丽春校字"，"临汾王焯校字"，"钱塘温廷楷校字"，"临汾王祜校字"和"钱塘汪庚校字"。第三，"夷狄之有君，不如诸夏之亡也"句之疏文，初印本与后印本差异较大：

> 此章重中国，贱蛮夷也。诸夏，中国也。亡，无也。言夷狄虽有君主，而不及中国无君也。故孙绰曰：诸夏有时无君，道不都丧。夷狄强者为师，理同禽兽也。释惠琳曰：有君无礼，不如有礼无君也。刺时季氏有君无礼也。①（初印本）

> 此章为下僭上者废也。诸夏，中国也。亡，无也。言中国所以尊于夷狄者，以其名分定而上下不乱也。周室既衰，诸侯放恣，礼乐征伐之权不复出自天子，反不如夷狄之国尚有尊长统属，不至如我中国之无君也。（后印本）

顾洪先生指出"以两种释文与敦煌卷子本和日本宽政七年（1795年）刻本相较，则《旁证》所引与这两个本子相同，而且与邢《疏》所释一致，可见'言夷狄虽有君主而不及中国无君'乃是真正的皇

---

① （清）鲍廷博辑刻：《知不足斋丛书》第3册，中华书局1999年版，第28页。

《疏》释文无疑；而言'夷狄之国尚有尊长统属，不至如我中国之无君'乃是后人伪造的假皇《疏》疏文"；"取两个印本核对，果迥然不同，影印本（即初印本）为真皇《疏》释文，通行本为伪释文"；"既然初印本为皇《疏》真释，何以后来校改的通行本要改作伪释？因思此条释文涉及蛮夷与中国的关系，此书《四库》著录，可能为馆臣所改。遂又将通行本与《四库全书》本相校，两本文字，不仅此章伪释全同，而且避讳字也相同，可见后来的通行本是据《四库》本校改的，此章伪释当是馆臣对皇《疏》'重中国贱蛮夷'的释文有所避忌而改写的"；"但此伪释也非馆臣凭空所造，而本之宋人的注释。"① 可知鲍廷博后来印行此书时据《四库全书》本挖改了原板疏文。

鲍廷博在后印本中挖改书板遂遭后人诟病，谢国桢先生谈鲍氏《知不足斋丛书》刻本时云："鲍氏随刻随印，其刊印至三十集时，初刊诸集字迹已经模糊，且有恐触清廷忌讳改订之处，已失其真，如所刊之《论语义疏》将'道不行乘浮桴于海'之原注剜去，而出赍刊行。此为浙江巡抚王亶望因贪赃被诛，后印本铲除其名，即其一例。且初印之单行本，字迹清晰犹可保存其本来面目，甚可贵也。"②

鲍廷博《知不足斋丛书·凡例》："从未尝以己见妄改一字，盖恐古人使事措辞，后人不习见，误以致疑，反失作者本来也。"③ 自诩从不擅改一字的鲍廷博，为什么会在《论语集解义疏》的刊刻中严重背离了校勘的原则呢？这要从清廷当时高压的文化政策去考察。黄爱平先生指出："有的省份为查缴违碍书籍，不仅'分委教职等官在于省城内外各书铺逐一访查'，还'至向来藏书之鲍士恭等家，就其所有书目，详悉检核'，直至各书铺以及藏书各家再三保证无违碍书籍存留，并'出具甘结，呈送前来'，才算罢休。"④ 尽管鲍廷博在

---

① 顾洪：《皇侃〈论语义疏〉释文辨伪一则》，《文史》第25辑，中华书局1985年版，第222页。
② 谢国桢：《江浙访书记》，三联书店2008年第2版，第204—205页。
③ （清）鲍廷博辑刻：《知不足斋丛书》第1册，中华书局1999年版，第10页。
④ 黄爱平：《四库全书纂修研究》，中国人民大学出版社1989年版，第56页。

《四库》献书中功勋卓著，但严酷的禁书运动中，竟也遭受了如此待遇，故鲍氏挽改书板，导致初印本与后印本出现如此大的文字差异，是文网密布的社会现实的产物。林夕先生指出："鲍廷博编刻的《知不足斋丛书》三十集，从乾隆开始，一直刻到道光。开始刻印时对避讳禁忌注意较少，后来的印本就从严处理，更多地更动原书文字。但是有些书初印时有校勘不周之处，后来补校修版，文字更为可靠。所以初印后印文字不同之处，孰得孰失不能一概而论。"① 确为真知灼见。

（十）初印本个别文字在后印本中为墨丁或空白

《鸂山集》初印本卷二"五更不睡"条："擂罢城头鼓……事事华巾结。""擂"、"罢"、"华"三字，后印本为墨丁。《石刻铺叙》初印本卷上"取前贤语，以意成之"，"取"，后印本为空白。

三 后印本改动文字之方式

第一，在右行格线两字之间补字。这种方式在《金楼子》后印本中最为突出。② 又《默记》"高遵裕之为将取灵州"条，初印本"朝廷罪遵裕以乏食自解"，后印本"遵裕"右行格线处补"遵裕"二字；"裴铏《传奇》曰陈思王《洛神赋》"条，初印本"五官中郎已将去"，后印本"郎"右行格线处补"将"字，可见鲍廷博初印后又补脱文若干。

第二，挖改板片。《碧血录》"而吾友人毅然传之"，"而吾友人"，后印本作"谜庵黄子"；"此文章一派"，"派"，后印本作"脉"。《论语集解义疏》亦属此例。

第三，补足句末脱文，直接补刻于后。《碧血录》"悉不具录"后，后印本补"刻既成而山中人漫翁为之序"十二字。

第四，段末增补校勘记。《对床夜语》之冯去非与景文一书，鲍廷博将其中文句的校勘记补写于此段之末："'尚干'，疑'省干'。"

---

① 林夕：《丛书的版本和收藏——古书版本知识》，《藏书家》第10辑，齐鲁书社2005年版，第79页。
② 详见本书第三章第四节国图藏《〈金楼子〉附校》稿本与《知不足斋丛书》本《金楼子》之校刻始末。

第五，书末附录订误。对已刊行之书，鲍廷博得遇善本，便会再次补校，以求不断完善。《知不足斋丛书》第十一集刻《五国故事》二卷，鲍廷博于乾隆三十八年（1773）初刻此书，后又用卢文弨校本勘对，并未直接挖改书板，而是写成订误十条，置于后印本书首：

《五国故事》订误
上卷
第二页前一行（"黑云都"下脱"累以军功定淮南地唐拜行密为淮南节度使"共十八字）。
第四页前一行（"以见杨氏"下脱"杨氏"二字）。
第五页后四行（"吾兄为政暴急"下脱"主"字）。
第六页前二行（"日我家郎"下脱"君"字）。
第九页前六行（"初煜"下脱"以"字）。
后二行（"伪蜀先生"下脱"王"字，又"建"字下脱"字光国"三字）。
后三行（"有神人谓"下脱"之"字）。
第八页前二行（"市人"下脱"曰"字）。
下卷
第六页后四行（"困"字下脱"立"字）。
后八行（"自光山下"脱"起兵"二字）。

从以上校勘记来看，均为鲍廷博补初印本之脱文，后印本文字显然更为精善。

总之，《知不足斋丛书》初印本因刊刻字迹清晰，纸墨俱佳，备受赞誉。而后印本由于长久印刷，一再修版，字迹不够清楚，加之鲍廷博惧于清廷文字高压政策而改动《论语集解义疏》的书板，不为人们所重视。但上文通过比较研究，可知后印本在更多情况下，由于吸收了鲍廷博后来的校勘成果而文字更佳。故使用《知不足斋丛书》本时，必须重视后印本，应将前、后印本加以对比，通过研究确认前、后印本孰优孰劣，从而扬长避短，更好地进行古籍整理和研究。

第四节　国图藏《〈金楼子〉附校》稿本与《知不足斋丛书》本《金楼子》之校刻始末

《知不足斋丛书》收录二百余种古籍，其中有些书籍前、后印本存在差异，《金楼子》一书便以后印本取胜。国家图书馆藏《〈金楼子〉附校》为鲍廷博印行《金楼子》后，再次校改此书的稿本文献，对了解鲍廷博校刻此书之始末有重要价值。

梁元帝萧绎，字世诚，所著《金楼子》是考察齐梁时期思想文化较为重要的书籍。《四库全书总目》卷一百十七著录《金楼子》六卷，云："《隋书·经籍志》《唐书》《宋史·艺文志》俱载其目为二十卷。晁公武《读书志》谓其书十五篇。是宋代尚无阙佚。至宋濂《诸子辨》、胡应麟《九流绪论》所列'子部'，皆不及是书。知明初渐已湮晦，明季遂竟散亡。故马骕撰《绎史》征采最博，亦自谓未见传本，仅从他书摭录数条也。今检《永乐大典》各韵，尚颇载其遗文。核其所据，乃元至正间刊本。勘验序目，均为完备。惟所列仅十四篇，与晁公武十五篇之数不合。"① 可知《金楼子》一书散佚，《四库》馆臣从《永乐大典》中辑得此书，厘定为六卷，得以流传后世。

《金楼子》通行的版本有《知不足斋丛书》本、《四库全书》本、《子书百家》本、《龙溪精舍丛书》本、《百子全书》本和《丛书集成初编》本等。历来学者对此书关注颇多，对其版本流传也多有梳理，但通过研究，可知学界对是书《知不足斋丛书》本的认识尚有不足，故对其刊刻情况略陈管见，以就正于方家。

一　《知不足斋丛书》本《金楼子》之刊刻

《知不足斋丛书》第九集刻《金楼子》六卷，此书经鲍廷博刊刻后广泛流传，成为此书最为重要的版本之一。中华书局影印本为其初印本。《知不足斋丛书总目》稿本云《金楼子》底本为《永乐大典》

---

① （清）纪昀：《钦定四库全书总目》卷一百十七，中华书局1997年版，第1569页。

本，吴兔床、朱朗斋手订。书首为序，后有"至正三年癸未岁春二月望日，叶森书于西湖书院大学明新斋"，次为篇目、仁和朱文藻附订、海宁吴骞附订。

书末有汪辉祖跋云："太史从《永典大典》辑录《金楼子》六卷，命致鲍君以文者亦俨然在焉，赟达以文，相与忻幸久之……余则以为太史表微阐幽之力与以文拳拳稽古之心实隐隐焉遥相契合，而《金楼子》之得以善本流布艺林，诚哉有数存焉。"① 由汪跋可知《金楼子》为周永年从《永乐大典》辑录之书，裨鲍廷博刻入《知不足斋丛书》。王鸣盛云："此书久亡，吾友邵太史晋涵抄得，鲍文学廷博刻之，已非足本。"② 对两处记载之不同，陈志平指出："'抄得'可作两解，一则邵晋涵从别处抄得此书，而别处即是周永年处，而王鸣盛只知邵晋涵有此书，故有此一说；一是邵晋涵从《永乐大典》辑录出《金楼子》六卷，命鲍廷博刻之。据汪辉祖序，此书确曾经邵晋涵之手，抑或邵晋涵别抄一份。周永年、邵晋涵为好友，且俱为《四库》馆臣，均有机会抄出《金楼子》。"③ 陈氏认为两说均有可能。

笔者以为，此问题亦可从以下两点考察。首先，关于鲍廷博与王鸣盛的交游，目前所见只有王氏在乾隆四十四年（1779）为《知不足斋丛书》所作之序，其他文献未见涉及。而与汪辉祖交游往还甚为频繁，鲍廷博据汪辉祖手稿将其著作《佐治药言》和《续佐治药言》刻入《知不足斋丛书》第十二集，并亲自撰写长达一千余字的两篇跋语，侃侃而谈汪辉祖的生平、为人、对吏治的看法，以及对两书的评价，可见其对汪辉祖知之甚深，两人可谓莫逆之交。汪氏《病榻梦痕录》中多次记载两人交往的情形，汪氏曾云："以文性畏江行，北不渡扬子，东不渡钱塘。庚申以来，念余三顾，皆于冬月。长余二岁，精力甚健，聚谈竟日，意兴甚是。"④ 汪辉祖对鲍廷博十分了解，鲍氏几番探望，相谈甚欢，情谊深厚。其次，《金楼子》一书刻入《知不足斋丛书》，汪辉祖撰跋叙此书之刊刻原委甚详，且此跋在刊

---

① （清）鲍廷博：《知不足斋丛书》第3册，中华书局1999年版，第624页。
② （清）王鸣盛：《十七史商榷》卷五十九，清乾隆五十二年（1787）洞泾草堂刻本。
③ 陈志平：《金楼子版本三题》，《图书馆杂志》2011年第4期，第91页。
④ （清）汪辉祖：《病榻梦痕录》，清道光三十年（1850）龚裕刻本。

入之前，必经鲍廷博审核，想必其真实性毋庸置疑。因此，汪辉祖的说法似比王鸣盛在《十七史商榷》中所记更为可信。

二 《金楼子》的校勘与国图藏《〈金楼子〉附校》稿本

尽管《金楼子》乾隆四十六年（1781）刻本目录后已有朱文藻二十四条校勘附订，吴骞四条校勘附订，但鲍廷博认为此书的校勘依旧存在不少问题，对未能达到尽善程度刊刻而耿耿于怀，因此后来又请吴骞两度校勘此书，并亲自校补。国家图书馆现藏两种《〈金楼子〉附校》，便是当时吴骞与鲍廷博所写的校勘记稿本，这为我们了解此书之校刻始末提供了第一手的资料，具有较为珍贵的文献价值。

一种为六卷，清吴骞撰、鲍廷博校补，一册。书首言《〈金楼子〉附校》凡一百九十条，增文二篇。所增二篇文为梁元帝《洞林序》和《内典碑铭集林序》。另一种为六卷，存一、三、四、五、六卷，清吴骞撰，一册。书首言《〈金楼子〉附校》续补凡二十七条，合前通计二百一十八条。"《金楼子》附校"下注云"增入前二次内"，并钤"吴骞私印"。末有《〈金楼子〉补遗》。

南京图书馆藏《知不足斋丛书》后印本《金楼子》末有题识云："乾隆癸卯仲春重校一过，知不足斋记。"此题识不见于乾隆四十六年（1781）刻本，可知鲍廷博将此书刻入《丛书》后，于四十八年（1783）又作了校改，使《金楼子》前、后印本出现了差异。对于后印本校改文字的具体情况，此处以卷一通校的异文为例，并录国图藏两种《〈金楼子〉附校》的相关内容，以示后印本的校改与《附校》之间的密切关系：

1."少昊金田氏"条，初印本"二曰白帝"。

按：后印本"二"作"一"；《附校》云："'二'乃'一'之误。"

2."帝尧字放勋"条，初印本"寄伊长儒家"。

按：后印本"儒"作"孺"；《附校》云："寄伊长儒家'儒'，《帝王世纪》作'孺'，三页后一行，改。"又按《附校》云："'寄伊长儒家'，'儒'乃'孺'之误。"

3."帝尧字放勋"条，初印本"尧崩乃葬济阴城庙"。

按：后印本"城"与"庙"之间的右行格线处补"阳"字；《附校》云："葬济阴城'城'下疑脱'阳'字。按《前汉·地理志》济阴郡有尧冢，'成'或作'城'，四页前八行。"又按《附校》云："下脱一'阳'字。"

4."帝尧字放勋"条，初印本"分命羲仲和仲"。

按：后印本"羲仲"右补"羲叔"，"和仲"右补"和叔"；据初印本朱文藻附订改；又按《附校》云："当作'命羲仲羲叔和仲和叔'。"

5."帝禹夏后氏"条，初印本"首戴钩钤案别卷作'钩钤'"。

按：后印本划去案语；《附校》云："首戴钩钤罗泌《路史》注曰：戴钤有骨表，如钩钤星也。别卷作'钩钤'者，误。"又按《附校》云："'钩钤'案可删。"

6."周文王昌狼星之精"条，初印本"龙颜虎肩身长十尺"。

按：后印本"肩"作"眉"；《附校》云："龙颜虎肩'肩'，《帝王世纪》作'眉'，七页后九行。"

7."周文王昌狼星之精"条，初印本"居一年"。

按：后印本"一"作"二"；《附校》云："居一年'一'，《史记》作'二'，按武王十一年会盟津，十三年乃讨伐，八页后九行。"

8."汉高祖名季父"条，初印本"汉高祖名季父"。

按：后印本"名"作"刘"；《附校》云："汉高祖名季'名'疑作'刘'，九页后五行，改。"

9."汉太宗恒即位"条，初印本"尝羞之"。

按：后印本"尝"后有"恐"字；《附校》云："'尝'，按《史记》作'常恐羞之'，十页前七行。"

10."汉世祖文叔"条，初印本"愿怡爱精神"。

按：后印本"怡"作"颐"；《附校》云："愿怡爱精神'怡'当作'颐'，十一页后一行。"又按《附校》云："'怡'本作'颐'。"

11."周幽王嬖爱褒姒"条，初印本"褒姒生子伯服……皦皦伯服"。

按：后印本"伯"作"白"；《附校》云："皦皦伯服'伯'疑作'白'，二十页前七行，改。"又按：《附校》云："'伯'当作'白'，此与《国语》异。"

12. "汉昌邑王贺尝封奴"条，初印本"中府令高昌奉黄金千斤"。

按：后印本"中"与"府"之间右行格线处补"御"字；《附校》云："使中府令按《汉书·霍光传》中下有'御'字，二十一页前四行。"

13. "汉灵帝起筶圭"条，初印本"汉灵帝起筶圭灵琨苑"。

按：后印本"琨"作"昆"；《附校》云："汉灵帝起筶圭灵琨苑 按《后汉书》'筶'作'罼'，'琨'作'昆'，二十二页前八行。"

14. "汉灵帝尝于四园"条，初印本"汉灵帝尝于四园弄狗"。

按：后印本"四"作"西"；《附校》云："汉灵帝尝于四园弄狗 '四'当作'西'，二十二页前九行。"又按《附校》云："'四'本作'西'。"

15. "汉灵帝时黄巾贼起"条，初印本"盖皆安孔子真金铃银珠玉之饰称是也"。

按：后印本"孔"作"九"，无"银"字；《附校》云："孔子真金铃银 句疑有误，二十二页后六行。"又按《附校》云："'孔子'当作'九子'，'银'字衍。"

16. "阳门外"条，初印本"上屋自坏"。

按：后印本"上"作"九"；《附校》云："上屋自坏 按《后汉书》无'上'字。"

17. "魏齐王芳不亲万机"条，初印本"乃至共观，为陛下计耳，倡优裸袒为乱，恐不可令皇太后闻，臣不爱死"。

按：后印本"为陛下计耳"五字在"爱死"之后；《附校》云："乃至共观为陛下计耳倡优裸袒为乱恐不可令皇太后闻臣不敢爱死 此段疑多舛误，按夏侯谌《魏书》云'乃至共观，倡优裸袒为乱，不可令皇太后闻，景不爱死为陛下计耳'。"

18. "宋苍梧王昱"条，初印本"乘灵车往新安寺"。

按：后印本"灵"作"露"；《附校》云："乘灵车 '灵'，《南史》作'露'，二十五页前六行。"

19. "齐郁林王时有颜氏女"条，初印本"丝竹独在御"。

按：后印本"独"作"犹"；《附校》云："丝竹独在御 '独'疑作'犹'，二十七页后六行。"又按《附校》云："'独'乃'犹'之误。"

20. "黄帝有熊氏"条，初印本"照郊野附宝孕"。

按：后印本"野"与"附"之间的右行格线处补"感"字。《附校》云："'附宝'下脱'孕'字。"

21. "黄帝有熊氏"条，初印本"二十月生黄帝"。

按：后印本"十"与"月"之间的右行格线处补"四"字；《附校》云："'二十'下脱'四'字。"

22. "黄帝有熊氏"条，初印本"座于元扈之上"。

按：后印本改"座"为"坐"；《附校》云："'座'当作'坐'。"

23. "黄帝有熊氏"条，初印本"太一下来案别卷引此作'来下'"。

按：后印本作"来下"；《附校》云："'下来'当作'来下'。"

24. "帝舜有虞氏"条，初印本"渔于雷泽上人皆让民陶于河滨"。

按：后印本"雷泽"与"上人"之间右行格线处补"雷泽"二字，改"民"为"居"；《附校》云："当重'雷泽'二字，属下句。"

25. "汉世祖文叔"条，初印本"无私爱左右"。

按：后印本"无"字右行格线处补"宫房"；《附校》云："无私爱句上疑有脱误，十一页后七行，增。"又《附校》云："'无私爱'上本有'宫房'二字。"

26. "帝禹夏后氏"条，初印本"生禹于石坳"。

按：后印本"坳"作"纽"；《附校》云："乃'石纽'之误。"

27. "帝禹夏后氏"条，初印本"三年礼毕"。

按：后印本"礼"作"丧"；《附校》云："'礼'当作'丧'。"

28. "周文王昌狼星之精"条，初印本"皆曰未可乃还归居一年"。

按：后印本"未可乃还归"右行格线处补"纣可伐也武王曰"；《附校》云："'皆曰'下脱'纣可伐也武王曰'七字。"

29. "汉太宗恒即位"条，初印本"袁盎等谏虽切"。

按：后印本"谏"下有"说"字；《附校》云："'谏'下本有'说'字。"

30."汉世祖文叔"条,初印本"引公卿讲经论"。

按:后印本"经论"作"论经",右补"理"字;《附校》云:"本作'讲论经理'。"

31."汉世祖文叔"条,初印本"赐州国并皆一札十行成文细书勤约之尝著瑞火笼赋"。

按:后印本"约之"下有"风行于上下"五字;《附校》云:"本作'细书成文勤约之风行于上下'。"

32."汉世祖文叔"条,初印本"戢弓矢散马牛上案别卷引此无'上'字"。

按:后印本无"上"字;《附校》云:"'上'字衍。"

33."晋世祖安世"条,初印本"承魏氏奢侈克弊之后"。

按:后印本"克"作"刓";《附校》云:"当是'刓弊'。"

34."宋高祖德舆"条,初印本"银堅钉"。

按:后印本"堅"作"涂";《附校》云:"'堅'乃'涂'之误。"

35."宋太祖义隆"条,初印本"身长七尺三寸"。

按:后印本"三"作"五";《附校》云:"本作'七尺五寸'。"

36."周幽王嬖爱褒姒"条,初印本"褒姒者宣王时歌云皦皦伯服"。

按:后印本"者"旁补"周"字;《附校》云:"上当有阙字。"

37."汉昌邑王贺初昭帝"条,初印本"汉有三玺贺受之上前就次不拜"。

按:后印本"三"作"二","上"作"大","大"与"前"之间右行格线处补"行","不"旁补"发玺","拜"作"封"。《附校》云:"□□是只二玺,本作'受之大行前就次发玺不封'。"

38."汉昌邑王尝梦青蝇"条,初印本"遂曰皆宜进先帝"。

按:后印本无"皆"字;未见于《附校》。

39."魏齐王芳日延倡优"条,初印本"勒其众以师昭"。

按:后印本"师"作"退";《附校》云:"勒其众以师以下疑脱'讨'字,二十四页前五行。"又按《附校》云:"'师'当作'退'。"

40."魏齐王芳日延倡优"条,初印本"芳方食粟"。

按：后印本"粟"作"栗"；未见于《附校》。

41. "晋惠帝衷为太子"条，初印本"可惜帝犹不悟"。

按：后印本无"犹不"二字；《附校》云："'犹不'二字衍。"

42. "齐郁林王既嗣位"条，初印本"尝开生衣库"。

按：后印本"生"作"主"；《附校》云："'生'乃'主'之误。"

43. "少昊金天氏"条，初印本"丹鸟氏为司閈"。

按：后印本改"閈"为"闭"；《附校》云："'閈'当作'闭'。"

卷一的四十余处异文中，除第三十八和四十条外，其余校改基本见于《附校》，说明后印本的校改确实源自于《〈金楼子〉附校》的成果。

通校卷二至卷六前、后印本的情况分别是：鲍廷博校改卷二的有三处；校改卷三的有五十二处，且版心下方有"道光辛巳重刊"一处，"癸酉修刊"一处；校改卷四的有两处，三处重新划分条目分合；校改卷五的有三十一处；校改卷六的有三十一处，一处划分条目分合。由此可见，鲍廷博将此书印行之后作了全面通校，挖改和补入了不少文字，使初印本面貌发生了很大变化。通过对全书校改之处的逐条考索，可知两次《附校》的二百余条成果于一年后基本呈现在《金楼子》后印本中，使文字更为精善。

三　对《知不足斋丛书》本《金楼子》认识的误区

由于没有认识到《知不足斋丛书》前、后印本的差别，故而在研究中产生了一些误解。陈长华《〈金楼子〉异文研究》首次对国家图书馆所藏的《〈金楼子〉附校》稿本予以考察，对此书的校勘研究有所助益。但由于没有认识到《金楼子》前、后印本的差异，最终得出了不能令人信服的结论，如"廷博校补后，却未对前版施以修缮，实为憾事"；并云鲍廷博将《金楼子》刻入《丛书》后，又与吴骞附订，"作《金楼子附校》六卷，这些成果未能再次付梓于《知不足斋丛书》，但经过文本比勘，可以判断二人校勘成果为《百子全书》和《龙溪精舍丛书》所吸收，现传《金楼子》各本亦为《百子全书》和

《龙溪精舍丛书》最善"①，必须指出的是，《龙溪精舍丛书》本和《百子全书》本所据底本恰恰为《知不足斋丛书》本之后印本，故而《附校》的成果会显现在两本的文字中，以至于陈氏误以为是两本直接吸收了《附校》的成果。此类认识上的失误在其他论文及著作中亦有存在，此处不再一一列举。商务印书馆《丛书集成初编》排印此书时所据为《知不足斋丛书》后印本，可谓得其实质。

正如林夕先生所云："《知不足斋丛书》是一个有趣的例子，其中有些书印行后根据善本或其他资料重校修版，内容比初印本要好。但是有些书出于政治原因而更改文字，这就不如初印本。民国初年上海古书流通处据初印本影印，跟后印本比较一下可以发现不少歧异。《知不足斋丛书》有修版，修版有得有失，普通使用的影印本是初印本，这些情况治学之士不可不知。"② 因此，使用《知不足斋丛书》所收录的各种书籍时，不仅要注意到前、后印本存在的差异，更要仔细甄别前、后印本孰优孰劣的问题。

---

① 陈长华：《〈金楼子〉异文研究》，硕士学位论文，复旦大学，2004年，第3—4、7页。
② 林夕：《初印和后印——古书版本知识》，《藏书家》第9辑，齐鲁书社2004年版，第153页。

第四章 《知不足斋丛书》刊刻底本及校本考

1999年中华书局影印本《知不足斋丛书》首有鲍廷博辑《知不足斋丛书总目》稿本，著录了前二十六集各书之书名、卷数、朝代、作者以及大多数书籍的底本和校本，尚有四十八种书籍未曾交代刊刻底本。鲍廷博离开人世后，《丛书》刊刻由其子孙继任完成，故《总目》稿本最后四集空白。1921年古书流通处据吴县许博明家藏本影印时，陈琰查检原书，补足了从二十七集至三十集所收各书的书名、卷数和作者，但这二十种书籍所据底本却付之阙如。① 因此，本章利用寓目之鲍廷博藏书，各馆所藏古籍及藏书志的记载，吸收现有研究成果，通过文献校勘等手段，考察了《知不足斋丛书总目》稿本没有注明的各书底本和校本，并梳理了其收藏地。

第一节 《知不足斋丛书》刊刻底本及校本考（上）

1. 《经筵玉音问答》

《知不足斋丛书》第二集，一卷，作者题署为"庐陵胡铨邦衡"。每半叶九行，行二十字，左右双边，细黑口，版心下方镌"知不足斋丛书"。

中国台湾"中央图书馆"藏《宋胡忠简公经筵玉音问答》一卷，

---

① "按：鲍渌饮先生刻《知不足斋丛书》至二十七集未竟而卒，子孙继之，足成三十集，兹录渌饮手写《总目》稿本，每种详载原出某钞某刻，惜仅至二十六集，今检查原书，补录二十七集以下书名及撰人姓氏，俾成完璧，若原出何书，无从臆断，阅者谅之。陈琰附识。"[（清）鲍廷博辑刻：《知不足斋丛书》第1册，中华书局1999年版，第19页。]

第四章 《知不足斋丛书》刊刻底本及校本考

宋胡铨撰。近人邓邦述手书云:"此为商丘宋氏钞本,丙午之岁得之京师。顷与知不足斋刻本校阅,鲍氏所据与此稍有异同,他不足论,只自称处,鲍本均作'予',此皆作'某',对君之词,以'某'为惬,'予'则失敬畏之忱矣,是此本应较以文所见为善,断可知也!又此本后曾皋跋语,鲍本无之,亦可补其阙云。宣统庚戌长夏,正阇居士记。"又跋云:"绍兴戊午封事,真本其后为'太上之所批抹'云云,鲍本作'秦桧之所批抹',未知孰是,但以意论之,太上为是,盖当时批抹之词,必有不当,此时裁去装褙,正为尊亲而讳,孝宗之所以为孝也,若目为秦桧所抹,则权柄下移,虽为高宗回护前非,而适以彰亲之不德,宜非孝宗之志欤。正阇又记。"① 可知此本非《知不足斋丛书》本之底本。除此抄本外,不见有比鲍刻本更早的《经筵玉音问答》单行本流传。因鲍廷博收藏有《胡澹庵先生文集》抄本,《经筵玉音问答》为其中一篇,全文不过三千余字,篇幅短小,故此篇极有可能是鲍氏从《胡澹庵先生文集》抽出单独刊行的,为抽印本,因此,考察鲍刻本底本应从《胡澹庵先生文集》入手。

上海图书馆藏清乾隆鲍氏知不足斋抄本《胡澹庵先生文集》六卷、附一卷,鲍廷博批校并题识。每半叶十行,行二十字,有行格,版心下方为"知不足斋正本"。书首钤翰林院印和"唐栖朱氏结一庐图书记"印。是书卷二附《经筵玉音问答》。此本鲍氏题识甚多,如"己丑八月十八日,从《诚斋集》校订一过,贞复堂记。是日与孙君霁堂江上看潮晚归,得华亭沈学子先生维扬北寄书,并惠新刻《管夫人发(法?)帖》。""乾隆己丑九月十有三日,校于绣溪旅次,午刻毕此卷。""九月十三日午后勘一过。""己丑十一月二十九日,绣溪寓斋校,午刻毕。""二十九日未刻校完。""乾隆己丑十一月二十九日,校于绣溪寓庐。""己丑中秋前一日,校于贞复堂。"其他题识有:"右从周必大《省斋文稿》补录,八月十七日校于知不足斋。""右从《诚斋集》补录,己丑中秋后二日,灯下校于贞复堂。""右俱从《诚斋集》补录,己丑八月十八○贞复堂记。"抄本末鲍氏朱笔题识云:"九月十三日午后勘一过。"从抄本所钤翰林院印来看,此本曾进呈

---

① "中央图书馆"编印:《标点善本题跋集录》,1992年版,第122页。

四库馆。

文渊阁《四库全书》本《澹庵文集》六卷，作者题署"宋胡铨撰"。书首为提要、杨万里序，书末有附录。《四库全书总目》卷一百五十八载此书六卷，为"两淮马裕家藏本"。此书卷二奏疏有《经筵玉音问答》。《四库采进书目》中《澹庵文集》凡两见，分别为《浙江省第四次鲍士恭呈送书目》和附录《浙江采集遗书总录简目》之写本①，《两淮商人马裕家呈送书目》中未著录。《浙江采集遗书总录》壬集载此书六卷，为写本。② 由此来看，似乎《四库》本底本为"鲍士恭家藏本"，而非"两淮马裕家藏本"，《总目》著录有误。但唐桂艳对山东省图书馆藏马裕进呈本撰有叙录：

> 《胡澹庵先生文集》六卷、附传一卷，（宋）胡铨撰。清乾隆抄本，五册。九行二十字，无格。书衣有戳记："乾隆三十八年四月，两淮盐政李质颖送到马裕家藏胡铨《澹庵集》一部，计书一本。"所记册数与今传本不符，盖因后来改装所致。目录页有"翰林院印"。又有"光熙之印"、"裕如秘笈"、"光熙所藏"、"齐鲁大学图书馆藏书"等印记……《四库采进书目》著录"《胡澹庵文集》六卷"，《浙江省第四次鲍士恭呈送书目》中有之，而《两淮商人马裕家呈送书目》中反无。查《四库全书总目》，著录为"两淮马裕家藏本"，与原本戳记一致。不知是《四库采进书目》在《两淮商人马裕家呈送书目》中漏收，还是将其误入鲍士恭家。此书收入《四库全书》集部别集类，当为《四库》底本。③

唐桂艳亦发现《四库采进书目》与《四库全书总目》著录的不一致。从山东省图藏本的书衣戳记和翰林院印来看，《四库全书》本

---

① 吴慰祖校订：《四库采进书目》，商务印书馆1960年版，第93、281页。
② 沈初等著，杜泽逊、何灿点校：《浙江采集遗书总录》，上海古籍出版社2010年版，第572页。
③ 唐桂艳：《山东省图书馆藏〈四库全书〉进呈本考略》，《文献》2008年第3期，第140页。

之底本确为马裕进呈本,而非鲍士恭家藏本,当是《四库采进书目》之《两淮商人马裕家呈送书目》漏收。同时说明鲍士恭也曾上呈知不足斋抄本《胡澹庵先生文集》。

南京图书馆藏清乾隆二十二年(1757)刻《胡澹庵先生文集》三十二卷。每半叶九行,行二十字,左右双边,白口,单鱼尾,参订卷次和目录有行格,其余均无行格。书首为杨万里序,书末有十九世孙沄跋。此本卷八奏疏有《经筵玉音问答》。

南京图书馆藏清抄本《胡澹庵先生文集》六卷,鲍廷博校,丁丙题签。每半叶九行,行十八字,无行格,钤"钱唐丁氏藏书"和"汪渔亭藏图书"等印。此本卷二奏疏附《经筵玉音问答》。

全文通校以上各本与鲍刻本《经筵玉音问答》,兹列异文如下:

《经筵玉音问答》各本异文对照表

鲍刻本	《四库》本	南图乾隆刊本	南图鲍廷博校本	上图鲍氏抄本
龙脑墨凤咪砚	咪	朱	咪	咪
不谀不僭	僭	兗	僭	僭
梅霖初歇	霖	林	霖	霖
今赐吾儿汝当念之	吾赐	吾赐	吾赐	吾赐
潘妃取玉龙盏至	潘	□(墨丁)	潘	潘
面奉玉音	音	旨	音	音
无	题跋处有"又跋""后跋"	题跋处有"又跋""后跋"	题跋处有"又跋""后跋"	题跋处有"又跋""后跋"
生于姑苏	于	无"于"字	无"于"字	于
以草茆之语	莽	茆	茆	茆
一二百钱物	"百"后有"千"字	一二百钱物	一二百钱物	一二百钱物
日后切不可落附他姓之手	付	附	附	附
右云经筵玉音问答	又	右	右	右

由上表可知,鲍刻作"赐吾",其他版本均作"吾赐",根据上下文义,当以"吾赐"为是,鲍刻本误倒。其他各本题跋处均有

"又跋"、"后跋",而鲍刻无,可能是鲍氏刊刻时为免繁复而删去。除了鲍刻本与各本不同这两处外,鲍刻本与《四库全书》本有三处异文;与乾隆刊本有六处异文;与南图藏鲍廷博校本只有一处异文,相似度较高;与上图藏知不足斋抄本无一异文,相似度最高。

上图藏知不足斋抄本《胡澹庵先生文集》保留了多处鲍氏校改之迹,兹举几例如下:

(1) 鲍刻本"上亦抆泪曰","亦",抄本原无,鲍氏朱笔增入。

(2) 鲍刻本"予奏曰:'酒行食遍,恩浃意洽,且暑热,不敢久侍清光。'上答曰:'今夕之会,正朕与卿聚会之便,幸无多辞。'上谓予曰:'热甚,朕已去绣纱戟子讫,卿亦可便服。'"上图鲍抄本原作"热甚朕已侍清光上谷曰今夕之合正朕与卿聚会之便幸无多辞",文字有错乱,鲍氏朱笔校改后的文字与鲍刻本同。

(3) 鲍刻本"且三遭谪逐,生不能保","生不能",抄本原作"此岂谓",鲍氏朱笔校改为"生不能"。

(4) 鲍刻本"卿顷霎不忘君,真忠臣也","忘",抄本原作"妄",鲍氏校改为"忘"。

(5) 鲍刻本"予遂又取酒再拜,劝上","劝",抄本原作"欢",校改为"劝"。

(6) 鲍刻本"昨夕之乐,愿卿勿忘","勿",抄本原作"忽",鲍氏校改为"勿"。

通过对校改文字的逐一考察,可知凡校改之后的文字均与鲍刻本相合,故《经筵玉音问答》的底本出自此抄本断无疑问。

陈先行先生述《清鲍廷博校本〈胡澹庵先生文集〉》云:"对于这部充满民族气节的著作,鲍廷博先是让门人用版心印有'知不足斋正本'的格纸抄录,然后在乾隆三十四年八月至三十五年二月间,用心校勘文字,并补辑了胡铨的传记资料与他的词作。此书总共只有一百四十余叶,鲍居然陆续花了七个月的时间做校辑工作,可见他对这部书是何等样的重视。他的《知不足斋丛书》始刻于乾隆三十七年,从抄校的情况看,这部书似乎也应刻入《丛书》之中,但实际上《丛书》没有收,是不是因为此书后来进呈四库馆而未及抄录副本的缘故呢?思来想去,好像只有这个可能。平心而论,《四库》馆臣最初也是很看重鲍廷博这个校本的,并已经在书上作修改,统一格式,为最后的誊录做好了编辑工作,谁知结果换了马裕家藏抄本作文渊阁《四库全书》的底本,可以想象,鲍氏当时一定感到非常失望。不过话又说回来,这个本子得以保存(今藏上海图书馆),并为人们所利用,在一定程度上已达到了鲍氏的目的,没什么可遗憾的。"① 其实,鲍廷博虽未将《胡澹庵先生文集》全部刻入《知不足斋丛书》,但是将其中篇幅不长却价值较高的《经筵玉音问答》抽出,刻入了《丛书》第一集。因当时鲍氏上呈此本,且进呈本大多没有发还藏书家,故据以刊刻的底本应是此本,或为此本之副本。

2.《石墨镌华》

《知不足斋丛书》第三集,八卷,作者题署为"盩厔赵崡子固著"。每半叶九行,行二十字,左右双边,细黑口,版心下方镌"知不足斋正本"。书首有万历四十六年(1618)康万民序、赵崡叙、目录。书末有乾隆三十四年(1769)何琪跋。《丛书》后印本《石墨镌华》之乾隆三十九年(1774)赵衡阳跋和鲍廷博跋不见于初印本。

鲍刻本何琪跋云:"兹为鲍君以文藏本,余访之有年,今获展对,余于子函不可谓无缘矣。因与以文商略付梓,以广其传。以文又有子函《植品》二卷,略仿嵇含《南方草木状》,而意趣过之,末附《偏园记》及咏园中诸胜诗,笔亦古峭有致。惜流传绝少,俟续刻与是编并行,尤快事也。"② 何琪与鲍廷博于乾隆三十四年(1769)校勘后付梓,为是书之初印本。

天津图书馆藏明万历四十六年(1618)刻本《石墨镌华》八卷,每半叶八行,行十八字,四周单边。钤"四明徐氏珍藏"和"徐时栋印"等。此本所收条目与鲍刻本同。

通校鲍刻本与明刻本康万民序、赵崡叙、目录及卷一,兹列异文如下:

(1)鲍刻本目录"卷第一","第",明刻本作"之"。

---

① 陈先行:《打开金匮石室之门——古籍善本》,上海文艺出版社2003年版,第261页。

② (清)鲍廷博辑刻:《知不足斋丛书》第1册,中华书局1999年版,第877页。

（2）鲍刻本"汉李翕析里桥郙阁铭"，"析"，明刻本作"折"。

（3）鲍刻本"魏文帝受禅碑"，"受"，明刻本作"爱"。

（4）鲍刻本"唐寂照和尚碑"，"尚"，明刻本作"上"。

（5）鲍刻本"唐石幢尊胜咒"注文"慈恩寺"，"慈"，明刻本作"兹"。

（6）鲍刻本"魏修孔子庙碑"，明刻本"魏"上有"后"。鲍刻本目录作"后魏修孔子庙碑"，故鲍刻本正文脱字。

（7）鲍刻本"隋李渊为子世民祈疾记"："合家大小福德永兴足永无灾障。""永"，明刻本无。

鲍刻本底本应出自明万历四十六年（1618）刻本，以上异文有校改讹误的痕迹可寻，应是鲍廷博与何琪校改所致。

3.《滹南诗话》

《知不足斋丛书》第五集，三卷，作者题署为"稿城王若虚从之著"①。每半叶九行，行二十一字，左右双边，细黑口，版心下方镌"知不足斋丛书"。

国家图书馆藏清抄本《滹南集》四卷、附《诗话》三卷，清鲍廷博校、刘喜海跋。每半叶十行，行二十字，无行格。钤"知不足斋鲍以文藏书"和"北京图书馆藏"等印。书衣有跋云："金王若虚撰。若虚，字从之，自号慵夫，藁城人，事迹具《金史》艺文传。《集》四十五卷，《四库》著录本凡《五经辨惑》二卷，《论语辨惑》五卷，《孟子辨惑》一卷，《史记辨惑》十一卷，《诸史辨惑》二卷，《新唐书辨》三卷，《君事实辨》二卷，《臣事实辨》三卷，《议论辨惑》一卷，《著述辨惑》一卷，《杂辨》一卷，《文辨》四卷，《诗话》三卷，杂文及诗五卷，共四十五卷，与《千顷堂书目》所载卷数合，即王鹗序云藁城令董彦明与其丞赵寿卿倡议募工所刻之本也。此本前有李冶、彭应龙、王鹗、王复翁四序，而仅载诗、赋、杂文，亦止四卷，且诗皆《中州集》所选者目略有不同，《诗话》三卷附于后。《提要》云原本第三卷惟《论语辨惑·序》一篇，《总论》一篇□（与？）他卷多寡悬殊，此本《序》在第二卷，《论》在第三卷，

---

① 按："稿"，当作"藁"。

第四章　《知不足斋丛书》刊刻底本及校本考

是后人以'辨惑'等各自书，为而专取诗文，别厘为此本，非有缺佚也。"此跋未署名，傅增湘云为刘燕庭笔迹。① 此本附录之《诗话》三卷，作者题署为"王若虚从之"。细审其中校字，确为鲍廷博手迹。

通校抄本与鲍刻本《诗话》卷一，兹列异文如下：

（1）鲍刻本"世所传千注杜诗"，"千"，抄本作"十"。

（2）鲍刻本"瞿唐怀古"，"唐"，抄本作"塘"。

（3）鲍刻本"鲍文虎杜时可间为注说"，"时"，抄本作"诗"。

（4）鲍刻本"徐居仁复加编次甚矣"，"矣"，抄本作"笑"，旁改为"矣"。

（5）鲍刻本"文章以意为之，主字语为之役"，抄本原无两"之"字，旁补。

（6）鲍刻本"颈联、颔联初无此说"，抄本眉批云"'景'当作'颈'"。

（7）鲍刻本"石林诗话"，抄本原无"石"，旁补。

（8）鲍刻本"此语之工，正在无所用意"，"语之工正在"，抄本空白；抄本无"用"。

（9）鲍刻本"猝然与景相遇"，"猝"，抄本作"卒"。

（10）鲍刻本"借以成章"，"借"，抄本作"备"。

（11）鲍刻本"梅圣俞爱严维《柳堂春》"，"圣"，抄本作"舜"；"严"，抄本作"王"。

（12）鲍刻本"柳常有絮泥"，"常"，抄本作"当"。

（13）鲍刻本"若必以常有责之"，"常"，抄本作"当"。

（14）鲍刻本"而不知路有暍死也"，"暍"，抄本作"渴"，描改为"暍"。

（15）鲍刻本"不尽可考"，"尽可"，抄本作"可尽"。

（16）鲍刻本"必于传记求其证邪"，"记"，抄本原作"句"，描改为"记"。

---

① 傅增湘：《藏园群书题记》（上海古籍出版社1989年版，第764页）卷十五《旧抄本〈滹南集〉跋》云："书衣有题识十一行，余审为刘燕庭笔迹。"

（17）鲍刻本"以坳中初盖底垤处遂成堆之句"，"坳"，抄本"圠"，旁改为"凹"；"垤"，抄本作"凸"；"遂"，抄本作"便"。

（18）鲍刻本"以予观之"，"观"，抄本作"睹"。

（19）鲍刻本"但言灵应之意可也"，"应"，抄本原作"运"，旁改为"应"。

（20）鲍刻本"泥盆浅小讵成池，夜半青蛙圣得知"，"小"，抄本作"水"；"青"，抄本作"清"。

（21）鲍刻本"晚年有声妓罪李于辈诸人"，"其罪李于辈"，"于辈有所冀幸"，"于"，抄本均作"千"。

（22）鲍刻本"盘馔罗觯犇之句"，"觯"，抄本作"氈"。

（23）鲍刻本"则又当不敢食肉矣"，"肉"，抄本无。

（24）鲍刻本"于公必有高门庆"，"必"，抄本作"自"。

（25）鲍刻本"乃以土袋压杀之"，"之"，抄本无。

（26）鲍刻本"荆公金牛洞六言诗"，"言"，抄本原本之字被描改为"言"。

（27）鲍刻本"乐天诗云楚王疑忠臣"，抄本"王"上有"辞"，被圈掉。

（28）鲍刻本"夫屈子所谓独醒者"，抄本无"者"，旁补入。

（29）鲍刻本"此岂撚断"，"撚"，抄本原作"抛"，描改为"撚"。

抄本第四、五、六、七、十四、十六、十九、二十六、二十七、二十八、二十九，这十一条校改之后的文字与鲍刻本同，说明鲍廷博在校勘中使用过此抄本。但有十八条与鲍刻本有异文，说明鲍氏将此书刻入《丛书》时，曾用别本校改。鲍廷博将《滹南集》之附录《滹南诗话》单独刊行，此国图藏清抄本，应是其所使用之校本。①

4.《苦瓜和尚画语录》

《知不足斋丛书》第五集，一卷，每半叶九行，行二十一字，左

---

① （金）王若虚著，胡传志、李定乾校注：《滹南遗老集校注》（辽海出版社2006年版）前言认为"鲍氏《知不足斋丛书》第五集有《滹南诗话》三卷，即据鲍氏自己校改后的本子（国图藏本）刻印"。

右双边，细黑口，版心下方镌"知不足斋丛书"。封面题书名为《画语录》，正文题名为《苦瓜和尚画语录》。书末有雍正六年（1728）张沅书。

南京图书馆藏清抄本《苦瓜和尚画语录》一卷、《大涤子题画诗跋》一卷。每半叶八行，行十六字，无行格，钤"读古书人"等印。书首有丁丙手书题签：

> 《苦瓜和尚画语录》一卷、《大涤子题画诗跋》一卷，精抄本，汪绎辰藏书。
> 和尚，广西梧州人，前朝靖藩裔也，国亡剃发为比邱。名原济，字石涛，号苦瓜，又自号瞎尊者。或问曰："师双目炯炯，何自称曰瞎？"答曰："吾目遇阿堵则盲。"然非瞎而何遍游潇湘、洞庭、匡庐、钟阜、天都、太行、五岳、四渎而画益进，书益工。《画语》十八章，江阴陈鼎为之传，张沅跋其后，比之宋赵王孙彝斋。卷勺亭主汪绎辰从周晚菘处检得写传，更辑题诗跋，印记叠叠，有孙辅元一印，殆鉴赏时钤也。①

抄本张沅跋后有汪绎辰跋，云："大涤子本先朝后裔，失国后抱愤郁之志，混迹于禅，凡为诗文字画，皆有磊磊落落、怪怪奇奇之气流露于其间。《画语录》一册，立意既幽深窈渺，而造语又自成一子，画家不传之秘，发泄于此，最可宝也。若玩其旨而扩其解，岂止为绘事说法？考余少时随先大夫宦游岭南，曾于刘小山先生家见此书，后求其本了不可得。辛亥冬杪，偶从周晚菘架上捡得之，如遇故友，喜不自胜，即借归手录一过。余藏大涤书甚多，其笔墨之高古神妙，无法不备，当与大痴老迂相伯仲，而诗跋之清老，要非宋元以下手笔，因录题画诸作，并搜其散见他处者附抄《画语录》之末，后之读之者可以想见其为人也。卷勺亭主汪绎辰跋。"钤"绎辰"印。

---

① 按：（清）丁丙：《善本书室藏书志》（清光绪刻本）卷十七此后有以下文字："《苦瓜和尚画语录》刊于《知不足斋丛书》，题画诗跋则绎辰所辑也。绎辰，字陈也，来泰子，仁和诸生，托业于医，亦工八法。辅元，字俌之，号寻云，仁和贡生，亦寿松堂主人也。"

可知此本为汪绎辰抄自周二学,后有汪氏辑《大涤子题画诗跋》一卷。

此抄本"画章第一"有残缺,校勘此本与鲍刻本"了法章第二","变化章第三","尊受章第四","笔墨章第五","运腕章第六","细缊章第七"和"山川章第八",除异体字、通假字、避讳字之外,两本只有一处异文:鲍刻本"识然后受非受也",抄本无"然"字。两本文字高度一致,虽不能因此确定此本为鲍刻本底本,但两本同出一源,殆无疑问。周二学与鲍廷博有交游往来,曾于乾隆二十六年(1761)为鲍氏所刻《庚子销夏记》撰序云:"鲍君以文、郑君弗人笃学好古。"① 鲍廷博亦曾亲笔抄录周氏著述《一角编》②,不知鲍刻本底本是否亦从周二学传抄。

5.《伯牙琴》

《知不足斋丛书》第十一集,一卷,作者题署为"钱唐邓牧牧心著"。每半叶九行,行二十字,左右双边,细黑口,除提要和《伯牙琴》补遗版心空白外,其余版心下方镌"知不足斋丛书"。书首为自序、提要、《邓文行先生传》、目录,书末有补遗、后序和乾隆五十一年(1786)鲍廷博跋。

文渊阁《四库全书》本《伯牙琴》一卷,作者题署为"宋邓牧撰"。书首为提要、目录、自序,书末为后序,补遗有《冲天观记》《超然馆记》《清真道院碑记》。《四库全书总目》卷一百六十五著录此书一卷,为"浙江巡抚采进本"。《四库采进书目》中《伯牙琴》凡两见,为《浙江省第四次鲍士恭呈送书目》及《浙江采集遗书总录简目》之"知不足斋写本"③。又《浙江采集遗书总录》壬集载《伯牙琴》一卷,为"知不足斋写本"④。可知《总目》著录的"浙江巡抚采进本",实际上是鲍士恭进呈的知不足斋写本,故著录为"鲍士恭家藏本"更为准确。

---

① 刘尚恒:《鲍廷博年谱》,黄山书社2010年版,第18页。
② 参见本书第五章第一节《鲍廷博抄本〈一角编〉与鲍廷博画像》。
③ 吴慰祖校订:《四库采进书目》,商务印书馆1960年版,第92、284页。
④ 沈初等著、杜泽逊、何灿点校:《浙江采集遗书总录》,上海古籍出版社2010年版,第595页。

第四章 《知不足斋丛书》刊刻底本及校本考

南京图书馆藏清抄本《伯牙琴》一卷、补遗一卷,作者题署为"钱塘邓牧牧心"。每半叶十行,行二十一字,无行格,书首为丁丙题签:

《伯牙琴》二卷,馆底本。
钱塘邓牧牧心著。
牧自序云:"予集诗文若干,名《伯牙琴》。伯牙虽善琴者,钟子期死,终身不复鼓琴,知琴难也。今世无知音,余独鼓而不已,亦愚哉。然伯牙破琴绝弦,以子期死耳。余未尝遇子期,恶知其死,不死也,故复存此。"牧与谢翱、周密友善,因为翱作传,为密作《蜡屐集》序。至元丙申至山阴,王修竹延致陶山书院,己亥入洞霄,止于超然馆,住山沈介石为营白鹿山房,居之无病而化。集后又有自序诗,已佚也。此为馆中脚本,有翰林院印。①

此本为《四库》本底本,即鲍士恭进呈的知不足斋写本,故鲍廷博辑录之《冲天观记》《超然馆记》《清真道院记》亦见于文渊阁《四库全书》本。此本"伯牙琴自序"粘一题签"原序",钤"公约过眼"印。抄本粘贴的朱墨题签甚多。书籍封面钤"集"、"别集类"和"八千卷楼珍藏善本"印。目录钤翰林院印,有题签两条。正文墨笔题签云"题目低二格,序文低二格"等。书末钤"光绪壬辰钱塘嘉惠堂丁氏所得"和"曾经八千卷楼所得"印。

抄本朱笔补遗《冲天观记》《超然馆记》和《清真道院碑记》亦见于鲍刻本。此本无鲍刻本《昊天阁记》《洞霄诗集·序》《寄友》《汉阳郎官湖》《九锁山十咏》《大德辛丑六月六日游洞霄和杜南谷》和《文行先生传》。兹举几例批校如下:

(1)抄本"茆茨不穷"。按:将"穷"校改为"翦"。墨笔眉批云:"'茆茨不翦','翦'讹'穷'。"眉批旁有"分校官吕云栋签"印。《四库》本作"穷"。鲍刻本作"翦"。《四库》本与眉批不符。

---

① 按:个别文字与《善本书室藏书志》卷三十二所载不同。

（2）抄本"我言猎"。按：将"言"校改为"善"。眉批云："'我言猎'，'言'应作'善'，今改。"眉批右有"覆校方大川"印。《四库》本与鲍刻本均作"善"。

（3）《冲天观记》条："……先，是宋咸淳间翁祖灵济孙先生，泊翁师演教，龚先生请冲天观赐额，隶钱唐者建观雪溪上，寻以难毁至是，徙而扁焉。四五年间，事未竟，二公相先后遗世，今主席洞霄……"按：抄本原无此段文字，朱笔补入，《四库》本与鲍刻本均有此段文字。

抄本校改后的文字与鲍刻本基本相合，唯此三例不同：

（1）抄本"择才者，才且贤者又不屑为"。按：抄本"择才"下增补"且贤"二字，并有墨笔眉批云："'择才且贤者'句，原本脱落二字，今据文义添入。"鲍刻本无"且贤"，而《四库》本有此二字。

（2）抄本"君已絜家钱塘"。按：将"絜"校改为"挈"。鲍刻本作"絜"，《四库》本作"挈"。

（3）抄本"积四十五年指受馆下"。按：将"受"校改为"授"。鲍刻本作"受"，《四库》本作"授"。

首先，此本原为知不足斋抄本，校改眉批出自鲍廷博之手，馆臣在鲍氏校改的基础上予以复校，在鲍氏校改的文字和底本文字之间，作了异文取舍后抄入《四库全书》，从数处校改来看，馆臣基本上选择了鲍氏校改后的文字。此本保存了分校官吕云栋、覆校方大川两位馆臣的姓名，较为珍贵。

其次，鲍刻本基本与校改后的文字同，唯三处与校改之前的底本文字同，故鲍刻本底本亦与此本同，因此抄本上呈四库馆，因而鲍刻本之底本可能为此本之副本①。鲍廷博将此书刻入《知不足斋丛书》时，对原校文字再次斟酌，故三处仍依底本文字刊刻。

第三，其中一处校改特别值得注意，鲍氏墨笔眉批云："'择才且贤者'句，原本脱落二字，今据文义添入。"鲍氏在校改抄本时，据

---

① 按：重庆市图书馆藏清乾隆鲍氏知不足斋抄本《伯牙琴》一卷，鲍廷博批校，不知是否为此本之副本。

文义补入"且贤"二字,违背了校勘的基本原则,但在刊刻时,并未增补,可见其态度还是严谨的。但馆臣却将鲍氏妄补之"且贤"二字抄入《四库全书》,全然不顾眉批所云之"据文义添入"之语,其草率态度于此毕现。

第四,此抄本无鲍刻本《昊天阁记》《洞霄诗集·序》等篇目,当系鲍氏上呈此本后又陆续辑补所得。

6.《石湖词》

《知不足斋丛书》第十一集,《石湖词》一卷、补遗一卷,作者题署为"吴郡范成大致能著"。每半叶九行,行二十字,左右双边,细黑口。书末有知不足斋辑录《石湖词》补遗。

国家图书馆藏知不足斋抄本《唐宋八家词》十卷,清吴昌绶、鲍廷博、魏之琇等人校跋。包括温飞卿《金奁集》、潘阆《逍遥词》、范成大《石湖词》、陈三聘《和石湖词》、陈经国《龟峰词》、向镐《乐斋词》、王之道《相山居士词》、倪偁《绮川词》。钤"歙鲍氏知不足斋藏书"、"周遟"、"高氏校阅精抄善本印"和"北京图书馆藏"等印。《金奁集》有鲍廷博手跋。书末有"知不足斋正本,魏柳洲、奚铁生合写唐宋词八种,寒云庐藏"。其中《石湖词》一卷、补遗一卷,作者题署为"吴郡范成大致能"。每半叶十行,行二十字,细黑口,左右双边,版心下方为"知不足斋正本"。

校勘知不足斋抄本与鲍刻本前十九首词,兹列异文及眉批如下:

(1)鲍刻本《满江红》(冬至):"便占新岁。"抄本原无"便",旁补入"便"。

(2)鲍刻本《满江红》(冬至):"团圞同社。""团圞",抄本原与鲍刻本同,校改时乙正,刊刻时仍依抄本。

(3)鲍刻本《满江红》(其四):"算一作只今年依旧。"鲍刻本"一作只",抄本无。

(4)鲍刻本《浣溪沙》(其四)末注:"此阕或刻入吴儆《竹洲词》,误。"抄本此条无注,眉批云:"此首亦园《名家词》刻入吴儆《竹洲词》内,题云《次范石湖韵》,按后有陈三聘和词,当是石湖作无疑。《竹洲集》中亟宜删之。"

(5)鲍刻本《朝中措》(其四):"禽弄晚晴初。""弄",抄本作

"哗"。

（6）抄本《梦玉人引》（其二）眉批"'然'，一本作'风'"，与鲍刻本注文"一作'风'"同。

（7）抄本《鹧鸪天》（其二）眉批"'有'，一本作'自'"，与鲍刻本注文"一作'自'"同。

（8）抄本《鹧鸪天》（其三）眉批"'得'，一本作'渐'"，与鲍刻本注文"一作'渐'"同。

鲍刻本初印本"《石湖词》补遗"下有"知不足斋辑录"，抄本无"知不足斋辑录"。鲍刻本补遗共收录十八首词，其中《玉楼春·梅花》《醉落魄·海棠》《玉楼春·牡丹》《菩萨蛮·木芙蓉》《水龙吟·寿留寺》《酹江月·严子陵钓台》《醉落魄》《霜天晓角》《木兰花慢·送郑伯昌》九首词不见于抄本。南京图书馆藏《知不足斋丛书》后印本《石湖词》挖去初印本《补遗》下"知不足斋辑录"六字，以及误收的《木兰花慢·送郑伯昌》一首，并"补遗终"三字。

从第三条、第五条，以及补遗的八首词来看，鲍廷博在刊刻时又作了校改，并从《翰墨全书》《花草粹编》《阳春白雪》中辑补词作。从校勘情况来看，鲍刻本与抄本文字高度一致，故鲍廷博应是据知不足斋抄本《唐宋八家词》本《石湖词》校刻的。

7.《和石湖词》

《知不足斋丛书》第十一集，一卷，作者题署为"东吴陈三聘梦弼"。每半叶九行，行二十字，左右双边，细黑口，书末陈三聘书版心为"知不足斋丛书"，其余空白。

国家图书馆藏知不足斋抄本《唐宋八家词》十卷，清吴昌绶、鲍廷博、魏之琇等人校跋。① 书末有陈三聘书。

校勘知不足斋抄本与鲍刻本前二十七首词，兹列异文及眉批如下：

（1）鲍刻本《满江红》（其二）"天岂无情"，"岂"，抄本作"意—作岂"。

（2）鲍刻本《满江红》（其二）"家人不了"，"家"，抄本作

---

① 详见《石湖词》条。

"蒙"。

（3）鲍刻本《满江红》（其二）"庚楼明月飞鸟绕"，抄本原作"鸟飞"，校改为"飞鸟"。

（4）鲍刻本《满江红》（其三）"又"下有注云："雨后携家游西湖，荷花盛开。"抄本无。

（5）鲍刻本《满江红》（其三）"窥鉴粉光犹有泪"，"鉴"，抄本同，抄本有鲍氏眉批云："'鉴'，一作'镜'。"

（6）鲍刻本《朝中措》（其三）"春风满路梅香"，"香"，抄本作"花"。

（7）鲍刻本《朝中措》（其四）"关心药里"，抄本"药"上有"事"字，被圈去。

（8）鲍刻本《水调歌头》（燕山九日作）"一笑等云浮"，抄本"云"上似为"门"，被圈去。

（9）鲍刻本《西江月》（其二）"春事已浓多日"，抄本"多"上似为"人"，被圈去。

（10）鲍刻本《西江月》（其二）"游人偏盛今年"，抄本眉批云："'盛'，一作'胜'。"

（11）鲍刻本《鹊桥仙》（七夕）"凭谁批敕诉天公"，"公"，抄本作"心"。

（12）鲍刻本《宜男草》"应自有"，"自"，抄本无。

从两本第二、六、十一、十二这四条存在的异文，以及第四、五条注文、眉批来看，当是鲍廷博用他本校知不足斋抄《唐宋八家词》本《和石湖词》后刊刻的。

8.《黄山领要录》

《知不足斋丛书》第十九集，二卷，作者题署为"歙汪洪度于鼎"。书首有康熙三十九年（1700）王士禛序、宋荦序、吴苑序、目录，书末乾隆四十年（1775）诒德识云："当时新城、商邱两先生爱而序之，惜迄今未谋剞劂，殊缺陷也，诒德从稿本中敬录成帙，急付梓人，公之同好。"① 可知鲍刻本底本为汪洪度稿本。

---

① （清）鲍廷博辑刻：《知不足斋丛书》第 7 册，中华书局 1999 年版，第 203 页。

9.《山静居画论》

《知不足斋丛书》第二十集，二卷，作者题署为"石门方薰撰"。每半叶九行，行二十一字，左右双边，细黑口，版心下方镌"知不足斋丛书"。书末有嘉庆三年（1798）陈希濂书。

方薰（1736—1799），字兰士，号兰如，又号樗庵。石门（今浙江桐乡）人。布衣。擅长绘画，与奚冈齐名，人称"方奚"，著述有《山静居遗稿》。《山静居遗稿》中很多诗歌与鲍廷博有关，如《赠鲍以文》《喜渌饮载书借仆口占志感》《渌饮诵同人咏帘诸诗戏为赋之》《鲍大以诗索画墨竹》《画竹同以文作》《燕巢和鲍大以文》《和鲍大以文西湖嬉春词》《再和以文西湖嬉春》《舟次渌饮村居时君初病起》《渌饮不戒于火诗以慰之》等①，其中如：

雨窗同鲍以文夜话

为怜久别转相亲，小泊乌篷寂寞滨。爱友一生多有道，买书百计不辞贫。灯前话雨尝连夜，客里看花又过春。他日湖山宜送老，卜居先订作比邻。

鲍大以文移家乌清

桑麻墟落似樊川，百里移家意倦便。孟尉盈车无俗物，葛翁举室是神仙。平安最好扶墙竹，酝酿须凭种秫田。水榭风帘鸡犬静，此中小住阅华年。

虽未为邻兴不孤，往来一水便相呼。门横应设丛书版，壁画还谋润笔图_{用东坡语}。却笑先生住南郭，何曾梦寐忘西湖。百篇新著花游曲，传唱清溪弄棹姝。②

这些诗歌真实再现了方薰与鲍廷博诗歌唱和、书画交流，以及鲍氏移居、藏书楼失火等重要事件。赵怀玉《方大薰病危处分家事甚悉独以诗稿惓惓于鲍大廷博金大德舆及余三人知其平生所最切也今闻痊愈却寄是诗》："闻说方干病，今还庆更生。一编真托命，九死见交情。

---

① 按："绿"，当作"渌"。后文作"鲍渌饮"、"渌饮"者，皆同此。此后从略。
② （清）方薰：《山静居遗稿》卷三，清嘉庆八年（1803）刻本。

花月逢宜赏，溪山近便行。再休劳七尺，薄产与浮名。"① 方薰病危时将诗稿托付于至交鲍廷博、金德舆和赵怀玉。

重感夕阳悼兰如即用前韵

弹铗归来便隔生客杭经年归，未半月而逝，轻尘弱草只堪惊。贫推画作家常计，诗任儿传身后名遗诗未刊，嗣子之任也。剪烛那堪听旧雨，开门无处觅秋声。小窗一抹轻红影，半是相思泪染成。②

方薰去世后，鲍廷博伤感不已，作此诗抒怀。又鲍廷博《泠然斋诗集》跋云："同寓杭之方君兰如墓木已拱，抚卷为之泣下。"③ 乾隆五十年（1785），鲍廷博校刻方薰之父方楳《雪屏诗存》一卷，并跋云："乙巳冬，过方君兰坻寓斋，见其检点箧中故纸，偶举一纸，风格甚古，询之，即其尊甫雪屏先生所作也。先生著有《白岳樵吟》《舟车漫与》等集，舟覆上海，片楮不存，晚年手稿懒自收拾，多散落交游间。兰坻于先生身后缀缉成编，才十一耳，予荐为诠次，请付剞劂，名曰《诗存》。盖诗存而先生之品谊、先生之性情与俱存者，固不独存其诗而已。"④ 二人交谊深厚，加之《山静居画论》向无刻本，故鲍廷博应是据方薰稿本刊刻的。

10.《五总志》

《知不足斋丛书》第二十一集，一卷，作者题署为"江左吴垌述"。每半叶九行，行二十一字，左右双边，细黑口，版心下方镌"知不足斋丛书"。书首为提要、序。

文渊阁《四库全书》本《五总志》一卷，作者题署为"宋吴垌撰"。书首为提要、序。《四库全书总目》卷一百二十一载此书一卷，为"浙江巡抚采进本"，云"此本与《永乐大典》所收者检勘相合，

---

① （清）赵怀玉：《亦有生斋集》卷十，清道光元年（1821）刻本。
② （清）鲍廷博：《花韵轩咏物诗存》，广东省立中山图书馆、中山大学图书馆编：《清代稿抄本》第25册，广东人民出版社2007年版，第564页。
③ 王文进著，柳向春标点：《文禄堂访书记》卷四，上海古籍出版社2007年版，第312页。
④ 季秋华辑：《知不足序跋题记集录》，国家图书馆出版社2010年版，第322页。

盖犹原本也"①。《四库采进书目》中《五总志》凡二见，《浙江续购书》和《浙江采集遗书总录简目》闰集之知不足斋写本。② 又《浙江采集遗书总录》闰集载："《五总志》一册，知不足斋写本。右吴垌撰。援古证今，据所见闻，参考史事居多。"③ 可知《四库》本底本为知不足斋写本，馆臣用《永乐大典》检勘，认为是原本。

国家图书馆藏清乾隆四十一年（1776）胡凤苞抄本《默记》一卷，清陈鳣校并跋，又录鲍廷博、朱文藻、吴骞批校题识。鲍氏跋云："《五总志》，南宋吴迥所撰④。世多未见，予近始得之。因自叹耽书之癖不减昔人，所恨林宗、石君辈不见我耳。乾隆甲午秋日，廷博。"鲍氏有此感慨，源于抄本之叶石君跋："云林宗本尚有《五总志》附，又不知何时得抄之，以成旧观也。"此书流传甚罕，鲍廷博获藏叶石君当年未见之书，十分珍视，故《四库》本所据之知不足斋写本极有可能是此本或出自此本。

校勘鲍刻本与《四库》本序至"千文题曰敕员外"条，即全书大致三分之一的内容，兹列异文如下：

（1）鲍刻本"小儿饮啖数倍于曩时"，"儿"，《四库》本作"子"。

（2）鲍刻本"见谓精明"，"昌"，《四库》本作"川"；"谓"，《四库》本作"识"。

（3）鲍刻本"咸毁彻之"，"彻"，《四库》本作"撤"。

（4）鲍刻本"左右仆射并是正宰相"，"正"，《四库》本作"真"。

（5）鲍刻本"远比邵公三十六年"，"邵"，《四库》本作"郇"。

（6）鲍刻本"选军人骁勇趫捷者"，"人"，《四库》本作"中"。

（7）鲍刻本"每白事多所沮抑"，"沮"，《四库》本作"阻"。

《四库》本与鲍刻本的异文或有传写造成讹误的痕迹可寻，或有

---

① （清）纪昀：《钦定四库全书总目》卷一百二十一，中华书局1997年版，第1614页。
② 吴慰祖校订：《四库采进书目》，商务印书馆1960年版，第77、302页。
③ 沈初等著，杜泽逊、何灿点校：《浙江采集遗书总录》，上海古籍出版社2010年版，第793页。
④ 按："迥"，当作"垌"。

校改明显误字的可能，因馆臣用《永乐大典》所载《五总志》检勘，亦有可能是据《永乐大典》所改。也可能是鲍廷博在刻书时对抄本作了校改。

此书传本甚罕，故鲍刻本底本亦应出自其乾隆三十九年（1774）获藏本。《郑堂读书记》卷五十六云："《四库全书》著录，乃据浙江巡抚采进本。诸家书目俱不载。《说郛》仅节录数条。《永乐大典》所收与采进本同，盖犹原本，故鲍渌饮即据以刊入，冠以提要一篇。"① 周中孚云鲍刻本据《四库》本刊入，应是由于两本文字的较高一致性和此书稀见的缘故。《四库》本与鲍刻本之底本应均源自于鲍廷博乾隆三十九年（1774）收藏之本。

11.《北行日谱》

《知不足斋丛书》第二十一集，一卷。每半叶九行，行二十一字，左右双边，细黑口，版心下方镌"知不足斋丛书"。书首为张世伟序、朱陛宣序、朱祖文小引、朱文学传、康熙五年（1666）周茂兰识，书末有诸先生书、寿阳识及跋。

黄裳曾收藏《北行日谱》，并撰有四跋，兹录相关三跋如下：

> 此《北行日谱》一册，今日检得于唐氏小楼上，尚是明刻而康熙中印本，可喜也。壬辰上元后五日，黄裳记。

> 此朱完天《北行日谱》原刻本，周序撰于康熙五年丙午，上距忠介被难，已四十载。鲍氏知不足斋重刊所据底本即此。序跋各缺半叶，命工重装藏之。丙申元月廿日，黄裳记。

> 丙寅《北行日谱》，崇祯刻，康熙重印本。九行，二十字。白口，单边。前有崇祯己巳朱陛宣序，崇祯己巳张世伟序，邵弥书。次金日升朱文学传。传末有康熙丙午周茂兰跋。次丙寅三复居士朱祖文小引。卷尾附蓼洲周先生及文湛持、姚现闻、范质公、鹿乾若诸先生书如干通。后有跋。②

---

① （清）周中孚著，黄曙辉、印晓峰标校：《郑堂读书记》卷五十六，上海书店出版社2009年版，第924页。

② 黄裳：《来燕榭读书记》，辽宁教育出版社2001年版，第59页。

黄裳又云"是崇祯原刻，康熙补板。然颇不易辨，于此可觇板刻风气继承变化之迹。卷中经旧人墨笔删定。鲍氏知不足斋本即据此翻出"①。认为鲍刻本底本为康熙补版之明崇祯刻本。

上海图书馆藏明崇祯二年（1629）张世纬等刻本《北行日谱》一卷。每半叶九行，行二十字，四周单边，单鱼尾，钤"森玉审定"、"徐鸿宝观"和"曹溶之印"等。书首为罗惇曧、康有为手跋、张世伟序、朱陛宣序、诸先生书、寿阳识、朱祖文小引，书末有寿阳跋。

校勘鲍刻本与明刻本从序至"私与偕归公忽出意外念甚"，两本异文较少，兹举有异文例：鲍刻本"然主方虚相位"，明刻本"主"上有"房"字；鲍刻本注文"名献臣"，"名"，明刻本作"讳"；鲍刻本"而待胥吏循行故事"，"吏"，明刻本作"史"；鲍刻本"公且为贫交"，"为"，明刻本作"惟"；鲍刻本"法网严密"，"密"，明刻本作"审"；鲍刻本"文仍陪宿县公署"，"宿县公署"，明刻本作"公宿县署"，以上异文均有致误之由，加之黄裳所云康熙重印本的版式、行款与明刻本完全一致，故鲍刻本底本源出此本，黄氏观点当可信从。

12.《北行日录》

《知不足斋丛书》第二十三集，二卷，作者题署为"宋楼钥撰"。每半叶九行，行二十一字，左右双边，细黑口，版心下方镌"知不足斋丛书"。周中孚云《北行日录》"本载大防《攻媿集》中，故《四库全书》不别著录"②。加之在鲍刻本前，未见有单行本流传，故此书应是鲍廷博从《攻媿集》中抽出刻入《知不足斋丛书》第二十三集的，属于抽印本。

北京大学图书馆藏南宋四明楼氏刻本《攻媿先生文集》一百二十卷，作者题署为"四明楼钥大防"。每半叶十行，行十八字，白口，四周单边，单鱼尾。此书卷一百十九、卷一百二十为《北行日录》。

---

① 黄裳：《清代版刻一隅》（增订本），齐鲁书社2005年版，第41页。
② （清）周中孚著，黄曙辉、印晓峰标校：《郑堂读书记》卷二十四，上海书店出版社2009年版，第417页。

《武英殿聚珍版丛书》本《攻媿集》一百十二卷，每半叶九行，行二十一字，四周双边，单鱼尾。此书卷一百十一、卷一百十二为《北行日录》。

校勘鲍刻本、宋刻本、殿本卷上始至"二十三日"条，兹列鲍刻本与宋刻本异文如下：

（1）鲍刻本"二十日壬寅……又一石横陈"，宋刻本无"又"。

（2）鲍刻本"二十日壬寅……自谓倘登其上，必可俯瞰鼎湖"，"倘"，宋刻本作"傥"。

（3）鲍刻本"二十一日癸卯……闻有上宫名妙庭，相去三里而近他无胜"，"他"，宋刻本作"它"。

（4）鲍刻本"二十三日乙巳……由新塘往四明"，"往"，宋刻本作"之"。

（5）鲍刻本"十九日辛未……召伯埭去扬州才四十五里"，"召伯埭"，宋刻本作"邵伯"。

除宋刻本、殿本卷首"北行日录"下注文"时待次温州教授随侍充公守括苍受仲舅汪尚书大猷之辟"不见于鲍刻本外，其余所校条目，鲍刻本均与殿本文字同，可知鲍刻本底本为《武英殿聚珍版丛书》本《攻媿集》，或底本出自殿本。鲍廷博刻书时，一般会在书首注明"武英殿聚珍版原本"，此次可能是因为析出单行之本，为免误解而略去未注。

13.《阳春集》

《知不足斋丛书》第二十三集，一卷，作者题署为"米友仁元晖"。每半叶九行，行二十一字，小字双行同，左右双边，细黑口，版心下方镌"知不足斋丛书"。书末有元晖跋和鲍廷博书。鲍氏云："元晖以墨戏继武南宫词翰，惜不传于世。此卷为其自书小词，南宋时藏金陀岳氏，录存《宝真斋法书赞》中。予近年始获见之，亟为刊订，以补乐府之遗，尚惜竹垞先生不及收入《词综》耳。"[①] 此书应是鲍廷博从《宝真斋法书赞》中析出单行的。

《四库全书总目》卷一百十二著录《宝真斋法书赞》二十八卷，

---

① （清）鲍廷博辑刻：《知不足斋丛书》第8册，中华书局1999年版，第509页。

为《永乐大典》本，云："原本为《永乐大典》割裂分系，其卷目已不可考。今就其仅存者排比推求，大抵以类分编。"①《宝真斋法书赞》原书散佚，《四库》馆臣从《永乐大典》中辑录二十八卷，现存各本均出馆臣辑本。

南京图书馆藏《武英殿聚珍版丛书》本《宝真斋法书赞》二十八卷。每半叶九行，行二十一字，四周双边，单鱼尾，版心下方有"缪晋校"，钤"吴郡张邵仁学安藏书"、"张世读异斋藏"和"南京图书馆藏"印。此书卷二十四有《米元晖阳春词帖》，收录了米友仁所作的十八首词。

通校鲍刻本与殿本全文，兹列异文如下：

（1）鲍刻本"溪光万里琉璃翠"，"里"，殿本作"顷"。

（2）鲍刻本"螺梦初回栩栩"，"螺"，殿本作"蝶"。

（3）鲍刻本"泛舟来平江大姚村"，殿本"舟"上有"小"。

鲍刻本与武英殿本只有三处异文，因《宝真斋法书赞》久佚，馆臣从《永乐大典》辑出后，才得睹其面貌，故鲍廷博应是据馆臣辑本的传抄本校改后刻入了《丛书》。

14.《书学捷要》

《知不足斋丛书》第二十四集，二卷，作者题署为"秀水朱履贞纂述"。书首有嘉庆五年（1800）朱履真弁言，书末有嘉庆十三年（1808）赵魏书。

赵魏书云："秀水朱闲云以布衣而工书法，尝纂《书学捷要》一编，出以示余。余惟古今论书者多矣，编籍之繁，奚啻充栋，散漫浩瀚，几使学者有望洋之叹，后世著述虽多，又皆沿袭陈言，漫无甄别，细研是编，删繁就简，殚思古法，发挥意指，厘正讹误，而于孙过庭《书谱》尤精研确核，辨晰微茫，发前贤之秘奥，其有裨书学，岂浅鲜哉！吾友渌饮刊入《丛书》，用为后学津梁，亦不负闲云苦心已。"②可知鲍廷博应是据朱履真示赵晋斋的稿本刻入《丛书》的，故鲍刻本底本为朱履真稿本。

---

① （清）纪昀：《钦定四库全书总目》卷一百十二，中华书局1997年版，第1492页。
② （清）鲍廷博辑刻：《知不足斋丛书》第8册，中华书局1999年版，第811页。

15. 《字通》

《知不足斋丛书》第二十七集，一卷，宋李从周撰。书首为嘉定十三年（1220）魏了翁书，书末有宝祐二年（1254）虞兟识、乾隆五十三年（1788）黄戉跋①。

"《字通》一卷，仅载于《书录解题》，乾隆辛丑戉充四库馆写书之官②，乃获见毛氏影宋本，因录其副，藏之箧中，八年于兹矣。顷随南厓夫子试士衢州，属王君泽校而录之。"③ 又丁丙云："乾隆戊申当涂黄钺充四库馆写书官，得见毛氏影宋本，录其副后以赠鲍廷博，尝刻入《知不足斋丛书》中。"④ 可知鲍刻本底本为汲古阁影宋本之传抄本，并经王泽校勘。

16. 《云林石谱》

《知不足斋丛书》第二十八集，三卷，附查伊璜《绉云石图记》，作者题署为"山阴杜绾季阳著"。每半叶九行，行二十一字，左右双边，无鱼尾，细黑口，版心下方或镌"知不足斋丛书"，或空白。书首有宋绍兴三年（1133）孔传序、目录，书末有嘉庆十九年（1814）鲍廷博跋。

鲍廷博跋云："余向至海昌，得交马容海，卿佐观所藏查伊璜孝廉之绉云石及同时诸人题咏，既又出示宋杜绾《云林石谱》三卷。案，绾，字季阳，号云林居士，山阴人，宰相衍之孙，唐工部甫之裔也。其书汇载石品一百十六，各详形、色、出产而次第之，洵谱录中不可少之书也。拟欲重刊以广流传，因字句间尚多错讹，因循未果。今春敬观钦赐《古今图书集成》，始知是书已邀采录，谨即校对一过，凡改正数十处，并补录绍兴时《孔传序》一篇。适余方刻《丛书》第二十八集，遂为付梓，并附《绉云石图记》于后，以识容海好古之雅意云。"⑤ 鲍氏以马容海藏《云林石谱》三卷为底本，用《古今图书集成》校勘，补录《孔传序》，附录查伊

---

① 按："戉"，当作"钺"。
② 按："戉"，当作"钺"。
③ （清）鲍廷博辑刻：《知不足斋丛书》第9册，中华书局1999年版，第749—750页。
④ （清）丁丙：《善本书室藏书志》卷五，清光绪刻本。
⑤ （清）鲍廷博辑刻：《知不足斋丛书》第10册，中华书局1999年版，第29页。

璜《绉云石图记》后刻入《丛书》。

17.《红蕙山房集》

《知不足斋丛书》第二十八集，一卷，作者题署为"吴县袁廷梼又恺"。每半叶九行，行二十一字，左右双边，细黑口，版心下方或镌"知不足斋丛书"，或空白。书末附录王昶《渔隐小圃记》、钱大昕《五砚楼记》、孙星衍《贞节堂记》、洪亮吉《竹柏楼记》、吴锡麟《红蕙山房记》、谢振定《赠袁子寿阶移居西塘序》，顾承、孙星衍、张问陶、吴翌凤、陈希濂、江沅、赵光照《题寿阶袁君遗像并手书尺牍册后》，丁子复《袁君寿阶像赞》、顾广圻《题袁君寿阶味书图小像》。

袁廷梼（1762—1809），字寿阶，一作授阶，号又恺，长洲（今江苏苏州）人。与周锡瓒、黄丕烈、顾之逵并称为"藏书四友"，著述有《金石书画所见记》和《红蕙山房集》。《知不足斋丛书》第十四集所刻宋袁采《袁氏世范》三卷，第十五集所刻明袁衮《世纬》二卷，均为袁廷梼族人著述。《丛书》第二十五集之《履斋示儿编》是袁廷梼之婿贝墉出资刊刻的，鲍廷博亦赠《斜川集》等予贝墉，袁廷梼及贝墉与鲍廷博来往较多，故鲍氏应是据袁氏稿本刻入《丛书》的。

18.《梧溪集》

《知不足斋丛书》第二十九集，《梧溪集》七卷，补遗一卷，作者题署为"江阴王逢元吉"。每半叶九行，行二十一字，左右双边，细黑口，版心下方镌"知不足斋丛书"。书首有提要、至正六年（1346）汪泽民书、至正十九年（1359）周伯琦序、至正十九年（1359）杨维祯序、道光三年（1823）顾广圻重刊序，书末有补遗、道光三年（1823）叶廷甲识，景泰七年（1456）程敏政书。

据鲍刻本顾千里重刊序，可知鲍志祖为完成鲍廷博遗志，于嘉庆二十一年（1816）携蒋继轼雍正四年（1726）抄本嘱顾广圻校勘，顾氏用其从兄小读书堆的景泰刻本校勘，发现蒋氏抄本亦出景泰本，断烂脱缪较多，故订讹补脱，但第七卷所缺之第四页[①]，尽管参验钱

---

① 按：（清）鲍廷博辑刻：《知不足斋丛书》第10册，中华书局1999年版，第467页有缺页。

遵王抄本，亦未能补全，但经其悉心校对，已不失为善本。

中国台湾"中央图书馆"藏旧抄本《梧溪集》七卷，蒋西圃、叶廷甲、鲍廷博、顾广圻递校。每半叶十行，行二十二字。正文卷端题"江阴王逢原吉"。卷首有顾千里书、汪泽民书、周伯琦书、杨维祯书。卷尾有陈敏政书。钤"群碧楼"、"精钞校本"、"镇亭山房"、"慈溪钱经藩逸琴氏收藏精本书籍印记"、"每有西风何尝不叹"、"桐江梧溪人家"、"缦云过眼"、"润州蒋氏藏书"、"江东包氏天禄阁藏书印"、"江南布衣"、"陆瑢曾读"、"鲍正言印字慎父长寿"、"臣藩之印"、"孙尔准读书记"、"老屋三间赐书万卷"、"歙西长塘鲍氏知不足斋藏书印"、"千里"、"世守陈编之家"、"君耆"、"西圃蒋氏手校钞本"、"顾印千里"、"痴绝"、"陈黄门侍郎三十五代孙"、"鲍正言之印"、"慎父印信"、"吴越王二十九世孙"，另有蒋西圃、顾广圻及近人邓邦述各手书题记。① 又《寒瘦山房鬻存善本书目》载邓邦述跋云："《梧溪集》刻入《知不足斋》，此其祖本也。千里校勘真迹，班班可见。渌饮用绿笔，间亦有朱校处甚多。其别一朱笔在鲍、顾前，则蒋西圃手校。自雍正迄道光，凡经三校，又皆校雠名家，岂因有刊本，遂得鱼而忘筌耶？"② 又曰："此书一校于蒋西圃，再校于鲍渌饮，三校于顾千里，而黏签、考订及补遗者，叶廷甲也。"③ 中国台湾"中央图书馆"藏本与邓邦述所述实为一本。此本经蒋西圃、鲍廷博、顾广圻递校，并附叶廷甲补遗，与鲍刻本顾广圻跋相合，为鲍刻本底本。

19.《困学斋杂录》

《知不足斋丛书》第二十九集，一卷，元鲜于枢撰。书末有无垢道人纯题识，以及题识"嘉靖戊申五月既望，汝南袁表命工徐堂录于陶斋"④，康熙二十一年（1682）曹溶记及鲍廷博三跋。

---

① 周生杰：《鲍廷博藏书与刻书研究》，黄山书社2011年版，第166—167页。
② 邓邦述著，金晓东整理，吴格审定：《寒瘦山房鬻存善本书目》卷六，上海古籍出版社2014年版，第502页。
③ 邓邦述著，金晓东整理，吴格审定：《寒瘦山房鬻存善本书目》卷六，上海古籍出版社2014年版，第502页。
④ （清）鲍廷博辑刻：《知不足斋丛书》第10册，中华书局1999年版，第495页。

鲍廷博跋云："乾隆癸巳从书局借瓶花斋钞本影写，其中脱误甚多，俟觅善本订正之，七月朔分钞书局识。"① 又跋云："丁酉十月朔，吴门陆贯夫先生以所藏明人旧钞本辍赠，萧闲无事，取旧时录本校雠一过，改定凡数十字。初十日知不足斋书。"② 再跋云："嘉庆甲子五月，霪雨兼旬，嘉、湖两郡几成泽国，寓晋斋书种堂，欲归不得，愁坐无聊，相与反复研究，校出讹误十余字，以消闷怀，遣积虑耳，廿五日大雨中识。"③ 根据三跋，鲍廷博于乾隆三十八年（1773）从书局影写瓶花斋本，即《四库全书总目》著录之"浙江吴玉墀家藏本"，乾隆四十二年（1777）以陆绍曾所赠明抄本校，嘉庆九年（1804）与赵魏再校，最终刻入《知不足斋丛书》。

20.《尊德性斋小集》

《知不足斋丛书》第三十集，三卷，附补遗一卷，宋程洵撰。书首有嘉靖十年（1531）刘节序，周必大序、方直孺序、王炎序、嘉靖三十九年（1560）程资叙，书末有补遗，嘉庆二十二年（1817）恽敬《晓湖尊德性斋记》，恽敬题识，嘉庆二十三年（1818）程均跋。

程均跋云："宋录参府君为朱子内弟，坐伪学废职，有《尊德性斋集》十卷，周益公必大为之序。前明弘治中，族祖东轩公得其遗稿，命从子历峰参政公校刊于淮，约为三卷，梓本又复不传。嘉庆戊辰冬刻《韩溪程氏世德录》，遍求族中藏本，始得文模公手抄此集，遂重刻之。均按，刘序为札子十有七，今存十，已逸其七。'为记三'句，'三'应为'二'，见周益公序。集中有董崇本《字说》，而刘序脱'说一'二字，其余一一与刘序合。又按，《世德录》中载录参府君为许氏《琴堂棋轩记》《宋圣道府君圹记》，俱本集所遗，今补集后录。参府君没，朱子有所为祭文若诗皆宜附载本传、《道命录》，府县志、硕儒传。及今阳湖恽子居为先君子重创《尊德性斋记》，亦例得附载。戊寅夏，均客吴门，晤鲍君志祖，出集求校，许

---

① （清）鲍廷博辑刻：《知不足斋丛书》第10册，中华书局1999年版，第495页。
② （清）鲍廷博辑刻：《知不足斋丛书》第10册，中华书局1999年版，第495页。
③ （清）鲍廷博辑刻：《知不足斋丛书》第10册，中华书局1999年版，第495页。

附《丛书》行世，乃谨记得集之原委于后云。"① 明刻本失传，嘉庆十三年（1808）才得文模公手抄本，并作补遗一卷，于嘉庆二十三年（1818）请鲍志祖校勘，刻入《知不足斋丛书》，故鲍刻本底本为文模公手抄本。

21.《全唐诗逸》

《知不足斋丛书》第三十集，三卷，作者题署为"日本上毛河世宁纂辑"。书首为天明八年（1788）竺常序、目录，书末有道光三年（1823）翁广平跋。

翁广平跋云："《全唐诗逸》三册，日本国河世宁所辑，余得之海商舶中，以赠鲍渌饮先生，先生有《知不足斋丛书》之刻，欲以此册附入焉，未付梓而归道山，今其长君清溪能成父志，属余校雠……且幸清溪之能成父志，使吾党得见所未见之书，诚大快事也。"② 翁广平赠《全唐诗逸》予鲍廷博，未及刊刻而鲍氏去世，后鲍士恭秉承父志，由翁氏校勘后刻入《丛书》。

国家图书馆藏清抄本《全唐诗逸》三卷，作者题署为"日本上毛河世宁辑"。每半叶十行，行二十一字，无行格。钤"延古堂李氏珍藏"、"老屋三间赐书万卷"、"歙西长塘鲍氏知不足斋藏书"和"国立北平图书收藏"印。书首为竺常序、目录。

通校抄本与鲍刻本卷上，兹列异文如下：
（1）鲍刻本"卷上"，抄本作"上册"。
（2）鲍刻本注文"后效此"，"效"，抄本作"放"。
（3）鲍刻本"烟中一派辨孤舟"，"派"，抄本作"瓣"。
（4）鲍刻本"日月在天常照耀"，"常"，抄本作"长"。
（5）鲍刻本"误剪同心一片依"，"依"，抄本作"花"。
（6）鲍刻本注文"曲亭"，抄本"曲"下有"江"。

此知不足斋藏清抄本与鲍刻本异文较少。翁广平应是在此本上校跋后，由鲍士恭刻入《知不足斋丛书》的，此本应为鲍刻本底本。

---

① （清）鲍廷博辑刻：《知不足斋丛书》第 10 册，中华书局 1999 年版，第 554 页。
② （清）鲍廷博辑刻：《知不足斋丛书》第 10 册，中华书局 1999 年版，第 628 页。

22.《中吴纪闻》

《知不足斋丛书》第三十集，六卷，作者题署为"宋昆山龚明之希仲纪、明虞山毛晋子九订"。每半叶九行，行二十一字，左右双边，细黑口，版心下方镌"知不足斋丛书"。书首为淳熙九年（1182）自序、目录，书末有至正二十五年（1365）卢熊记、毛晋识、龚明之传。

国图藏明毛氏汲古阁刻本《中吴纪闻》六卷，作者题署为"宋昆山龚明之希仲纪、明虞山毛晋子九订"。清劳权跋并临何焯、卢文弨校跋，劳健跋并录毛扆题识。每半叶九行，行十八字，黑口，左右双边。书名页题"《中吴纪闻》，毛氏正本，汲古阁藏板"。兹录书中题跋如下：

世传《中吴纪闻》，大约嘉靖以前刻本，其式虽古雅，而字句纰缪甚多，后有若墅堂本亦然。丁巳秋，先兄华伯殁，检其遗籍，得家刻样本，方知先君子曾付剞劂，但未流通耳，遍搜其版，惜十缺其三矣。今年自春徂夏，鸠工重整，缺者补之，讹者正之，始复为完书。中元前四日，访昆山叶九来，以一册赠之，九来为文庄公后人，文庄藏书甲天下，天下所传《菉竹堂书目》者也。因访其藏本，答云此书尚属文庄故物，目前未遑遽检。时余将诣金陵，丁宁再三而别。秦淮返棹，复造九来，申前请，则已检得矣，并指示是正者一百三十余处，且多补录一则，不觉狂喜叫绝，遂与借归，穷一日夜之功，乃校毕焉。菉竹藏本系棉纸旧钞，行数、字数俱无定准，每卷首尾间一行连写，开卷有文庄名、字、官衔三印，卷末一行云"洪武八年从卢公武假本录传"，盖是书赖武公搜访之力，表章至今，此从其借录者，焉得不喜。余独念先君藏书自经分析，廿年之内散为云烟，叶文庄子孙不啻数世，尚能守而弗失，健羡之余，感慨系之矣。后之读吾书者，亦将有感于斯焉。己未重阳前四日，毛扆识。

七月间，余游金陵，访书于黄俞邰，携一册赠之。次日，俞邰造余曰："昨惠《纪闻》，序文有一讹字应改。"余问："何字？"俞邰曰："'文人行'应是'丈人行'。"余曰："恐'行'

下有脱耳。"俞邰不以为然。及归，借荛竹堂钞本，"行"下果有一"士"字。因思昔年钞李焘《长编》中载翰林之选甚难，其人有"诏昼出人尽哂之"七字，冯窦伯语余："'昼'字应改'诰'字。"余反复详玩，乃"诏书一出人尽哂之"，传写之误，合"书"、"一"两字为"昼"耳。因知校书以缺疑为第一要义，不可妄加涂乙，吾子孙其善佩之哉。汲古后人扆。

《中吴纪闻》，毛斧季校录，世所见多从何义门传写本出，今年九月见稽瑞楼藏本，有毛氏两跋，为他本所不载，跋中于当时得书之难，校字之乐，言之綦详，可备书林掌故。适叔弢案头有此书，为家夔卿先生所校，雪夜无事，为补录卷首，荛竹本倘在人间，他日或当为叔弢再校之。丙寅十月，桐乡劳健记。

毛斧季从昆山叶九来借得旧录本，乃其先文庄公荛竹堂所藏故物，开卷有文庄名、字、官衔三印，卷末一行云"洪武八年从卢公武假本录传"，此书始自公武访求校定，复出于世，此同邑录传之本，宜其可从是正也，友人王受桓借得斧季勘本，予复传焉，因记其所自。康熙庚辰十二月十九日，雪霁窗明，呵冻书，焯。

壬寅冬见《中吴》顾氏思适斋传校义门学士校本，今小史移誊一副，今复见卢抱经学士摘录手校本，即据何本重勘，不尽依据叶钞，乃录之卷眉，回首初校时已五年矣，抚卷慨然。道光丙午十二月四日，蟫盦记。

书末有至正二十五年（1365）卢熊记、毛晋识、龚明之传。钤"曾在周叔弢处"和"北京图书馆藏"等印。明刻本眉批所云之抄本文字，与鲍刻本异文较多。

明刻本卷五末手书补"翟超"条有眉批云："叶氏抄本多此一条，在第六卷中。"明刻本卷六"徐望圣"条有眉批云："抄本'徐望圣'之前，多'翟超'一条。"鲍刻本卷六最后一条为"翟超"条，鲍刻本目录中，"翟超"条恰在"徐望圣"条前。明刻本卷四"著作王先生"条有眉批云："旧本无此一则，应是后人所增，毛校云。"鲍刻本卷四亦有此条。校勘鲍刻本与明刻本序、目录及卷五前十三条内容，兹列异文如下：

（1）鲍刻本"《中吴纪闻》序"，"序"，刻本原无，校补。

（2）鲍刻本"吾家自先殿院占籍中吴"，"殿"，刻本原空一格，补"殿"。

（3）鲍刻本"同舍亦多文人行士揭德振华"，刻本原无"士"，校补。眉批云："当作'文人行'，'士'字误增。"

（4）鲍刻本"汝所与谈笑者无复有"，"谈笑"，刻本原作"笑谈"，被勾乙。

（5）鲍刻本"皆新、旧《图经》及《吴地志》所不载者"，"吴"，刻本原作"夫"，描改为"吴"。

（6）鲍刻本"至于鬼神梦卜"，"至于"，刻本原无，旁补。"卜"，刻本原作"中"，描改为"卜"。

（7）鲍刻本"淳熙九年中和日"，"九"，刻本原作"元"，描改为"九"。

（8）鲍刻本"第一卷"，刻本原作"卷一"，校改为"第一卷"。后同此。

（9）鲍刻本"太一宫"，"一"，刻本原作"乙"，校改为"一"。

（10）鲍刻本"崑山编"，"崑"，刻本原作"崐"，校改为"崑"。眉批："'崑'字后同此。"

（11）鲍刻本"破山寺诗"，"诗"，刻本原无"诗"，校补。

（12）鲍刻本"白马硼"，"硼"，刻本原作"涧"，描改为"硼"。

（13）鲍刻本"范文正词"，"词"，刻本原作"祠"，描改为"词"。

（14）鲍刻本"易承天寺名"，刻本"天"下原有"为能仁"，被圈去；刻本"寺"下原无"名"，校补。

（15）鲍刻本"苏之繁雄冠浙右"，刻本"冠"下原有"于"，被圈去。

（16）鲍刻本"徐稚山"，"稚"，刻本原作"雅"，描改为"稚"。

（17）鲍刻本"夫学深得治气养心"，"学"，刻本原无，旁补；"气"，刻本原作"深"，描改为"气"。

（18）鲍刻本"终日闭户"，"终"，刻本原作"经"，校改为"终"。

（19）鲍刻本"乐其风土之美"，"土"，刻本作"俗"，眉批云："'俗'，当作'土'。"

（20）鲍刻本"读之令人竦然生敬"，"竦"，刻本原作"悚"，校改为"竦"。

（21）鲍刻本"范忠宣之于石曼卿"，刻本"宣"下原有"公"，被圈去。

（22）鲍刻本"皆同此一念也"，"皆"，刻本原无，旁补。

（23）鲍刻本"日俟车马之来"，"俟"，刻本原作"候"，校改为"俟"。

（24）鲍刻本"许以二百千足助公"，"足"，刻本原作"之"，描改为"足"。

（25）鲍刻本"字绍祖"，"祖"，刻本原作"宗"，描改为"祖"。

（26）鲍刻本"发去此物时"，"发"，刻本原作"齎"，描改为"发"；"去"，刻本原有，被圈去，"物"下补"去"。

（27）鲍刻本"即买虾贮之袖中"，"即"，刻本原作"则"，描改为"即"。

（28）鲍刻本"且行"，"且"，刻本原无，旁补。

（29）鲍刻本"了翁初主吴江簿"，"主"，刻本原作"至"，似被描改。

（30）鲍刻本"在馆八年"，"在馆"，刻本原无，旁补。

（31）鲍刻本"其他所与酬唱者"，"酬唱"，刻本原作"唱酬"，被勾乙为"酬唱"。

（32）鲍刻本"王丰父"，"父"，刻本原作"甫"，描改为"父"。

（33）鲍刻本"日月已为吾户牖"，"已"，刻本原作"以"，描改为"以"。

（34）鲍刻本"午歇惠安寺"，"歇"，刻本原作"谒"，描改为"歇"；"惠"，刻本原作"愚"，描改为"惠"。

（35）鲍刻本"此公刚鲠无情煞"，"煞"，刻本原空一格，补"煞"字。

（36）鲍刻本"题句懒极床"，"题"，刻本原作"成"，描改为"题"。

（37）鲍刻本"不到虎丘"，"不"，刻本原无，旁补。

（38）鲍刻本"常熟海虞山"，"虞"，刻本原作"隅"，描改为"虞"。

（39）鲍刻本"极壮丽"，"壮丽"，刻本原作"庄严"，描改为"壮丽"，眉批云："似当作'庄严'。"

（40）鲍刻本"洞庭柑熟客分金"，"柑"，刻本原作"柑"，描改为"橘"，眉批云："'柑'是。"

（41）鲍刻本"非江水也"，"也"，刻本原无，旁补。

（42）鲍刻本"地形虽分而地脉未尝断也"，"地脉"，刻本原无，旁补。

（43）鲍刻本"所居号范家园"，刻本"园"下有"亭"，被圈去。

（44）鲍刻本"张益"，"益"，刻本原作"孟"，眉批云："'孟'，一作'益'，未详。"

由上可知，鲍刻本文字与明刻本及其被校改后的文字基本相合。

中国台湾"中央图书馆"藏本过录鲍廷博题识云："乾隆己酉十二月廿七日，购于吴郡紫阳书肆。知不足斋记。"① 又傅增湘《补题校本〈中吴纪闻〉后》云："原本为汲古阁本，而毛斧季取叶文庄家钞本手自校正者。""此外更有乾隆己酉十二月知不足斋朱笔记一行。"② 可知乾隆五十四年（1789），鲍廷博购得毛扆用叶盛家抄本手校之明汲古阁刻本。

综上，鲍刻本底本应为毛扆用菉竹堂抄本手校之明汲古阁本，此本曾经何焯、卢文弨校过。

---

① "中央图书馆"编印：《标点善本题跋集录》，1992年版，第171页。
② 傅增湘：《藏园群书题记》卷四，上海古籍出版社1989年版，第220页。

23.《广释名》

《知不足斋丛书》第三十集,二卷,作者题署为"昭文张金吾学"。每半叶九行,行二十一字,左右双边,细黑口,版心下方镌"知不足斋丛书"。书首为嘉庆二十三年(1818)赵怀玉序、张大镛序、嘉庆十八年(1813)黄廷鉴书、嘉庆十九年(1814)张金吾自序、例言、援引书目、目录。

华东师大图书馆藏清嘉庆二十一年(1816)爱日精庐刻本二卷,作者题署为"昭文张金吾学"。每半叶九行,行二十字,左右双边,单鱼尾。书首有嘉庆二十一年(1816)吴慈鹤序、嘉庆十八年(1813)黄廷鉴书、嘉庆十九年(1814)张金吾自序、例言、目录、援引书目。

除援引书目内容及排列顺序有不同外,正文内容亦多有不同,以卷一"释天"类第一条为例:

> 天颠也至高无上许君《说文解字》,天者统理万物郑君《周礼》目录,天之言瑱孔氏《毛诗正义》引《春秋元命包》,一曰天之为言镇也,居高理下,为人镇也班氏《白虎通义》,故其字一大以镇之也《尔雅》《释文》引《春秋说·题辞》,天神曰神高氏《吕览注》,神者伸也王氏《论衡》,又申也应氏《风俗通义》,一曰引出万物者也《说文解字》。(爱日精庐刻本)

> 天颠也至高无上许君《说文解字》一部,天之言瑱《毛诗·君子偕老》、孔氏《正义》引《春秋元命包》,一曰天之为言镇也,居高理下,为人镇也班氏《白虎通义》,故其字一大以镇之也《尔雅·释天》,陆氏《释文》引《春秋说·题辞》,天神曰神《吕览·顺民》高氏注,神者伸也王氏《论衡·论死》,又申也应氏《风俗通义·怪神》,信也《风俗通义·皇霸》,一曰引出万物者也《说文解字》示部。①(《知不足斋丛书》本)

相较之下,鲍刻本注释更详尽,具体到篇名、卷数、部首等,而爱日精庐刻本则较为简略。

嘉庆十八年(1813),二十七岁的张金吾完成其著述《广释名》

---

① (清)鲍廷博辑刻:《知不足斋丛书》第10册,中华书局1999年版,第710页。

二卷,"武进赵味辛怀玉、受业师黄琴六两先生,从兄鹿樵大镛序之,丙子刊行。越三岁己卯,长塘鲍君志祖士恭见之,辱许梓入《丛书》,备汉学之一种。是书剿袭陈言,何敢妄希不朽,今得附名贤著述传世行远,实金吾之厚幸也。乃复加校勘,订补所未备,梓入《知不足斋丛书》三十集"①。可知此书初刊于嘉庆二十一年(1816),嘉庆二十四年(1819)鲍士恭意将此书刻入《知不足斋丛书》,故张氏又对初刊本予以校勘订补,故鲍刻本比爱日精庐刻本更为精审。因此,《知不足斋丛书》本底本为张金吾修订之爱日精庐刻本,版本价值更高。

24.《两孝子寻亲记》

《知不足斋丛书》第三十集,一卷,作者题署为"吴江翁广平海琛纂"。每半叶九行,行二十一字,左右双边,细黑口,版心下方镌"知不足斋丛书"。翁广平,字海琛,号海邨,道光元年(1821)举制科,清代藏书家、学者。著述有《听莺居文抄》《吾妻镜补》和《平望志》。

翁广平曾作《鲍廷博传》,叙鲍氏生平。《全唐诗逸》乃翁广平赠予鲍廷博之书,鲍廷博去世后,由其子鲍士恭刻入《知不足斋丛书》第三十集,成为中日文化交流史上的一段佳话。

《两孝子寻亲记》,又名《余姚两孝子万里寻亲记》,翁氏云"《万里寻亲记》者,为我族叔祖楣山蓼野兄弟寻父作也"②,是书为翁广平为其族人所作,全文不足三千字,却感人至深,此书应是据翁氏稿本刊刻。

25.《画梅题记》

《知不足斋丛书》第三十集,一卷,作者题署为"桐乡朱方霭吉人著"。每半叶九行,行十八字,左右双边,无鱼尾,细黑口,版心下方镌"桐华馆订正本"。书末有乾隆五十三年(1788)金德舆识。

金德舆识云:"予舅氏朱春桥先生夙学工文,旁涉绘事。壬午春,翠华南幸,以所图花卉进御,被文绮之赐,远近荣之。晚岁谢病家居,每濡墨为梅兄写照,识者谓得补之遗意,图成必有题句,因汇所

---

① (清)张金吾:《言旧录》,北京图书馆编:《北京图书馆藏珍本年谱丛刊》第139册,北京图书馆出版社1999年版,第278页。
② (清)鲍廷博辑刻:《知不足斋丛书》第10册,中华书局1999年版,第743页。

作曰《画梅题记》，以见先生艺事之一斑云。"① 朱文藻曰："春桥先生子鸿恺官丽水训导，从其家藏遗稿录得《春桥草堂诗》一卷、《画梅题记》一卷，为其甥金德舆所汇刻。"② 朱方霭外甥金德舆从朱氏家藏遗稿中抄录《画梅题记》并刊刻，鲍廷博据金德舆之"桐华馆订正本"刻入《丛书》。

第二节 《知不足斋丛书》刊刻底本及校本考（下）

1. 《御题唐阙史》

《知不足斋丛书》首帙，二卷，作者题署为"唐参寥子述"。每半叶九行，行二十一字，左右双边，细黑口，版心下方镌"知不足斋丛书"。书首为乾隆御笔《题唐阙史》，次为序。目录均在各卷之首，卷上目录有"知不足斋藏书"印，书末有祝允明记、赵昱识及鲍廷博两跋。《知不足斋丛书总目》稿本云底本为明抄本，有祝枝山跋，以小山堂抄本参校。

清雍正四年（1726）仁和赵氏小山堂抄本《唐阙史》二卷，清赵昱手校并题记，现藏中国台湾"中央图书馆"。赵昱跋云："《唐阙史》上下卷，得西亭汪氏抄本，匆遽录就，复得秀野草堂刊本校勘，订正讹字数百，然细阅刊本，尚多舛错，亦未称为完善也。雍正丙午除夕前一日，谷林识。"③ 与《知不足斋丛书》中赵昱题识基本一致，此本以汪西亭本为底本，曾用秀野草堂刊本校过，是鲍廷博校勘中使用的校本。

2. 《两汉刊误补遗》

《知不足斋丛书》第一集，十卷，作者题署为"河南吴仁杰撰"。每半叶九行，行二十一字，左右双边，细黑口，版心下方镌"知不足斋丛书"。书首为淳熙十六年（1189）曾绛序、目录，卷十后有附

---

① （清）鲍廷博辑刻：《知不足斋丛书》第10册，中华书局1999年版，第755页。
② （清）阮元：《两浙𬨎轩录》卷三十二，清嘉庆刻本。
③ "中央图书馆"编印：《标点善本题跋集录》，1992年版，第403—404页。

录，书末有林瀛跋、朱彝尊跋，乾隆三十九年（1774）卢文弨跋和乾隆四十一年（1776）鲍廷博跋。《知不足斋丛书总目》稿本云底本为明叶石君抄本，以抱经堂本校，录朱竹垞、卢召弓跋。

中国台湾"中央图书馆"藏《两汉刊误补遗》十卷，宋吴仁杰撰，清鲍廷博手跋兼过录朱彝尊、卢文弨题记。其中鲍廷博跋云："乙未正月十九日灯下录。""明年乙未收灯日录于知不足斋。""乾隆四十年岁次乙未正月十六日，从卢侍讲文弨校本勘过。是日雪，沈君效曾招饮，归已二鼓，蔇烛毕此卷。"①

《两汉刊误补遗》十卷，宋吴仁杰撰，清抄本。鲍以文据卢抱经、杭大宗本四校，卷首录卢抱经跋。款题"明年乙未收灯日录于知不足斋"一条。卷五尾题："十九日申刻校于知不足斋。乙未重阳前二日校。十月十六日早校。丙申六月二十二日，从寿松堂孙氏借道古堂本再校灯下，毕上册五卷。"董浦太史序钤"叶树廉印"和"石君"印。② 此本与中国台湾"中央图书馆"藏本应为同一本，只是两者所录题识只有一条重合，盖各有遗漏。由此本之"丙申六月二十二日，从寿松堂孙氏借道古堂本再校灯下"，可知乾隆四十年（1775）鲍廷博用卢文弨本校叶石君本，乾隆四十一年（1776）又用杭氏道古堂本再校，这与鲍刻本鲍廷博跋撰于乾隆四十一年（1776）的时间吻合。只是鲍氏在《知不足斋丛书总目》稿本与所撰跋语中均未提及用道古堂本校勘，故王子霖的记载有其价值。因此，中国台湾"中央图书馆"藏本为此书底本。

3.《猗觉寮杂记》

《知不足斋丛书》第三集，二卷，作者题署为"桐乡朱翌新仲"。每半叶九行，行二十一字，左右双边，细黑口，版心下方镌"知不足斋丛书"。书首有庆元三年（1197）洪迈序，书末题识云："康熙丙申六月，借小山从汲古得本付钞，其本已为义门校过，兹再为对校一

---

① "中央图书馆"编印：《标点善本题跋集录》，1992年版，第78—79页。

② 王雨著，王书燕编：《古籍版本经眼录》，上海古籍出版社2006年版，第22—23页。

第四章 《知不足斋丛书》刊刻底本及校本考 // 173

过，廿二日午刻毕。"① 又云："乾隆丙申九月，鲍氏知不足斋校刊。"② 附录《与洪丞相求序书》。有鲍廷博跋。《知不足斋丛书总目》稿本云底本为何义门校本。乾隆四十一年（1776）鲍廷博跋云："此本卷末题云'康熙丙申六月借小山从汲古得本付钞'，不知何人笔。予购自文瑞楼金氏，乾隆乙未以付梓人，逾年蒇事，甲子偶符，殆亦所谓前定者耶？"③

王子霖经眼清鲍以文校抄本《猗觉寮杂记》二卷，云："首有鲍氏改正卷数纸条与鲍刻本改换卷条，以仍存其原书。末一条云：'康熙丙申六月借小山从汲古阁本传抄。其已为义门校过，须再为对校一过。二十三日刻毕。'有'歙鲍氏知不足斋藏书'、'知不足斋鲍以文藏书'和'唐百川收藏印'等章。"④ 从藏书印和题识来看，此为鲍刻本底本。又中国台湾"中央图书馆"藏鲍廷博墨、朱、黄三笔手校旧抄本⑤，藏书印与王氏寓目之本有重合，应为同一本，但为六卷，卷数似著录有误。

4.《孙子算经》

《知不足斋丛书》第四集，三卷，作者题署为"唐朝议大夫行太史令上轻车都尉臣李淳风等奉敕注释"。每半叶九行，行十八字，左右双边，细黑口，版心下方镌"知不足斋丛书"。书首为序、校刊衔名，后有题识云："大清乾隆四十二年二月仿汲古阁影宋钞本重雕。"⑥《知不足斋丛书总目》稿本云底本为汲古阁影宋本。书名旁注"仿宋雕本"。

汲古阁影宋抄本《孙子算经》三卷⑦，作者题署为"唐朝议大夫行太史令上轻车都尉臣李淳风等奉敕注释"。每半叶九行，行十八字，左右双边，单鱼尾，钤"五福五代堂古稀天子宝"、"八征耄念之

---

① （清）鲍廷博辑刻：《知不足斋丛书》第 1 册，中华书局 1999 年版，第 685 页。
② （清）鲍廷博辑刻：《知不足斋丛书》第 1 册，中华书局 1999 年版，第 685 页。
③ （清）鲍廷博辑刻：《知不足斋丛书》第 1 册，中华书局 1999 年版，第 686 页。
④ 王雨著，王书燕编：《古籍版本经眼录》，上海古籍出版社 2006 年版，第 69 页。
⑤ 周生杰：《鲍廷博藏书与刻书研究》，黄山书社 2011 年版，第 168 页。
⑥ （清）鲍廷博辑刻：《知不足斋丛书》第 2 册，中华书局 1999 年版，第 4 页。
⑦ 1941 年故宫博物院据《天禄琳琅丛书》之汲古阁宋抄本影印。

宝"、"太上皇帝之宝"、"天禄继鉴"、"乾隆御览之宝"、"宋本"、"毛晋之印"和"毛氏子晋"等印。书首为序，书末为校刊衔名。

汲古阁影宋本末的校刊衔名，在鲍刻本书首序后。通校两本卷上，兹列异文如下：

（1）鲍刻本"以粟求粝米三之五而一"，"以"，汲本作"米"。
（2）鲍刻本"人得六百四十八"，汲本无"人"字。
（3）鲍刻本"人得五百六十七"，汲本无"人"字。
（4）鲍刻本"人得二百四十三"，"人"，汲本作"一"。
（5）鲍刻本"人得一百六十二"，"人"，汲本作"一"。
（6）鲍刻本"人得一百二十八"，汲本无"人"字。

以上有异文处，鲍刻本均与据《永乐大典》本抄录的文渊阁《四库全书》本同。

中国台湾"中央图书馆"藏《孙子算经》三卷，唐李淳风等注。清乾隆间歙县鲍氏知不足斋抄本。清丁传手跋云："此经布筹之法，与大射礼立马相类。所用布筹之具乃是筹也，又为筹子，程子所谓与一握筹子是也。其上下乘□□又与欧逻巴人笔筹同也。丁酉六月二十一日，希曾记于贞复堂，为勘定若干字。"① 此本为鲍刻本底本。首先，丁跋所云之贞复堂为鲍廷博藏书斋名。其次，从上述校勘异文来看，鲍廷博是以校改了若干字后的影宋抄本为底本刊刻的，恰与丁跋所云"勘定若干字"相合。再次，鲍刻本牌记"大清乾隆四十二年二月仿汲古阁影宋钞本重雕"②，与丁传撰跋之丁酉年（1777）吻合。刻书在二月，而校勘在六月，说明鲍廷博据影宋本刊刻后，由丁传校勘，鲍氏吸收其校勘成果，改动若干字后才印行于世。故中国台湾"中央图书馆"藏知不足斋抄本的底本为汲古阁影宋本，由丁传校改若干字，鲍廷博据以刻入《知不足斋丛书》。

5.《五曹算经》

《知不足斋丛书》第四集，五卷，作者题署为"唐朝议大夫行太史令上轻车都尉臣李淳风等奉敕注释"。每半叶九行，行十八字，左

---

① "中央图书馆"编印：《标点善本题跋集录》，1992年版，第278页。
② （清）鲍廷博辑刻：《知不足斋丛书》第2册，中华书局1999年版，第4页。

右双边,细黑口,版心下方镌"知不足斋丛书"。书首有校刊衔名,后有题识云:"大清乾隆四十二年正月仿汲古阁影宋钞本重雕。"①《知不足斋丛书总目》稿本云底本为汲古阁影宋本。书名旁注"仿宋雕本"。

中国台湾"中央图书馆"藏《五曹算经》五卷,唐李淳风等注,清乾隆间歙县鲍氏知不足斋抄本。清丁传手跋。

> 予二十岁时,有以宋雕此书来售者,许以二十金而不卖,因为手模一本。雕本即毛氏物。丁酉六月二十,以毛氏影宋本为校此册,深幸与是书获奇缘也。希曾记于贞复堂。
>
> 此书余得毛氏所藏宋雕本,曾摹写一部,印本是广东棉纸,帘纹甚旧,其中仅遗失一、二字而已。今影宋本于后三张不唯缺失下截,并有落去张数者,想影宋本之尚非毛氏旧物,当由原抄本烂脱,而又不得宋雕本为补写,是传抄辗转之本耳。前后毛氏朱印亦是鬻书人刻造求售所为,不足信是鲁鼎也。丁酉六月观音大士降诞之次日,鲁斋丁传记于贞复堂。②

丁传两跋撰于鲍廷博藏书之贞复斋。乾隆四十二年(1777)丁传用手模之汲古阁藏宋本与毛氏影宋本校勘,指出影宋本实为辗转传抄之本,不仅有残缺,而且毛氏藏书印系书商伪造。

汲古阁影宋本《五曹算经》五卷③,作者题署为"唐朝议大夫行太史令上轻车都尉臣李淳风等奉敕注释"。每半叶九行,行十八字,左右双边,单鱼尾,钤"五福五代堂古稀天子宝"、"八徵耄念之宝"、"太上皇帝之宝"、"天禄继鉴"、"乾隆御览之宝"、"宋本"和"毛氏子晋"等印。书末有校刊衔名。

汲古阁影宋本书末的校刊衔名,在鲍刻本书首。鲍廷博为避讳将"丘"改为"邱"。全文通校鲍刻本与影宋本,兹列异文如下:

---

① (清)鲍廷博辑刻:《知不足斋丛书》第2册,中华书局1999年版,第27页。
② "中央图书馆"编印:《标点善本题跋集录》,2002年版,第278页。
③ 1941年故宫博物院据《天禄琳琅丛书》之汲古阁影宋抄本影印。

(1)鲍刻本"六百六十斛三斗三升三合奇三",影宋本"奇三"之"三"下有"升"。

(2)鲍刻本"四百八十一斛四斗奇一寸三分案,宋本云奇七寸八分,今以术订正","一寸三分",影宋本作"七寸八分"。

乾隆四十三年(1778)卢文弨《书〈五曹算经〉后戊戌》云:"今鲍以文氏缩为小字版行之,属余为校雠。唯覆月田衍一字,及方窖受粟之数,其奇分有误,虽宋本亦尔,然正不当沿习其误也……鲍子从若灭若没之余,依仿宋本,尽为表章,其用意真绝人也。"① 又卢文弨跋云:"乾隆戊戌曾为鲍氏校此书,即就改正矣。今见馆中本,复取而阅之,余所校果不谬。唯仓曹有一条,其元本云:'今有方窖,从一丈三尺,广六尺,深一丈,问受粟几何?'答曰:'四百八十一斛四斗奇七寸八分。'余以斗法只一寸六分二氂,若奇数有七寸八分,则又成四斗有余矣。当为奇一寸三分。今馆中本尚仍其旧。余乃更加覆审,则奇七寸八分实误也。若七寸八分不误,则'四斗'二字为误衍,明也。此书与《孙子算经》皆得汲古阁影钞宋元丰七年秘书省所进本,故行款为近古云。首卷内腰鼓田、鼓田两条,馆校谓其术颇疏舛,为更定其法,此当取其说以系于后。乾隆辛丑七月十三日在太原记。"② 可知卢文弨于乾隆四十三年(1778)为鲍廷博校勘此书,订正影宋本之误。乾隆四十六年(1781)卢氏又用《四库》本校勘,依然认为自己的校勘结论成立,并对仓曹条进行了考证。

中国台湾"中央图书馆"藏知不足斋抄本应出丁传摹写之宋本,并用影宋抄本,即丁传认为的"传抄本"校勘过。从鲍刻本牌记"大清乾隆四十二年正月仿汲古阁影宋钞本重雕"③,可知鲍廷博据此知不足斋抄本刊刻后,于乾隆四十三年(1778)又请卢文弨校勘,吸收其校勘成果后印行于世。

---

① (清)卢文弨:《抱经堂文集》卷十六,中华书局1990年版,第235页。
② (清)卢文弨:《抱经堂文集》卷十六,中华书局1990年版,第235—236页。
③ (清)鲍廷博辑刻:《知不足斋丛书》第2册,中华书局1999年版,第27页。

6. 《四朝闻见录》

《知不足斋丛书》第四集，五卷，作者题署为"龙泉叶绍翁撰"。书首有目录，分甲、乙、丙、丁、戊五集，戊集末附《追封岳侯制词》，书末附《晋王大令保母帖》题跋。《知不足斋丛书总目》稿本云底本为旧抄本。

国家图书馆藏清初抄本《四朝闻见录》甲集一卷、乙集一卷、丙集一卷、丁集一卷、戊集一卷，作者题署为"龙泉叶绍翁"。清赵信、吴长元校并跋，鲍廷博校。每半叶十行，行十八字，黑格，白口，四周单边，钤"降雪堂珍藏书画之印"、"周遑"、"任斋"、"诗龛书画印"和"北京图书馆藏"等印。抄本目录"武林山"条前皆阙，当有残缺。乙集部分版心下方有"绣谷亭抄"。抄本题识云："雍正戊申花生日，个庭意林雠较。""乾隆癸未六月望，太初校于池北草堂。""六月十九日，池北草堂校过。""七夕后二日，校于池北草堂。""中元后二日，太初校于池北草堂。""七月十八日，池北草堂校毕，内讹误脱落，尚有不能句读处，当再觅善本正之。"由以上题识，可知赵信于雍正六年（1728）校勘是书，后吴长元于乾隆二十八年（1763）六月至七月再度校勘。此外，抄本中数条眉批乃鲍廷博手迹。此抄本先后经赵信、吴长元、鲍廷博校勘。

鲍廷博将书中原有注释用"原注"加圈标识，故鲍刻本中其余注文均出自鲍廷博。将鲍刻本与国图清初抄本注文进行对比，兹举几例以见一斑：

（1）鲍刻本丙集"张公九成玉带"与"史弥远玉带"两条，抄本合为一则，鲍刻本"史弥远玉带"条注云："按，此条元本连上为一则，以系两事，特为标目，以别之。"[1] 可知鲍刻本"史弥远玉带"条标题为鲍廷博所拟。

（2）鲍刻本丁集"宁宗皇帝一朝详具大事"后注云"按，别本无此一行"[2]，抄本有此行。

---

[1] （清）鲍廷博辑刻：《知不足斋丛书》第2册，中华书局1999年版，第182页。
[2] （清）鲍廷博辑刻：《知不足斋丛书》第2册，中华书局1999年版，第183页。

（3）鲍刻本丁集"考异"条，注云"按，此条似有脱文，别本删去，今仍其旧"①，抄本有此条。

（4）鲍刻本丁集"科举为党议发策"条末注云："按，此行原本在'庆元二年戒饬场屋'标题之前，低本文一格，疑误，今易置于此。"② 抄本此条在"庆元二年戒饬场屋付叶翥已下御笔"条前，且低一格。

（5）鲍刻本丁集"阅古南园"条校勘记较多，如"汲古阁刻作'葩'"③，"汲古阁刻作'亭'"④，等等，鲍廷博注云："按，二记汲古阁毛氏刻于《放翁逸稿》中，小有异同，复多脱误，并为刊正。"⑤ 可知鲍廷博用汲古阁本《放翁逸稿》校勘此条。

（6）鲍刻本戊集"西湖放生池记"条，注云"按，原本云'近接城闉左涵右通'，今依《咸淳临安志》改正"⑥，此处所云之"原本"文字与抄本同。

（7）鲍刻本戊集"西湖放生池记"条"皇帝曰嘻汝其作新用侈福泽寿子君亲"十六字不见于抄本，鲍刻本有注云："按，'皇帝曰嘻'四句，原本脱落，今据《咸淳临安志》补入。"⑦ 此条末又注云："按，此记传钞本多误，且有错简，今依《咸淳临安志》订正。"⑧ 鲍廷博认为传抄本讹误较多并有错简，故据他书补十六字。此处所云之"传抄本"文字与抄本同。

（8）鲍刻本"侂胄师旦周筠等本末"条注云："按，'筠'，原本避理宗嫌讳作'均'，今改正。"⑨ 抄本作"均"。

（9）鲍刻本注云："按，二句是刘禹锡《甘棠馆》诗。"⑩ 抄本

---

① （清）鲍廷博辑刻：《知不足斋丛书》第 2 册，中华书局 1999 年版，第 185 页。
② （清）鲍廷博辑刻：《知不足斋丛书》第 2 册，中华书局 1999 年版，第 197 页。
③ （清）鲍廷博辑刻：《知不足斋丛书》第 2 册，中华书局 1999 年版，第 214 页。
④ （清）鲍廷博辑刻：《知不足斋丛书》第 2 册，中华书局 1999 年版，第 214 页。
⑤ （清）鲍廷博辑刻：《知不足斋丛书》第 2 册，中华书局 1999 年版，第 215 页。
⑥ （清）鲍廷博辑刻：《知不足斋丛书》第 2 册，中华书局 1999 年版，第 218 页。
⑦ （清）鲍廷博辑刻：《知不足斋丛书》第 2 册，中华书局 1999 年版，第 219 页。
⑧ （清）鲍廷博辑刻：《知不足斋丛书》第 2 册，中华书局 1999 年版，第 219 页。
⑨ （清）鲍廷博辑刻：《知不足斋丛书》第 2 册，中华书局 1999 年版，第 211 页。
⑩ （清）鲍廷博辑刻：《知不足斋丛书》第 2 册，中华书局 1999 年版，第 113 页。

鲍廷博眉批云："'山禽'二句乃刘禹锡《甘棠馆》诗，想仲湜当日误用耳。"

由此可知，鲍廷博所据之"原本"、"元本"、"传抄本"，即为国图藏清初抄本。曾用"别本"予以校勘，只是不知所用之校本具体为何本。鲍刻本甲集"请斩秦桧"条末注云："按，此条诸本俱缺二十一字。"①"诸本"不知具体为哪些版本。

校勘鲍刻本与国图清初抄本"恭孝仪王大节"与"潘阆不与先贤祠"条，兹列异文如下：

（1）鲍刻本"恭孝仪王讳仲"，"仲"，抄本原作"伸"，校改为"仲"。

（2）鲍刻本"仗剑以却黄袍"，"仗"，抄本原作"伏"，校改为"仗"。

（3）鲍刻本"上屡嘉叹"，"屡"，抄本原作"虞"，校改为"屡"。

（4）鲍刻本"十二有九"，"有"，抄本原无，旁补。

（5）鲍刻本"性比山麋"，"麋"，抄本作"糜"，校改为"麋"。

（6）鲍刻本"阆工唐风"，"唐"，抄本原无，旁补。

（7）鲍刻本"为秦王记室参军，王坐罪下狱，捕阆急甚，阆自髡其发，易缁衣，持磬出南薰门，上怒既急，有为阆说"，抄本原作"为秦王记室参为阆说"②，校改时在"参"下补"军王坐捕阆急甚阆自髡其发易缁衣持磬出南薰门上怒既急有"二十六字，抄本鲍廷博眉批云："'王坐'下或增'罪下狱'三字。"

（8）鲍刻本"胡尔惟上招安之"，"尔"，抄本无。

（9）鲍刻本"阆以老懒不任"，"任"，抄本无。

（10）鲍刻本"勺道旁圣泉"，"泉"，抄本原无，旁补。

（11）鲍刻本"炎天□□热如焚"，抄本原无空格，"天"下旁补"□□"。

（12）鲍刻本"不得此泉□□□，几乎渴杀老参军"，"泉"，抄

---

① （清）鲍廷博辑刻：《知不足斋丛书》第2册，中华书局1999年版，第128页。
② （清）鲍廷博辑刻：《知不足斋丛书》第2册，中华书局1999年版，第114页。

本原无，旁补。"□□□"，抄本原无空格，旁补"□□□"。

（13）鲍刻本"嘉定间临安守建先贤祠一作堂"，"嘉"，抄本原作"加"，旁改为"嘉"；"祠"，抄本原作"堂"，旁改为"祠"。

（14）鲍刻本"遂黜阒"，"黜"，抄本作"出"。

（15）鲍刻本"事见祠记"，"祠"，抄本原作"词"，描改为"祠"。

（16）鲍刻本"语门人曰"，"语门"，抄本原作"与山"，旁改为"语门"。

（17）鲍刻本"是伯恭天资高处，却是太高"，"却是"，抄本原无，旁补。

（18）鲍刻本"至于失德丧身"，"失德"，抄本原无，旁补。

（19）鲍刻本"释氏本恶天降威者，乃并与天之降命者去之。吾儒则不然，去其降威者而已"。抄本原无"乃并与天之降命者去之吾儒则不然去其降威者"二十字，旁补。

（20）鲍刻本"此儒释之分也"，"此"，抄本无。

除第八、九、十四、二十条外，其他条目校改之后的文字与鲍刻本同。从注文以及校勘情况来看，《总目》稿本云底本为旧抄本，其实是国图所藏的经赵信、吴长元、鲍廷博校勘的清初抄本。鲍廷博曾用别本校勘此抄本，补足抄本所缺之目录，并辑录了相关文献作为附录后刊刻此书。

7.《闻见近录》

《知不足斋丛书》第五集，一卷。每半叶九行，行二十一字，左右双边，细黑口，版心下方镌"知不足斋丛书"。《知不足斋丛书总目》稿本云底本为宋本。每半叶十行，行十九字，左右双边，双鱼尾，钤"巴陵方氏珍藏秘籍"、"方功惠藏书之印"、"宝勤堂书画印"、"宗室文懋公家世藏"和"北京图书馆藏"等印。《甲申杂记》末有手跋云："《甲申杂记》一卷、《闻见近录》一卷，光绪己亥二月樊云门光赠。盛昱。"另有题识云："此即《知不足斋丛书》重刊底本。"

全文通校鲍刻本与宋刻本，兹列异文如下：

（1）鲍刻本"国家以来"，"家"，宋本作"朝"。

（2）鲍刻本"欧阳文忠"，"阳"，宋本无。

（3）鲍刻本"宫人、内珰皆右左燃之"，"右左燃"，宋本作"左

第四章 《知不足斋丛书》刊刻底本及校本考 // 181

右然"。

（4）鲍刻本"即今令出内东门了急来奏"，"了"，宋本为空格。

（5）鲍刻本"而诸子即坐台狱"，"即"，宋本为墨丁。

（6）鲍刻本"它日适当公手"，"它"，宋本作"官"。

（7）鲍刻本"此孟子谓巨室大家"，"此"，宋本作"比"。

（8）鲍刻本"仁宗皇帝遣谕皇后"，"谕"，宋本作"喻"。

（9）鲍刻本"乃竭囊沽酒"，"竭"，宋本作"揭"。

（10）鲍刻本"张文懿为社洪令时"，"社"，宋本为墨丁。

此外，因避讳而有不同，如宋本注"御名"，鲍本作"构"；宋本"构"缺末笔，鲍刻本补全笔划。由上可知，鲍廷博校勘宋本后刊刻此书。

8.《甲申杂记》

《知不足斋丛书》第五集，一卷。每半叶九行，行二十一字，左右双边，细黑口，版心下方镌"知不足斋丛书"。《知不足斋丛书总目》稿本云底本为宋本。"甲申杂记"下有"宋本重雕"。

国家图书馆藏宋刻本《甲申杂记》一卷。每半叶十行，行十九字，左右双边，双鱼尾。钤"方功惠藏书之印"、"宝勤堂书画印"、"巴陵方氏珍藏秘籍"、"巴陵方氏玉笥山房"、"宗室文懿公家世藏"、"北京图书馆藏"和文渊阁等印。书末有手跋云："《甲申杂记》一卷、《闻见近录》一卷，光绪己亥二月樊云门光赠。盛昱。"另有题识云："此即《知不足斋丛书》重刊底本。"又有樊增祥跋。

傅增湘《宋本〈甲申杂记〉〈闻见近录〉跋》云："版心题'杂记'、'闻见录'，上有字数，下有刊工姓名。可辨者有况天祐、余志远、兴宗三人。'构'字注'御名'，'慎'字亦缺末笔。刻工况天祐又刻《文苑英华》，则是书当为南渡中叶吉州刊本。"[①] 并言及宋刻本之授受源流云："光绪己亥，恩施樊云门得之，以赠盛伯羲祭酒。壬子，郁华阁书散出，仁和吴伯宛购得，为缪艺风老人七十寿。艺风殁后，其长君子受复以贻余。其投赠渊源如此。"[②] 此本原为明代文渊

[①] 傅增湘：《藏园群书题记》卷八，上海古籍出版社1989年版，第430—431页。
[②] 傅增湘：《藏园群书题记》卷八，上海古籍出版社1989年版，第431页。

阁藏书，后经方功惠、樊增祥、盛昱、吴伯宛、缪荃孙、傅增湘递藏，最终入藏国家图书馆。

全文通校宋刻本与鲍刻本，兹列异文如下：

（1）鲍刻本"索斗酒一饮而尽"，"饮"，宋本作"引"。

（2）鲍刻本"十二月五日合断讫"，"讫"，宋本作"绝"。

（3）鲍刻本"自侍郎刘赓大理曹调李孝称而下"，"自"，宋本作"日"。

此外，宋本注"御名"，鲍刻本作"构"，鲍跋云："宋刻遇'构'字下注御名而不书，知为高宗时版本。"① 又鲍刻本补全宋本所缺"惇"字末笔。由上可知，鲍廷博校勘宋本后刊刻此书。

9.《归潜志》

《知不足斋丛书》第五集，十四卷。每半叶九行，行二十一字，左右双边，细黑口，版心下方镌"知不足斋丛书"。书首为刘祁自叙。卷十四末从《困学斋杂录》补笺三条。后为附录、赵穆识、宋定国跋、李北苑跋、乾隆四十一年（1776）卢文弨书、乾隆四十四年（1779）鲍廷博跋。《知不足斋丛书总目》稿本云底本为传抄莱阳赵氏本，以文瑞楼、抱经堂诸本校，并录宋彬王、李北苑、卢召弓跋。

南京图书馆藏清抄本《归潜志》十四卷、附录一卷，清鲍廷博校并跋，丁丙跋。扉页有丁丙手书题签，云此本为《知不足斋丛书》底本，次页为鲍廷博乾隆四十四年（1779）墨笔手跋，抄本中有关抄录、校勘、写样等鲍氏手识甚多。②

校勘鲍刻本与抄本之序及卷一，兹列校改之处如下：

（1）鲍刻本注文"一作三"，"作"，抄本原作"本"，描改为"作"。

（2）鲍刻本"一时烜赫如火烈烈者"，"烈者"之"烈"，抄本原无，朱笔增入。

（3）鲍刻本"其意气亦不浅"，"意"，抄本原作"志"，改作"意"，朱批云："'志'，卢本'意'。"

（4）鲍刻本"《擘橙为软金杯》词云"，"云"，抄本原无，朱笔

---

① （清）鲍廷博辑刻：《知不足斋丛书》第2册，中华书局1999年版，第318页。
② 详见本书第二章第一节鲍廷博知不足斋刻工研究及第五章第三节鲍廷博序跋辑存。

第四章 《知不足斋丛书》刊刻底本及校本考 // 183

增入。

（5）鲍刻本"我知麋鹿强冠襟"，"襟"，抄本原作"巾"，描改为"襟"。朱批云："'巾'字出韵，卢作'襟'。"

（6）鲍刻本"夏五月卒"，"五"，抄本原作"四"，朱笔描改为"五"。

（7）鲍刻本"末云"，"云"，抄本原作"曰"，描改为"云"。

（8）鲍刻本"形容寝陋"，"寝"，抄本原作"寝"，描改为"寝"。

（9）鲍刻本"先生有意俟澄清"，"俟"，抄本原作"事"，改为"俟"。

（10）鲍刻本"与雷希颜"，"颜"，抄本原作"贤"，改为"颜"。

（11）鲍刻本"得风疾引去"，抄本云"'疯'，一本'风'"，改为"风"，划掉"一本'风'"。

（12）鲍刻本"英迈不群"，"英"，抄本云"一本'豪'"，划去了"一本'豪'"。

（13）鲍刻本"常与争辩"，"争辩"，抄本原作"辩争"，勾乙为"争辩"。

由以上各条来看，抄本校改后的文字与鲍刻本一一吻合。此清抄本为鲍廷博手抄、手校、手跋，其中保存的校改信息、跋文、题识，与鲍刻本一一相符，故此本为鲍刻本底本。①

10. 《玉壶清话》

《知不足斋丛书》第六集，十卷。每半叶九行，行二十一字，左右双边，细黑口，版心下方镌"知不足斋丛书"。书首为元丰元年（1078）文莹序、书末有吴翌凤两跋、乾隆四十五年（1780）鲍廷博跋。《知不足斋丛书总目》稿本云底本为吴枚庵手校，有跋。

《皕宋楼藏书志》卷六十三载吴枚庵手校本《玉壶清话》十卷，可知陆心源曾收藏吴氏校本。此本现藏日本静嘉堂文库，《日本藏宋人文集善本钩沉》载旧抄本《玉壶清话》十卷，吴枚庵手校手识，原吴枚庵旧藏，所载之吴氏手跋已见于鲍刻本。卷中有"翌凤钞藏"

---

① 详见本书第三章第二节鲍廷博校勘探微——以刊刻底本《归潜志》《吹剑录外集》为例。

印。① 此为鲍刻本底本。

11.《愧郯录》

《知不足斋丛书》第六集，十五卷，作者题署为"相台岳珂"。每半叶九行，行十七字，左右双边，版心下方为"知不足斋丛书"。书首为序、目录，书末为岳珂后序。《知不足斋丛书总目》稿本云底本为宋本。"《愧郯录》卷第一"下注"宋本重雕"。卷一、卷五、卷七有缺页，因其原据宋本有缺页，中华书局影印《知不足斋丛书》时已将所缺之页"据吴兴周氏言言斋藏淡生堂抄本补写"②。南京图书馆藏《知不足斋丛书》后印本《愧郯录》题识云："乾隆癸卯仲春重校一过，知不足斋记。"可知鲍氏初印此书后，又于乾隆四十八年（1783）重校。

《愧郯录》十五卷，常熟瞿氏铁琴铜剑楼藏宋本。《四部丛刊续编》据此本影印。作者题署为"相台岳珂"。每半叶九行，行十七字，左右双边，单鱼尾，钤"铁琴铜剑楼"等印。书首为序、目录，书末有岳珂后序、黄丕烈跋。黄氏手跋曰："此宋刻《愧郯录》八册，计十五卷，虽其间抄者七十五叶，空白者十叶，然以意揣之，抄者必非无据，空白者亦是阙疑，仍不失为古书之旧。顷从杭州书友处寄来，易白金一觔而去。余取知不足斋所刻本相勘，行款正同，空白亦合，当是此刻所翻，则此诚祖本矣。卷中有杨梦羽图章，知为吴郡故物。今复得弓玉之还，不亦快哉！嘉庆己未冬十月既望，书于红椒山馆。荛圃黄丕烈。"《知不足斋丛书》本每半叶行数、字数、缺页均与此本同，通校卷八，文字高度一致，因而正如黄丕烈所云，鲍刻本即据此本翻刻。

张元济民国二十三年（1934）影印此书时撰跋云："荛圃谓原书空白十叶，与知不足斋刊本相合，定为祖本，且谓抄者必非无据。余尝见同式后印者二部及曹溶《学海类编》印本，亦均无此十叶。明代有岳元声刊本，余未之见。按，岳为浙江嘉兴县人，万历癸未进士；曹为秀水县人，崇祯丁丑进士；先后相距仅五十五年。曹辑是书，不知所据何本，然与岳生既同地而时又相近，倦圃藏书甲于东

---

① 严绍璗：《日本藏宋人文集善本钩沉》，杭州大学出版社1996年版，第221—222页。
② （清）鲍廷博辑刻：《知不足斋丛书》第2册，中华书局1999年版，第640、644页等。

南，不容不见岳本，度亦必同阙矣。友人周君越然购得祁氏澹生堂钞本半部，余闻之往假，开卷则此十叶者宛然具在，因迻录之。倩人依原书款式写补各叶，前后适相衔接。虽卷五之第九至十二叶仍有阙文，是本卷二'淳熙南衙'一则阙七字，卷四'鱼袋'一则阙八字，卷六'仙释异教之禁'一则共阙七字，祁本亦无可补，然大致要已具足。明清鼎革，忠敏遭难，藏书散尽，世极罕见。阅三百年，于有人覆印之时，而是书忽出，且亡其半，而有此十叶之半部独不亡，不可谓非异事矣。书此以识吾友通假之惠，并为是书庆幸焉。"张氏所云之澹生堂抄本，周越然亦有记载："民国十九年之春，余以重价购得此本于申江，即所谓祁氏《淡生堂余苑》本也，有澹翁手跋，且有毛子晋、季沧苇、朱锡鬯等图记，系明人写本。惜只存首七卷，不得称为完璧。幸各本缺文均在此七卷，后来商务印书馆编印《四部丛刊续编》，即藉以校补，亦一大快事也。"① 张元济在周越然的慷慨帮助下，用澹生堂抄本补齐缺页，影印《四部丛刊续编》，使世人一睹《愧郯录》之完整面貌，为此书之流传作出了贡献，可谓书林一大乐事。

国家图书馆藏《愧郯录》十五卷，聊城杨氏海源阁藏宋本，《中华再造善本》据此本影印。作者题署为"相台岳珂"。每半叶九行，行十七字，左右双边，单鱼尾，钤有"秘阁校理"、"东郡杨绍和印"、"东郡宋存书室珍藏"、"金石录十卷人家"、"韩氏藏书"、"恩福堂藏书印"、"水亭"、"海源阁"、"东郡杨绍和彦合珍藏"和"北京图书馆藏"等印。书首为序、目录，书末有岳珂后序。扉页无名氏夹签题云："宋板《愧郯录》，中有欠页数板，岳元声万历年间曾刻此书，即从此本登梨，每遇欠页俱刻原缺，至今岳刻亦不可多见，曹秋翁、朱竹翁只是抄本。"卷十五末题识云："右录二帙，成化丁酉九月十二日用价收篠庵先生家藏者。"

杨绍和云："序末署嘉定焉逢淹茂梓于禾中，盖宋宁宗嘉定七年甲戌姑苏郑定剞劂于嘉兴之本也。予斋藏《柳柳州集》，与此本正同，其行式、字数及板心所记刻工若曹冠宗、曹冠英、王显、丁松诸姓名与此多合。按《四库》所收倦翁所著各书，明刊本为多……明

---

① 钟敬文等主编：《古书一叶》，中国广播电视出版社1997年版，第77—78页。

万历间岳氏元声所刊即由此本覆出。"① 杨氏云此本乃南宋宁宗嘉定七年（1214）郑定刻于嘉兴，明万历间岳元声刻本从此本出。

  北京大学图书馆藏明刻本《愧郯录》十五卷，序文作者题署为"相台岳珂"，正文为"相台岳珂撰，十六世孙岳元声、和声、骏声订"。每半叶十行，行二十字，左右双边，单鱼尾，钤翰林院和"北京大学藏"等印。书首有序，书末有岳珂后序。卷十五抄补"潜藩节镇"条。对比《知不足斋丛书》本，卷八尾残，缺"致仕者用之则是得其实也"十一字，并"《愧郯录》卷第八"六字；卷八、卷十五阙字较多，均为墨丁。此本卷二首有题签一行："□一，凡题目低二格写，后仿此。"

  清《学海类编》本《愧郯录》十五卷，作者题署为"宋相台岳珂肃之撰"。每半叶九行，行二十一字，左右双边，单鱼尾。书首为序、目录。

  清文渊阁《四库全书》本《愧郯录》十五卷，作者题署为"宋岳珂撰"。书首为提要、序，书末有岳珂后序。《四库全书总目》卷一百二十一著录此书，为"江苏巡抚采进本"。

  通校以上各本之卷八，兹将异文分类列表如下：

表一

瞿藏宋本	学海本	鲍刻本	杨藏宋本	明刻本	《四库》本
法并用贵	法并用贵	法并用贵	□□□□	墨丁	阙
朝士善谑	朝士善谑	朝士善谑	□□□□	墨丁	阙
亦对钩矣然	亦对钩矣然	亦对钩矣然	□□□□□	墨丁	阙
法祖存古	法祖存古	法祖存古	□□□□	墨丁	阙
可以训又按	可以训又按	可以训又按	□□□□□	墨丁	阙
藏□宸章侍从	藏□宸章侍从	藏□宸章侍从	□□□□□	墨丁	阙
以为不驯又欲	以为不驯又欲	以为不驯又欲	□□□□□□	墨丁	阙
不入衔矣乃用□宝	不入衔矣乃用□宝	不入衔矣乃用□宝	不□□□□□□	墨丁	阙

---

  ① （清）杨绍和：《楹书隅录》卷三，清光绪二十年（1894）聊城海源阁刻本。

第四章 《知不足斋丛书》刊刻底本及校本考 // 187

续表

瞿藏宋本	学海本	鲍刻本	杨藏宋本	明刻本	《四库》本
以示华	以示华	以示华	□□□（残）	墨丁	阙
以为故事	以为故事	以为故事	□□□□（残）	墨丁	阙
州防御	州防御	州防御	□□□□（残）	墨丁	阙
和元年升睦	和元年升睦	和元年升睦	□□□□（残）	墨丁	阙
年改睦州为	年改睦州为	年改睦州为	□□□□（残）	墨丁	阙
州为兴德军	州为兴德军	州为兴德军	□□□□（残）	墨丁	阙
史团练防御州	史团练防御州	史团练防御州	□□□□（残）	墨丁	阙
神宗历忠武节	神宗历忠武节	神宗历忠武节	□□□□（残）	墨丁	阙
且天章不入衔矣乃用□宝谟	且天章不入衔矣乃用宝□谟	且天章不入衔矣乃用宝□谟	且天章不□□□□□谟	且天章□□□□□□谟	且天章□□□□□□谟
陞建府镇	陞建府镇	陞建府镇	无"陞建"	无"陞建"	无"陞建"
名当□国者	者	者	之	之	之
九月昭揭密建	月	月	有	月	有
天禧皆是也	天	天	□	墨丁	天
宝文乃	宝文乃	宝文乃	宝文乃	宝乃	宝乃

由上表异文可知：首先，《知不足斋丛书》本和《学海类编》本出自瞿氏铁琴铜剑楼藏宋本，明岳元声刻本和文渊阁《四库全书》本源自于杨氏海源阁藏宋本。

其次，文渊阁《四库全书》本之底本可能为杨氏海源阁藏宋本，也可能为明岳元声刻本。当然，文字更多与明岳元声刻本吻合。加之北京大学图书馆藏明岳元声刻本首页钤翰林院印，且书中有言明抄写格式之题签，因而文渊阁《四库全书》本之底本为明岳元声刻本。

再次，杨氏海源阁藏本与瞿氏铁琴铜剑楼藏本虽同为宋本，但杨氏本阙文及残缺处较多，文字显然不如瞿藏宋本完整。

表二

鲍刻本	瞿藏宋本	杨藏宋本	明刻本	学海本	《四库》本
旧典施行□从之	□	□	□	□	上
以正观开元之盛慨想前烈改元正元	正	正	正	正	贞
艺祖拥旄之地	拥旄	□□	墨丁	拥旄	龙兴
谓之纳节	纳	纳	纳	纳	内
元祐之政	元祐	□□	墨丁	元祐	绍圣
嘉祐之法	嘉祐之法	熹□□□	熹□□□	嘉祐之法	熙宁之法
则是得其实也	是	似	此句残缺	是	是

由上表可知，文渊阁《四库全书》本以臆补字、改字之处。

表三

鲍刻本	瞿藏宋本	杨藏宋本	明刻本	《四库》本	学海本
此盖惟取毙藏之义	取毙藏之	取而藏之	取而藏之	取而藏之	取而藏之
艺祖以殿前都检点	检点	点检	点检	点检	点检
政和三年四月	三	三	二	三	二
唐亲王节度带大使	有"带"字	有"带"字	无"带"字	无"带"字	无"带"字

由上表可知，《知不足斋丛书》本对瞿氏铁琴铜剑楼藏宋本文字的承袭。

表四

鲍刻本	瞿藏宋本	杨藏宋本	明刻本	《四库》本	学海本
洪文敏迈	安迈	安迈	安迈	安遵	敏迈
曾公亮陟降	曹	曾	曾	曾	曾

由上表可知，《知不足斋丛书》本在以瞿氏铁琴铜剑楼藏宋本为底本的基础上进行了校改。

第四章 《知不足斋丛书》刊刻底本及校本考

表五

鲍刻本	瞿藏宋本	杨藏宋本	明刻本	《四库》本	学海本
独洺不得与公	洺	洺	洺	洺	洛
节度观察之府	之	之	之	之	无"之"字
犹不得如故常严	常	常	常	常	尝
其如严光均英	光	光	光	光	先
无敢居其官者	有"敢"字	有"敢"字	有"敢"字	有"敢"字	无"敢"字
其子崇海求免	海	海	海	海	勋
不降麻如李继勋	有"如"字	有"如"字	有"如"字	有"如"字	无"如"字
近岁惟郑兴裔得之	有"惟"字	有"惟"字	有"惟"字	有"惟"字	无"惟"字
傅上亲王	上	上	上	上	下

由上表可知，《学海类编》本与其他各本文字比较，讹脱较多。杨氏海源阁藏宋本扉页无名氏夹签题云："曹秋翁、朱竹翁只是抄本。"认为曹溶所据为抄本，当可信从。

从上述表格呈现的异文，可知《知不足斋丛书》本《愧郯录》底本为瞿氏铁琴铜剑楼藏宋本，《学海类编》本所据之抄本源出瞿氏藏宋本。明岳元声刻本底本为杨氏海源阁藏宋本。文渊阁《四库全书》本底本为明岳元声刻本。周越然《古书一叶》云："宋岳珂《愧郯录》十五卷，吴县黄氏、常熟瞿氏、吴兴陆氏皆藏有宋本……知三氏之书，行格相同（半叶九行，行十七字），而缺叶之数（共计十叶）亦复相合——是三书同出一源也。"① 瞿氏铁琴铜剑楼藏宋本与杨氏海源阁藏宋本虽同出一源，但相较之下，瞿氏本文字更为完整，版本价值更高。陆心源藏宋本现藏日本静嘉堂文库，《皕宋楼藏书志》卷五十八、《仪顾堂集》卷二十和《日本藏宋人文集善本钩沉》均有记载。为简明起见，将各本渊源关系图示如下：

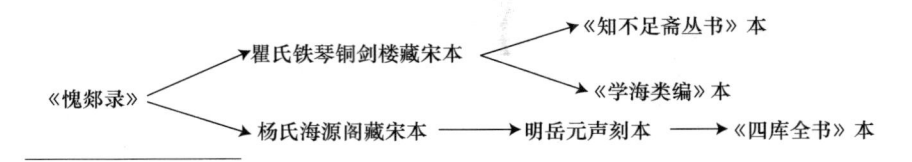

```
                    ┌─→ 瞿氏铁琴铜剑楼藏宋本 ──┬─→《知不足斋丛书》本
《愧郯录》 ─────────┤                          └─→《学海类编》本
                    └─→ 杨氏海源阁藏宋本 ──→ 明岳元声刻本 ──→《四库全书》本
```

---

① 钟敬文等主编：《古书一叶》，中国广播电视出版社1997年版，第77—78页。

《知不足斋丛书》以瞿氏铁琴铜剑楼藏宋本为底本，又经鲍廷博精心校勘，中华书局影印《知不足斋丛书》时，又将底本所缺之页据《四部丛刊续编》本补全，因而此本无疑是《愧郯录》一书最好的版本。

12.《碧鸡漫志》

《知不足斋丛书》第六集，五卷，作者题署为"小溪王灼晦叔"。《知不足斋丛书总目》稿本云底本为钱遵王、陆绍曾校足本。书首有王灼序，卷一下有"述古堂主人手校本"。

鲍刻本题识云："己酉三月望日，钱遵王假毛黼季汲古阁本校定讹阙，惜家藏旧本少第二卷，无从是正为恨。"① 又题识云："乾隆己亥小春，吴门陆绍曾据钟人杰《唐宋丛书》本重校一过，钟本删节过半，益知此本为佳耳。金管斋书。"② 可知钱曾用汲古阁本校勘家藏旧本，惜家藏本缺第二卷，后陆绍曾用《唐宋丛书》本重校是书。

国家图书馆藏明抄本《碧鸡漫志》五卷，清钱曾校并跋。每半叶十一行，行二十字，白口，四周双边。钤"毛晋"、"汲古阁"、"毛氏子晋"、"子晋书印"、"弦歌草堂"和"北京图书馆藏"等印。明抄本"《碧鸡漫志》卷第一并自序"，鲍刻本作"《碧鸡漫志》序"，"《碧鸡漫志》卷第一"。抄本末有题识云："己酉三月望日，钱遵王假毛黼季汲古阁本校定讹阙，惜家藏旧本少第二卷，无从是正为恨。"

通校鲍刻本与抄本卷一，兹列异文如下：

（1）鲍刻本"天地始分而人生焉"，"分而"，抄本原作"者"，旁校改为"分而"。

（2）鲍刻本"此歌曲所以起也"，抄本"所"下小字补"以"。

（3）鲍刻本"倒置甚矣"，"甚"，抄本原无"甚"，旁补。

（4）鲍刻本"古诗或名曰乐府"，抄本"古"旁增"文"。

（5）鲍刻本"正谓播诸乐歌"，"乐歌"，抄本作"歌乐"。

（6）鲍刻本"造歌以被之"，"歌"，抄本原无，旁补。

---

① （清）鲍廷博辑刻：《知不足斋丛书》第2册，中华书局1999年版，第790页。
② （清）鲍廷博辑刻：《知不足斋丛书》第2册，中华书局1999年版，第790页。

（7）鲍刻本"唐虞禅代以来"，"禅"，抄本作"三"。

（8）鲍刻本"慈爱者宜歌"，"慈"，抄本原无，旁补。

（9）鲍刻本"性情不足"，"性情"，抄本作"情性"。

（10）鲍刻本"古音乐歌自太古始"，"歌"，抄本空一格，无此字。

（11）鲍刻本"而李延年之徒"，"李"，抄本作"左"。

（12）鲍刻本"各改其十二曲"，"各"，抄本无此字。

（13）鲍刻本"公莫舞"，"舞"，抄本原无，旁补。

（14）鲍刻本"杨叛儿"，"儿"，抄本原无，旁补。

（15）鲍刻本"今为粪上英"，"上"，抄本原作"土"，描为"上"。

（16）鲍刻本"躢骢文马铁锻鞍"，"文"，抄本作"父"，旁校为"骏"。

（17）鲍刻本"刘曜闻而悲伤"，"而"，抄本原作"面"，旁改为"而"；"悲"，抄本原作"嘉"，旁改为"悲"。

（18）鲍刻本"竹枝浪淘沙"，抄本"枝"下旁补"词"。

（19）鲍刻本"南北朝乐府古词"，"古"，抄本原作"故"，校改为"古"。

（20）鲍刻本"尤多怨郁悽艳之句"，"句"，抄本作"巧"。

（21）鲍刻本"惜乎其中亦不备声歌弦唱"，"中"，抄本原作"终"，旁改为"中"；"歌"，抄本原无，旁补。

（22）鲍刻本"黄河远上白云间"，"河"，抄本作"沙"。

（23）鲍刻本"以此知李唐伶妓取当时名士诗句"，"李"，抄本原无，旁补。

（24）鲍刻本"把酒问明月"，"明"，抄本原无，旁补。

（25）鲍刻本"此暗合其美耳"，"其美"，抄本作"孙吴"，旁改为"其美"。

（26）鲍刻本"起于郊祭军宾吉凶苦乐之际"，"于郊"，抄本空一格，补"于郊"。

（27）鲍刻本"句度长短之数"，"长短"，抄本作"短长"。

（28）鲍刻本"习俗之变安能齐一"，"能"，抄本作"得"。

（29）鲍刻本"而本之性情"，"性情"，抄本作"情性"。

（30）鲍刻本"作拍应之不差"，抄本原无，补"之不"。

从上述校勘情况来看，第四、七、十、十一、十二、十六、二十、二十八条与明抄本不同，第五、九、二十七、二十九为互乙条目，但大多数校改之后的文字与鲍刻本吻合。明抄本无陆绍曾据《唐宋丛书》本重校的题识，故上述异文的出现应与陆氏重校有关，故《总目》稿本云鲍廷博据钱遵王、陆绍曾校足本刊刻属实。

13.《张丘建算经》

《知不足斋丛书》第八集，三卷，作者题署为"汉中郡守前司隶臣周甄鸾注经、唐朝议大夫行太史令上轻车都尉臣李淳风等奉敕注释、唐算学博士臣刘孝孙撰细草"。每半叶九行，行十八字，左右双边，细黑口，版心下方镌"知不足斋丛书"。书首为张丘建序，书末有校刊衔名。《知不足斋丛书总目》稿本云底本为汲古阁影宋抄本。

汲古阁影宋抄本《张丘建算经》三卷①，作者题署为"汉中郡守前司隶臣周甄鸾注经、唐朝议大夫行太史令上轻车都尉臣李淳风等奉敕注释、唐算学博士臣刘孝孙撰细草"。每半叶九行，行十八字，左右双边，钤"五福五代堂古稀天子宝"、"八征耄念之宝"、"太上皇帝之宝"、"天禄继鉴"、"乾隆御览之宝"、"宋本"和"毛氏子晋"等印。书首为张丘建序。

通校汲古阁影宋抄本与鲍刻本卷上，无一异文。只是鲍刻本末的校刊衔名不见于宋嘉定六年（1213）本、汲古阁影宋抄本、文渊阁《四库全书》本等，不知鲍廷博据何本补。或者目前所见之宋刻本和影宋抄本之校刊衔名页已脱落不存，今已不得而知。

中国台湾"中央图书馆"藏旧抄本《张丘建算经》三卷，□张丘建撰，清丁传手跋。丁跋云："此三卷中，影宋本原多缺数，如中卷只得二十一张，后补空格一纸，究无从审其完数也。丁酉六月祀灶日，希曾手校一过，记于贞复堂。"② 可知乾隆四十二年（1777），丁

---

① 1941年故宫博物院据《天禄琳琅丛书》之汲古阁影宋抄本影印。
② "中央图书馆"编印：《标点善本题跋集录》，1992年版，第278页。

传在鲍廷博藏书斋校勘是书。鲍刻本末有牌记云："大清乾隆四十五年十二月仿汲古阁影宋抄本重雕。"① 可知鲍氏于乾隆四十五年（1780）刊刻此书，中国台湾"中央图书馆"藏丁传校跋之旧抄本应是鲍刻本底本。

14.《缉古算经》

《知不足斋丛书》第八集，一卷，作者题署为"唐通直郎太史丞臣王孝通撰并注"。每半叶九行，行十八字，小字双行同，左右双边，无鱼尾，细黑口，版心下方镌"知不足斋丛书"。书首为上《缉古算经》表，书末有元丰七年（1084）进呈《缉古算经》及奉批镂版衔名、康熙二十三年（1684）毛扆跋。《知不足斋丛书总目》稿本云底本为汲古阁影宋抄本。书末牌记云："大清乾隆四十五年十二月仿汲古阁影宋钞本重雕。"②

故宫博物院藏汲古阁影宋抄本《缉古算经》一卷，作者题署为"唐通直郎太史丞臣王孝通撰并注"。每半叶九行，行十八字，左右双边，钤"五福五代堂古稀天子宝"、"八征耄念之宝"、"太上皇帝之宝"、"天禄继鉴"、"乾隆御览之宝"、"宋本"、"毛氏子晋"和"天禄琳琅"等印。书首为上《缉古算经》表，书末有毛扆手跋及元丰七年（1084）进呈《缉古算经》衔名，无镂版衔名。

汲古阁影宋抄本有缺页，鲍刻本"得朔夜半日度不须"至"分此又同数为"一段文字不见于汲古阁影宋抄本③。鲍刻本书末镂版衔名亦不见于汲古阁影宋抄本。通校鲍刻本与汲古阁影宋本，兹列异文如下：

（1）鲍刻本"虽未即为司南"，"未即"，影宋本作"即未"。

（2）鲍刻本"假令天正十一月朔后半日"，"后"，影宋本作"夜"。

---

① （清）鲍廷博辑刻：《知不足斋丛书》第3册，中华书局1999年版，第324页。
② （清）鲍廷博辑刻：《知不足斋丛书》第3册，中华书局1999年版，第343页。
③ （清）鲍廷博辑刻：《知不足斋丛书》第3册，中华书局1999年版，第326—327页。国家图书馆藏影宋抄本《缉古算经》一卷，每半叶九行，行十八字，左右双边，钤"铁琴铜剑楼"和"北京图书馆藏"印，汲古阁影宋本所缺文字，此本完整。但此本亦无鲍刻本书末之镂版衔名。

（3）鲍刻本"二乡差到人共造仰观台"，"乡"，影宋本作"县"。

（4）鲍刻本"数若二十五乘之"，汲本"数"上有"此"字。

《适园藏书志》卷七载《缉古算经》一卷，云："写校本《算经十书》缺《夏侯阳》《海岛》《五经算》《缀术》。第一种口上有'知不足斋恭摹'，余无，但朱笔校刊，仍是渌饮手笔，是知不足斋刊行之底本。"①此本应是据汲古阁影宋本摹写，并经鲍廷博校勘后刻入《丛书》。

15.《默记》

《知不足斋丛书》第八集，一卷，作者题署为"颍人王铚性之"。书末有叶石君跋。《知不足斋丛书总目》稿本云底本为叶石君抄本，有跋。

鲍刻本叶石君跋云："壬寅腊月钞讫并校。忆庚辰之岁，湖贾携旧钞本至，先为林宗取去，自后更历兵火，此书尚存。至辛丑岁偶语及之，乃太息扼腕云破家子散失。阅次年之冬，同晤钱遵王，话及明皇玉髑髅事，钱出此书，因借归钞之，时无善书之人，草草杂书。云林宗本尚有《五总志》附，又不知何时得钞之，以成旧观也。叶树廉石君识。"②可知鲍氏刻入《丛书》之叶抄本源自钱曾藏本。南京图书馆藏《知不足斋丛书》后印本题识云："乾隆癸卯仲春重校一过，知不足斋记。"可知乾隆四十八年（1783）鲍廷博重校此书。

国家图书馆藏清乾隆四十一年（1776）胡凤苞抄本《默记》一卷，作者题署为"王铚性之"。清陈鳣校并跋，又录鲍廷博、朱文藻、吴骞批校题识。每半叶九行，行十八字，无行格。钤"涵芬楼"、"子仙收藏"和"武原马氏藏书"、"筎斋珍赏"、"北京图书馆藏"等印。抄本卷首有题识云："兔床校先用紫笔，继用绿笔。""仲鱼校用黄笔。""朱、鲍二家校俱用朱笔。"兹录抄本末题跋如下：

---

① 张钧衡：《适园藏书志》卷七，中国书店出版社编：《海王村古籍书目题跋丛刊》第6册，中国书店出版社2008年版，第336页。

② （清）鲍廷博辑刻：《知不足斋丛书》第3册，中华书局1999年版，第376页。

第四章 《知不足斋丛书》刊刻底本及校本考

壬寅腊月抄讫并校。忆庚辰之岁，湖贾携旧抄本至，先为林宗取去，自后更历兵火，此书尚存。至辛丑岁偶语及之，乃太息扼挽云破家子散失。阅次年之冬，同晤钱遵王，话及明皇玉髑髅事，钱出此书，因借归抄之，时无善书之人，草草杂书。云林宗本尚有《五总志》附，又不知何时得抄之，以成旧观也。叶石君。

《五总志》，南宋吴廻所撰①。世多未见，予近始得之。因自叹耽书之癖不减昔人，所恨林宗、石君辈不见我耳。乾隆甲午秋日，廷博。

甲午九月廿五日，鲍渌饮以此本嘱为校勘，因合汪氏飞鸿堂、汪氏振绮堂藏本互勘，三本皆善矣。朱文藻。

朱君映漘校讫见还，予取飞鸿堂本重勘，复是正数十处，然飞鸿堂藏本不佳，尚有讹脱，无从改定，亦一恨也。九月二十七日灯下，博记。

明日海昌吴骞复从知不足主人借观，据其所见，笔之简端，又不下数十处，而此外讹舛者，亦尚有数处，终未能释然，此昔人所以有风庭扫叶之叹欤！

癸巳岁予借得以文本，吾友朱君云达为予手抄，且以意改其豕亥，藏之箧衍，今又得朱、鲍二君从汪氏二本校过者，凡此一书，合四家藏本，经四人手眼。吾辈之好书，可谓勤矣。他日以示云达，当更为之忻然解颐也。甲午十月二十七日横河舟次，兔床再志。

丙申七月二十七日，从拜经楼借得此本，因命胡生凤苞抄之，至八月二十七日抄毕。其诸家校本仍照各色书之，更有一二改正处则用黄笔，合观之，恍似文通梦中五色笔矣。鳣识。

吾乡有王性之庙，不知即撰《默记》者否，俟考。卷后有叶石君题跋。按，石君名万，吴之东洞庭山人，晚家琴川，聚书数万卷，亲为校阅，予每思其人，近日修地志者，不载其姓氏，殊恨事也，所云《五总志》当更从绿饮处借抄，仲鱼载笔。

---

① 按："廻"，当作"坰"。

鲍廷博获藏叶石君抄本《默记》后，于乾隆三十九年（1774）九月二十五日嘱朱文藻校勘，朱氏用汪氏飞鸿堂、汪氏振绮堂藏本互勘，认为三本皆为善本。鲍廷博于二十七日又用飞鸿堂本重勘，订正十余处讹误，认为飞鸿堂本有讹脱却无法订正，感到遗憾。吴骞跋云："癸巳岁予借得以文本，吾友朱君云达为予手抄，且以意改其豕亥，藏之箧衍。"此处云借得以文本，时在乾隆三十八年（1773），当即叶石君抄本，后吴骞借观朱、鲍校本，将两家校语临于抄本之上，使其本"经四人手眼"。乾隆四十一年（1776），陈鳣从吴骞处借得是本，命胡凤苞将各家校语按原色录之，八月二十七日录完，陈鳣用黄笔再度校勘。

鲍刻本末只有叶氏跋，落款为"叶树廉石君识"，而抄本为"叶石君"，两者略有不同。通校鲍刻本与抄本前五条内容，兹列异文如下：

（1）鲍刻本"太尉以为与己如何"，"如何"，抄本原作"何如"，校改为"如何"。

（2）鲍刻本"诚能由山背小路率众浮西涧水至城下"，"背"，抄本原作"川"，旁改为"背"。

（3）鲍刻本"与太祖巷战三纵而三擒之"，抄本原无"巷"，旁补。

（4）鲍刻本"必斩皇甫晖头者"，"晖"，抄本无。

（5）鲍刻本"晖仰面言"，"面"，抄本作"而"。

（6）鲍刻本"我自贝州卒伍起兵"，"贝"，抄本原作"具"，旁改为"贝"。

（7）鲍刻本"皇甫晖所以称太祖为神武者"，抄本"祖"下有"先"，似被划去。

（8）鲍刻本"一日谒见世宗"，"谒"，抄本作"请"，旁改为"谒"。

（9）鲍刻本"世宗曰如何"，抄本原作"云"，旁改为"曰"。

（10）鲍刻本"自厚载门而出"，"而"，抄本作"同"，眉批："'同'字疑衍。"

（11）鲍刻本"大如车轮矣"，"如"，抄本原作"于"，旁改为"如"。

（12）鲍刻本"世宗节名而寺其功德院矣"，"寺"，抄本原无，旁补。

（13）鲍刻本"乃世宗二子纪王□王也"，"□王"，抄本空缺二字，补入"蕲王"。

（14）鲍刻本"帅其英明有自云"，"帅"，抄本原无，旁补。

（15）鲍刻本"铉告辞"，"告"，抄本作"皆"，旁改为"告"。

（16）鲍刻本"遂有秦王赐牵机药之事，牵机药者，服之前却数十回"，抄本"事"下原有"廷"，被划去，补"牵机药者服之"；抄本"前"下有重文符号，"却"旁补"病"。

（17）鲍刻本"又敌觉之则殆矣"，"敌"，抄本作"虏"。

（18）鲍刻本"世传王迥遇女仙周瑶英事"，"瑶"，抄本原作"遥"，旁改为"瑶"。

（19）鲍刻本"是时皇储屡夭"，"储"，抄本原作"嗣"，旁改为"储"。

（20）鲍刻本"试于帝所"，"试"，抄本作"诚"，旁改为"试"。

（21）鲍刻本"虽其言若此"，"言"，抄本原无，旁补。

从上述校勘来看，除第四、五、十、十三、十七条外，其余校改后的文字皆与鲍刻本同，叶石君跋亦同，故此胡凤苞抄本出自于鲍刻本底本，由此本亦可知鲍廷博与朱文藻校勘的情况。

16.《南湖集》

《知不足斋丛书》第八集，十卷，作者题署为"秦川张镃功甫"。每半叶九行，行二十一字，左右双边，细黑口，版心下方镌"知不足斋丛书"。书首为鲍廷博《刻〈南湖集〉缘起》、杨万里《约斋〈南湖集〉序》、鲍廷博题识、题词。书末附录遗文、碑刻、逸事，有乾隆四十六年（1781）朱文藻书后。《知不足斋丛书总目》稿本云底本为朱朗斋抄校《永乐大典》本，有跋。

从乾隆四十六年（1781）《刻〈南湖集〉缘起》，可知鲍廷博得到此书，颇费了一番周折。张羲年本已见报四库馆新辑的《南湖集》，但事情未果，张氏去世。后来邵晋涵听说此事，便传抄了四库馆校定的副本，托沈芦士寄予鲍廷博。由乾隆四十六年（1781）朱文藻书后，可知邵晋涵抄录的副本，经朱文藻校勘后刻入《知不足斋丛书》。

国家图书馆藏清抄本《南湖集》十卷，作者题署为"宋张镃撰"。清鲍廷博校。每半叶十行，行二十一字，钤"晋涵之印"、"邵氏二云"、"邵晋涵印"和"二云"等印。鲍刻本书首《刻〈南湖集〉缘起》《约斋〈南湖集〉序》、题识、题词；卷三末《谢李仁父送茯苓》（从《全芳备祖》补录），《钓台》（从《钓台集》补录）；卷四《游九锁山》（从《洞霄诗集》补录）；卷九《再游洞霄》（从《洞霄宫志》补录）；卷十《鹧鸪天》（从《阳春白雪》补录），《宴山亭》（从《阳春白雪》补录），《贺新郎》（从《花庵词选》补录），《柳梢青》（从《花庵词选》补录），《兰陵王荷花》（从《词综》补录）；附录所有内容均不见于此抄本。通校鲍刻本与抄本卷一，兹列异文如下：

（1）鲍刻本"《南湖集》卷第一"，抄本无"第"，他卷亦同。

（2）鲍刻本"求圆能舍规"，"舍"，抄本作"拾"。

（3）鲍刻本"日暮前道远"，"暮"，抄本作"慕"。

（4）鲍刻本"若向虎石求"，"石求"，抄本作"求石"。

（5）鲍刻本"《吕浩然张以道小集以东坡诗细思却是最宜霜分韵得却字》"，"分"，抄本无。

（6）鲍刻本"葵榴映菖歜"，"菖"，抄本作"葛"。

（7）鲍刻本"泉眼尝津津"，"尝"，抄本作"当"，旁改为"常"。

（8）鲍刻本"捐虑更招咎"，"捐"，抄本作"损"，旁改为"捐"。

（9）鲍刻本"兴酣任景晚"，"任"，抄本作"在"。

此抄本正是邵晋涵为鲍廷博抄录的四库馆辑本的副本，为鲍刻本之原始底本。朱文藻、鲍廷博在此本基础上经过细致校勘和充分辑录后刻入了《丛书》。

17.《铁围山丛谈》

《知不足斋丛书》第九集，六卷，作者题署为"百衲居士蔡绦"。

每半叶九行，行二十一字，左右双边，细黑口，版心下方镌"知不足斋丛书"。"《铁围山丛谈》卷第一"下注："雁里草堂钞本开雕，璜川吴氏、涉园张氏钞本参校。"书末题识云："嘉靖庚戌孟冬，雁里草堂缮写，仲冬三日校毕。"① 后有宽山识、乾隆四十六年（1781）鲍廷博识。《知不足斋丛书总目》稿本云底本为雁里草堂抄本，以璜川吴氏、涉园张氏抄本校。

上海图书馆藏明嘉靖二十九年（1550）无锡秦氏雁里草堂抄本《铁围山丛谈》六卷，清钱谦益批校，清施城跋。每半叶十一行，行二十字，有行格，四周单边，版心下方有"雁里草堂"，残存数页。钤"钱谦益"、"钱曾"、"遵王"、"汪士钟印"、"阆源真赏"、"蕙轩"、"知不足斋主人所赠"和"张燕昌印"②。此本为鲍廷博校勘时采用的雁里草堂抄本，曾经钱谦益、钱曾、汪士钟等名家递藏，后由鲍廷博赠予张燕昌。

18.《麟角集》

《知不足斋丛书》第十集，一卷、附录一卷，作者题署为"唐水部郎中福清王棨辅之著"。每半叶九行，行二十一字，左右双边，细黑口，版心下方镌"知不足斋丛书"。书首有《王郎中传》、目录，书末附录省题诗，"省题诗"下注云："宋绍兴乙卯八代孙蘋任著作佐郎，于馆阁校雠，见先郎中省题诗，录附之。"③《知不足斋丛书总目》稿本云底本为丁松斋校本。

国家图书馆藏清抄本《麟角集》一卷、附录一卷、补遗一卷，作者题署为"唐水部郎中福清王棨辅之著"。每半叶八行，行十六字，黑口，左右双边，清丁佺校并跋。钤"鲍氏知不足斋所贻"、"张印燕昌"、"丁佺"和"北京图书馆藏"印。从藏书印可知，鲍廷博将此抄本赠予了张燕昌。书末丁佺跋云："戊子冬抄从鲍大以文处借得此册，翻阅数过，为勘定四十二字，疑未定者二十三字，补遗三字并标简端，以质诸鲍子，且代还书之一瓻云。松斋丁佺识。"可知此抄

---

① （清）鲍廷博辑刻：《知不足斋丛书》第 3 册，中华书局 1999 年版，第 697 页。
② 按：此书残存数页，不见有藏书印，此处上海图书馆电子目录著录。
③ （清）鲍廷博辑刻：《知不足斋丛书》第 4 册，中华书局 1999 年版，第 59 页。

本为鲍廷博旧藏，乾隆三十三年（1768）丁佺借去校勘。"晓日禁林闻清流"条眉批云："'色'疑'夜'。""'色'字家大人校正作'夜'字，无疑。""寒雨滴空阶"条眉批云："'晚'，疑'晓'。""'晚'字家大人校正作'晓'字，无疑。"鲍刻本采纳眉批的意见，刻作"夜"、"晓"。这两条中，前一条眉批出自丁佺，后一条称丁佺为"家大人"，可能为其子丁子贞。

鲍刻本校勘记如"一作置"，"一作载"，"一作流"等与抄本丁松斋眉批相合，如"'致'，《赋汇》作'置'"，"《赋汇》'缘'作'绵'，'代'作'载'，'乃'作'则'，'同'作'流'，'想'作'当'"。可知校勘记所云一本实为《历代赋汇》。抄本补遗《沛父老留汉高祖赋》有鲍廷博眉批云："此篇系王起作，非王棨也。仍当删去。"因鲍氏认为抄本补遗有误，故未将其刻入《丛书》中。《芙蓉峰赋》有鲍廷博眉批云："'垒'，当是'叠'字之讹。"《水城赋》有鲍廷博眉批云："'郁'当是'爵'字之误。"鲍刻本作"叠"、"爵"，可知鲍廷博在丁氏父子校勘的基础上，又做了进一步的校勘后刊刻，此清抄本为鲍刻本底本。

19.《江西诗社宗派图录》

《知不足斋丛书》第十集，一卷，作者题署为"南州张泰来扶长述"。每半叶九行，行二十一字，左右双边，细黑口，版心下方镌"知不足斋丛书"。书首为康熙十年（1691）商丘宋荦题，书末有厉鹗识和雍正十一年（1733）勿药记。《知不足斋丛书总目》稿本云底本为厉樊榭抄本，有跋。

勿药跋云："此书从樊榭山民厉君借钞，校过并录其跋语。南湖花隐，其新号也。"① 可知鲍刻本底本为赵一清校抄厉鹗本。赵一清，字诚夫，号东潜，别号泊花居士、勿药子等，仁和（今浙江杭州）人，是小山堂主人赵昱之子。

上海图书馆藏清赵氏小山堂抄本《江西诗社宗派图录》一卷，作者题署为"南州张泰来扶长述、男师贤英成校"。无行格。钤"独山莫氏藏书"和"铜井文房"等印。书首为宋荦题，并有赵一清朱笔

---

① （清）鲍廷博辑刻：《知不足斋丛书》第4册，中华书局1999年版，第218页。

手录厉鹗识和手书勿药记。后来莫棠收藏此本并撰跋。

鲍刻本正文所收条目与抄本同，但无抄本书末附录之《附子由次韵》及题签内容。校勘序及"陈师道"条，兹列异文如下：

（1）鲍刻本"廷博按：'扬'原作'杨'，今据宋刻《刘后村集》校正"，"扬"，抄本作"杨"。

（2）鲍刻本"或谓三百五篇而后作诗者"，"三"，抄本作"二"。

（3）鲍刻本"即古文亦有之"，"即"，抄本作"耶"。

（4）鲍刻本"丰亦并驱以北一云'登'"，抄本注云："一云'登'"。

鲍刻本与抄本两条注文吻合，另两条异文亦有校改讹误的痕迹可寻。加之抄本宋荦、南湖花隐和勿药序跋均见于鲍刻本，故此抄本应为鲍刻本底本，鲍廷博应是据此本校刻。

20.《万柳溪边旧话》

《知不足斋丛书》第十集，一卷，作者题署为"知非子尤玘君玉撰、门人张雨书讳"。每半叶九行，行二十一字，左右双边，细黑口，版心下方镌"知不足斋丛书"。书末有寔跋、嘉靖三十一年（1552）晋跋和乾隆三十九年（1774）朱文藻书。《知不足斋丛书总目》稿本云底本为朱朗斋校，有跋。

朱文藻跋云："《万柳溪边旧话》，宋尤司徒玘所著，完书三卷，其后残缺，遂并省不分，明洪武中曾孙寔板行之，嘉靖中八世孙鲁重刻于家塾，瑛帅粤中又刻之，宪台凡三刻矣。嘉靖去今二百二十余年而刊本无存，藏书家大率传钞流布耳。卷中注语当是初刻时所增，其讹谬之处，想皆仍刻本所误，无从得善本校正矣。吾友鲍子以文出旧本，属予勘定，予取静寄东轩所藏互校，两本误处多同，知其传写源出一本也。复据成化中孙伟德增修《毘陵志》改正数处。孙《志》本之明初谢应芳，谢《志》本之宋咸淳中史能之，凡例称修志时惟咸淳、洪武两本可考，则其所采宋事大都史本之旧，可据也。"[①] 朱氏用静寄东轩藏本与鲍廷博藏旧本互校，发现两本同源，故用孙伟德

---

① （清）鲍廷博辑刻：《知不足斋丛书》第4册，中华书局1999年版，第235页。

增修《毘陵志》校订数处错误。鲍刻本校勘案语甚多，如"文简公致政归"条："廷博案，《瀛奎律髓》'梁溪'作'清溪'，'落叶'作'落月'。"①"寺丞公"条："文藻案，'君'字不知何指。廷博案，'君'字上或脱'先'字，诸本并同，仍之俟考。"②"始迁祖赠待制公"条："文藻案，《毘陵志》许舍在无锡县西南六十里开化乡二十七都。"③南京图书馆藏《知不足斋丛书》后印本有题识云："乾隆甲辰季春重校一过，知不足斋记。"可知鲍廷博于乾隆四十九年（1784）重校此书。

苏州市图书馆藏清抄本《万柳溪边旧话》一卷，作者题署为"宋知非子尤玘君玉撰"。每半叶九行，行二十一字，无行格，钤"张印燕昌"、"班侯"、"知不足斋主人所贻"、"闻川计氏曦伯所藏"和"独山莫氏藏书"等印④。书末有寔跋、晋跋。抄本扉页莫棠题识云："此知不足斋钞本以贻张燕昌者，乙未九月在吴下收，越日又得鲍氏《丛书》所刊本，当与此同出一源，特椠本多朱文藻校语耳。"末钤"独山莫棠"印。"知不足斋主人所贻"乃张燕昌印，抄本为知不足斋故物。

鲍刻本与清抄本条目分合有不同，将抄本的一条分为几条，抄本无朱文藻和鲍廷博的校勘案语。校勘鲍刻本与清抄本前二十四条内容，兹列异文如下：

（1）"始迁祖赠待制公"条，鲍刻本"俾公居无锡"，抄本原无"居"，小字补入。

（2）"关侯祠凡三易"条，鲍刻本"待制公奉关侯不异祖先"，抄本原无"制"，小字补入。

（3）"文献公年二十一岁"条，鲍刻本"久之，拜兵部尚书"，抄本原无"之"，小字补入。

（4）"文献公钞写"条，鲍刻本"筑一小塔于赤石岭"，抄本原

---

① （清）鲍廷博辑刻：《知不足斋丛书》第4册，中华书局1999年版，第231页。
② （清）鲍廷博辑刻：《知不足斋丛书》第4册，中华书局1999年版，第234页。
③ （清）鲍廷博辑刻：《知不足斋丛书》第4册，中华书局1999年版，第225页。
④ 按：除"张印燕昌"印外，影印本其他印文模糊，此处据杜泽逊著，程远芬编：《四库存目标注》（上海古籍出版社2007年版，第796页）录。

无"一",似补入,较为模糊。

（5）"工侍公绍兴二年"条,鲍刻本"秘书监权工部侍郎","权",抄本作"榷"。

（6）"工侍公绍兴二年"条,鲍刻本"复出金置田三顷畀之,俾为醮烛费"。"置",抄本作"买";"醮",抄本作"櫼"。

清抄本原为知不足斋旧藏,校改后的文字与鲍刻本相似度很高,故此本应是鲍刻本朱文藻跋所云之鲍廷博藏旧本,朱氏用静寄东轩藏本互校,并用《毘陵志》校勘后,刻入《知不足斋丛书》。故苏州市图所藏之清抄本为鲍廷博使用的校本。

21.《诗传注疏》

《知不足斋丛书》第十一集,三卷,作者题署为"弋阳谢枋得君直著"。每半叶九行,行二十一字,左右双边,细黑口,版心下方镌"知不足斋丛书"。书首为乾隆四十六年（1781）吴长元《弁首》。书末注云:"乾隆乙巳仲春校刊,计二万四千五百三十三字。"①《知不足斋丛书总目》稿本云底本为吴长元辑本。

吴长元《弁首》云:"宋谢叠山先生《诗传注疏》原本久佚,卷帙无考,元人解《诗》,互相征引,删节详略亦各不同,今于《永乐大典》各韵所载元人《诗经》纂注中采录一百六十四条,历搜诸书又得一百三十七条,存详去略,编为三卷,只标篇目,不录经文,以脱略甚多也。"②《诗传注疏》久佚,吴长元从《永乐大典》辑录了三百零一条,编为三卷,始得睹此书之面貌。上海图书馆藏清乾隆鲍氏知不足斋抄本《诗传注疏》三卷,为鲍刻本底本。③

22.《五国故事》

《知不足斋丛书》第十一集,二卷,撰人佚。书末有数条题识及乾隆三十八年（1773）吴长元书。南京图书馆藏《知不足斋丛书》后印本书首有据卢文弨校本勘定的"《五国故事》订误"十则。《知不足斋丛书总目》稿本云底本为明剑光阁抄本。

---

① （清）鲍廷博辑刻:《知不足斋丛书》第4册,中华书局1999年版,第279页。
② （清）鲍廷博辑刻:《知不足斋丛书》第4册,中华书局1999年版,第239页。
③ 详见本书第二章第一节鲍廷博知不足斋刻工研究。

国家图书馆藏明抄本《五国故事》二卷，清鲍廷博校，赵辑宁跋。每半叶十一行，行二十四字，白口，蓝格，四周单边。钤"古欢书屋"、"赵印辑宁"、"素门"和"北京图书馆藏"印。书首有赵辑宁题识云："蓝笔、朱笔鲍绿饮手校，素门识。"

校勘此抄本与鲍刻本卷上数条，如鲍刻本"伪吴杨氏"，"伪吴"，明抄本原作"吴主"，鲍校改为"伪吴"；鲍刻本"伪唐李氏"，"伪唐"，明抄本原作"唐主"，鲍校改为"伪唐"；鲍刻本注文"伪谥神武孝德明惠皇帝"，"伪"，明抄本原作"借"，鲍校改为"伪"，"孝"，明抄本原作"李"，鲍校改为"孝"，"帝"，明抄本原作"后"，鲍校改为"帝"；鲍刻本注文"入朝封违命侯"，"违"，明抄本原作"达"，鲍校改为"违"，等等，抄本校改后的文字与鲍刻本同。也有个别文字与鲍刻本不同，说明鲍廷博刊刻时曾用他本校过，如鲍刻本注文"文皇帝"，"皇"，明抄本作"宣"。

鲍刻本吴长元跋云："此册为明代剑光阁旧钞，较他本为胜，江南藏书家多从借录，题名具存，有足征者，鲍君以文喜刊异书，以家所藏为未善，请以付梓，固予素志也。"① 可知鲍廷博据以刊刻的明剑光阁抄本乃吴长元藏本。鲍刻本所存之题名，不见于明抄本，不知国图藏本是否有缺页。

虽此明抄本与鲍刻本有个别异文，且鲍刻本书末题识"陆敕先借钞讫"，"钱遵皇录过"，"壬寅仲春初九日阅于剑光阁"，"赵钱之借录"②，以及吴长元跋不见于此抄本，但从其中保存的鲍廷博手校文字、眉批，以及吴长元藏书印，可知此明抄本为鲍刻本底本。

23.《离骚集传》

《知不足斋丛书》第十二集，一卷，作者题署为"晋陵钱杲之集传"。每半叶九行，行十八字，小字双行同，左右双边，细黑口，版心下方镌"知不足斋丛书"。"《离骚》"下注"宋本重雕"。《知不足斋丛书总目》稿本云底本为宋本。

国家图书馆藏清乾隆四十七年（1782）吴翌凤抄本一卷，作者题

---

① （清）鲍廷博辑刻：《知不足斋丛书》第4册，中华书局1999年版，第370页。
② （清）鲍廷博辑刻：《知不足斋丛书》第4册，中华书局1999年版，第370页。

署为"晋陵钱杲之集传"。吴翌凤跋、鲍廷博校并跋。每半叶九行，行十八字，无行格，钤"北京图书馆藏"印。抄本中手摹宋本之印有"宋本"、"希世之珍"、"胡开远珍藏印"、"戊戌毛晋"、"西舜城居士"、"楝亭曹氏藏书"、"一名凤苞"、"字子九"、"毛褒字华伯号质庵"、"毛氏藏书子孙永宝"、"子儋"和"汲古阁"等印。书首"《离骚》"下注"汲古阁宋刊本对钞"。书末题识云："舜城朱承爵校雠讫。"吴翌凤跋云："右楚辞集传一卷，晋陵钱杲之撰，见《宋史·艺文志》。其余藏书家无著录者，惟钱氏述古堂有之。杲之，未详何如人。凡分经文三百七十三句，为十四节，其注多本王叔师之说，又间采洪庆善补注，则是绍兴以后人矣。乾隆壬寅秋日，借海虞刘希圣所藏汲古阁宋椠本对录，间尝质之，吾友得闲居士亦未之见也。九月二十三日吴翌凤伊仲氏书于古欢堂。"鲍廷博跋云："乾隆癸卯二月初四日，灯下宋刻再校一过。丙午十月初八日写刻样竟。十六日校于青镇寓庐。""共一万〇七百三十九字。"可知乾隆四十七年（1782），吴翌凤据刘希圣藏汲古阁宋刻本对录，乾隆四十八年（1783），鲍廷博用宋刻再次校正，乾隆五十一年（1786）十月初八写刻完毕后，十六日鲍氏再校。

国家图书馆藏宋刻本《离骚集传》一卷。每半叶九行，行十八字，小字双行同，左右双边。钤"铁琴铜剑楼"、"开卷一乐"、"虞山瞿绍基藏书之印"、"宋本"、"古里瞿氏记"、"汪印士钟"、"黄印丕烈"、"复翁"、"费念慈"、"汲古阁"和"北京图书馆藏"等印。兹录书中各跋如下：

> 嘉庆壬戌夏六月七日丙午，士礼居主人邀余题书楟庵，因出新得桐乡金氏所藏宋刻钱杲之《离骚集传》示余。卷端画兰一帧，云是方樗盦笔。余按，经云"滋兰之九畹兮，复树蕙之百畮"，樗盦盖取此意。其所画两丛，以山谷所云"一干一花而香有余者兰，一干五七花而香不足者蕙"证之，则兰蕙可分辨也。樗庵舍于金氏桐华馆，主宾相契，脱略形迹，缀此数笔，其殆况同心之臭欤。菱圃爱书，兼及名绘，于樗庵笔独缺，如今得此世间绝无之书，并得此画，香草之遗，情复何似。菱圃以余略识画

理,属为之跋,爰书数语于画右。孙延。

宣统庚戌正月,邵松年叚景一通,元宵前三日记。

光绪辛丑正月,武进费念慈借观,景副校藏,八月十九日记。

舜城朱承爵校雠讫。

此钱杲之《离骚集传》,宋板之精绝者。余检《汲古阁珍藏秘本书目》集部,云:"钱杲之注《离骚》一本,宋板影钞,此书世间绝无,一两五钱。"今为宋板,宜乎价增十倍矣。顾余窃有疑焉。此书有"戊戌毛晋"印,又有"毛褒字华伯号质庵"印,则是书已传两世,而斧季手写《书目》售于潘稼堂,不列宋板,岂留其真本耶,抑已经散失邪,不可得而知也。影写本闻在小读书堆,宋板今又在余处,所谓世间绝无者同在一郡,幸何如之。是书来自桐乡金氏,卷端画兰,云是方薰笔云。辛酉十月荛圃记。

此本为汲古阁藏宋椠本,吴翌凤、鲍廷博校勘时所据即为此本。校勘鲍刻本与吴抄本部分文字,并用宋刻本参校,兹举几例如下:

(1)鲍刻本"曰正则兮",吴抄本"正"旁有校字"仲",宋本"正"旁有校字"仲"。

(2)鲍刻本"今何久而不能改此态度乎","乎",吴抄本原作"也",描改为"乎",宋本作"乎"。

(3)鲍刻本"岂惟纫夫兰茝","兰",吴抄本作"蕙",宋本作"蕙"。

(4)鲍刻本"厚硬味薄者",吴抄本"者"下有一字,被圈去,宋本无此字。

(5)鲍刻本"彼唯捷行邪",吴抄本"唯"下有"邪"字,被圈去,宋本无此字。

(6)鲍刻本"导从其君","从",吴抄本作"彼",描改为"从",宋本作"从"。

(7)鲍刻本"余固知謇謇之为患兮",吴抄本"患"旁有校字"仲",宋本"患"旁有校字"仲"。

第四章 《知不足斋丛书》刊刻底本及校本考 // 207

（8）鲍刻本"昏以为期"，吴抄本"期"下有"兮"字，被圈去，宋本无"兮"字，旁有校字"兮"，鲍廷博批语云："宋刻脱'兮'字，似不必增。"

除第三例鲍刻本所刻之字与吴抄本及宋刻本不同外，其余均同，可知吴翌凤抄本即为鲍刻本底本，且此本曾用宋本校过属实。

24.《庆元党禁》

《知不足斋丛书》第十二集，一卷。书首为《御题庆元党禁》、淳祐五年（1245）序、目录。《知不足斋丛书总目》稿本云底本为《永乐大典》本。

日本静嘉堂文库藏旧抄本《庆元党禁》一卷，不著撰人名氏。"卷端有'邵氏二云'朱文方印，鲍氏以文手跋曰：'丙午十月初十日写样讫，十六日校于青镇寓舍。'"① 此旧抄本当为邵晋涵从馆臣辑本传录之本，鲍廷博于乾隆五十一年（1786）据此本刻入《丛书》。

25.《北山酒经》

《知不足斋丛书》第十二集，三卷，作者题署为"大隐翁撰"。每半叶九行，行十八字，双行小字同，左右双边，细黑口，版心下方镌"知不足斋丛书"。《知不足斋丛书总目》稿本云底本为吴枚庵抄足本。书首为李保题词。"《酒经》上"下注"枚庵漫士古欢堂秘册"。书末有吴翌凤跋和乾隆五十年（1785）鲍廷博跋。鲍氏跋云："是书虽刻于《说郛》及《吴兴艺文志补》，然中、下两卷已佚不存。吴君伊仲喜得全本，曲方酿法，粲然备列，借登枣木，以补《齐民要术》之遗，较之窦苹《酒谱》徒摭故实而无裨日用，读者宜有华实之辨焉。"②

徐乃昌辑《随庵徐氏丛书续编》本《酒经》三卷。每半叶十行，行十八字，左右双边，双鱼尾，版心下方记页数、字数和刻工姓名，钤"乾学"、"徐健庵"、"钱学士"、"汪印文琛"、"牧翁"、"季印振宜"、"沧苇"、"雁里草堂"、"钱印谦益"、"瞿氏鉴藏金石记"和"徐氏珍玩"等印。有牌记云："南陵徐乃昌景摹宋本重雕。"虽云影摹，但刊刻字迹与宋本略有不同。书末有徐乃昌和钱谦益跋。徐氏跋

---

① ［日］河田羆：《静嘉堂秘籍志》卷十八，上海古籍出版社2016年版，第668页。
② （清）鲍廷博辑刻：《知不足斋丛书》第4册，中华书局1999年版，第604—605页。

云：" 知不足斋鲍氏据吴翌凤钞本付梓。与此本不同者，卷上总论'秫得七百斛'，作'得秫'；'岁中'作'岁终'；'酒之官长也'，'之官'作'官之'；'古者'下有'玄酒在室'四字；'醴酒在室'，'室'作'户'……皆宋本误而鲍改正者。"徐氏将宋本与鲍刻本校勘后列举上述异文，认为鲍廷博校改宋本之误后刊刻此书。

国家图书馆藏宋刻本《酒经》三卷。每半叶十行，行十八字，左右双边，双鱼尾，版心下方记页数、字数和刻工姓名，钤"宋本"、"乾学"、"徐健庵"、"季印振宜"、"沧苇"、"雁里草堂"、"汪印士钟"、"铁琴铜剑楼"、"士钟"、"钱印谦益"、"徐氏珍玩"和"北京图书馆藏"等印。书末有钱谦益手跋："《酒经》一册乃绛云未焚之书，五车四部尽为六丁下取，独留此经，天殆纵余终老醉乡，故以此转授遵皇，令勿远求罗浮铁桥下耶。余已得修罗采花法酿仙家烛夜酒，视此《经》又如余杭老媪家油囊俗谱耳。辛丑初，夏蒙翁戏书。"此宋本为钱谦益绛云楼遭逢大火而幸存之书，钱氏慨叹万分，遂将此书赠予钱曾。

《钱遵王述古堂藏书目录》卷六著录："大隐翁《酒经》三卷，一本，抄。"① 又鲍刻本吴翌凤跋云："此册为玉峰门生徐瓒所赠，犹是述古堂旧藏。"② 可知吴氏抄本乃徐瓒所赠之述古堂藏本。因钱谦益将宋刻本赠予钱曾，故鲍廷博所据之钱氏藏本极有可能是从宋刻本抄录的，徐乃昌通过校勘认为鲍廷博据宋本校刻的观点正说明了这一点。又陆心源《影宋〈酒经〉跋》云："鲍渌饮知不足斋刊本，每叶九行，每行十六字，与此本行款不同，其余多同。据鲍跋，借之吴枚庵，枚庵得之玉峰徐瓒，盖与此本同出一源。"③ 亦持有同样的看法。其实，鲍刻本每行字数为十八字，与宋刻本每行字数同。因此，《知不足斋丛书总目》稿本所云之吴枚庵抄足本，极有可能是从宋本抄录而来。

26.《山居新话》

《知不足斋丛书》第十二集，一卷，作者题署为"太史氏杨瑀元

---

① （清）钱曾：《钱遵王述古堂藏书目录》卷六，清钱氏述古堂抄本。
② （清）鲍廷博辑刻：《知不足斋丛书》第4册，中华书局1999年版，第604页。
③ 陆心源著，冯惠民整理：《仪顾堂书目题跋汇编》卷十，中华书局2009年版，第392—393页。

诚"。每半叶九行，行二十一字，小字双行同，左右双边，细黑口，版心下方镌"知不足斋丛书"。书首为杨维祯叙，书末有至正二十年（1360）杨瑀识。《知不足斋丛书总目》稿本云底本为刊本。

上海图书馆藏清抄本《山居新话》一卷。每半叶十行，行二十字，有行格，钤"韩印绳文"和"舫欧"等印。书首为杨维祯叙，书末有杨瑀识。抄本鲍廷博朱、墨批校甚多，书末鲍氏墨笔题识云："乾隆己卯九月，传元刻本于何东甫氏。"此本乃乾隆二十四年（1759）鲍廷博从何琪收藏之元刻本传抄而来。从抄本眉批"此条见《辍耕录》第二卷"；"此二行阙文欲觅《朝野佥载》足"等，可知鲍氏曾用《辍耕录》和《朝野佥载》等书他校。

校勘鲍刻本与抄本杨维祯叙和杨瑀识，兹列异文如下：

（1）鲍刻本"汉为陆生"，"为"，抄本原作"为"，改作"有"，墨批云："'为'或是'有'。"

（2）鲍刻本"君子不道之已，吾宗老山居太史"，"已"，抄本无，朱笔增入；"宗"，抄本原作"家"，朱笔改作"宗"。

（3）鲍刻本"袄诡淫佚"，"佚"，抄本原无，朱笔增。

（4）鲍刻本"好事者梓行其书"，"行其"，抄本无，空两格。

（5）鲍刻本"儒学提举"，"儒"，抄本原作"传"，朱笔改作"儒"。

（6）鲍刻本"从上亟命分其酒于各爱马……皆红色今湮"，此段文字抄本空白，鲍氏朱笔补录。

（7）鲍刻本"即欲捶侍者"，"欲"，抄本原作"以"，有墨批云："'以'疑'欲'字。"

（8）鲍刻本"次及名臣之事迹"，"次"，抄本原无，朱笔补。

除第四条之缺字不知鲍廷博据何本补入，其余抄本校改、增补或原有之文字均与鲍刻本相合。故此本为鲍刻本底本。

27.《翰苑群书》

《知不足斋丛书》第十三集，二卷，宋洪遵辑。每半叶九行，行十八字，小字双行同，左右双边，细黑口，版心下方镌"知不足斋丛书"。书首为乾隆三十九年（1774）卢文弨序、目录，书末有乾道九年（1173）洪遵书。《知不足斋丛书总目》稿本云底本为宋刊本，卢召弓校。

国家图书馆藏明抄本《翰苑群书》二卷,傅增湘跋并题诗,陈宝琛、夏孙桐、邵章、陈云诰、郭则沄、俞陛云题诗。每半叶十行,行十八字,黑格,白口,四周双边。傅增湘跋云:"惟宋时原椠久已不存,其佚卷殆不可考。朱竹垞、钱竹汀集中有此书跋语,亦不言所见为旧刻。鲍本前有卢召弓序,只言借本校录,是卢本亦出传钞,而鲍氏即据以锓梓也。今卢氏校本尚存静嘉文库,可以考而知矣。"傅氏认为鲍刻本底本应为传抄本。鲍刻本卢文弨序云:"余未有是书,因借本录竟,手自校对,漫识数语于其端。"① 又《静嘉堂秘籍志》卷二十一载旧抄本《翰苑群书》二卷,汪季青旧藏,卢文弨手校,云:"卷首有乾隆卅九年五月卢文弨序。卷中有'休宁汪季青家藏书籍'朱文方印、'古香楼'朱文圆印。"②可知鲍刻本底本确为旧抄本,为汪季青旧藏,经卢文弨校勘后,鲍廷博刻入《丛书》。

28.《百正集》

《知不足斋丛书》第十三集,三卷,作者题署为"三山连文凤撰"。每半叶九行,行二十一字,小字双行同,左右双边,细黑口,版心下方镌"知不足斋丛书"。书首为提要。《知不足斋丛书总目》稿本云底本为《永乐大典》本。

张钧衡《适园藏书志》卷十三载旧抄本《百正集》三卷,云:"此本出于《大典》,全集久佚矣。收藏有'世守陈编之家'双龙朱文印,'老屋三间赐书万卷'、'歙西长塘鲍氏知不足斋藏书记'两朱文方印。"③ 又中国台湾"中央图书馆"收藏清传抄《四库全书》本《百正集》三卷,鲍廷博手校。每半叶十行,行二十一字。钤"国立中央图书馆收藏"、"芷圃收藏"、"老屋三间赐书万卷"、"歙西长塘鲍氏知不足斋藏书印"、"遗稿天留"、"好书堆案转甘贫"、"邵氏二

---

① (清)鲍廷博辑刻:《知不足斋丛书》第5册,中华书局1999年版,第38页。
② [日]河田羆:《静嘉堂秘籍志》卷二十一,上海古籍出版社2016年版,第784—785页。
③ 张钧衡:《适园藏书志》卷十三,中国书店出版社编:《海王村古籍书目题跋丛刊》第6册,中国书店出版社2008年版,第417页。

云"和"世守陈编之家"印。① 藏书印"邵氏二云"说明此本是邵晋涵从四库馆辑本抄录的副本。"菦圃收藏"乃张钧衡之子张乃熊印，张钧衡所记与中国台湾"中央图书馆"藏本应为同一本。此抄本从知不足斋流出，由张氏适园收藏，今入藏中国台湾"中央图书馆"。此本应为鲍刻本底本。鲍廷博在《四库》馆臣辑录基础上作了校补后刻入《丛书》，如卷上《钓丝风》："短发冷飕飕，倚船《元诗体要》作'栏'初下钩。闲来片水外，轻弄一痕秋。浅拂苹花落《元诗体要》作'乱'，低随《元诗体要》作'分'柳影浮。烟波清梦远，吹不到王《元诗体要》作'公'侯。"② 卷中《送西秦张仲实游大涤洞天》案，此首《永乐大典》阙，今从《洞霄诗集》补入③；卷中《春日田园杂兴》案，此诗《永乐大典》阙载，今从月泉吟社诗补入④；鲍氏罗列他校异文，并辑补诗歌两首。

29.《聱隅子歔欷琐微论》

《知不足斋丛书》第十五集，二卷，作者题署为"蜀人黄晞撰"。每半叶九行，行二十一字，小字双行同，左右双边，细黑口，版心下方镌"知不足斋丛书"。书首为黄晞叙，书末有乾隆五十七年（1792）严树萼题。"《聱隅子歔欷琐微论》卷第一下"注"宋本重雕"。《知不足斋丛书总目》稿本云底本为芳椒堂藏宋刊本。

南京图书馆藏宋刻本《聱隅子歔欷琐微论》二卷，叙文每半叶十行，行十六字，正文每半叶十三行，行二十三字，四周单边，双鱼尾，钤"八千卷楼珍藏善本"、"季振宜藏书"、"徐健庵"、"乾学"、"芳茞堂印"、"强圉涒滩"、"强圉柔兆"、"元照之印"、"严氏久能"、"八千卷楼珍藏"和"南京图书馆藏"等印。扉页有丁丙题签云："《聱隅子歔欷琐微论》二卷，宋刊本，季振宜、徐乾学、严元照藏书。蜀人黄晞撰。前有自序述十篇相承之旨：曰生学、曰进身、曰扬名、曰虎豹、曰仁者、曰文成、曰战克、曰大中、曰道德、曰三王，每篇仍冠以小序。晞，字景微，蜀人，尝聚书数千卷，学者多从

---

① 周生杰：《鲍廷博藏书与刻书研究》，黄山书社2011年版，第165页。
② （清）鲍廷博辑刻：《知不足斋丛书》第5册，中华书局1999年版，第229页。
③ （清）鲍廷博辑刻：《知不足斋丛书》第5册，中华书局1999年版，第231页。
④ （清）鲍廷博辑刻：《知不足斋丛书》第5册，中华书局1999年版，第235页。

之游，著《聱隅歔欷琐微论》①。石介闻其名，使诸生如古礼，执羔雁束帛就里聘补学职，辞不就。韩魏公为枢密使，荐之为太学助教，而朱子《近思录》中亦称之。《书录解题》曾载此书，《宋·艺文志》杂家类又有《歔欷子》一卷，疑即此本。阮氏元进呈内府，鲍氏廷博刊入《知不足斋丛书》，皆以此为底本，叠经季振宜、徐健庵、严九能收藏，有印记跋语。"次页有严元照跋："《聱隅子歔欷琐微论》二卷，宋仁宗时蜀人黄晞撰，著录于晁公武、陈振孙两家书目。此麻沙书坊刊本，甚草率，莫春之月，予获之书船中。壬子季夏，芳椒子严元照书。"钤"照"印。严跋后另有一跋，书末有题签介绍黄晞生平，文繁不录。书末跋云："昆山徐氏《传是楼宋刻书目》中□是书，此册有季诜兮、徐健庵两家图记，殆即此本。又按，《天水冰山录》亦载此书。芳椒堂主人严元照书。"钤"严"印。又跋云："予向以七万文买此书，鲍以文取以刻入《丛书》，先人有跋附后，今移饷茗香照教。嘉庆八年四月廿九日，修能识。"可知鲍廷博借此宋本刻入《知不足斋丛书》。

全文通校宋刻本与鲍刻本，兹列异文如下：

（1）鲍刻本"生学篇"："吾得之于扬雄耳。""扬"，宋本作"场"。

（2）鲍刻本"生学篇"："无孛蚀之异。""无"，宋本作"元"。

（3）鲍刻本"文成篇"："玉石之富。""玉"，宋本作"王"。

（4）鲍刻本"大中篇"："居于驮骎之乘。""居于驮"，宋本作"尸于駒"。

（5）鲍刻本"大中篇"："不依于无林之野。""无"，宋本作"元"。

（6）鲍刻本"三王篇"："严之以靮鞯。""靮"，宋本作"靳"。

（7）鲍刻本"三王篇"："聱隅子曰女以色而事人。"宋本无"聱隅"二字。

（8）鲍刻本"三王篇"："而捥搁不和，种隐居得文之手足。""而"，宋本作"不"；"种"，宋本作"仲"。

（9）鲍刻本"三王篇"："变戎衣于甫掖。""戎"，宋本作

---

① 按："隅"下脱"子"。

"我"。

（10）鲍刻本"三王篇"："正于古明主或无愧焉。""或"，宋本作"我"。

严元照云此宋刻为麻沙本，刊印草率，从以上异文来看，确是事实。鲍廷博应是校改宋刻本讹误后刊刻的。

30.《清波杂志》

《知不足斋丛书》第十八集，十二卷。每半叶九行，行二十一字，小字双行同，左右双边，细黑口，版心下方镌"知不足斋丛书"。书首为《四库》提要、绍熙三年（1192）周辉自序、绍熙三年（1193）张贵谟序，书末有康熙五十五年（1716）曹炎识、乾隆二十九年（1764）和乾隆五十年（1785）鲍廷博书。《知不足斋丛书总目》稿本云底本为曹彬侯抄本，以姚舜咨本校。

国家图书馆藏清抄本《清波杂志》十二卷，《别志》三卷，清鲍廷博校并跋。每半叶十行，行十九字，无行格。钤"东官莫伯骥所藏经籍印"和"歙鲍氏知不足斋藏书"等印。书首为张贵谟序、目录、周辉序。此抄本原有"《清波杂志》目录"，被圈去，"《清波杂志》目录"下有鲍廷博题识云："目录系后人所编，非元本也。"目录末有鲍氏题识："龙泓馆钞本有目录一卷，补录之，以便检阅。甲申八月十三日毕，知不足斋记。"鲍廷博卷一天头处手录周辉自序，并有批语云："此序当依《别志》例，列于目录之前。""原序在第二行，低一格写。"卷一末鲍氏手识："乾隆甲申八月十二日，借丁氏龙泓馆旧钞本勘定，申刻毕此卷。""乾隆乙巳六月十九日，商本校此卷。"卷四末鲍氏手跋："乙巳六月二十日商刻校，申刻毕此卷，热甚。"卷七末鲍氏手跋："癸未八月初八日，校于知不足斋。""甲申八月十六日，龙泓馆本重校于贞复堂，巳刻毕。""乙巳六月廿六日午刻，商本校阅。"卷十末鲍氏手跋："癸未八月三十日灯下校。""乾隆乙巳六月廿二日，灯下校商本一过。"卷十一末鲍氏手跋："癸未九月朔，晨起校。""甲申八月十七日，灯下丁本覆校。""乙巳六月廿三日，晨起商刻校。"鲍廷博于乾隆二十八年（1763）八月至九月校勘《清波杂志》，后于二十九年（1764）八月用丁氏龙泓馆抄本重校，又于五十年（1785）六月用《稗海》本校勘。这与鲍刻本书末鲍廷博两跋所云完全吻合。

抄本中眉批较多,可知鲍廷博校勘的具体情形,如:"'仁宗云云'盖《曲洧旧闻》之言。丁本别为一则,误矣。""商刻'咸'。""以'亘'代'桓',盖避钦宗讳耳。非误书也。""'似'字误,诸本同。"

校勘鲍刻本与抄本卷一前八条内容,兹列异文如下:

(1)鲍刻本"高宗繇康邸使金","金",抄本原作"房",旁改作"金"。

(2)鲍刻本"其颖川系受封兴王之地","其",抄本作"有",旁有一竖,意似需校改之意。

(3)鲍刻本"毁弃螺填椅桌等物","桌",抄本作"卓"。

(4)鲍刻本"使金被留馆于云中","金",抄本原作"房",旁改作"金"。

(5)鲍刻本"敌人所以未有悔过之意","敌人",抄本原作"黠房",旁改作"敌人"。

除第二条外,鲍刻本文字与抄本校改后的文字吻合。故从抄本保存的鲍氏题识与校勘信息,可知国家图书馆藏清抄本为鲍刻本底本。

31.《清波别志》

《知不足斋丛书》第十八集,三卷。书首有绍熙五年(1194)周辉自序,书末有鲍廷博三跋、绍熙四年(1193)章斯才书、绍熙四年(1193)陈晦书、庆元二年(1196)杨寅跋、庆元三年(1197)张岩书、庆元四年(1198)龚颐正题、庆元四年(1198)徐似道书、嘉靖二十七年(1548)姚咨题识。《知不足斋丛书总目》稿本云底本为曹彬侯抄本,以姚舜咨本校。

国家图书馆藏抄本《清波别志》三卷。书首为周辉序,目录,书末有章斯才、张䜣、陈晦、杨寅、张岩、龚颐正、徐似道、姚咨跋。抄本目录被圈去。"《清波别志》卷上"有眉批云:"吴本此一、二、三分卷目录,仍作上、中、下。"抄本末鲍廷博题识云:"乾隆甲申八月二十六日,录完并校一过。""九月十有九日重阅一过,贞复堂记。"鲍氏于乾隆二十九年(1764)八月抄校是书,九月重阅。鲍刻本乾隆二十九年(1764)鲍跋云:"丁君鲁斋以茶梦散人写本见借,裨补前志之阙，欣然录之，忘其字画之拙劣也。"① 可知鲍廷博所录为姚舜咨抄本。鲍刻本鲍跋又云："乙酉六月将有吴门之游，既束装矣，书客沈丹宪以吴江沈果堂先生肜手校《别志》来售，买庋架上，匆匆解维，归而忘之。越八年壬辰四月二十九日，偶检他书得之，亟取雠勘，据以是正者，凡数十字，沈本次第与此不同，并缺十有九事，无章斯才、张诉、陈晦三跋，益知茶梦传本为可贵矣。"② 可知鲍廷博于乾隆三十年（1765）六月购沈肜校本《清波别志》，于三十七年（1772）校姚舜咨抄本，发现姚本优于沈本。

抄本卷上末鲍氏手识："乾隆四十年乙未十月十九日灯下瓶花斋本校。"卷中末鲍氏手识："乾隆丙申二月十九日灯下瓶花斋本勘一过。"卷下末鲍氏手识："乾隆四十一年岁次丙申二月二十一日，晨起瓶花斋本校讫。"可知鲍廷博于乾隆四十年（1775）、四十一年（1776）用吴氏瓶花斋本校勘《清波别志》。从鲍刻本鲍跋："乾隆乙未十月十七日，借曹倦圃藏本于绣谷主人，覆勘一过，与果堂本无少异，知沈本实出于曹，故校称曹本，从其朔也。"③ 可知吴氏瓶花斋本乃曹倦圃抄本，且沈本出于曹本。故鲍刻本校勘记只云曹本异文。《知不足斋丛书总目》稿本云底本为曹彬侯抄本，以姚舜咨本校，由上可知，鲍刻本《清波别志》底本应为姚舜咨本，以曹彬侯抄本校勘。

校勘鲍刻本与抄本卷上前七条，兹列异文如下：

（1）鲍刻本"皇哉唐哉前后典礼之盛"，"皇哉唐哉"，抄本原无，旁补入。

（2）鲍刻本"迄成厘事"，"迄"，抄本作"汽"。

（3）鲍刻本"朝夕观览以自儆"，"儆"，抄本原作"警"，描作"儆"。

（4）鲍刻本"驯至丕平"，"丕"，抄本原作"不"，描改作"丕"，眉批云："'不平'当是'太平'。""吴本'丕平'。"

---

① （清）鲍廷博辑刻：《知不足斋丛书》第6册，中华书局1999年版，第666页。
② （清）鲍廷博辑刻：《知不足斋丛书》第6册，中华书局1999年版，第666页。
③ （清）鲍廷博辑刻：《知不足斋丛书》第6册，中华书局1999年版，第667页。

（5）鲍刻本"朱记给之"，"给"，抄本原作"拾"，描改作"给"，眉批云："吴本'给'，'拾之'当是'给之'。"

（6）鲍刻本"某路都总管司走马承受后任是职者恶有所隶阴于衔内除去都总管司"，抄本原无此二十二字，旁补入。

（7）鲍刻本"至当三路兵"，"至"，抄本原作"致"，描作"至"，眉批云："吴本亦作'致'。"

除第二条外，鲍刻本与抄本校改后的文字吻合。校勘眉批所云之"吴本"，乃瓶花斋本，即鲍跋所云借于绣谷主人的曹倦圃抄本。故根据抄本保存的鲍氏题识与校勘信息，可知此抄本为鲍刻本底本。

32.《灊山集》

《知不足斋丛书》第十八集，三卷，作者题署为"宋朱翌撰"。每半叶九行，行二十一字，左右双边，细黑口，版心下方镌"知不足斋丛书"。书首为提要，书末有补遗、附录。《知不足斋丛书总目》稿本云底本为《永乐大典》本。

南京图书馆藏清抄本《灊山集》三卷，补遗一卷、附录一卷。每半叶九行，行二十一字，无行格，钤"八千卷楼珍藏善本"、"八千卷楼藏阅书"、"四库著录"、"善本书室"、"晋"、"涵"和"邵氏二云"等印。书首有提要。从卷三后半部分始抄写字体有变化，补遗酷似鲍廷博手迹，但附录非鲍氏笔迹。抄本无任何批校，正文纸张颜色与补遗、附录不同，说明三者可能非一时所抄。此本无丁丙手书题签，但《善本书室藏书志》卷二十九载《灊山集》三卷，抄本，邵二云藏书，宋朱翌撰。"翌，字新仲，自号省事老人，舒州人。政和中登第，授溧水簿，南渡后官中书舍人，忤秦桧，谪韶州，晚召还，卜居四明。《宋·艺文志》作集四十五卷、诗三卷，久佚，馆臣从《永乐大典》中采辑得诗、词三卷。如'天气未佳宜且住，风涛如此亦安归'，《题颜鲁公像》云'千五百年如烈日，二十四州惟一人'，懒轩云'经年不濯子春足，半月才梳叔夜头'，详见《后村诗话》《耆旧续闻》《困学纪闻》《挥麈后录》《隐居通议》等书。鲍以文辑遗文、词刻入《知不足斋丛书》，有'晋涵'、'邵氏二云'两印。"①

---

① （清）丁丙：《善本书室藏书志》卷二十九，清光绪刻本。

是书散佚已久，馆臣从《永乐大典》辑录为三卷。此抄本为邵晋涵藏本，应是其从四库馆辑本抄录的副本。

校勘卷一数条，抄本与文渊阁《四库全书》本、鲍刻本文字差异很小，与《四库》本文字相似度更高，但抄本补遗之《生查子》不见于《四库》本。抄本与鲍刻本不同处有如下几端：

（1）鲍刻本无清抄本"五言古诗"、"五言律诗"、"七言绝句"、"诗余"等分类标题。《四库》本与清抄本同。

（2）鲍刻本增补了诗题后"其二"、"其三"、"其四"、"其五"，"《南山观雪》二首"之"二首"等。

（3）鲍刻本卷三《送吏部张尚书帅成都一百韵》注云："案，序跋从《成都文类》补录。"末有跋云："成都，西南大都会，承平分阃之重与河东北等……伐石志之，而属公之客仙井谭篆跋之。"① 此跋不见于《四库》本与清抄本。

（4）清抄本与《四库》本同，但与鲍刻本有异文的，卷一有如下几条：

A. 鲍刻本"与刘令食枸杞"条："已似方丈富。""似"，清抄本与《四库》本作"作"。

B. 鲍刻本"晓上乌石滩"条："艰难与快意等是赋行役。""赋"，清抄本与《四库》本作"时"。

C. 鲍刻本"寄江东王端明"条："南风送新凉爽。""送"，清抄本与《四库》本作"造"。

以上异文应是鲍廷博校改邵氏抄本所致。此本补遗和附录与鲍刻本完全一致，加之补遗文字甚似鲍廷博手迹，故此本应为鲍廷博所据之原始底本。

33.《西塘集耆旧续闻》

《知不足斋丛书》第十九集，十卷，作者题署为"南阳陈鹄录正"。每半叶九行，行二十一字，左右双边，细黑口，版心下方镌"知不足斋丛书"。书首为提要，书末为乾隆五十八年（1793）鲍廷博识。《知不足斋丛书总目》稿本云底本为丁小疋、吴枚庵藏本

---

① （清）鲍廷博辑刻：《知不足斋丛书》第6册，中华书局1999年版，第734、736页。

合校。

中国台湾"中央图书馆"藏旧抄本《西塘集耆旧续闻》十卷，作者题署为"南阳陈鹄录正"。鲍廷博朱墨笔批校圈点。每半叶十行，行二十二字。钤"甲子丙寅韩德均钱润文夫妇两度携书避难记"、"韩载阳读书印记"、"苉圃收藏"、"百耐眼福"和"韩应陛鉴藏宋元名钞名校各善本于读有用书斋印记"。全书经鲍廷博以丁小山本校勘，各卷尾题前并有其题跋。①《标点善本题跋集录》载鲍廷博各卷校勘题识，卷一："庚子正月三十日灯下重校。""乾隆癸卯十一月初四日灯下丁小山本重校补末二行，他本所佚也。是日小雨，薄暮微雪，风冷不可当。"卷二："己亥八月二十日灯下校两卷。是日阴雨，禹新往阳羡，相依数年，家务多以属之，一旦别去，殊难为怀。""庚子二月朔重校。""癸卯十一月初四日，丁小山先生本重校。二鼓大风，寒甚，不可支。"卷三："廿一日晨起校，小雨。""庚子二月朔再校。""癸卯十一月初五日，晨起，丁本勘定，风冷，十指如槌矣。"卷四："廿一日巳刻校别本，落一页，将求完本补校。""庚子四月十五日灯下重校。""癸卯十一月初五日辰刻，小山本重校，落页已据本勘过。""冲寒出拜海昌周孝廉勤圃、天台齐公乔先生。"卷五："廿二日灯下校。是日见一古镜，式如钟，鼻有大环，有篆字云'王氏子孙永宝用'，此与姚宽《西溪丛语》所记颇相似，但铭文不同耳，疑是六朝时物。""癸卯十一月初五日灯下小山本重校。"卷六："廿三日灯下校。""癸卯十一月初五日丁本校。"卷七："廿五日二鼓校，鬼车鸣。""癸卯十一月初五日灯下丁本校。"卷八："廿六日晨起校。""癸卯十一月初五日灯下小山本校。"卷九："廿六日辰刻校。""癸卯十一月初五灯下小山本校。"卷十："乾隆己亥八月廿六日巳刻校完。是日为桐乡之行，勘毕解维矣。""癸卯十一月初五日灯下小山先生本勘讫，漏三下矣，严寒啜粥一盂而卧。""丙午十月三十日青镇寓庐重勘。"② 从乾隆四十四年（1779）至五十一年（1786），鲍廷博用丁小山本校勘是书，此本应为鲍刻本底本。

---

① 周生杰：《鲍廷博藏书与刻书研究》，黄山书社 2011 年版，第 168 页。
② "中央图书馆"编印：《标点善本题跋集录》，1992 年版，第 397—398 页。

北京大学图书馆藏清抄本《西塘集耆旧续闻》二卷，作者题署为"南阳陈鹄录正"。每半叶九行，行十七字，无行格，钤"麋嘉馆印"和"北京大学藏"等印。书首有题识云："钞本，璜川吴氏旧藏，用十卷本校。茉微记。"《木犀轩藏书题记及书录》载旧抄本[清抄本]《西塘集耆旧续闻》十卷[二卷（鲍以文据十卷本校）]。云："宋陈鹄撰。原抄本分上、下二卷。旧人以十卷本校，校用朱墨二笔，审系鲍渌饮手迹。收藏有'璜川吴氏收藏图书印'朱文方印。"①李盛铎指出鲍廷博用十卷本校此本，细审批校字迹，确出鲍氏之手。鲍廷博眉批有"《西塘集耆旧续闻》卷一止"，"卷二起"，"卷一止"，"低一格"，"错简在后"，"三卷止此"，"四卷起"，"曰字小注"，"九卷止"等，抄本抄写笔迹不一，非出一人之手，批校之处甚多。此本即鲍廷博校勘中使用的吴枚庵藏本。

34.《世善堂书目》

《知不足斋丛书》第十九集，二卷，明陈第撰。左右双边，无鱼尾，细黑口，版心下方镌"知不足斋丛书"。书首为万历四十四年（1616）一斋公题词，书末为乾隆六十年（1795）鲍廷博跋。《知不足斋丛书总目》稿本云底本为陈氏原本。鲍廷博跋云："右《世善堂书目》，明万历间连江陈第手自编定，而其子若孙时时增益其间者也……目录一册，即其家元本，予从赵氏勾得之。"②

国家图书馆藏清抄本《世善堂书目》一卷，鲍廷博批校。每半叶十行，无行格。钤"南通冯氏景岫楼藏书"和"北京图书馆藏"印。书首有目录。书中有四条鲍廷博手书眉批，如《大清律例集解》眉批云："此是一斋后人增益。"鲍刻本无此书。《韵府群玉》二十卷；《文选锦字》二十一卷；《两汉隽言》十六卷；《修辞指南》二十卷；《古言》二十卷，郑晓；《今言》二卷，郑晓；此六书上有眉批云："此六部不当列文集，疑错简。"鲍刻本无此六书。《竟陵集》二十二卷，钟伯敬；《大涤函集》③五卷，黄石斋；上有眉批云："《竟陵》

---

① 李盛铎著，张玉范整理：《木犀轩藏书题记及书录》，北京大学出版社1985年版，第225页。
② （清）鲍廷博辑刻：《知不足斋丛书》第7册，中华书局1999年版，第263页。
③ 按："集"，旁校为"书"。

《大涤》诸集，当是一斋后人所增益。"鲍刻本有此二书。《文房四宝》五卷，宋苏易简，上有眉批云："'宝'，疑是'谱'。"鲍刻本作"谱"。眉批所云基本与鲍刻本相合。

清抄本无鲍刻本"一斋公《世善堂藏书目录》题词"，将抄本与鲍刻本校勘数条，如抄本"经类一"，鲍刻本作"经类"；抄本"《周易注疏》九卷，韩康伯、王弼注"，鲍刻本无"韩康伯、王弼注"；抄本"《周易解》五卷，邵古，字天叟，雍之父"，鲍刻本无"父"字；抄本"《尚书注疏》二十卷，孔氏撰、颖达疏"，鲍刻本无"孔氏撰、颖达疏"；抄本"张无垢《尚书详说》五十卷，张九成"，鲍刻本无"张九成"，等等。由上述诸端来看，此本应是鲍廷博刊刻此书时使用的校本。

35.《鉴诫录》

《知不足斋丛书》第二十二集，十卷，每半叶九行，行二十一字，左右双边，细黑口，版心下方镌"知不足斋丛书"。书首有提要、目录。卷十末有题记："明万历元年秋七月既望重装于天籁阁。"① 书末有查嗣瑮、徐嘉炎、康熙四十四年（1705）汪士铉、康熙四十六年（1707）朱彝尊、曹寅、赵怀玉跋和嘉庆十八年（1813）鲍廷博识。《知不足斋丛书总目》稿本云底本为天籁阁藏宋本，王渔洋校，有朱竹垞、徐嘉炎、曹楝亭诸跋。

中国台湾"中央图书馆"藏清乾隆间歙县鲍氏知不足斋抄本《重雕足本鉴诫录》十卷，五代何光远撰。清鲍廷博手校并跋，又宣统元年（1909）吴昌绶手跋。"乾隆丁酉八月传飞鸿堂汪氏本，再以金氏桐华馆本勘一过，两本谬误正同，非得善本覆校，不可读也。十八日灯下记。""宋小字本《鉴诫录》，项子京家旧物，国初诸老绝重之，互有副墨。此乾隆丁酉鲍渌饮传钞汪氏飞鸿堂本，又以金氏桐华馆本对勘。阅八年乙巳，赵味辛从长洲程叔平借宋本是正讹谬七十余事，渌饮复出此本参证，又得三十余事，详校卷端，盖即《知不足斋丛书》底稿。宋本出麻沙翻雕，脱误颇多，且经蚀损，前辈各以意改补，不尽原书面目，渌饮一一疏记，俾后来犹可考见，其详慎殊可法

---

① （清）鲍廷博辑刻：《知不足斋丛书》第8册，中华书局1999年版，第56页。

也。授经京卿持示，谨书于后。宣统元年闰二月，仁和吴昌绶。"①此抄本每半叶十行，行二十四字，注文小字双行，细黑口，版心下方为"知不足斋丛书"。钤"歙鲍氏知不足斋藏书"等印。书末录查嗣瑮、朱彝尊、汪士铉、徐嘉炎等跋语、观款，又有近人吴昌绶手跋。②吴昌绶云此本为鲍刻本底本。《寒瘦山房鬻存善本书目》亦载此本，邓邦述跋云："此《知不足斋丛书》底本，康熙间诸老题字悉已入版，惟渌饮校语以另书一跋，故未写刊。渌饮于此书校勘极详，行款、避讳字及诸家藏印皆一一标出，惜《丛书》别有版式，未能依宋付锓耳。"③

鲍刻本嘉庆八年（1803）鲍廷博跋云："宋刻《鉴诫录》十卷，明万历初藏于项氏天籁阁，国朝归秀水朱氏。本出麻沙坊贾，重雕谬误特甚，因后有康熙间诸名宿题识，又经渔洋山人手校，遂为此书增重。乾隆乙巳吴郡程君叔平厚价收之，携示金君鄂岩德舆，适予与方君兰如薰、赵君味辛怀玉同集于桐华馆，得寓目焉。并以家藏抄本互相雠比，正讹补阙十得八九，较渔洋所改，不啻过之。"④ 由中国台湾"中央图书馆"藏知不足斋抄本所载两跋，可知"家藏抄本"乃用金氏桐华馆本校勘的传抄汪氏飞鸿堂本。鲍廷博是以家藏抄本与宋本互勘后刻入《知不足斋丛书》的。鲍刻本赵怀玉跋云："右宋《鉴诫录》十卷，今归长洲程君叔平。顷从叔平借观，重校一过，凡两日而竟，复得讹谬七十余处，余从阙疑者，尚多也。"⑤ 又赵跋云："十三日，鲍君以文复携一本来，互相参校，又得误处三十余条，其从《全唐诗》采入者，间有异同，仍阙而不补，以存其旧甚矣，雠勘之难，如扫落叶也。鲍君行将刊入《丛书》以供天下，即以此为祖本，叔平其珍之。"⑥ 此书校勘中，赵怀玉出力不少。

---

① "中央图书馆"编印：《标点善本题跋集录》，1992年版，第386—387页。
② 周生杰：《鲍廷博藏书与刻书研究》，黄山书社2011年版，第163页。
③ 邓邦述著，金晓东整理，吴格审定：《寒瘦山房鬻存善本书目》卷六，上海古籍出版社2014年版，第482页。
④ （清）鲍廷博辑刻：《知不足斋丛书》第8册，中华书局1999年版，第58页。
⑤ （清）鲍廷博辑刻：《知不足斋丛书》第8册，中华书局1999年版，第57页。
⑥ （清）鲍廷博辑刻：《知不足斋丛书》第8册，中华书局1999年版，第57页。

上海图书馆藏宋刻本《鉴诫录》十卷。每半叶十五行，行二十四字，四周双边，单鱼尾，钤“项元汴印”、“墨林秘玩”、“好浦”、“士礼居藏”、“黄印丕烈”、“荛翁”、“项子京家珍藏”、“竹垞老人”、“平阳汪氏藏书印”和“百宋一廛”等印。书首为目录，卷十末有题识云：“右《鉴诫录》二册，项墨林家藏。”书末有“时明万历元年秋七月既望重装于天籁阁”。“共计二册，原价陆。”有查嗣瑮、曹寅、王士祯、徐嘉炎、汪士鋐、朱彝尊、赵怀玉、顾广圻、翁同龢手跋和黄丕烈三跋，可见诸名家对此本之宝爱。有手跋云：“十三日，鲍君以文复携一本来，互相参校，又得误处三十余条，其从《全唐诗》采入者，间有异同，仍阙而不补，以存其旧甚矣，雠勘之难，如扫落叶也。鲍君行将刊入《丛书》，以公天下，即以此为祖本，叔平其珍之。怀玉亿孙甫。”

通校宋刻本与鲍刻本卷一，兹列异文如下：

（1）鲍刻本“诛利口”条“今则秦庭贡表”，“秦”，宋本作“奉”。

（2）鲍刻本“知机对”条“直犯汉川”，“川”，宋本作“州”。

（3）鲍刻本“知机对”条“必摧亡以固存”，“摧”，宋本作“推”。

（4）鲍刻本“知机对”条“总领三万人”，“总”，宋本作“摠”。

（5）鲍刻本“知机对”条“遽轸忧劳”，“遽”，宋本作“递”。

（6）鲍刻本“九转验”条“妄指难易”，“指”，抄本作“诣”。

（7）鲍刻本“九转验”条“武宗因折寺患癞而崩，实为庸说也”，“折”，抄本作“坼”；“为”，抄本作“谓”。

（8）鲍刻本“金统事”条“其七言四韵诗”，“诗”，宋本无。

（9）鲍刻本“走车驾”条“庙土人移步神马”，“土”，宋本作“上”。

（10）鲍刻本“走车驾”条“端二乱”，“二”，宋本作“三”。

（11）鲍刻本“走车驾”条“东鸥吻故”，“吻”，宋本作“鴟”。

由以上异文，可知鲍廷博对宋本《鉴诫录》作了较多校改后刻入《丛书》，鲍刻本文字比宋刻本更为精善。

36.《侯鲭录》

《知不足斋丛书》第二十二集，八卷，作者题署为"聊复翁赵德麟"。每半叶九行，行二十一字，小字双行同，左右双边，细黑口，版心下方镌"知不足斋丛书"。书首为顿锐序，书末有嘉庆八年（1803）鲍廷博识。《知不足斋丛书总目》稿本云底本为旧抄本，以明刻本校。

鲍刻本鲍廷博跋云："《侯鲭录》近惟《稗海》本行于世，误书脱简，殊不耐观。予家塾藏有三本：一芸川书院本①，不知刊于何时，脱误与《稗海》略同，似即商本所祖也；一明天启间海虞三槐堂坊刻，密行细字，颇具雅致，而缪戾时复不免；一旧抄本，分上、下卷，较诸本为胜，惟删削'辨传奇莺莺事'一卷耳。暇日参合校订，又时检他书，证其异同，虽不敢信为善本，以较商刻则径庭矣，刊以质诸藏书家。"②鲍氏认为《稗海》本讹误甚多，其以芸窗书院本、明海虞三槐堂坊刻本和旧抄本参合校订后刻入《丛书》。

南京图书馆藏明芸窗书院刻本《侯鲭录》八卷，作者题署为"聊复翁赵德麟"。每半叶八行，行十五字，左右双边，单鱼尾，版心上方有"芸窗书院刻"，钤"八千卷楼珍藏善本"、"以静为用"、"两耳不闻窗外事，一心惟读古人书"和"八千卷楼珍藏善本"等印。此本粘贴有许多校勘题签，扉页粘贴有丁丙手书题签：《侯鲭录》八卷，明芸川书院刊本，鲍以文旧藏，聊复翁赵德麟。"按，《知不足斋丛书》中鲍廷博识曰……此芸川书院刊本，鲍以文用朱、绿笔一再校改③，即刊《丛书》之底本也。"丁丙云此本为鲍刻本底本。

校勘明芸窗书院刻本与鲍刻本卷一，由于校改之处甚多，此处举十例如下：

（1）鲍刻本"宋子京博学"，"学"，明刻本原作"书"，改作"学"。

（2）鲍刻本注文"与此说正合"，"与"，明刻本空一格，朱笔补

---

① 按："川"，当作"窗"。后文作"芸川书院"者，皆同此。此后从略。
② （清）鲍廷博辑刻：《知不足斋丛书》第8册，中华书局1999年版，第116页。
③ 按："以文"，《善本书室藏书志》卷二十一作"氏"。

"与"。

（3）鲍刻本"常以三八月"，"三"，明刻本原作"二"，改作"三"。

（4）鲍刻本"笴必六十"，"笴"，明刻本原作"枯"，改作"笴"。

（5）鲍刻本"亦六年也"，明刻本"年"下有"是"字。

（6）鲍刻本"于提弦兴奴则长"，明刻本无"长"，朱笔增补。

（7）鲍刻本"颍州顿氏"，"州"，明刻本原作"州"，改作"川"。

（8）鲍刻本"凤凰双镜南金装"，"镜南金"，明刻本原作"琼瑶带"，改为"镜南金"。

（9）鲍刻本"不可得而辨"，"辨"，明刻本原作"辩"，描改作"辨"。

（10）鲍刻本"此大语妙"，"大"，明刻本原作"文"，改作"大"。

由以上校例来看，明刻本校改后的文字大多与鲍刻本同。鲍廷博校勘中使用的旧抄本，即《皕宋楼藏书志》卷六十三著录的《侯鲭录》二卷，卢抱经校本。"鲍氏以文手跋曰：《侯鲭录》刻于商氏《稗海》者凡八卷，此则通为二卷。行次不甚相远，惟首尾差有更易。间取商氏本校之，其讹误不下七八百处。尤可笑者，第二卷'黄鲁直读《太真外传》诗'一条，所云'扶风乔木斜谷铃声'云云，全然脱去。而以下条滕达道《省试》诗'寒日边声断，春风塞草长'接入，令人读之不知所谓。第八卷'东坡《水府赋》诗'一则，前'入梦'一段，凡二百言俱脱去，竟从'天地虽虚廓'刻起，有尾无头。不得此本，疑团竟不得破也。惟'第六'一卷所载俱王性之《传奇辨正》，凡十八页，此本缺之。又第一卷末'卢东《题汴河驿》诗'以下四则，七卷末'东坡守杭'一则，俱此本所无。而此本上卷'白乐天《琵琶行》'云云以下七则，及下卷某某八则，则又商本所缺也。校勘毕，因取其缺失者补之。而一二误字，商本有可从者，悉据改正，便称善本矣。惜无力刊布，竟使商本单行。后人或有刻者，讹以传讹，无从正其谬误，为可恨耳。此本得之吴门，其初亦不以为异也。"①旧抄本可订正《稗海》本误处不少。乾隆四十六年（1781）卢氏手跋云："此书分上、下两卷，而明商氏梓于《稗海》中者，则为八卷，与赵希弁《读书附志》所载卷数合。盖在当时，外间或有二本，传者不同。而以《志》相校，则此本为胜。商本'第五'一卷全载王性之辨《会真记》事，而演其事为鼓子词十二章，全类俳优。此书不载，盖本不当载也。余商本有而此本无者仅五条，录附于后。商本讹舛甚多，而旧抄本亦复不免。虽屡经校勘，仍有一、二脱误不能强补者，姑阙之，然已大异乎旧所传钞本矣。其商本余亦为补正云。"②卢文弨认为王性之辨《会真记》事本不当载，《稗海》本有五条记载不见于旧抄本，卢氏附录于旧抄本后。傅增湘认为"至卷五辨传奇崔莺莺事，抄本全不载，《四库》讥其词冶荡，鲍氏所见本亦无之，遂谓其出于后人删削。余观此卷体裁与全书迥异，或后因为德麟戏作而附入之。今世传上、下卷者，必为当时原本，故无此文，并非恶其淫艳而刊落之也"③。傅增湘云："鲍渌饮谓藏有旧钞本，分上、下卷，较诸本为胜。《郘亭书目》批注亦言抱经谓两卷本者最善。今检视余所藏钞本，正为上下两卷，首尾有'武林卢文弨手校'小印，卷中朱笔细书亦为学士手迹，是抱经所云最善者，即此帙也。原书半叶十二行，每行二十一字，卷中陶弘景避作'洪景'，其传录当在乾隆时矣。"④傅氏录卢校本佚文十五条，脱文四则。鲍以文、卢文弨手校手识旧抄本，现藏于日本静嘉堂文库，钤"抱经堂写校本"印。⑤

37.《松窗百说》

《知不足斋丛书》第二十二集，一卷，作者题署为"东嘉李季可撰"。每半叶九行，行二十一字，左右双边，细黑口，版心下方镌"知不足斋丛书"。书末有绍兴二十七年（1157）王十朋书、叶谦书、觊重书、居广书，绍兴二十八年（1158）曾几书、尹大任书，嘉庆

---

① （清）陆心源：《皕宋楼藏书志》卷六十三，中华书局1987年版，第703页。
② （清）陆心源：《皕宋楼藏书志》卷六十三，中华书局1987年版，第703页。
③ 傅增湘：《藏园群书题记》卷七，上海古籍出版社1989年版，第369页。
④ 傅增湘：《藏园群书题记》卷七，上海古籍出版社1989年版，第368页。
⑤ 严绍璗：《日本藏宋人文集善本钩沉》，杭州大学出版社1996年版，第225—226页。

八年（1803）鲍廷博识及《〈松窗百说〉存疑》。《知不足斋丛书总目》稿本云底本为旧抄本。

中国台湾"中央图书馆"藏清乾隆二十一年（1756）鲍氏困学斋乌丝栏抄本《松窗百说》一卷，作者题署为"东嘉李季可撰"。每半叶十行，行二十字，左右双边，黑口，版心下方记"鲍氏困学斋"。有王十鹏跋，叶谦跋，鲍廷博手校并跋。钤"张印乃熊"、"芹伯"、"莐圃收藏"和"余生私印"等。①又《标点善本题跋集录》载清乾隆二十一年（1756）鲍氏困学斋乌丝阑抄本《松窗百说》一卷，宋李季可撰。清鲍廷博手校并跋。"乾隆丙子季冬，传汪西亭立名写本于郁佩先礼，明年丁丑正月二十五日，校于知不足斋。""戊寅四月二十六日，仍借汪本覆勘一过，更正四五处，惜元本多误，未得别本正定耳。""嘉庆二年正月二日，通介老人重阅于西湖沈氏山庄，去丙子借录时四十二年矣。""嘉庆辛酉重阳前二日，风雨闭门再阅一过，时年七十四。"②鲍廷博从郁礼借录汪立名写本，于乾隆二十一年（1756）、二十三年（1758）校勘、覆勘，嘉庆二年（1797）和六年（1801）又两度重阅。《知不足斋丛书总目》稿本云鲍刻本底本为旧抄本，极有可能是此本。

38.《渑水燕谈录》

《知不足斋丛书》第二十三集，十卷，作者题署为"齐国王辟之圣涂"。每半叶九行，行二十一字，左右双边，细黑口，版心下方镌"知不足斋丛书"。书首有绍圣二年（1095）序、满中行题、目录、李北苑跋，书末有鲍廷博跋。《知不足斋丛书总目》稿本云底本为赵清常藏本，有李北苑跋。

中国台湾"中央图书馆"藏明万历二年（1574）江阴贡大章手抄本《渑水燕谈录》十卷，宋王辟之撰。清黄丕烈、李北苑、赵不骞手书题跋。"己巳六月三日鲍丈至苏，余往访诸阊门，谈良久，书籍源流，言之甚晰，偶及是书，云天一阁所藏，系十卷足本，未识□补抄之第十卷，即出天一阁否。归□新刊《天一阁书

---

① 周生杰：《鲍廷博藏书与刻书研究》，黄山书社2011年版，第162页。
② "中央图书馆"编印：《标点善本题跋集录》，1992年版，第340—341页。

目》，果十卷，未载□抄，不知其本如何也。复翁记。""《稗海》所刻《渑水燕谈录》十卷，缺第十卷'谈谑'一则，以第四卷分作两卷，符十卷之数，又缺序目，非足本也。是册乃虞山赵清常家藏本，前有王圣涂自序、同年进士满中行题语，其第十卷从宋雕录出，每卷较《稗海》又多三十一条，粲然完备，亦可喜也！癸丑季春雨窗，李北苑题于京邸之鸥舫。""《渑水燕谈录》十卷，明万历甲戌江阴贡大章传抄南宋尹氏书棚本。按李北苑跋云赵清常家藏本，则审诸卷中朱笔校字，与旧藏吾宗清常道人手迹无异，知是书初为吾宗脉望馆藏书也，旋归鲍氏知不足斋，又归黄氏士礼居，惜黄复翁两跋，其一仅存书脑边数字而已，然书体完善，朱印累累，粲然夺目，矧经名人校跋，其为流传有绪之秘籍无疑矣！癸酉清和月虞山赵古春获观，因志。"① 从赵跋可知此明江阴贡大章手抄本，为赵清常家藏本，应为鲍刻本底本。

39.《庶斋老学丛谈》

《知不足斋丛书》第二十三集，三卷，作者题署为"从侍郎崇明州判官致仕盛如梓"。每半叶九行，行二十一字，左右双边，细黑口，版心下方镌"知不足斋丛书"。书末有林佶两跋、杨复吉跋、嘉庆十年（1805）鲍廷博跋和鲍氏附记。《知不足斋丛书总目》稿本云底本为汪西亭藏本，以钱功甫抄本校。

上海图书馆藏清抄本《庶斋老学丛谈》三卷，作者题署为"从侍郎崇明州判官致仕盛如梓"。清鲍廷博校、黄丕烈校并跋。书籍封面题"钱钞《老学丛谈》"，"杂家"，"《庶斋老学丛谈》一册，全"。每半叶十一行，行二十四字，无行格，钤"古潭州袁氏卧雪庐收藏"、"吴兴刘氏嘉业堂藏"、"歙西长塘鲍氏知不足斋藏书印"、"平原"、"钱氏书印"、"润州蒋氏藏书"、"海宁陈鳣观"、"孙尔准读书记"和"老屋三间赐书万卷"等印。书末有黄丕烈朱笔手跋云："嘉庆庚午仲冬，用五砚楼所储槜李曹氏旧钞藏本校一过，似此较胜，然曹本亦有一二可取处，以朱笔注于上方云凡行间朱笔所校系旧有。复翁。"此本即鲍廷博使用的钱功甫校本。

---

① "中央图书馆"编印：《标点善本题跋集录》，1992年版，第389—390页。

40. 《吹剑录外集》

《知不足斋丛书》第二十四集，一卷，宋俞文豹撰。书首有提要、淳祐十年（1250）俞文豹序，书末有范钦识。《知不足斋丛书总目》稿本云底本为范尧卿抄本，有跋。

鲍刻本范钦识云："是书余借之扬州守芝山，冗病相缠，委置几阁亦且数月，夏五下旬乃抽闲录之，四日而就，念余善忘，掷笔固不能一一忆也。"① 明嘉靖三十年（1551）范钦借抄《吹剑录外集》，鲍廷博据此本校刻。

南京图书馆藏明抄本《吹剑录外集》一卷，扉页丁丙手书题签云此本为鲍刻本底本。校勘鲍刻本与明抄本数条，兹举校改之例如下：

（1）鲍刻本"每见旧作文"，"文"，抄本原无，朱笔增补。

（2）鲍刻本"目眩而不欲视"，"眩"，抄本原作"弦"，描改作"眩"。

（3）鲍刻本"涂注少"，"少"，抄本原作"小"，改作"少"。

（4）鲍刻本"汉弟子员必仪状端正"，"员"，抄本原作"负"，描改作"员"。

（5）鲍刻本"真宗喜其韶秀"，"韶"，抄本原无，增补此字。

（6）鲍刻本"浩无涯划"，"浩"，抄本原作"诰"，描改作"浩"。

（7）鲍刻本"怕字讳如何"，"如"，抄本原作"以"，改作"如"。

（8）鲍刻本"曰恐为人践踏"，"曰"，抄本原无，增补此字。

（9）鲍刻本"侍从三人"，"侍"，抄本原作"待"，改作"侍"。

（10）鲍刻本"比榜眼第五等"，"第"，抄本原作"等"，改作"第"。

抄本校改后的文字一一与鲍刻本相合，故此明抄本即为鲍刻本底本。②

---

① （清）鲍廷博辑刻：《知不足斋丛书》第 8 册，中华书局 1999 年版，第 572 页。

② 详见本书第三章第二节鲍廷博校勘探微——以刊刻底本《归潜志》《吹剑录外集》为例。

41.《天地间集》

《知不足斋丛书》第二十四集,一卷,作者题署为"晞发道人谢翱编"。每半叶九行,行二十一字,左右双边,细黑口,版心下方镌"知不足斋丛书"。书末有陆师道识。《知不足斋丛书总目》稿本云底本为旧抄本,有陆思道跋①。

南京图书馆藏清康熙四十一年(1702)平湖陆大业写刻本《晞发遗集》二卷、《补遗》一卷、《天地间集》一卷、《西台恸哭记》一卷、《冬青树引注》一卷,作者题署为"粤谢翱羽录"。每半叶九行,行十八字,左右双边,双鱼尾,黑口,钤"江苏第一图书馆藏"等印。书末有陆师道识。书末注云"旌德汤玉侯书"。

南京图书馆藏清嘉庆祝氏刻本《晞发集》十卷、《遗集》二卷、《遗集补》一卷、《天地间集》一卷。每半叶九行,行十八字,四周双边,黑口,双鱼尾,钤"四库著录"和"八千卷楼藏书"等印。扉页有"宋参军谢翱羽先生诗文全集","板藏梦笔山房"。

文渊阁《四库全书》本《晞发集》十卷、附《天地间集》一卷,作者题署为"宋谢翱撰"。书末有陆师道识。《四库全书总目》卷一百六十五载《晞发集》十卷、《晞发遗集》二卷、《遗集补》一卷、附《天地间集》一卷、《西台恸哭记注》一卷、《冬青引注》一卷,为"两淮马裕家藏本",云:"此本为平湖陆大业以家藏抄本刊行,云向从旧刻录出,卷第已乱。大业以意厘定之,校他本差为完善,然亦非其旧也。末附《天地间集》一卷,皆翱所录宋末故臣遗老之诗……考宋濂作翱《传》,称《天地间集》五卷,则此非完书,意原本已佚,后人撮他书所云'见《天地间集》'者,得此二十首,姑存其概耳。"② 馆臣指出,现存之《天地间集》已非全本,《四库》本底本为平湖陆大业刻本。

用各本通校鲍刻本,兹将异文列表如下:

由下表可知,鲍刻本文字与清嘉庆祝氏刻本相似度最高,故鲍廷

---

① 按:《知不足斋丛书总目》稿本云"陆思道",其实书末题识为"陆师道"所撰。
② (清)纪昀:《钦定四库全书总目》卷一百六十五,中华书局1997年版,第2189—2190页。

博所据之旧抄本应与祝刻本同源。《四库》本文字与陆大业刻本几无二致，《提要》所云属实。

《天地间集》异文对照表

	鲍本	库本	陆本	祝本	备注
1	逢有道士	者	者	者	
2	寂寞亭基野渡边	寞	莫	寞	
3	空扳栖鹊巢	攀	攀	攀	"扳"，同"攀"。
4	只知镜里春难驻	住	住	驻	
5	渐识梅花面	失	失	识	
6	《天地间集》五卷	二	二	五	《千顷堂书目》卷三十二著录《天地间集》五卷，明万历刻本《晞发集》卷九宋濂所作《谢翱传》云："《天地间集》五卷。"可知此书原本五卷，今仅存一卷。鲍刻本是。
7	藏是书者	诗	诗	书	

42.《宋旧宫人诗词》

《知不足斋丛书》第二十四集，一卷。每半叶九行，行二十一字，左右双边，细黑口，版心下方镌"知不足斋丛书"。《知不足斋丛书总目》稿本云底本为旧抄本。

上海图书馆藏清抄本《湖山类稿》五卷，附《亡宋旧宫人诗》《亡宋旧宫人词》一卷、《湖山外稿》一卷。每半叶十行，行十九字，无行格，钤"四明卢氏抱经楼藏书印"、"鲍氏收藏"、"天都鲍氏困学斋图籍"、"知不足斋鲍以文藏书"和"上海图书馆藏"等印。此本为鲍廷博知不足斋藏书，后为抱经楼收藏，最终入藏上海图书馆。此本分为《亡宋旧宫人诗》和《亡宋旧宫人词》。通校抄本与鲍刻本全文，只有一处异文，即"昭仪王清惠字冲华"第二首注文"右秋夜寄水月水云二昆玉"，鲍刻本无"二"字。可知此清抄本即为鲍刻本底本，只是鲍氏刊刻时将两部分合并，并改题《亡宋旧宫人诗词》。

43.《梅花喜神谱》

《知不足斋丛书》第二十六集，二卷，作者题署为"雪岩宋伯仁器之编"。序跋每半叶九行，行二十一字，左右双边，细黑口，版心下方镌"知不足斋丛书"。书首为宋伯仁书、景定二年（1261）重镌识，目录，书末有叶绍翁跋、向士璧跋。书末牌记有"绍兴旌忠褒节之家"，"容堂"①。《知不足斋丛书总目》稿本云底本为宋刊本。

上海博物馆藏宋景定二年（1261）刻本《梅花喜神谱》二卷，封面题"《梅华喜神谱》二卷"，"吴氏梅影书屋珍藏镇宝"，"宋刻宋印本"。扉页题"宋椠本《梅华喜神谱》"，"上虞罗振玉署"，钤"罗振玉印"等。次页有"吴氏文物四宝之一"、吴湖帆识、湖帆重记和"梅景书屋镇宝"等。有题识云："湖帆世先、静淑女史伉俪宝玩，辛酉花朝王国愈。"此本有邓邦述、吴曾源、朱孝臧、冯超照、叶恭绰、黄丕烈等诸名家手跋。钤"宋本"、"汪士钟藏"、"吴氏图书记"、"百宋一廛"和"士礼居藏"等印。书首有宋伯仁书、景定二年（1261）重镌识，目录，书末有向士璧跋和叶绍翁跋。

黄丕烈手跋云："是《谱》之副本有二，皆余姻袁寿阶从此影抄者，一赠浙江阮云台中丞，一藏五砚楼。寿阶作古，余向其孤取付云间古倪园沈氏翻行，非特庆是《谱》之流传，且寿阶手迹亦藉以不朽也。癸酉岁初三日，知非子黄丕烈识。"可知清嘉庆十六年（1811）沈氏古倪园刊刻时所据为袁寿阶影宋本。

潘景郑云："此本之传如沈氏古倪园、鲍氏知不足斋，所据均属影抄本。"② 而华蕾认为："《知不足斋丛书》本《梅花喜神谱》是古倪园本的直接翻刻本，而且鲍廷博在刊刻的过程中并没有参校过双桂

---

① （清）鲍廷博辑刻：《知不足斋丛书》第9册，中华书局1999年版，第460页。
② 潘景郑：《著砚楼读书记》，辽宁教育出版社2002年版，第360页。

堂本。"① 据宋本黄丕烈跋，可知从宋本影抄的两个副本均出自袁廷梼，除袁氏本人收藏之本外，另一本赠予阮元。鲍廷博与袁廷梼是挚友，又与阮元交游较多，故从二人借本刊刻均有可能，因此鲍刻本底本为影宋抄本的可能性很大，潘景郑所言当可信从。华蕾认为鲍刻本是古倪园本的直接翻刻本，是因为对比后发现两本相似度很高，之所以如此，应该是古倪园本和鲍刻本均出自袁氏摹宋本的缘故。如今影宋本已不知流落何处，好在有宋刻本存世，可以让世人一睹此书之精美。

44. 《斜川集》

《知不足斋丛书》第二十六集，六卷、附录二卷，作者题署为"眉山苏过叔党撰"。每半叶九行，行二十一字，左右双边，细黑口，版心下方或镌"知不足斋丛书"，或空白。书首为乾隆五十三年（1788）赵怀玉校刻序，嘉庆十五年（1810）法式善补遗序、吴长元《校录〈斜川集〉寄鲍以文》、鲍廷博《吴丽煌寄示〈斜川集〉志喜》，书末有附录、《斜川集》订误、乾隆四十七年（1782）吴长元书。书末有题识："右诗在《参寥子集》第七卷，壬申六月二十九日曝书得此，因录附之，八十五叟。"②《知不足斋丛书总目》稿本云底本为吴长元校抄《永乐大典》本。

由鲍刻本吴长元跋，可知《斜川集》是周永年从《永乐大典》中辑佚之书，吴氏从孙溶借归，抄录了副本，并考订、补遗，厘定为六卷后，将此本寄予鲍廷博，裨其刻入《知不足斋丛书》。

周永年辑本现藏中国台湾"中央图书馆"，《标点善本题跋集录》载清乾隆间济南周氏林汲山房抄本《斜川集》六卷，宋苏过撰。清周永年辑。近人邓邦述手书题记。邓邦述跋云："封面有'林汲山房传钞'字，'林汲'为山东周书昌先生斋名，与邵二云同在史馆，同辑《永乐大典》，一时竞写未见之书，故往往一书而互有详略，不独此书然也。乙丑春，群碧再记。"③ 此本为鲍廷博所据之原始底本。

---

① 华蕾：《〈梅花喜神谱〉版本考》，硕士学位论文，复旦大学，2010年，第45页。
② （清）鲍廷博辑刻：《知不足斋丛书》第9册，中华书局1999年版，第561页。
③ "中央图书馆"编印：《标点善本题跋集录》，1992年版，第525页。

《知不足斋丛书》底本、校本及收藏地一览表

集数	书名	朝代	作者	底本、校本及收藏地
首帙	《御题唐阙史》	唐	高彦休	明抄本，有祝枝山跋，以小山堂抄本参校。※中国台湾"中央图书馆"藏小山堂抄本，赵昱手校并题记，为鲍廷博使用之校本。
第一集	《古文孝经孔氏传》	汉 日本	孔安国传 太宰纯音	日本享保壬子刊本，中土久佚。
第一集	《寓简》	宋	沈作喆	明姚舜咨抄校本，有跋。
第一集	《两汉刊误补遗》	宋	吴仁杰	明叶石君抄本，以抱经堂本校，录朱竹垞、卢召弓跋。※中国台湾"中央图书馆"藏旧抄本十卷，为鲍刻本底本。
第一集	《涉史随笔》	宋	葛洪	旧抄本。
第一集	《客杭日记》	元	郭畀	厉樊榭手抄本。
第一集	《韵石斋笔谈》	清	姜绍书	
第一集	《七颂堂识小录》	清	刘体仁	
第二集	《公是先生弟子记》	宋	刘敞	旧抄宋淳熙本，刘子全书未收。
第二集	《经筵玉音问答》	宋	胡铨	※上图藏知不足斋抄本《胡澹庵先生文集》六卷、附一卷，鲍廷博批校并题识，此本或其副本为鲍刻本底本。
第二集	《碧溪诗话》	宋	黄彻	朱竹垞抄本，有跋。
第二集	《独醒杂志》	宋	曾敏行	宋淳熙丙午刊本。
第二集	《梁溪漫志》	宋	费衮	周松霭藏影宋嘉泰本。
第二集	《赤雅》	明	邝露	
第二集	《诸史然疑》	清	杭世骏	
第二集	《榕城诗话》	清	杭世骏	朱朗斋手抄本。
第三集	《入蜀记》	宋	陆游	旧抄本。
第三集	《猗觉寮杂记》	宋	朱翌	何义门校本。※中国台湾"中央图书馆"藏清鲍以文校抄本二卷，为鲍刻本底本。
第三集	《对床夜语》	宋	范晞文	旧抄本，以明活字本校。
第三集	《归田诗话》	明	瞿佑	明刊本。
第三集	《南濠诗话》	明	都穆	明黄桓本、文衡山本合校。
第三集	《麓堂诗话》	明	李东阳	倪建中抄赠。
第三集	《石墨镌华》	明	赵崡	※明万历四十六年刻本为鲍刻本底本。

续表

集数	书名	朝代	作者	底本、校本及收藏地
第四集	《孙子算经》	唐	李淳风	汲古阁影宋本。※中国台湾"中央图书馆"藏知不足斋抄本三卷，清丁传手跋，为鲍刻本底本。
	《五曹算经》	唐	李淳风	汲古阁影宋本。※中国台湾"中央图书馆"藏知不足斋抄本五卷，清丁传手跋，为鲍刻本底本。
	《钓矶立谈》	南唐	史温	汲古阁抄本，有吴枚庵跋。
	《洛阳搢绅旧闻记》	宋	张齐贤	吴氏池北草堂校本。
	《四朝闻见录》	宋	叶绍翁	旧抄本。※国图藏赵信、吴长元校并跋，鲍廷博校清初抄本为鲍刻本底本。
	《金石史》	明	郭宗昌	
	《闲者轩帖考》	清	孙承泽	
第五集	《闻见近录》	宋	王巩	宋本。※国图藏宋刻本一卷，为鲍刻本底本。
	《甲申杂记》	宋	王巩	宋本。※国图藏宋刻本一卷，为鲍刻本底本。
	《随手杂录》	宋	王巩	朱竹垞抄本。
	《清虚杂著·补阙》			从曾孙从谨补录，朱竹垞抄本。
	《补汉兵志》	宋	钱文子	旧抄本，有朱竹垞跋。
	《临汉隐居诗话》	宋	魏泰	明抄足本。
	《滹南诗话》	金	王若虚	※国图藏鲍廷博校、刘喜海跋清抄本《滹南集》四卷、附《诗话》三卷，是鲍廷博使用的校本。
	《归潜志》	金	刘祁	传抄莱阳赵氏本，以文瑞楼、抱经堂诸本校并录宋彬王、李北苑、卢召弓跋。※南图藏鲍廷博校并跋，丁丙跋清抄本十四卷、附录一卷，为鲍刻本底本。
	《黄孝子万里纪程》	明	黄向坚	
	《虎口余生记》	明	边大绶	
	《澹生堂藏书约》附《流通古书约》	明明	祁承㸁曹溶	
	《苦瓜和尚画语录》	清	释道济	※南图藏清抄本《苦瓜和尚画语录》一卷、《大涤子题画诗跋》一卷，与鲍刻本文字高度一致，两本应同出一源。

续表

集数	书名	朝代	作者	底本、校本及收藏地
第六集	《玉壶清话》	宋	释文莹	吴枚庵手校，有跋。※日本静嘉堂文库藏旧抄本十卷，吴枚庵手校手识，为鲍刻本底本。
	《愧郯录》	宋	岳珂	宋本。※"《愧郯录》卷第一"下注"宋本重雕"。※瞿氏铁琴铜剑楼藏宋本，为鲍刻本底本。
	《碧鸡漫志》	宋	王灼	钱遵王、陆绍曾校足本。※述古堂主人手校本。※国图藏明抄本五卷，清钱曾校并跋，为鲍刻本底本。
	《乐府补题》		撰人佚	
	《蜕岩词》	元	张翥	厉樊榭校本。
第七集	《论语集解义疏》	梁	皇侃	日本刊本，中土久佚。
	《离骚草木疏》	宋	吴仁杰	邵位西藏宋刊本。※"《离骚草木疏》卷第一"下注"宋本校雕"。
	《游宦纪闻》	宋	张世南	卢抱经校本，有跋。※"《游宦纪闻》卷第一"下注"抱经堂主人手校本"。
第八集	《张丘建算经》	唐	李淳风等	汲古阁影宋抄本。※中国台湾"中央图书馆"藏旧抄本三卷，清丁传手跋，为鲍刻本底本。
	《缉古算经》	唐	王孝通	汲古阁影宋抄本。※故宫博物院藏汲古阁影宋抄本一卷。
	《默记》	宋	王铚	叶石君抄本，有跋。※国图藏清抄本一卷，清陈鳣校并跋，又录鲍廷博、朱文藻、吴骞批校题识，此本出自鲍刻本底本。
	《南湖集》	宋	张镃	朱朗斋抄校《永乐大典》本，有跋。※国图藏清抄本十卷，鲍廷博校，为鲍刻本之原始底本。
	《蘋州渔笛谱》	宋	周密	毛斧季抄校本，有跋。※"《蘋州渔笛谱》卷一"下注"汲古主人摹本开雕"。

续表

集数	书名	朝代	作者	底本、校本及收藏地
第九集	《金楼子》	梁	梁元帝	《永乐大典》本,吴兔床、朱朗斋手订。
	《铁围山丛谈》	宋	蔡绦	雁里草堂抄本开雕,以璜川吴氏、涉园张氏抄本参校。※上图藏明嘉靖二十九年雁里草堂抄本六卷,为鲍刻本底本。
	《农书》	宋	陈旉	小山堂抄本。※"《农书》卷上"下注"仁和赵氏小山堂抄本开雕"。
	《蚕书》	宋	秦观	万作霖抄本。
	《耕织图诗》	宋	楼璹	万作霖抄本,有跋。
	《湛渊静语》	元	白珽	何义门抄本,有跋。
	《责备余谈》	明	方鹏	
第十集	《续孟子》	宋	林慎思	吴枚庵抄本。※"《伸蒙续孟子》卷上"下注"枚庵漫士古欢堂秘册"。
	《伸蒙子》	宋	林慎思	吴枚庵抄本,有跋。
	《麟角集》	唐	王棨	丁松斋校本。※国图藏清抄本一卷、附录一卷、补遗一卷,清丁松斋、鲍廷博校,为鲍刻本底本。
	《兰亭考》	宋	桑世昌	柳大中影宋本。※"《兰亭考》卷一"下注"书竹青毡堂摹宋本"。
	《兰亭续考》	元	俞松	柳大中影宋本。※"《兰亭考》卷一"下注"书竹青毡堂摹宋本"。
	《石刻铺叙》	宋	曾宏父	嘉定钱氏、海盐张氏本、沈大成临何义门评本合校。※"《石刻铺叙》卷上"下注"义门书塾评本"。
	《江西诗社宗派图录》	清	张泰来	厉樊榭抄本,有跋。※上图藏清赵氏小山堂抄本一卷,赵一清校并录厉鹗跋,有莫棠跋,为鲍刻本底本。
	《江西诗派小序》	宋	刘克庄	※"江西诗派小序"下注"桐华馆宋本重雕"。
	《万柳溪边旧话》	宋	尤玘	朱朗斋校,有跋。※苏州市图藏清抄本为鲍廷博使用之校本。

续表

集数	书名	朝代	作者	底本、校本及收藏地
第十一集	《诗传注疏》	宋	谢枋得	吴长元辑本。※上图藏清鲍氏知不足斋抄本《诗传注疏》三卷,为鲍刻本底本。
	《颜氏家训》附《考证》	北齐	颜之推	述古堂影宋本。※"颜氏家训"旁注"宋本开雕"。"《颜氏家训》卷第一"下注"述古堂影宋本重雕"。
	《江南余载》		撰人佚	《永乐大典》本。
	《五国故事》		撰人佚	明剑光阁抄本。※国图藏明抄本二卷,鲍廷博校,赵辑宁跋,为鲍刻本底本。
	《故宫遗录》	明	萧洵	明赵清常抄本,有跋。
	《伯牙琴》	宋	邓牧撰 廷博辑	※南图藏清抄本《伯牙琴》一卷、补遗一卷,《四库》底本,鲍刻本底本应为此本之副本。
	《洞霄诗集》	元	孟宗宝	元刊本,厉樊榭校,有跋。
	《石湖词》	宋	范成大	※国图藏清知不足斋抄本《唐宋八家词》本《石湖词》一卷、补遗一卷,为鲍刻本底本。
	《和石湖词》	宋	陈三聘	※国图藏清知不足斋抄本《唐宋八家词》本《和石湖词》一卷、补遗一卷,鲍廷博应是用他本校此本后刊刻。
	《花外集》	宋	王沂孙	

续表

集数	书名	朝代	作者	底本、校本及收藏地
第十二集	《诗义指南》	宋	段昌武	朱竹垞藏本，有跋。
	《离骚集传》	宋	钱杲之	宋本。※国图藏清乾隆四十七年吴翌凤抄本一卷，吴翌凤跋、鲍廷博校并跋，为鲍刻本底本。
	《江淮异人录》	宋	吴淑	足本。
	《庆元党禁》		撰人佚	《永乐大典》本。※日本静嘉堂文库藏旧抄本一卷，鲍廷博跋，为鲍刻本底本。
	《北山酒经》	元	朱肱	吴枚庵抄足本。※鲍刻本底本极有可能从宋本抄录。
	《山居新话》	元	杨瑀	元刊本。※上图藏清抄本一卷，出自元刻本，为鲍刻本底本。
	《鬼董》		撰人佚	
	《墨史》	元	陆友	
	《画诀》	明	龚贤	※鲍刻本版心下方镌"桐华馆订正本"，故底本为此本。
	《画筌》	清	笪重光	※鲍刻本版心下方镌"桐华馆订正本"，故底本为此本。
	《今水经》	清	黄宗羲	稿本。※"《今水经》"下注"黄氏续钞原本"。
	《佐治药言》附《续佐治药言》	清	汪辉祖	稿本。

第四章 《知不足斋丛书》刊刻底本及校本考 // 239

续表

集数	书名	朝代	作者	底本、校本及收藏地
第十三集	《相台书塾刊正九经三传沿革例》	宋	岳珂	※鲍刻本版心下方镌"桐华馆订正本",故底本为此本。
	《玄真子》	唐	张志和	卢召弓校本。
	《翰苑群书》	宋	洪遵	宋刊本,卢召弓校。※※日本静嘉堂文库藏旧抄本二卷,汪季青旧藏,卢文弨手校,为鲍刻本底本,非宋刻本。
	《朝野类要》	宋	赵升	武英殿聚珍本。※"《朝野类要》目录"下注"武英殿聚珍版原本"。
	《碧血录》附《周端孝先生血疏贴黄册》	明	黄煜	卢召弓校本。
	《逍遥集》	宋	潘阆	《永乐大典》本。※"《逍遥集》"下注"《四库》全书馆纂修本"。
	《百正集》	宋	连文凤	《永乐大典》本。※中国台湾"中央图书馆"藏清抄本三卷,鲍廷博校,为鲍刻本底本。
	《张子野词》	宋	张先	绿斐轩抄本,廷博辑补。
	《贞居词》	元	张天雨	厉樊榭抄本。
第十四集	《籁纪》	陈	陈叔齐	
	《潜虚》附《潜虚发微论》	宋 宋	司马光 张敦实	宋淳熙刊本。※"《潜虚》"下注"宋本重雕"。
	《袁氏世范》附《集事诗鉴》	宋 宋	袁采 方昕	袁氏家乘本,有袁表、袁裵、袁廷梼跋。※"《袁氏世范》卷一"下注"吴郡袁氏传经堂家乘本"。
	《天水冰山录》附《钤山堂书画记》			吴枚庵藏周石林抄本。
第十五集	《新唐书纠谬》	宋	吴缜	钱竹汀校本。※"《新唐书纠谬》卷第一"下注"嘉定钱大昕校本"。
	《洞霄图志》	元	邓牧	元刊本。
	《聱隅子歔欷琐微论》	宋	黄晞	芳椒堂藏宋刊本。※南图藏宋刻本二卷为鲍刻本底本。
	《世纬》	明	袁裵	五砚楼传抄阁本。

续表

集数	书名	朝代	作者	底本、校本及收藏地
第十六集	《皇宋书录》	宋	董史	小山堂藏本。
	《宣和奉使高丽图经》	宋	徐兢	旧抄本，明刻本多脱误。
	《武林旧事》	宋	周密	惠氏藏元抄本，据明刊本参校，有祁承爜、吴尺凫等跋。※明宋廷佐刻本和明《宝颜堂秘笈》本参校。
	《钱塘先贤传赞》	宋	袁韶	足本。
第十七集	《五代史纂误》	宋	吴缜	《永乐大典》本。※目录下注"武英殿聚珍版本"。
	《岭外代答》	宋	周去非	《永乐大典》本。
	《南窗纪谈》	宋	撰人佚	
	《苏沈内翰良方》	宋	苏轼 沈括	吴郡程氏藏足本。
	《浦阳人物记》	明	宋濂	浦阳戴氏藏本。
第十八集	《宜州家乘》	宋	黄庭坚	
	《吴船录》	宋	范成大	足本。※明嘉靖卢襄刊本。
	《清波杂志》	宋	周辉	曹彬侯抄本，以姚舜咨本校。※国图藏鲍廷博校并跋清抄本《清波杂志》十二卷、《别志》三卷，为鲍刻本底本。
	《清波别志》	宋	周辉	曹彬侯抄本，以姚舜咨本校。※国图藏鲍廷博校并跋清抄本《清波杂志》十二卷、《别志》三卷，为鲍刻本底本。
	《蜀难叙略》	清	沈荀蔚	
	《灊山集》	宋	朱翌	《永乐大典》本。※南图藏清抄本三卷，补遗一卷、附录一卷，为鲍刻本原始底本。
	《颐庵居士集》	宋	刘应时	

第四章　《知不足斋丛书》刊刻底本及校本考 // 241

续表

集数	书名	朝代	作者	底本、校本及收藏地
第十九集	《文苑英华辨证》	宋	彭叔夏	顾涧蘋校影宋本。
	《诗纪匡谬》	明	冯舒	
	《西塘集耆旧续闻》	宋	陈鹄	丁小疋、吴枚庵藏本合校。※中国台湾"中央图书馆"藏旧抄本十卷，应为鲍刻本底本；北大图藏清抄本二卷，即校勘中使用的吴枚庵藏本。
	《山房随笔》	元	蒋正子	明初写本。
	《勿庵历算书目》	清	梅文鼎	
	《黄山领要录》	清	汪洪度	※鲍刻本底本为汪洪度稿本。
	《世善堂藏书目录》	明	陈第	陈氏原本。※国图藏清抄本一卷，应是鲍廷博使用的校本。
第二十集	《测圆海镜细草》	元	李冶	李尚之校本。
	《芦浦笔记》	宋	刘昌诗	明小草斋抄本，录厉樊榭、丁小疋跋。
	《五代史记纂误补》	清	吴兰庭	
	《山静居画论》	清	方薰	※鲍刻本底本应为方薰稿本。
	《茗香诗论》	清	宋大樽	
第二十一集	《孝经郑注》	汉	郑玄	日本刊本，中土久佚。
	《孝经郑氏解辑》	清	臧庸堂	
	《益古演段》	元	李冶	李尚之校本。
	《弧矢算术细草》	清	李锐	
	《五总志》	宋	吴炯[①]	※鲍刻本底本应源自鲍廷博乾隆三十九年收藏之抄本。
	《古今纪要逸编》	宋	黄震	钱塘施氏传抄小山堂本。
	《北行日谱》	明	朱祖文	※鲍刻本底本为康熙补版之明崇祯刻本。
	《粤行纪事》	清	瞿昌文	
	《滇黔土司婚礼记》	清	陈鼎	
	《清隽集》	宋	郑起	
	《一百二十图诗》	宋	郑思肖	元刊本。
	《郑所南先生文集》	宋	郑思肖	元刊本。

---

① 按："炯"，当作"坰"。

续表

集数	书名	朝代	作者	底本、校本及收藏地
第二十二集	《鉴诫录》	宋	何光远	天籁阁藏宋本，王渔洋校，有朱竹垞、徐嘉炎、曹楝亭诸跋。※上图藏宋刻本。※中国台湾"中央图书馆"藏知不足斋抄本十卷，为鲍刻本底本。
	《侯鲭录》	宋	赵德麟	旧抄本，以明刻本校。※南图藏明芸窗书院刻本八卷。※日本静嘉堂文库藏鲍以文、卢文弨手校手识旧抄本二卷。
	《松窗百说》	宋	李季可	旧抄本。※中国台湾"中央图书馆"藏清乾隆鲍氏困学斋抄本一卷，鲍廷博手校并跋，极有可能是鲍刻本底本。
	《北轩笔记》	元	陈世隆	
	《藏海诗话》	宋	吴可	《永乐大典》本。
	《吴礼部诗话》	元	吴师道	小山堂抄本，有厉樊榭跋。
	《画墁集》	宋	张舜民	《永乐大典》本。
第二十三集	《读易别录》	清	全祖望	
	《古今伪书考》	清	姚际恒	
	《渑水燕谈录》	宋	王辟之	赵清常藏本，有李北苑跋。※中国台湾"中央图书馆"藏明万历二年江阴贡大章手抄本十卷，为鲍刻本底本。
	《揽辔录》	宋	范成大	明嘉靖卢襄刊本。
	《骖鸾录》附《桂海虞衡志》	宋	范成大	明嘉靖卢襄刊本。
	《北行日录》	宋	楼钥	※《武英殿聚珍版丛书》本《攻媿集》卷一一一至一一二为《北行日录》。鲍刻本底本应为此本，是书为抽印本。
	《放翁家训》	宋	陆游	
	《庶斋老学丛谈》	金	盛如梓	汪西亭藏本，以钱功甫抄本校。※上图藏清抄本三卷，清鲍廷博校、黄丕烈校并跋，即钱功甫校本。
	《湛渊遗稿》	元	白珽	沈景梁辑本。
	《赵待制遗稿》	元	赵雍	吴尺凫抄本，有跋。
	《滦京杂咏》	元	杨允孚	明抄本。

续表

集数	书名	朝代	作者	底本、校本及收藏地
第二十三集	《阳春集》	宋	米友仁	※《宝真斋法书赞》散佚，现存各本均出《四库》馆臣《永乐大典》辑本。《阳春集》是鲍廷博从《宝真斋法书赞》析出单行的，应是据馆臣辑本之传抄本刊刻。
	《草窗词》	宋	周密	
第二十四集	《吹剑录外集》	宋	俞文豹	范尧卿抄本，有跋。※南图藏明抄本一卷，为鲍刻本底本。
	《宋遗民录》	明	程敏政	旧抄本，竹里老人跋。
	《天地间集》	宋	谢翱	旧抄本，陆思道跋①。※南图藏清嘉庆祝氏刻本一卷与鲍刻本文字相似度高，故鲍刻本所据之旧抄本应与祝刻本同源。
	《宋旧宫人诗词》	宋	汪元量	旧抄本。※上图藏清抄本《湖山类稿》五卷，附《亡宋旧宫人诗》《亡宋旧宫人词》一卷、《湖山外稿》一卷，为鲍刻本底本，刊刻时合题《亡宋旧宫人诗词》。
	《竹谱详录》	元	李衎	明抄本，富秋岳摹画。
	《书学捷要》	清	朱履贞	※鲍刻本底本为朱履真稿本。
第二十五集	《履斋示儿编》	宋	孙奕	孙怡谷、卢召弓校本，顾涧蘋补校。
	《霁山集》	宋	林景熙	校补明刊本。
第二十六集	《五行大义》	隋	萧吉	日本《佚存丛书》本，中土久佚。
	《负暄野录》		陈槱	
	《古刻丛钞》	明	陶宗仪	李南涧藏本。
	《梅花喜神谱》	宋	宋伯仁	宋刊本。※上博藏宋景定二年刻本。※鲍刻本底本出自袁廷梼影宋本。
	《斜川集》	宋	苏过	吴长元校抄《永乐大典》本。※中国台湾"中央图书馆"藏清乾隆间济南周氏林汲山房抄本六卷，为鲍刻本之原始底本。

---

① 按："思"，当作"师"。

续表

集数	书名	朝代	作者	底本、校本及收藏地
第二十七集	《道命录》	宋	李心传	
	《曲洧旧闻》	宋	朱弁	
	《字通》	宋	李从周	※鲍刻本底本为汲古阁影宋本之传抄本，并经王泽校勘。
	《透帘细草》		撰人佚	
	《续古摘奇算法》	宋	杨辉	
	《丁巨算法》	元	丁巨	
	《缉古算经细草》	清	张敦仁	
第二十八集	《云林石谱》	宋	杜绾	※马容海藏《云林石谱》三卷为底本，用《古今图书集成》校，补录《孔传序》，附录《绐云石图记》后刻入《丛书》。
	《梦粱录》	宋	吴自牧	
	《静春堂诗集》	元	袁易	
	《红蕙山房集》	清	袁廷梼	※鲍刻本底本为袁氏稿本。
第二十九集	《梧溪集》	元	王逢	※中国台湾"中央图书馆"藏旧抄本《梧溪集》七卷，蒋西圃、叶廷甲、鲍廷博、顾广圻递校，为鲍刻本底本。
	《困学斋杂录》	元	鲜于枢	※鲍廷博乾隆三十八年抄录瓶花斋本，四十一年以明抄本校，嘉庆九年与赵魏再校，此本为鲍刻本底本。
第三十集	《尊德性斋小集》	宋	程洵	※鲍刻本底本为文模公手抄本。
	《麈史》	宋	王得臣	
	《全唐诗逸》	日本	河世宁	※国图藏清抄本三卷，为知不足斋藏书，应为鲍刻本底本。
	《中吴纪闻》	宋	龚明之	※鲍刻本底本为毛扆用菉竹堂抄本手校之明汲古阁本，何焯、卢文弨校。
	《广释名》	清	张金吾	※鲍刻本底本为清张金吾修订之爱日精庐刻本。
	《两孝子寻亲记》	清	翁广平	※鲍刻本底本应为翁广平稿本。
	《画梅题记》	清	朱方蔼①	※鲍刻本版心下方为"桐华馆订正本"，故底本为此本。

注：※前的内容为鲍廷博《知不足斋丛书总目》稿本注明的内容；※后的文字为笔者研究后的结论；"底本、校本及收藏地"一栏中空白处，仍需进一步查考。

---

① 按："蔼"，当作"霭"。

综上，目前已经考察出的鲍刻本底本或校本为 25 种，分别为《经筵玉音问答》《石墨镌华》《漳南诗话》《苦瓜和尚画语录》《伯牙琴》《石湖词》《和石湖词》《黄山领要录》《山静居画论》《五总志》《北行日谱》《北行日录》《阳春集》《书学捷要》《字通》《云林石谱》《红蕙山房集》《困学斋杂录》《尊德性斋小集》《全唐诗逸》《中吴纪闻》《广释名》《两孝子寻亲记》《画梅题记》和《梧溪集》。

考察出底本或校本收藏地的有 44 种，分别为《御题唐阙史》《两汉刊误补遗》《猗觉寮杂记》《孙子算经》《五曹算经》《四朝闻见录》《闻见近录》《甲申杂记》《归潜志》《玉壶清话》《愧郯录》《碧鸡漫志》《张丘建算经》《缉古算经》《默记》《南湖集》《铁围山丛谈》《麟角集》《诗传注疏》《五国故事》《离骚集传》《庆元党禁》《北山酒经》《山居新话》《翰苑群书》《百正集》《聱隅子歔欷琐微论》《清波杂志》《清波别志》《灊山集》《西塘集耆旧续闻》《世善堂藏书目录》《鉴诫录》《侯鲭录》《松窗百说》《渑水燕谈录》《庶斋老学丛谈》《天地间集》《宋旧宫人诗词》《梅花喜神谱》《斜川集》《吹剑录外集》《万柳溪边旧话》和《江西诗社宗派图录》。

目前仍有 43 种书籍未能考察出鲍刻本底本，分别为《韵石斋笔谈》《七颂堂识小录》《赤雅》《诸史然疑》《金石史》《闲者轩帖考》《黄孝子纪程》《虎口余生记》《澹生堂藏书约》（附《流通古书约》）《乐府补题》《责备余谈》《花外集》《鬼董》《墨史》《籁纪》《南窗纪谈》《宜州家乘》《蜀难叙略》《颐庵居士集》《诗纪匡谬》《勿庵历算书目》《五代史记纂误补》《茗香诗论》《孝经郑氏解辑》《弧矢算术细草》《粤行纪事》《滇黔土司婚礼记》《清隽集》《北轩笔记》《读易别录》《古今伪书考》《放翁家训》《草窗词》《负暄野录》《道命录》《曲洧旧闻》《透帘细草》《续古摘奇算法》《丁巨算法》《缉古算经细草》《梦梁录》《静春堂诗集》和《麈史》。以上个别书籍虽已有前辈学者指出其刊刻底本，但由于资料阙如，尚无法考知其观点正确与否，故暂不列入表中。

第五章　鲍廷博知不足斋书事丛考

本章揭示了新发现的国图藏鲍氏抄本《一角编》中保存的鲍廷博画像的价值；通过《知不足斋丛书》与《宛委别藏》共同收录的十种书籍的对比，充分肯定了鲍刻本的版本价值；对刘尚恒《鲍廷博年谱》作了订正和补充；在《知不足斋序跋题记集录》和《鲍廷博题跋集》之外，新辑鲍廷博稀见序跋五十余则；并对知不足斋藏书总量及鲍廷博《四库》献书的相关问题，在借鉴前辈学者研究成果的基础上，作了考察和探讨，希冀推进鲍廷博及其《知不足斋丛书》研究的进一步深入和完善。

第一节　鲍廷博抄本《一角编》与鲍廷博画像

清代著名藏书家鲍廷博亲笔手抄之《一角编》，是此书现存各版本中最为珍贵的一种，其中保存了不见于其他文献收录的鲍廷博画像，因而使众多名家竞相收藏。杨澥、徐楙、郑文焯、袁克文之手跋，章钰撰写之像赞，高度评价了鲍廷博一生藏书、刻书的卓越贡献。此清抄本的完整保存，使后世学子得以瞻仰一代书宗鲍廷博的遗风和墨迹，具有独特的文献价值。

《一角编》是清代书画目录书中较为重要的一种。著者周二学，字幼闻，号药坡，又号晚菘，仁和（今浙江杭州）人。以南宋时马远之画称为"马一角"，作者取以谦称其书所收书画仅一角而已，故名为《一角编》。抄本雍正十二年（1734）丁敬序云："至装潢亦纤屑具备，则为晚菘所独创。晚菘善鉴赏，饶洁癖，类米海岳，每得一笺握素，必低徊审谛，累数日不去左右，昔人所言'棐几三展，明窗百回',晚菘有焉。"此书所载之书画装裱技艺尤为人称道,周氏耽爱书画,于此亦可见一斑。周二学精选家藏书画之佳品,按获藏时间先后,仿《江村销夏录》体例编成《一角编》,记录书画作品的内容、艺术风格、收藏印鉴、装裱形式等。书中所载主要为明人书画墨迹,鉴赏品评的同时,偶有考辨。

《一角编》现存版本主要有:国家图书馆藏鲍廷博抄本;国家图书馆藏章钰朱丝栏抄本;民国七年(1918)仁和吴昌绶双照楼刊《松邻丛书》乙编本;上海书店《丛书集成续编》本①,收录的为吴氏双照楼刊本;《中国画学丛书》本②,由薛永年点校、杜哲森复校,校勘记云以吴氏双照楼刊本与北图藏章钰手抄本互校。在这几种版本中,鲍廷博抄本有其特有的价值和意义。

一 鲍廷博抄本《一角编》概述

鲍廷博抄本《一角编》,不分卷。每半叶九行,行十九字,无行格。有杨澥、徐楙、郑文焯、袁克文手跋,章钰像赞。③

道光十二年(1832)杨澥题识云:

> 此鲍世伯渌饮先生手录本也。先生不以书名世,而笔致颇与倪云林相近。澥于嘉庆己巳年随先生寓西湖表忠观,助理校刊《丛书》,相聚五月有余。后澥在家,先生往来吴门,道出垂虹,必泊舟过寒斋,凡得未见书,定携以共赏,契厚若此,而先生之遗墨阙如也。兹晚菘居士《一角编》全帙六十二叶,首尾不懈,真可宝贵。为题红馆主人梅庵所得,澥从其文孙借得。遗像梅庵倩友摹以弁首,展读恍聆昔日言笑也。道光壬辰十月廿四日,雪

---

① (清)周二学:《一角编》,《丛书集成续编》第86册,上海书店1995年版,第575—595页。
② (清)周二学著,薛永年点校、杜哲森复校:《一角编》,上海人民美术出版社1986年版。
③ 按:王文进《文禄堂访书记》(上海古籍出版社2007年版,第174—176页)卷三曾过录章钰、徐楙、杨澥、郑文焯、袁克文手跋,但通过目验国图藏本,发现有录文不准确之处,如"徐楙",录文误为"徐树",此处不一一列举。

窗杨澥识。

此清抄本弁首画像右方有题字一行："知不足斋主人渌饮先生遗像。"下方有杨澥小字题签："壬辰十月吴江杨澥题。"画像为梅庵先生请人摹绘，可谓有心之人，锦上添花。杨澥睹鲍廷博画像而怀想其人，回忆自己曾于嘉庆十四年（1809）在杭州西湖东南的表忠观，协助八十二岁高龄的鲍廷博，校勘《知不足斋丛书》长达五个月的生活。而后鲍廷博亦时常过访其家，共赏书籍，建立了深厚的友谊。

秋声馆主人徐楙于道光十三年（1833）撰跋曰：

> 《一角编》，同里周二学幼闻先生所集。幼闻又有《赏延素心录》，与周江左《装潢志》相埒，《志》则朱竹垞翁极称许之。是编经樊榭、董浦、龙泓三老品定，渌饮丈手抄，真世间瑰宝也。旧藏赵氏星凤阁，今归王氏题红馆，必可谓物得其主。古之画家，胸有万卷书，然后略缀数语，书其处以识岁月。今有黄口小儿才能握管，便猖猖数十百言，不自觉其口舌之颠踬，可叹哉！读是编者，可以警矣。道光癸巳春，钱唐徐楙。

徐楙认为《一角编》既有清代著名学者厉鹗、丁敬和杭世骏三位硕儒撰序，加之此本又为鲍廷博亲笔手抄，价值斐然。

章钰为鲍廷博画像撰写了像赞：

> 从事校勘，与丹铅为缘，而犹署"知不足斋"之榜，以自志其拳拳。呜呼，劻书者众矣，畴则如先生之专！后有来者，一灯谁传？渌饮先生小象。后学长洲章钰谨赞。

章钰高度赞扬了鲍廷博一生为收藏、校勘典籍矢志不渝的拳拳苦心。

此外，抄本中尚有郑文焯光绪二十八年（1902）撰写的题跋：

> 右晚菘居士《一角编》，鲍渌饮先生所手抄者，文既雅驯，

书体古茂,世无刊本,致是珍网。董浦先生所谓前辈风流,承平旧俗,于此毕见,信非寻常博古家簿录,众有检美炫奇,以货财视古迹者,所可同日语也。是册曩为姚氏大某山馆所藏,旋归苏州桃花坞贝家,今获见之伯宛孝廉几上。每思借录,以竢好古者就元迹墨板,卒卒愍暇,乃叹渌饮先生手写全帙六十二叶,心画高逸,老而益工,诚不可及矣。卷端有杨龙石题识,极称其遗墨罕觏。近今求得《知不足斋丛书》旧本,已稀如星凤,况其手录世间之未见书邪!玩索郑重,爱识数语而归之。时在光绪壬寅之岁大梁月既望,鹤道人郑文焯题于沤园。

郑跋盛赞鲍廷博遗墨之宝贵。贝墉与鲍廷博交游往来较多,曾出资帮助鲍廷博刊刻《知不足斋丛书》中之《履斋示儿编》。鲍廷博也曾赠《斜川集》予贝墉。①

书中还有一跋为袁克文所撰,克文为袁世凯次子,字豹岑,一字抱存,别署寒云。其跋曰:

鲍氏抄书至夥,多唐宋人小集,间有手写序目,或自加批校,而手书之籍独罕。伯宛因予近获宋刊《挥麈三录》有荛翁小象,遂举此见贻,以其有渌饮小象,可以俪荛翁也。黄、鲍皆予所最钦慕者,今皆得瞻见颜色,真厚幸也。丙辰三月二十日,识于玉泉山下。时涅芬夫人及云嫱、凤娘同案作挖花之戏,而予在侧展卷濡毫,颇自笑迂态逼人也。寒云。

伯宛为吴昌绶字,他因袁克文获藏宋刻《挥麈三录》有黄丕烈小像,而赠予其有鲍廷博画像的《一角编》,促成双璧。傅增湘《藏园群书经眼录》卷九记载宋刊本《挥麈录》时曾有按语云:"余尝见宋本《三录》于吴门顾鹤逸麐士家,亦士礼居旧藏,前叶绘有黄丕烈小象,至堪雅玩。旋作缘归之袁寒云克文,今又转归南海潘氏矣。

---

① (宋)苏过:《斜川集》六卷、附录二卷,清鲍廷博校,贝墉跋。上海图书馆藏清乾隆五十三年(1788)亦有生斋刻本。

（日本静嘉堂文库藏书，己巳十一月十三日阅。）"[1] 鲍廷博与黄丕烈同为清代首屈一指的大藏书家，书籍中保存的两人画像，无疑使其价值倍增。

鲍廷博抄本《一角编》从赵辑宁星凤阁流入题红馆主人梅庵处，又经姚燮、贝墉、吴昌绶、袁克文等名家递藏。抄本钤"姚渔父"、"贝墉曾读"、"吴昌绶印"、"一廛十驾"、"赵钫珍藏"、"无悔斋"、"钫"、"章保世精鉴印"、"高氏校阅精抄善本印"和"瀞"等印，由于众多，不及悉录。

二 鲍廷博抄本《一角编》之价值

由以上手跋不难看出诸位名家对此抄本的推崇，那么其独特价值何在呢？

首先，此抄本《一角编》为藏书大家鲍廷博亲笔抄录。鲍廷博为清代乾嘉时期著名藏书家，清廷纂修《四库全书》时献书七百余种而名动一时，竭尽毕生心血所刻之《知不足斋丛书》为清代私家刻印丛书之代表。鲍廷博为古籍的刻印流传所作出的贡献和慷慨赠予书籍、乐于书籍交流的风范令后世敬仰。知不足斋所抄之书非常有名，由于抄写精善，批校精准，受到同时及后来众多藏书家及学者的重视。无论是知不足斋抄本、清风万卷堂抄本，还是鲍氏困学斋抄本，都是人们争相收藏、十分宝爱之物。黄丕烈曾为《江淮异人录》撰跋时言："渌饮笔墨不轻与人，余订交二十年来，求其手迹，率不可得。得此补阙，良慰余怀。"[2] 可见要求得鲍廷博的手迹，在其生前已殊为困难，即便是对与其交游密切的黄丕烈来说，也非易事，更何况是其亲自手抄之一整部心爱之书！

鲍廷博爱好金石书画碑帖，对风雅之物情有独钟，对书画鉴赏也颇有心得，时常撰写题跋，如乾隆三十五年（1770）为唐虢国公扬花台铭撰写题跋（见《金石录补》卷二十二）；乾隆三十八年

---

[1] 傅增湘：《藏园群书经眼录》卷九，中华书局2009年版，第640页。
[2] （清）黄丕烈著，屠友祥校注：《荛圃藏书题识》卷六，上海远东出版社1999年版，第466页。

（1773）为云林先生山水手简撰写题识（见《梦园书画录》卷七）；曾为《清河书画舫》中记载之褚河南正书兒宽赞真迹、吴道子洪崖仙图、文与可水墨此君图，《真迹日录》中之米书九帖真迹、黄山谷真迹等撰写题识，间有考辨。周二学在《一角编》中著录并评鉴了其多年苦心蓄积之书画精品，鲍廷博读之，与其风雅旨趣颇合，必欣喜万分，爱不释手，故亲笔誊抄，亦在情理之中。而且周二学曾于乾隆二十六年（1761）为鲍廷博所刻《庚子销夏记》撰序时曾言："鲍君以文、郑君弗人笃学好古。"① 此时正值鲍廷博三十四岁的盛年时期，此序说明鲍廷博与周二学之间也曾有过交游往来。

正如此抄本名家题跋中不绝如缕的赞赏之语，杨瀚曰："此鲍世伯渌饮先生手录本也，先生不以书名世，而笔致颇与倪云林相近。"郑文焯道："鲍渌饮先生所手抄者，文既雅驯，书体古茂，世无刊本，致是珍閟。"袁克文曰："鲍氏抄书至夥，多唐宋人小集，间有手写序目，或自加批校，而手书之籍独罕。"足以说明此鲍廷博手抄本的珍贵价值。

其次，此鲍廷博抄本《一角编》前因绘有"知不足斋主人渌饮先生遗像"而为众多藏书家所宝藏，其价值已远远超出了《一角编》本身。由于鲍廷博在清代藏书家群体中的特殊地位和重大影响，现代学者研究其生平事迹的不乏其人，但尚未注意到鲍廷博抄本《一角编》中所保存的鲍廷博画像，因而使此画像长期湮没无闻。叶衍兰、叶恭绰所编《清代学者像传合集》是清代学者画像的总汇②，收录了如钱大昕、段玉裁、王鸣盛、杭世骏等三百六十九位学者的画像，可谓功不可没，但却不曾收录鲍廷博的画像，不能不说是一种遗憾。鲍廷博抄本《一角编》中所载的鲍廷博画像恰恰弥补了这种缺憾，真乃书海遗珍。

画像上的鲍廷博面目清臞，手持书卷，他一生以书为命，画像真实展现了终身忙碌于书海的藏书家风范。鲍廷博画像的发现，使我们对鲍廷博的研究不再仅限于文字的抽象描述，而显得更为形象和鲜

---

① 刘尚恒：《鲍廷博年谱》，黄山书社2010年版，第18页。
② 叶衍兰、叶恭绰编：《清代学者像传合集》，上海古籍出版社1989年版。

活,后世学人也因此而有幸一睹鲍氏遗风。

第二节 《知不足斋丛书》与《宛委别藏》之比较研究

阮元与鲍廷博均为清代学术史上举足轻重的人物,二人学术交谊深厚。阮元《知不足斋鲍君传》,历述鲍廷博藏书、刻书的贡献,并在《知不足斋丛书》的编刻中予以帮助。鲍廷博因擅长古籍版本之学,在《宛委别藏》的编纂中积极出力。本节通过对二人所编丛书共同收录的十种书籍的比较研究,考察其底本、校勘、序跋、阙书等,指出《宛委别藏》编纂中存在的问题,从而肯定了《知不足斋丛书》的版本价值。

一 阮元与鲍廷博之学术交谊

阮元,字伯元,号芸台,仪征(今江苏仪征)人,身历乾隆、嘉庆、道光三朝,著述有《淮海英灵集》《石渠随笔》《诗书古训》《曾子注释》《三家诗补遗》《畴人传》《定香亭笔谈》和《经籍纂诂》等。《清史稿·阮元传》云:"身历乾嘉文物鼎盛之时,主持峰会数十年,海内学者奉为山斗焉。"[1]

在阮元一生的学术活动中,《宛委别藏》的编纂值得一书。其弟阮亨云:"兄官学政、巡抚时,留意于东南秘书,或借自江南旧家,或购之苏州番舶,或得之书舫,或钞自友人。凡宋元以前为《四库》所未收,存目所未载者,不下百种。为兄访求购借者,浙之鲍以文廷博、何梦华元锡、严厚民杰之力为多。丙寅丁卯间,兄奉讳家居,次第校写,共得六十种。每种皆仿《四库》书式,加以《提要》一篇。"[2]又其子阮福《四库未收书提要·序》云:"家大人在浙时,曾购得《四库》未收古书进呈内府,每进一书,必仿《四库提要》之式,奏进《提要》一篇。凡所考论,皆从采访之处先查此书原委,继而又

---

[1] 赵尔巽:《清史稿》卷三六四《阮元传》,中华书局1976年版,第11424页。
[2] (清)阮亨:《瀛洲笔谈》卷十一,清嘉庆十六年(1811)刻本。

属鲍廷博、何元锡诸君子参互审订，家大人亲加改定纂写，而后奏之。十数年久，进书一百数十部。"① 鉴于众多善本古籍未能收录于《四库全书》的现实，阮元在何元锡、严杰、鲍廷博等人协助下，悉心搜访，抄录古籍一百七十余部，编纂丛书，并依《四库全书总目》之例，为每部书撰写《提要》，进呈内廷，嘉庆皇帝观后十分欣赏，赐名《宛委别藏》，意取传说之禹登宛委山，得金简玉字之书，赞誉其中所收乃珍贵难得之善本古籍。

无论为《宛委别藏》的编纂寻访书籍，还是每部书籍的校订，每篇《提要》的撰写，鲍廷博均尽心竭力参与其中，是这部丛书编录中不可忽视的人物。阮元《知不足斋鲍君传》云："元在浙常常见君，从君访问古籍。凡某书美恶所在，意旨所在，见于某代某家目录，经几家收藏，几次钞刊，真伪若何，校误若何，无不矢口而出，问难不竭。古人云读书破万卷，君所读破者，奚翅数万卷哉！"② 鲍廷博对古籍版本流传谙熟于心，令阮元赞叹不已。

阮元与鲍廷博交游往还众多，光绪《桐乡县志》载："阮文达公与公契合最深，视浙学时，每于按试嘉、湖之便，棹小舟造其居，观所藏书。后抚两浙时，邀公至节署，谈论校雠，于文达所刊各书为功甚多。"③ 知不足斋丰富的藏书为二人交往提供了良好的条件，探讨书籍、切磋校勘是他们共同的学术兴趣。阮元督学浙江时编选的《两浙辅轩录》，是清代浙东、浙西地区的地方性诗歌总集，阮元在此书中采纳了不少鲍廷博的见解，如卷二十五"沈炳巽"条："鲍廷博曰：《水经注正讹》原本于乾隆癸巳浙江中丞采进《遗书总录》，称其书据黄省曾、朱谋㙔两家加以考订，其经文错简据胡渭《禹贡锥指》改正之，注中所引与原文大异者，悉取原书附注于本文之下，其封建先后、地名互异及郡邑沿革、分合之类，则取《史记》《西汉》志、表及诸史，参以《一统志》、舆地诸书，订其讹缺焉。"④ 卷二十七"朱英"条："鲍廷博曰：药房应乡试，屡荐不售，后缘事留蜀中

---

① （清）阮元著，邓经元点校：《揅经室集》外集卷一，中华书局1993年版，第1183页。
② （清）阮元著，邓经元点校：《揅经室集》二集卷五，中华书局1993年版，第495页。
③ （清）严辰编：《桐乡县志》卷十五，清光绪刻本。
④ （清）阮元：《两浙辅轩录》卷二十五，清嘉庆刻本。

四十余年，得释归，赵味辛选定其诗为《史山樵唱》三卷。"① 卷三十"朱蔚"条："鲍廷博曰：西簃工诗文，与杭堇浦、厉樊榭诸君齐名，年甫四十而卒，遗稿散佚，仅存《春明吟稿》一卷，乃赴北闱时作也。"② 可见阮元编选《两浙輶轩录》时，鲍氏亦多有参与。

鲍廷博有《花韵轩咏物诗存》流传于世，嘉庆十年（1805），四十二岁的阮元为其诗集作序③，云"今君年近八十矣，今书此以为之寿"④，此时鲍廷博已七十八岁，两人可谓忘年之交。《诗存》中鲍廷博吟咏夕阳的诗歌最为出色，阮元赋诗《赠鲍以文廷博》云："清名即是长年诀，当世应无未见书。何处见君常觅句，小阑干外夕阳疏。"⑤ 又《清稗类钞》"阮文达宴宋鲍二老"条云："宋葆淳，字芝山，安邑人。乾隆时，尝官解州学正，与歙县鲍廷博渌饮皆耆闻耆宿。阮文达公元开府浙江时，尝置酒西湖冷泉亭，专馔二老，道古竟日。二老席帽单衣，风貌闲远。"⑥ 可见阮元对鲍廷博款待有嘉，时人称羡。

《知不足斋丛书》的编刻中，依然不乏学界泰斗阮元的身影，《丛书》所刻之《测圆海镜细草》《益古演段》《续古摘奇算法》《透帘细草》和《丁巨算法》等均得到了阮元的帮助。《丛书》第二十一集刻有《孝经郑注》，鲍廷博持此书请阮元作序时遭到拒绝，但《丛书》第二十一集刻《孝经郑氏解辑》时，阮元为是书题词云："往者鲍君以文持日本《孝经郑注》请序，余按其文辞不类汉魏人语，且与群籍所引有异，未有以应。"⑦ 但认为《孝经郑氏解辑》"所采皆唐以前书，为晋宋六朝相传郑注，学者咸所依据"⑧，便欣然作序。阮

---

① （清）阮元：《两浙輶轩录》卷二十七，清嘉庆刻本。
② （清）阮元：《两浙輶轩录》卷三十，清嘉庆刻本。
③ （清）张鉴等著，黄爱平点校：《阮元年谱》，中华书局1995年版，第60页。
④ （清）鲍廷博：《花韵轩咏物诗存》，广东省立中山图书馆、中山大学图书馆编：《清代稿抄本》第25册，广东人民出版社2007年版，第545页。
⑤ （清）阮元著，邓经元点校：《揅经室集》四集诗卷四，中华书局1993年版，第816页。
⑥ （清）徐珂编著：《清稗类钞》第13册，中华书局2003年版，第6289页。
⑦ （清）鲍廷博辑刻：《知不足斋丛书》第7册，中华书局1999年版，第559页。
⑧ （清）鲍廷博辑刻：《知不足斋丛书》第7册，中华书局1999年版，第559页。

元与鲍廷博虽旨趣相投，交谊深厚，但对于学术问题，各自保持独立的观点，相互尊重，令人敬重。

二 《知不足斋丛书》与《宛委别藏》之比较

《知不足斋丛书》与《宛委别藏》在清代编纂的丛书中具有代表性，两部丛书共同收录的书籍有十种，分别为《苹州渔笛谱》《诗传注疏》《洞霄诗集》《离骚集传》《诗义指南》《聱隅子歔欷琐微论》《松窗百说》《五行大义》《梅花喜神谱》和《斜川集》。阮元和鲍廷博学术交往密切，使两部丛书的编刻和抄录呈现出千丝万缕的联系。下文以此为切入点，通过两部丛书以上各书版本的比较，揭示其编纂特点：

1. 《苹州渔笛谱》

《知不足斋丛书》第八集，二卷，著者项署"齐人周密公谨父"。《知不足斋丛书总目》稿本云底本为毛斧季抄校本，有跋。每半叶九行，行十七字，左右双边，细黑口，版心下方镌"知不足斋丛书"。书首有吴文英题词，书末有毛扆两跋，附录《征招》《酹月》并王楷识。卷一下注"汲古阁主人摹本开雕"。卷一有几处缺页。

《宛委别藏》本①，二卷，著者项署"齐人周密公谨父"。正文每半叶九行，行十七字。书首为阮元《提要》、题词，书末附录《征招》《酹月》并王楷识。《提要》云："是书从长塘鲍氏知不足斋旧钞传写……据琴川毛扆旧跋云西湖十景词，向缺末二首，偶阅《钱塘志》中载此，亟命儿钞补之，然其脱略，仍无从搜辑也。"

通校卷一，两本除个别异体字的写法不同外，其余文字均同，大段阙文亦同。《宛委》本著者题署，每半叶行数，每行字数亦与鲍刻本同。只是《宛委》本无鲍刻本末两条题识："甲子仲夏借昆山叶氏旧录本影写，用家藏《草窗词》参校，毛扆识。""西湖十景词，向缺末二首，偶阅《钱塘志》中载公谨词三首，所缺者恰有之，亟命儿钞补，其余脱落处，未识今生得见全本否也。己巳端午前一日，扆

---

① （清）阮元辑：《宛委别藏》第117册，江苏古籍出版社1988年版。

又识。"① 但阮氏《提要》已有毛氏题识中语，故《宛委》本底本有此题识无疑。由鲍刻本的底本为毛斧季抄校本，可知《宛委别藏》本底本亦为毛氏汲古阁抄校本。

2.《诗传注疏》

《知不足斋丛书》第十一集，三卷，著者项署"弋阳谢枋得君直著"。《知不足斋丛书总目》稿本云底本为吴长元辑本。每半叶九行，行二十一字，左右双边，细黑口，版心下方镌"知不足斋丛书"。有吴长元《弁首》。书末题识云："乾隆乙巳仲春校刊，计二万四千五百三十三字。"②

乾隆四十六年（1781）吴长元《弁首》云："宋谢叠山先生《诗传注疏》原本久佚，卷帙无考，元人解《诗》，互相征引，删节详略亦各不同，今于《永乐大典》各韵所载元人《诗经》纂注中采录一百六十四条，历搜诸书又得一百三十七条，存详去略，编为三卷，只标篇目，不录经文，以脱略甚多也。"③《诗传注疏》久佚，吴长元从《永乐大典》辑录了三百零一条，编为三卷，始得睹此书之面貌。

《宛委别藏》本，三卷，著者项署"弋阳谢枋得君直著"。每半叶九行，行二十一字。书首《提要》云："兹本通计三百零一则，分上、中、下三卷，似系后人编辑而成，已非原书卷帙。"

两本所收条目、著者题署、每半叶行数、每行字数均同，但《宛委》本无鲍刻本《弁首》，无每条后所注之出处，如《永乐大典》，刘瑾《通释》，《钦定诗传纂说》等，亦无有些条目名称后所注之"二则"、"五则"等。校勘卷上"葛覃"，"汉广"，"麟之趾"，"鹊巢"，"采蘩"，"草虫"，"甘棠"，"羔羊"，"殷其雷"和"何彼秾矣"十条，两本文字一致，但《宛委》本有许多阙字，如：

（1）"黍离"条，鲍刻本"天王而为狄所灭天地之大变中国之大耻"十七字，《宛委》本均作□。

（2）"君子阳阳"条，鲍刻本"华人之恶貊"，"貊"，《宛委》

---

① （清）鲍廷博辑刻：《知不足斋丛书》第3册，中华书局1999年版，第540页。
② （清）鲍廷博辑刻：《知不足斋丛书》第4册，中华书局1999年版，第279页。
③ （清）鲍廷博辑刻：《知不足斋丛书》第4册，中华书局1999年版，第239页。

本作□。

（3）"论秦风"条，鲍刻本"夷狄"、"戎狄"、"夷"，《宛委》本均作□。

（4）"十月之交"条，鲍刻本"犬戎"，《宛委》本作□□。

（5）"巷伯"条，鲍刻本"夷狄"，《宛委》本作□□。

（6）"角弓"条，鲍刻本"居中国去人伦不仁不智无礼无义其道如蛮夷矣行蛮夷之道必受蛮夷之祸此父兄之所深忧也"三十九字，《宛委》本均作□。

由上可知，因阮元所据本无《弁首》，故不明此书为吴长元所辑。其实《宛委》本亦应出自吴氏辑本。但与鲍刻本相比，《宛委别藏》本遇"夷狄"之字皆阙书，是其抄书的特点。

3.《洞霄诗集》

《知不足斋丛书》第十一集，十四卷，著者项署"本山道士孟宗宝集虚编"。《知不足斋丛书总目》稿本云底本为元刊本，厉樊榭校。每半叶九行，行二十字，左右双边，细黑口。书首为邓牧书、沈多福两序，书末有《洞天纪胜》孟宗宝书后，《冬日重游大涤洞天得诗三首》并厉鹗跋，胡光烯诗并识，鲍廷博《题洞霄图志并诗集后寄张礼恭炼师》。

据鲍刻本孟宗宝书后，宋绍定年间，王思明等辑大涤山题咏之作刊刻，但毁于咸淳十年（1274），故于大德六年（1302），"宗宝以介石祖沈公命取旧集洎家藏诗，与本山叶君、牧心邓君暇日讨论，删定唐宋贤及今名公题咏，命工重刻"①，鲍廷博即据此元刊本刻入《丛书》，惜残缺较多。

《宛委别藏》本②，十四卷，著者项署"本山道士孟宗宝集虚编"。每半叶九行，行二十字。书首有阮元《提要》、邓牧序、沈多福两序，书末有《洞天纪胜》并孟宗宝书后。《提要》云"是本明有高以谟刊，近亦不可得见，此从旧钞过录，中有残缺处"，可知《宛委》本据旧抄本抄录，原本有残缺。

---

① （清）鲍廷博辑刻：《知不足斋丛书》第4册，中华书局1999年版，第461页。
② （清）阮元辑：《宛委别藏》第115册，江苏古籍出版社1988年版。

对比两本内容，鲍刻本末多《冬日重游大涤洞天得诗三首》并厉鹗跋，胡光烯诗并识，鲍廷博《题洞霄图志并诗集后寄张礼恭炼师》。在卷四，鲍刻本首叶残缺的十四行，《宛委》本亦缺，但未空出位置；鲍刻本《重游洞霄》不见于《宛委》本；鲍刻本《题洞霄》后为《又（岸帻）》《又（客中）》，而《宛委》本《又（客中）》一首紧接《题洞霄》，且无"又"字，后面为《又（岸帻）》一首，且题名为《游洞霄》。在卷六，鲍刻本诗题"夏日怀九锁"五字，《宛委》本残缺，鲍刻本在此诗题后空出三十六行，说明此处有大段阙文，而《宛委》本未空出位置。从《苹州渔笛谱》有残缺处，《宛委》本均空出位置，并注"原阙"来看，《宛委》本《洞霄诗集》如此，可能是其所据之旧抄本既已如此，但阮氏《提要》云"中有残缺处"，又似有意为之，如今已不可知其究竟。

《仪顾堂集》卷十九《元本〈洞霄诗集〉跋》云："《洞霄诗集》十四卷，题曰'本山道士孟宗宝集虚编'，前大德六年道士沈多福两序，大涤隐人钱唐某某序，后有大德六年道士孟宗宝书后。每叶十八行，行二十字，书中有破损处。校以鲍氏知不足斋刊本，缺字正同。仪征阮氏进呈钞本亦有残缺，皆当从此本录出。明时有高以谟刊本，阮氏《揅经室外集》已云'不可得见'，则元板之少，更可知矣。此元板元印，古香盎然，书后系宗宝手书，隶法甚佳，可宝也。"① 鲍刻本、《宛委》本每叶行数、每行字数均与元刊本同。此外，鲍刻本卷五"朝元锁"条云："案元刻脱此篇，今据明高以谟本补录，当次《凌虚锁》一篇之后。"②《宛委》本亦有此案语。由上可知，《宛委》本所据之旧抄本亦出于元刻本，亦曾用明高以谟本校过，与鲍刻本同出一源。

4.《离骚集传》

《知不足斋丛书》第十二集，一卷，著者项署"晋陵钱杲之集

---

① （清）陆心源著，冯惠民整理：《仪顾堂书目题跋汇编》，中华书局2009年版，第526页。

② （清）鲍廷博辑刻：《知不足斋丛书》第4册，中华书局1999年版，第429页。

传"。《知不足斋丛书总目》稿本云底本为宋本。每半叶九行，行十八字，小字双行同，左右双边，细黑口，版心下方镌"知不足斋丛书"。"《离骚》"下注"宋本重雕"①。

《宛委别藏》本②，一卷，著者项署"晋陵钱杲之集传"。每半叶九行，行十八字，小字双行同。书首阮元《提要》云"此册借宋板影抄得之"。

全文通校鲍刻本与国家图书馆藏宋刻本，兹列异文如下：

（1）鲍刻本注文"黄昏以为期"，宋本"期"下有"兮"字。
（2）鲍刻本"亦余心之所喜兮"，"喜"，宋本作"善"。
（3）鲍刻本"昆仑之山三级下曰樊桐"，"三"，宋本作"六"。
（4）鲍刻本注文"是为扶桑"，"为"，宋本作"名"。
（5）鲍刻本注文"更求其人"，"其"，宋本作"他"。
（6）鲍刻本"又少康之未家兮"，"又"，宋本作"及"。
（7）鲍刻本注文"长女简狄次女建疵"，"次"，宋本作"少"。

以上异文，应是鲍廷博校改所致。鲍刻本与宋刻本有异文处，《宛委》本与鲍刻本全同，甚至其他未曾列举的异体字等，《宛委》本的写法亦与鲍刻本同。《宛委》本著者题署、每半叶行数、每行字数均与宋刻本、鲍刻本同，鲍刻本版式从"兮滥埃风余上征"始与宋刻本稍有不同，而此发生变化之处，《宛委》本依旧与鲍刻本一致。全书唯独注文"搴丘虔反"，鲍刻本"丘"字缺笔，《宛委》本作"邱"，也缺末笔。由此可知《宛委别藏》本的底本实际上为《知不足斋丛书》本。

5.《诗义指南》

《知不足斋丛书》第十二集，一卷。《知不足斋丛书总目》稿本云底本为朱竹垞藏本。每半叶九行，行十八字，左右双边，细黑口，版心下方镌"知不足斋丛书"。书末朱竹垞跋云："《诗义指南》一卷，《宋史·艺文志》暨诸家藏书目俱未之载，康熙甲子五月购之慈

---

① 关于鲍刻本底本，详见本书第四章第二节《知不足斋丛书》刊刻底本及校本考（下）之《离骚集传》条。
② （清）阮元辑：《宛委别藏》第98册，江苏古籍出版社1988年版。

仁寺。按，段氏，字子武，庐陵人，官朝奉郎。有《丛桂毛诗集解》三十卷，惜未见其全书，此则为举业发题作也。"①

《宛委别藏》本②，一卷。每半叶九行，行十八字。书首为阮元《提要》和朱彝尊识。《提要》云："此册彝尊谓为举业发题而作，自《关雎》以至《凫鹥》，或取诗中一章一节发其义，语简而深，义约而尽，自'笃公刘'以下，惜未之及耳。"

鲍刻本与《宛委》本每半叶行数与每行字数同，校勘书首至"伐木丁丁"条，即全书四分之一的内容，除个别异体字的写法有不同外，其余文字均同，可知两本同出于朱彝尊藏本。袁同礼云《诗义指南》所据为"影钞本"③，更确切地说，《宛委》本的底本是朱彝尊藏本。

6.《声隅子歔欷琐微论》

《知不足斋丛书》第十五集，二卷，著者项署"蜀人黄晞撰"。《知不足斋丛书总目》稿本云底本为芳椒堂藏宋刊本。每半叶九行，行二十一字，小字双行同，左右双边，细黑口，版心下方镌"知不足斋丛书"。书首为黄晞叙，书末有严树萼题。卷一下注"宋本重雕"④。

乾隆五十七年（1792）严元照跋云："近从书贾搜得宋本，季沧苇及健庵各有图记，知即传是楼藏本也。时吾友鲍君以文方刻《丛书》，亟命元照赍示，俾刻入第十五集，以广其传。"⑤鲍廷博据严元照藏宋刻本刻入《知不足斋丛书》。

《宛委别藏》本⑥，二卷，著者项署"蜀人黄晞撰"。每半叶九行，行二十一字。书首为阮元《提要》、黄晞叙。《提要》云"此从宋刻本影钞"。

---

① （清）鲍廷博辑刻：《知不足斋丛书》第4册，中华书局1999年版，第531页。
② （清）阮元辑：《宛委别藏》第4册，江苏古籍出版社1988年版。
③ 袁同礼：《〈宛委别藏〉现存书目及其板本》，《图书馆学季刊》1932年第2期，第266页。
④ 关于鲍刻本底本，详见本书第四章第二节《知不足斋丛书》刊刻底本及校本考（下）之《声隅子歔欷琐微论》条。
⑤ （清）鲍廷博辑刻：《知不足斋丛书》第5册，中华书局1999年版，第771页。
⑥ （清）阮元辑：《宛委别藏》第71册，江苏古籍出版社1988年版。

通校鲍刻本与南京图书馆藏宋刻本，凡鲍廷博校改宋刻本之处，《宛委》本均与鲍刻本一致，且《宛委》本每半叶行数、每行字数与鲍刻本同，与宋刻本异，可知《宛委》本底本实际上是《知不足斋丛书》本，而非直接据"宋刻本影钞"，《提要》"影钞"之说不确。

7.《松窗百说》

《知不足斋丛书》第二十二集，一卷，著者项署"东嘉李季可撰"。《知不足斋丛书总目》稿本云底本为旧抄本。每半叶九行，行二十一字，左右双边，细黑口，版心下方镌"知不足斋丛书"。书末有王十朋、叶谦、觊重、居广、曾几、尹大任书，鲍廷博识及《〈松窗百说〉存疑》。

《宛委别藏》本①，一卷，著者项署"东嘉李季可撰"。每半叶九行，行二十一字。书首为阮元《提要》。有王十朋、叶谦、觊重、居广、曾几、尹大任诸家书。《提要》云"此从旧钞影写"。

校勘鲍刻本与《宛委》本"郑昭公"，"耳余"，"萧曹"，"李广"，"东方朔"，"隽不疑"，"魏武"，"祖逖刘琨"，"识轻重"，"言过"和"史误"十一条及诸家书，兹列异文如下：

（1）鲍刻本"遂相机清静以安天下"，"静"，《宛委》本作"净"。

（2）鲍刻本"公卿大臣当用经术明于大谊"，"臣"，《宛委》本作"夫"。

（3）鲍刻本"牧论天下兵谓上策"，"谓"，《宛委》本作"为"。

（4）鲍刻本"兵家众艺莫不纤微至当"，"莫"，《宛委》本作"无"。

（5）鲍刻本《〈松窗百说〉存疑》中《宛委》本的文字值得注意：

A. 其意必古闷者理之得也（二句似有脱误〇十三页上二行）。

按：鲍刻本"积散"条："其意必古闷者。"《宛委》本作□□□□□□。

B. 范志看时人（范志未详〇十四页上四行）。

---

① （清）阮元辑：《宛委别藏》第72册，江苏古籍出版社1988年版。

按：鲍刻本"形比"条："范志看时。"《宛委》本作□□□□。

C. 到可为称难者甚少（句未明○十九页上二行）。

按：鲍刻本"服近"条："到可为称难者甚少。"《宛委》本作□□□□□□□。

D. 易取鷓赋（句未详，疑有脱误○跋二页上一行）。

按：鲍刻本"觐重书"："易取鷓赋。"《宛委》本作□□□□。

由上来看，《宛委》本与鲍刻本的前四条异文，均有传写讹误或校改讹误的痕迹可寻，加之鲍廷博存疑四处，《宛委》本均阙文，而其他文字却完整，故而两本应同出一本，即旧抄本。

8.《五行大义》

《知不足斋丛书》第二十六集，五卷，著者项署"上仪同三司城阳郡开国公萧吉撰"。《知不足斋丛书总目》稿本云底本为日本《佚存丛书》本，中土久佚。每半叶九行，行二十一字，左右双边，细黑口，版心下方镌"知不足斋丛书"。书首为序、目录，书末有《题〈五行大义〉书后》、鲍廷博识。

鲍廷博跋云："右隋萧吉《五行大义》失传已久，近德清许氏得自日本《佚存丛书》中，既校而刊之矣，惜传之不广，因重寿梓以公同好云。"① 鲍氏因嘉庆许宗彦刻本流传不广，将此书校勘后刻入《丛书》。抽样校勘鲍刻本和《佚存丛书》本，两本异文较多。钱杭对《五行大义》在中国和日本的各种版本作了深入细致的考察，指出"嘉庆本以《佚存》本为底本，版本也与《佚存》本大致相同。虽然自称'改定数十字'，但实际改动多达407处"②，指出《知不足斋丛书》本对嘉庆本作了进一步的校勘，"共比嘉庆本多了24处"③，由此可知，嘉庆许宗彦本据《佚存丛书》本校刻，鲍廷博校勘许氏刻本后刊刻，故鲍刻本虽出《佚存丛书》本，但经两番校改后，与《佚存》本异文较多。

《宛委别藏》本④，五卷，著者项署"上仪同三司城阳郡开国公

---

① （清）鲍廷博辑刻：《知不足斋丛书》第9册，中华书局1999年版，第382页。
② 钱杭：《萧吉与〈五行大义〉》，《史林》1999年第2期，第49页。
③ 钱杭：《萧吉与〈五行大义〉》，《史林》1999年第2期，第50页。
④ （清）阮元辑：《宛委别藏》第70册，江苏古籍出版社1988年版。

萧吉撰"。每半叶十行，行二十字，版式与《佚存丛书》本同。书首为阮元《提要》、萧吉序、总目。《提要》云："是编日本人用活字板摆印。"钱杭指出"《宛委别藏》本与《佚存》本完全一致，未作任何校勘"①，笔者校勘数条，确如钱氏所言。《宛委》本据《佚存》本抄录时，只对避讳字作了改动，如"郑玄"，《宛委》本作"郑元"。《佚存》本末天瀑《题〈五行大义〉书后》不见于《宛委》本。

9.《梅花喜神谱》

《知不足斋丛书》第二十六集，三卷，著者项署"雪岩宋伯仁器之编"。《知不足斋丛书总目》稿本云底本为宋刊本。序跋每半叶九行，行二十一字，左右双边，细黑口，版心下方镌"知不足斋丛书"。书首为宋伯仁书、景定二年（1261）重镌识、目录，书末有叶绍翁跋、向士璧跋。书末牌记有"绍兴旌忠褒节之家"，"容堂"②。

《宛委别藏》本③，二卷，著者项署"雪岩宋伯仁器之编"。书首有阮元《提要》、宋伯仁书、景定二年（1261）重镌跋、目录。《提要》云"兹从宋板影钞"。

上海博物馆藏宋景定二年（1261）刻本，二卷。有黄丕烈手跋云："是《谱》之副本有二，皆余姻袁寿阶从此影抄者，一赠浙江阮云台中丞，一藏五砚楼。"可知阮元所据乃袁廷梼影抄宋本，但《宛委》本未抄录宋本末叶绍翁跋和向士璧跋。阮元和袁廷梼都是鲍廷博挚友，鲍刻本底本出自二人皆有可能。总之，《知不足斋丛书》本与《宛委别藏》本皆以宋本为底本。

10.《斜川集》

《知不足斋丛书》第二十六集，六卷、附录一卷，著者项署"眉山苏过叔党撰"。《知不足斋丛书总目》稿本云底本为吴长元校抄《永乐大典》本。每半叶九行，行二十一字，左右双边，细黑口，版心下方或镌"知不足斋丛书"，或空白。书首为赵怀玉序，法式善补遗序、吴长元《校录〈斜川集〉寄鲍以文》、鲍廷博《吴丽煌寄示

---

① 钱杭：《萧吉与〈五行大义〉》，《史林》1999年第2期，第49页。
② （清）鲍廷博辑刻：《知不足斋丛书》第9册，中华书局1999年版，第460页。
③ （清）阮元辑：《宛委别藏》第71册，江苏古籍出版社1988年版。

〈斜川集〉志喜》，书末有附录、订误、吴长元书，有题识云："右诗在《参寥子集》第七卷，壬申六月二十九日曝书得此，因录附之，八十五叟。"①

从乾隆四十七年（1782）吴长元书，可知《斜川集》是周永年从《永乐大典》辑佚之书，吴长元从孙溶处借抄了副本，并考订、补遗，厘定为六卷，后吴氏将此本寄予鲍廷博，最终刻入《知不足斋丛书》。

从乾隆五十三年（1788）赵怀玉序，可知其于乾隆四十六年（1781）在翁方纲处得见《斜川集》，却未及抄录，一直耿耿于怀，后于乾隆五十一年（1786）在桐乡时告知鲍廷博此事，不想鲍氏早已有吴长元寄来之本，赵氏万分欣喜，校阅一番，鲍氏又补以遗事若干条，经二人商订校勘，赵氏于乾隆五十二年（1787）四月开始刊刻此书，至乾隆五十三年（1788）亦有生斋刻本告成。

从嘉庆十五年（1810）法式善补遗序，可知其任总纂官编《全唐文》时，利用工作之便，又辑得遗诗五十三首，文十五篇，厘定为二卷。杜泽逊先生云鲍刻本"乍视之，与赵怀玉刻本无异。实则鲍氏已将法式善'补遗'散入六卷初本，故虽仍六卷，而实为周永年、吴长元、法式善辑佚之合编"②。

《宛委别藏》本③，六卷，著者项署"眉山苏过叔党撰"。每半叶十行，行二十一字。书首为阮元《提要》、目录。《提要》云："乾隆朝仁和吴长元得旧钞残本，复从各书纂辑诗文若干，其《思子台赋》《飓风赋》二篇见于本传者，从《东坡集》校补，又益以《宋文鉴》《播芳大全》所选者，合之犹可成帙。然竟未及钞入《四库全书》，深可惋惜。兹从旧钞本重加缮录，厘定诗文六卷，虽未能尽复旧观，亦庶几可慰艺林之跂想矣。"对比卷一条目，《宛委》本与赵怀玉亦有生斋刻本同，因鲍刻本卷一又散入了法式善补遗的多条内容，故有

---

① （清）鲍廷博辑刻：《知不足斋丛书》第9册，中华书局1999年版，第561页。
② 杜泽逊：《乾隆赵怀玉刻本〈斜川集〉跋》，《历史文献》第7辑，上海古籍出版社2004年版，第316页。
③ （清）阮元辑：《宛委别藏》第100册，江苏古籍出版社1988年版。

所不同。杜先生云："阮元据抄之底本当来自鲍廷博。"①

三 结论

第一，关于底本。《宛委别藏》收录的这十种书，大多数的底本与鲍廷博或多或少存在联系，或直接以鲍刻本为底本，或与鲍刻本同出一本，或底本来自鲍廷博。因《知不足斋丛书总目》稿本已明确注明鲍刻本底本，故通过鲍刻本与《宛委》本的抽样校勘，亦可推知《宛委》本底本。如阮元《苹州渔笛谱》提要仅云从知不足斋旧抄传写，却不知具体为何本，而通过以上研究，便可知《宛委》本底本实际上是毛斧季抄校本，同样亦可知《诗义指南》底本为朱彝尊藏抄本。又阮元《提要》云《离骚集传》以宋版影抄，考察后可知其底本实际上为《知不足斋丛书》本，是校改数字之后的宋本，所谓影抄，无从谈起，《聱隅子歔欷琐微论》亦是如此，故而对阮元《提要》所云之"影抄"，应有正确认识。

第二，关于阙书。《宛委别藏》抄书有两个特点：一为涉及胡虏夷狄之字则阙书，二为难解之字则阙书，这两点不只在上文探讨的《诗传注疏》《松窗百说》中体现得很明显，在《宛委别藏》抄录的其他书籍中亦有呈现。陈尚君先生《述国家图书馆藏〈分门纂类唐歌诗〉善本三种》指出《宛委别藏》本对宋本的改动有三种类型：一是"因避讳而改动"；二是"因不识文字或不明文义而删改"；三是"因涉民族忌讳而删缺"。阮氏对"并不涉及民族情绪"之处"仍小心地加以讳避，可见清廷在《四库》开馆后文网已更趋深密"②。其实，《宛委别藏》抄书的这些特点并不仅限于宋本，应是其一以贯之的原则。由于避讳谨慎，阙书较多，加之存疑之处，亦多阙书，直接影响到书籍的完整和读者的阅读。

第三，关于序跋。《知不足斋丛书》凡例云："编中诸书或敝箧旧藏，或书肆新得，或友人持赠，或同志借钞，其间流移授受之原

---

① 杜泽逊：《乾隆赵怀玉刻本〈斜川集〉跋》，《历史文献》第 7 辑，上海古籍出版社 2004 年版，第 316 页。
② 陈尚君：《述国家图书馆藏〈分门纂类唐歌诗〉善本三种》，《文献》2011 年第 4 期，第 7—8 页。

委，与夫反复订证之苦心，皆为表微，缀之卷末，多藉光于良友间，僭附以鄙言，至于原本跋语虽仅记年月，无关书指者，亦悉仍旧观，不敢湮没也。"① 鲍廷博深知序跋对考察书籍版本流传、授受原委、校勘等的重要作用，在刊刻《知不足斋丛书》时，基本做到了序跋不遗，值得肯定。而《宛委别藏》本《梅花喜神谱》据宋本影抄，却未录书末叶绍翁跋和向士璧跋；《苹州渔笛谱》据毛斧季抄校本抄录，却对毛扆两条题识未予保留，从而影响了读者对其版本的认知。

此外，从《洞霄诗集》可知鲍廷博刻书时更注重保持古籍原貌；从《斜川集》来看，鲍氏一般会搜罗相关文献附于书后，随文夹注校勘考订案语；从《松窗百说》亦可知鲍氏常在书末附录校勘札记，对存疑之处予以说明。从上述几点来看，鲍刻本均优于《宛委》本，自然使《知不足斋丛书》本的版本价值相对更高一些。

阮元学术造诣精深，编纂之《宛委别藏》抄写精美，一丝不苟，忠实底本，历来学者称誉有嘉，其版本价值不容忽视。但也存在因忌畏文网而恣意阙书、删去序跋等问题，未能很好地保存书籍的原貌。以上通过对两部丛书共同收录的十种书籍的版本比较，抛砖引玉，期望学者今后对两部丛书有更为深入的研究。

第三节　鲍廷博序跋辑存

鲍廷博一生笔耕不辍，为收藏或抄校之书撰写题跋，为友朋著述撰写序文，目前留存的丰富序跋为了解古籍版本、校勘、传刻，乃至鲍氏行迹及思想提供了非常珍贵的第一手资料，具有较高的文献价值和学术价值。

鲍廷博所撰序跋深受学界推重，民国时期学者孙毓修曾做过辑录工作，有《知不足斋书跋》四卷，惜未能流传后世。近年来，季秋华辑《知不足斋序跋题记集录》及周生杰、季秋华辑《鲍廷博题跋

---

① （清）鲍廷博辑刻：《知不足斋丛书》第 1 册，中华书局 1999 年版，第 10 页。

集》的出版①，弥补了这一缺憾，较为全面地反映了鲍廷博及其知不足斋书事。笔者在研究过程中，辑录了五十余则鲍氏序跋，并加以简要考释，不仅能够补季、周二书之不足，而且有助于对鲍氏校书、刻书做更为细致深入的研究。

一　《石墨镌华》跋

《石墨镌华》八卷，前明关中赵子函先生所著，刊于万历戊午，垂二百年，原刻漫灭，今世流传亦尠。往岁己丑，余与何君东甫②校雠而重刊之。越六年，其六世孙雁峰从武林旅次得见此本，喜而见访，话于知不足斋，历叙其先世撰述甚富，所获远方人士重刊流布者只见此书，庆幸之怀，形于词色。余年来选刻《丛书》凡数十种，多阐发先贤流传未广之秘册，尝私谓：古人著述，留贻后人，异日显晦之迹，多托之不可知之数，安必其有人焉为之重付剞劂，绵延坠绪，使一时笔札所寓，不终委之风零雨散耶？今赵公此书，余与东甫精心校刊，若有冥契，而又获交其云初于数千里之远，先哲有知，必怀慰藉。使其余诸家皆得通其疏逖，则余之所交天下士日益广，而余之愉快日益增，后之人有知余之乐而继余志焉，则古人之精神所以留待后世者，岂不重有赖哉？因书简末以志喜云。乾隆甲午端阳前三日，得闲居士鲍廷博识。

按，赵崡，字子函，一字屏国，盩厔（今陕西周至）人。万历三十七年（1609）举人。积三十余年心力，搜集古刻石碑之二百余种跋尾，编次《石墨镌华》一书，康万民序云"考据精详，推勘至深"③，为碑刻文献中较为重要的一种。是书有明万历四十六年（1618）刻本，即鲍跋所云"刊于万历戊午"者，今南京图书馆有

---

① 季秋华辑：《知不足斋序跋题记集录》，国家图书馆出版社2010年版；周生杰、季秋华辑：《鲍廷博题跋集》，浙江古籍出版社2012年版。
② 即何琪，字东甫，号春渚，别号小山居士，钱塘（今浙江杭州）人。布衣。著有《小山居稿》。
③ 鲍廷博辑刻：《知不足斋丛书》第1册，中华书局1999年版，第800页。

藏本。

鲍廷博跋见于南京图书馆藏《知不足斋丛书》后印本中。《石墨镌华》收录于《丛书》第三集，初刻于乾隆三十四年（1769），鲍廷博及赵衡阳跋均撰于乾隆三十九年（1774），故不见于该书初印本。①

二 《吴江费氏族谱》序

谱者，普也。注序世数，事得《周普》，太史公作《三代世表》，旁行邪上，并效《周谱》，斯其征已。六朝暨唐，最重谱学，有膏梁华腴之别，甲姓乙姓之分。《氏族志》定于官，宜其无所差谬，然所述源流，多所抵牾。沈麟士树世德碑，述沈氏得姓由聃季，二十传而至诸梁，有五虎之威，九牛之力，揆之《公子谱》则乱其例。白居易自叙先系出自公胜，谓其后人白乙丙逃奔于秦，考之《左传》则戾其年。夫以名见载籍之人，又重以好古博雅君子，原原本本，殚见洽闻，犹违失若此，而况名不挂于通人，行不登于史策，其所传述者，仅凭云仍之记录②，承讹袭谬，曷有纪极？名人罗列，而高曾之里贯不符，是不若纪实之为愈也；阀阅虚张，而唐宋之官衔不辨，是不若缺疑之为得也。宋人作谱，首推欧、苏，断自可知者，其例最善，松陵费氏之谱亦然。费氏系出伯翳③，宋时有参知政事讳士寅者，字时夏，号戒甫，以刚直不阿韩侂胄丐外除，历知兴元、潼川两府，皆有政迹，惜《宋史》不为立传，明凌迪知作《万姓统谱》，误为在寅，列于唐人中，其舛误如此。参政子孙散居江浙间，若溧阳、石门，皆自称参政公后，溧阳之后有国子助教子润，石门之后有大理寺副敬，然世次皆不可考。独松陵一支，远有代绪，自明征仕郎南坡公已创家谱，源远而流益长。吾友费君履桥，于参政为十九世孙，又承其先人容斋先生教，凡山经、地志以及名贤之

---

① 按：中华书局影印《知不足斋丛书》乃据初印本，故无此跋。
② 按：原本眉批云"'仍'字讹，当作'礽'"。
③ 按：原本眉批云"'伯翳'，即'伯益'，秦人以入为去，故读'益'为'翳'。《史记·秦本纪》：伯翳，舜时赐姓嬴氏，生子二人，次曰若木，实费氏，其裔孙曰费昌，去夏归商，后封为诸侯，即秦国费氏始此"。

集、石墨之华靡不搜罗，积数年心力，成《家谱》十二卷，邮以示予。予受而读之，见其世系则如肉贯串，秩然不紊，其家传则详核而不失之诬，其考证则精博而不失之凿，自非好学深思，孰能如是？抑余又有感焉。宋时执政，前九朝二百三十八人，后九朝二百四十四人，岂无家乘充箱照轸？后人视之，不甚爱惜，遂致缺如。独《费氏族谱》列《艺文》中，肖然如鲁灵光，而集类中有《费氏芸山居士文集》二十二卷，当为参政公作，惜年老健忘，未能确定，当博考以塞吾友之请。是为序。嘉庆十有九年，岁次甲戌四月望，通介叟歙鲍廷博拜撰，时年八十有七。

按，《吴江费氏族谱》，清费登墀、费廷琮、费廷熙编撰。南京图书馆藏清光绪十三年（1887）抄本。吴江费氏家族于南宋初由江夏迁居吴中，费士寅曾以参知政事兼知枢密院事，监修国史，不附韩侂胄而卜居于吴江，遂为吴江家族本支始祖。①

鲍序作于嘉庆十九年（1814）四月，是年八月鲍廷博卒。《宋史·艺文志》著录："《费氏芸山居士文集》二十一卷，不知名。"②序文所记卷数有误。遍检各类文献，未见是书作者为费士寅之著录，可知鲍廷博所记不尽准确。

三　《北窗炙輠录》跋

右《北窗炙輠录》二卷，为姑苏吴岫藏本，后有祝允明跋语，似出依托，姑置不录。然其本较秀水朱氏潜采堂传钞者特为完善，如下卷关子开令蒋处士开图书及与弟子东拜米元章二事，朱本全缺，其他脱误尤多。朱本近刊于《奇晋斋丛书》，可覆而按也。彦执，盐官人，名德操，字持正③，《咸淳临安志》第六十七卷有传，而祝跋云讳国贤，钱塘人，或别有据欤？浙东全谢山

---

① 江庆柏：《家族藏书约与家族藏书管理》，《文教资料》1997年第2期，第106页。
② （元）脱脱：《宋史》卷二百八，中华书局1977年版，第5379页。
③ 按：余嘉锡先生指出鲍跋有误，认为"持正"是施德操之号而非字（《四库提要辨证》，中华书局2007年版，第1109页）。

先生极推重此书，录其题识于竹垞跋后，俾读者益知所景仰云。嘉庆己未七月既望，歙鲍廷博识于知不足斋。

按，"炙輠"，取义于《史记》载战国时淳于髡事，輠乃古时车上盛贮油膏之器具，輠烘热后流油，润滑车轴，比喻言语流畅风趣。《北窗炙輠录》或议经史，或记轶事，是宋代笔记中较为重要的一种。是书传本甚稀，自清初朱彝尊得于海盐陈琰，抄刻渐广，后朱氏抄本刻入《奇晋斋丛书》，惜有残缺。

鲍跋见于顾修辑《读画斋丛书》清嘉庆四年（1799）刻本中。顾修，字仲欧，号松泉，又号菉涯，石门（今浙江桐乡）人。仿《知不足斋丛书》体例辑刻《读画斋丛书》八集（《北窗炙輠录》收入丁集），收书四十六种，一百九十四卷。其中所收之《文渊阁书目》《玉山逸稿》《云庄四六余话》《遂昌山人杂录》和《洞天清禄集》等书均有鲍廷博题识及案语。

上海图书馆藏有《北窗炙輠录》清抄本，扉页有跋云："暇以奇晋斋本参校，嘱顾君菉厓刊入丛书，并录谢山先生题词冠余篇首，庶读者并知此书之足重云。嘉庆己未十月初八，舟泊松木场秉烛书，廷博。"① 可知顾修是据鲍廷博校本刻入《读画斋丛书》丁集的。

四 《寓简》跋

乾隆癸巳十月十二日，剪灯校于知不足斋。刻本"《易》之为书虽不可为典要"一条，脱四十余字；又《自序》内脱"盖实无心于言也"四句。（卷一）

十月十三日晨起校阅。刻本"孔子谓兵可去"一条，脱去末一行，凡十五字。（卷二）

十月十三日灯下校于知不足斋，阴雨连旬，是日始有晴意。夜半月色凄冷，如与贫交生对也。（卷三）

十月十四日晨起校于知不足斋，晴，甚寒。（卷四）

---

① 孙旭：《〈北窗炙輠录〉的作者、版本与价值》，《安徽师范大学学报》2007年第1期，第78页。

十四日灯下校。（卷五）

是日晴霁写，姚君官之①出北□②，过何东浦小山居、陈象昭师竹斋③，话语良久，薄暮始归，惫甚，勉校此卷。（卷五）

十月望晨起校于贞复堂，晴，寒甚。（卷六）

十月望灯下校。（卷七）

十月十六日晨起校，阴。十月十六日校于知不足斋。（卷八）

乾隆癸巳十月十六日，从吴君葆良④借明崇祯年刻本校讫。（卷九）

乾隆己卯九月廿六日黎明校毕。（卷十）

此书樊榭先生有跋，甚详核，当录于后。（卷十）

按，沈作喆，字明远，归安（今浙江湖州）人。南宋绍兴五年（1135）进士。其序云："予屏居山中无与晤语，有所记忆，辄寓诸简牍，纷纶丛脞，虽诙谐俚语无所不有，而至言妙道间有存焉，已而诵言之，则欣然如见平生故人，抵掌剧谈，一笑相乐也，因名之曰《寓简》。"⑤此书为了解宋代社会文化提供了较为丰富的资料，其中有资借鉴者颇多。

鲍氏校跋见于国家图书馆藏清抄本。据跋文，知鲍廷博曾于乾隆二十四年（1759）校勘此书，后又于乾隆三十八年（1773）借吴葆良藏明崇祯刻本精心校勘，并将两度校勘之本作为底本刻入《知不足斋丛书》第一集。

五 《归潜志》跋

戊戌腊月十四日写样毕。是日大雪不止，几尺许，与顾君松

---

① 即姚家贤，字官之，号竹似。见后文《南宋群贤小集》跋条。
② 序跋中因字迹模糊或残缺，无法识别之字均用□替代。
③ 即陈灿，字象昭，号曙峰，钱塘（今浙江杭州）人。有师竹斋。
④ 即吴纯，字葆良，号春林，钱塘（今浙江杭州）人。工书诗，著有《二香斋诗文集》。
⑤ （清）鲍廷博辑刻：《知不足斋丛书》第1册，中华书局1999年版，第79页。

乔①、戴君东瀛、沈君效曾同至湖上。(卷三末)

乾隆三十年岁次乙酉闰二月初七日,皇上阅视海塘,自海宁县起銮,午时近太平门,驻跸内行宫。是日晴和,士民跪迎道侧,皇上乘马,按辔徐行,天颜甚有喜色。廷博伏处草茅,得觐圣颜,于兹四次矣,忭舞之余,载笔恭纪。(卷八末)

己亥元宵方先生写样完,阴雨,戴瀛三兄自浦江来。(卷十二末)

浑源刘祁,字京叔,号神川遁士。幼颖悟,有文名,侍祖父游宦,得从名士大夫问学。举进士不第,益折节读书,务穷远大,文章议论粹然一出于正,金源一代儒者也。遭乱北归,追述平昔交游谈论与夫兴亡治乱之迹,著为一书,即所居堂名,目曰《归潜志》,与同时元好问《壬辰杂编》并行于世,金末文献之征于是乎在。遗山《杂编》亡于明之中叶,京叔是书至大间乡人孙和伯曾版行之,历为藏弆家珍秘,仅有传本。此本传钞于莱阳赵太守起杲,再假抱经堂、文瑞楼诸本反复勘定,略采《宋史》《中州集》及诸家杂著,疏其异同,梓公同好,继孙氏刻本于五百余年之后,亦墨林胜缘也。或者以崔立撰碑一事系遗山名节甚重,独未得野史亭遗编以相印证,为大欠事。然举遗山《外家别业上梁文》并郝文忠公《辨甘露碑》诗参合观之,亦有以得其是非之公矣。乾隆己亥十月下浣五日,得闲居士识于知不足斋。②

按,刘祁(1203—1250),字京叔,号神川遁士,浑源(今属山西)人。清代赵翼云:"《金史》叙事最详核,文笔亦极老洁,迥出宋、元二史之上。说者谓多取刘祁《归潜志》、元好问《壬辰杂编》以成书,故称良史。"③ 可知《金史》之修撰取资于此书者

---

① 即顾枫(1726—?),字松乔,慈溪(今浙江宁波)人。明经。清代画家。著有《伴梅草堂诗存》和《秋诸诗稿》等。

② 按:《知不足斋序跋题记集录》(国家图书馆出版社2010年版,第192—193页)录有《知不足斋丛书》刻本鲍廷博跋。抄本手跋文句与刻本鲍跋有多处不同,故录以备考。

③ (清)赵翼著,王树民校证:《廿二史札记校证》(订补本)卷二十七,中华书局1984年版,第597页。

不少。

鲍跋见于南京图书馆藏清抄本。乾隆三十年（1765）二月初七，皇上阅视海塘，三十八岁的鲍廷博第四次得见圣颜，内心十分喜悦。此外，抄本各卷记抄书、校书之语甚详："乾隆乙酉二月十六日，贞复堂剪烛写。是日戌时月蚀，以阴雨不见。""乙酉二月十八日灯下写并校过，前一夕大雷雨。贞复堂记。""乙酉二月二十日，贞复堂校录。前一夕大雨竟夜，是日未刻，雪大如掌，至晚不休。""乙酉二月二十三日灯下写毕此卷，时积雨三日矣。贞复堂记。""乙酉二月二十五日灯下写竟。霪雨。""乙酉二月二十八日午前校写毕。雨止才两日，是日微寒，复有雨意。""乙酉闰二月初二日校写毕，雨。""乙酉闰二月初四日写毕，雨。""乙酉闰二月初七日校写。""乙酉闰二月十三日，知不足斋校写，晴。""乙酉五月二十七日，抄于芦渚之惇典堂。""乙酉六月初三日薄暮，芦渚惇典堂抄毕。""丙戌五月十有一日未刻，惇典堂寓庐校写。""乾隆丙戌五月十三日，芦渚寓舍灯下校写完。""乾隆丙戌五月十四日，芦渚寓庐抄竟。"可知鲍氏从乾隆三十年（1765）二月十六日至三十一年（1766）五月十四日，历时一年多，抄完卷帙繁复的《归潜志》并予以校勘。"戊戌十二月十一日坐雨再看一过。""戊戌十二月十一日雨窗重阅。""戊戌十二月十一日灯下重阅，雨。""戊戌十二月十二日早重阅，雨霁。""戊戌十二月十二日灯下覆阅。""戊戌十二月十二日二鼓重阅。""戊戌腊月十三日重阅。""戊戌十二月十三日重阅，巳刻，雪。"据知鲍廷博又于乾隆四十三年（1778）重阅此书。后于乾隆四十四年（1779）用《元文类》校勘。《游龙山记》末云："乾隆己亥九月初五日《元文类》校一过。"鲍廷博识语对天气状况及出行活动也多有记载："是日赤山扫墓，阴雨。""日夕不休，积九日矣，可忧也。贞复堂记。""是日雨，士恭往乌镇。""早大雾。""雨竟日。"对书籍装池时间亦有记录："九月十有七日装于知不足斋。"此类信息，亦足珍贵。

六 《郭天锡日记》跋

乾隆己卯七月廿七日，自樊榭山房借归，八月初一日录毕，是日大雨，汪洽田兄同校于知不足斋。樊榭本行草书，内有数字莫辨，惜先生已归道山，无从质问为怅耳。

庚辰七月初一日重录毕，旧时抄本以赠古澹斋主人作清闲供也。廷博识。

嘉庆庚申四月初九日，钱唐赵素门①先生抄赠，知元迹在宋芝山②先生处。十一日，偕周松泉③五兄访芝山于剪刀巷寓馆，以真迹不在行箧中，出手抄副本见借，即赵本所从出也。袖归，舟次校勘竟日，五鼓次□□始毕，记此以志良友之惠。廷博。

按，郭畀（1280—1335），字天锡，号云山，京口人。其书逐日记载天气状况、应酬活动、掌故风俗等。厉鹗从程岷东藏《郭天锡先生日记》真迹四册中录出其客杭部分，名为《客杭日记》，对了解武林风土耆旧有一定的价值。

鲍跋见于南京图书馆藏清抄本《郭天锡先生日记》中，可据知此书为乾隆二十四年（1759）从厉鹗处抄来，二十五年（1760）再为录副，嘉庆五年（1800）又据宋葆淳处的原迹录副本校勘，足见鲍氏与此书因缘之深且长。而且鲍廷博还于乾隆三十七年（1772）将厉鹗抄本《客杭日记》刻入《知不足斋丛书》第一集。

七 《读画斋偶辑》序

予与金鄂岩④、杨文朴⑤于前辈图绘各有癖嗜，浏览所及，

---

① 即赵辑宁，字素门，钱塘（今浙江杭州）人。有古欢书屋，藏书甚丰。其长子名赵之玉。

② 即宋葆淳，字帅初，号芝山，晚号倦陬。乾隆四十八年（1783）举人，任隰州学正一年，告病辞去，晚年曾任扬州广陵书院山长。学问渊博，精通金石，擅长绘画。

③ 即周士乾，一作周乾，号松泉，钱塘（今浙江杭州）人。布衣。擅长山水画。

④ 即金德舆（1750—1800），字鹤年，号云庄，又号鄂岩，桐乡（今浙江桐乡）人。监生，官刑部奉天司主事。曾校刻《史翼》，著有《桐华馆诗词》。

⑤ 即杨蟠，字旅吉，号文朴，嘉兴（今浙江嘉兴）人。诸生。著有《文朴诗草》《上洄草堂诗钞》《杨园先生年谱》和《竹垞小志》等。

必抄撮其题咏以资考证。每以未获《填词》《归耕》诸图观之为憾，于是各从所知，辗转相购，不逾月而得十有一图，即商之樗盦①临成缩本，汇而刊之则读画斋主人顾蒹厓也。客有谓予曰："此十一图，皆铭心绝品也。枣木传刻，爱玩者少，盍若藏其真迹乎？"予哂曰："子之见，刻舟求剑之说也。昔人原图，传不数世，各已散佚，即余与鄂岩、文朴借阅之处，亦如梦寐，不复记忆，所谓烟云之过眼，雪泥之印爪是也？今日《偶辑》者，以见兴会之偶有所寄耳。虽然不出一卷，而各图之题咏具在，永不散失，胜于收藏真迹远矣。"文朴既为跋语，余因述读画之端，自鄂岩发之，助之者张仙苗、施少峰②，而成之者樗盦也。八十三叟鲍廷博渌饮甫序。

按，是书乃鲍廷博等搜集清初诸老写真图卷十一幅，诸如《王阮亭载书图》《朱竹垞烟雨归耕图》《陈其年填词图》和《朱西畯月波吹笛图》等，并附录时人题咏诗歌，由方薰缩临为木刻画集。

鲍序见于南京图书馆藏清读画斋刻本。金德舆为鲍廷博挚友，《知不足斋丛书》中所刻《江西诗派小序》《御题唐阙史》《画诀》《画筌》《画梅题记》和《相台书塾刊正九经三传沿革例》均与金氏之帮助密不可分。方薰《山静居遗稿》中所载多首诗歌均与鲍廷博有关，如《赠鲍以文》《雨窗同鲍以文夜话》和《鲍大以文移家乌青》等，真实再现了二人诗歌唱和、书画交流的情景，可谓友情深厚。而鲍氏此跋，更为诸人交谊之契补一明证。

八 《林和靖先生诗集》跋

赋雪拟和靖作

梨花淡淡絮轻轻，朵朵飞来寸寸盈。晓径惜和云共扫，晚窗喜与月添明。

---

① 即方薰，见本书第四章第一节《知不足斋丛书》刊刻底本及校本考（上）之《山静居画论》条。

② 即施嵩，字礼登，号少峰，石门（今浙江桐乡）人。工山水画。

帐中羔酒何嫌俗，画里芭蕉与斗清。蓑笠寒江致奇绝，却教驴背小诗成。

         壬寅十一月初十日，得闲居士拟作。
  宋刻诗不分体，曾于顾抱冲①家见之，惜未借校。今抱冲墓草宿矣，对此不能无人琴之感。丁卯十月十九日，嘉禾舟中记。②

  按，林逋，字君复，钱塘（今浙江杭州）人。北宋初年著名诗人，终身不仕，长期隐居西湖孤山，后人称为和靖先生。其诗大多反映隐逸生活和闲适情趣，诗风平易淡雅。《赋雪拟和靖作》为卷二《雪》三首之鲍廷博眉批，此诗亦载于鲍氏《花韵轩咏物诗存》，据不见于《诗存》的落款"壬寅十一月初十日"，可知诗歌创作于乾隆四十七年（1782）。

  鲍氏手跋见于南京图书馆藏清康熙四十七年（1708）吴调元刻本。书中鲍廷博批校甚多，如卷一首有鲍氏朱批云："以正统八年陈赟刊本校。"五言古诗《闵师见写陋容以诗奉答》上有鲍氏朱批"陈刻拾遗之二"；《监郡太博惠酒及诗》上有朱批"拾遗之三"；"洞霄宫"条有朱批云"陈刻无此篇"；文中《诗家》"千篇如可构"，有鲍氏朱笔校语云："陈刻空'构'字，盖依宋刻避高宗讳也。""西湖孤山寺后舟中写望"条有朱批云："此后次第与陈本不同，编数字以记。""略秀才以七言四韵诗为寄"条，鲍廷博在"略"字上补"虢"字，并有墨批云："按《西昆酬倡集》钱惟演有《灯夕案献内翰虢略公》诗，则'虢略'是姓，舛误也。开卷有益，信然也。己亥正月四日灯下记。"还有鲍廷博手录之《题陶篁村泊鸥庄调寄沁园春》《西湖泛月前调》和《赠林处士逋》。

九　《胡澹庵先生文集》跋

  己丑八月十八日，从《诚斋集》校订一过。贞复堂记。是日

---

①　即顾之逵（1753—1797），字抱冲，元和（今江苏苏州）人。藏书楼名"小读书堆"，是清代著名藏书家、校勘家，与周锡瓒、黄丕烈、袁廷梼并称为"藏书四友"。
②　按：《知不足斋序跋题记集录》（国家图书馆出版社2010年版，第217—218页）据《善本书室藏书志》卷二十六录有此题识，惜将部分丁丙之语误入鲍廷博跋中。

与孙君霁堂江上看潮晚归，得华亭沈学子①先生维扬北寄书，并惠新刻《管夫人发（法？）帖》。

按，胡铨，字邦衡，号澹庵，庐陵（今江西吉安）人。高宗建炎二年（1128）进士，淳熙七年（1180）病故，谥号"忠简"。他奏斩秦桧，力主抗金，是南宋著名政治家、文学家。

鲍廷博跋见于上海图书馆藏知不足斋抄本。抄本中鲍氏校语较多，如卷一："乾隆己丑九月十有三日，校于绣溪旅次，午刻毕此卷。"卷二："九月十三日午后勘一过。"卷四："己丑十一月二十九日绣溪寓斋校，午刻毕。"卷五："二十九日未刻校完。"卷六："乾隆己丑十一月二十九日校于绣溪寓庐。"《附录》："己丑中秋前一日校于贞复堂。"可知鲍廷博于乾隆三十四年（1769）校勘各卷。所作补录工作从抄本题识可见一斑："右从周必大《省斋文稿》补录，八月十七日校于知不足斋。""右从《诚斋集》补录，己丑中秋后二日灯下校于贞复堂。""右俱从《诚斋集》补录，己丑八月十八〇贞复堂记。"

十　《彝斋文编》跋

乾隆乙卯七月廿八日，偕赵晋斋②诣文澜阁，检《四库全书》本校正一过，补诗三首、文一篇。歙鲍廷博记。

嘉庆六年岁次辛酉八月廿六日，知不足斋校。

按，赵孟坚，字子固，号彝斋，南宋宝庆三年（1227）进士。工诗文，善书画。所著《彝斋文编》后散佚，乾隆年间《四库》馆臣从《永乐大典》中辑出，厘为四卷，遂流传行世。

鲍跋见于上海图书馆藏清抄本。鲍廷博在书局、文澜阁校勘书籍

---

① 即沈大成（1700—1771），字学子，号沃田，华亭（今上海松江）人。诸生。学问精深，藏书颇丰。曾校订《十三经注疏》和《文选》等，著有《学福斋诗集》等。
② 即赵魏（1746—1825），字恪用，号晋斋，又号菉森，仁和（今浙江杭州）人。清代金石学家、藏书家。编有《竹崦庵金石目》和《竹崦庵传抄书目》等。

的情形，其跋多有记载，如《圭塘欸乃集》跋云："乾隆三十八年岁次癸巳六月廿六日，取进呈别本校于分办书局，凡改正数十字。"①《严陵集》跋云："乾隆三十八年六月，从浙江遗书局借天一阁宋刻本对录，廿八日知不足斋记，凡一百七十四页。"②《蒙隐集》跋云："乾隆六十年岁次乙卯八月初四日，恭诣文澜阁校正一过。"③可知《四库》开馆后，鲍氏积极献书的同时，亦曾借用进呈之本及抄成之文澜阁本校书，受惠亦复不少。

十一 《柴氏四隐集》跋

（一）

乾隆乙亥八月二十八日写毕，歙西鲍氏清风万卷堂藏本。

周草窗《绝妙好词》第六卷有秋堂《念奴娇》一阕，此集未收，暇时当补录于后。

乾隆乙亥九月二日，绿饮居士鲍廷博识。

此词见周公谨《绝妙好词》第六卷，亦秋堂所制集中遗之，因补录于此。乙亥九月十四日灯下，绿饮居士记。

嘉庆戊午五月初一日重抄讫。

按，《柴氏四隐集》为柴望及其从弟随亨、元亨、元彪所撰。宋亡，俱隐居不仕，号柴氏四隐。后著作散佚，明万历中裔孙柴复贞搜集遗稿，编为是书。

鲍廷博跋见于上海图书馆藏知不足斋抄本。封面题"《柴秋堂集》，知不足斋抄校，丙子夏购于大华书肆"。是书戴光曾据此本录有副本。④

---

① 季秋华辑：《知不足斋序跋题记集录》，国家图书馆出版社2010年版，第330页。
② 季秋华辑：《知不足斋序跋题记集录》，国家图书馆出版社2010年版，第332页。
③ 季秋华辑：《知不足斋序跋题记集录》，国家图书馆出版社2010年版，第235页。
④ 傅增湘：《戴松门写本〈秋堂集〉跋》，《藏园群书题记》卷十五，上海古籍出版社1989年版，第756—757页。

（二）

嘉庆三年岁次戊午五月初一日重抄并校，知不足斋识。①

按，鲍廷博题识见于国家图书馆藏知不足斋抄本。清嘉庆三年（1798）鲍廷博重抄并校《柴氏四隐集》。

十二 《方虚谷桐江集》跋

庚寅三月二十五日，贞复堂灯下坐，雨，取《新安文献志》校定此篇。是日海昌吴君葵里②来，许以宋刻《梁溪漫志》借抄。（《晦庵集抄序》书眉）

庚寅三月廿六日校于贞复堂。是日晚集桐啸轩，二鼓始归。同集者，沈君蓝圃、孙君澄宇、顾君伟光、奚君纯章③，主人吴子嘉玉也。（《横于外航口善应庵记》书眉）

按，方回，字万里，号虚谷，歙县（今安徽黄山）人。南宋景定三年（1262）进士。论诗宗法江西诗派，倡"一祖三宗"之说。著述有《续古今考》和《瀛奎律髓》等。

鲍廷博跋见于南京图书馆藏清抄本。鲍氏所云之《梁溪漫志》，据《知不足斋丛书》跋可知，吴骞曾两赠明刻本《梁溪漫志》予鲍廷博，后又借周松霭藏影宋嘉泰本（或即手跋所谓"宋刻"）给鲍廷博，鲍氏于乾隆四十一年（1776）将上述版本参校后刻入《丛书》第二集。

十三 《圭斋文集》跋

七月十五□□□校毕，是夜月色□□□慈水郑蕉雪④登吴山，

---

① 《知不足斋序跋题记集录》（国家图书馆出版社2010年版，第263页）和《鲍廷博题跋集》（浙江古籍出版社2012年版，第160页）据《中国古籍善本书目》所录与此不同。

② 即吴骞，见本书第三章第一节《知不足斋丛书》校勘述略。

③ 即奚铁生（1746—1803），字纯章，号铁生，钱塘（今浙江杭州）人。清代篆刻家、书画家，著名的"西泠八家"之一。

④ 即郑竺，字弗人，号晚桥，又号蕉雪，慈溪（今浙江宁波）人。著有《溪上旧闻》《野云居诗文稿》。鲍廷博《花韵轩咏物诗存》收录了郑竺《夕阳》诗。

归已三鼓矣。(卷五)

　　七月十六日申刻勘完，是日卢矶渔①先生自江阴归，携《徐霞客游记》借予校正。(卷七)

　　庚辰七月十七日校毕，是日同慈水郑蕉雪、□□吴西林②先生遇雨。(卷九)

　　乾隆庚辰七月二十二日晡时校毕，所据刻本盖借于慈水郑蕉雪所藏，刻本间有误书，不欲妄改，抹出以示后人，以文志。(卷十六)

　　按，欧阳玄，字原功，号圭斋，浏阳（今湖南浏阳）人。元延祐二年（1315）进士，官至翰林学士承旨。修宋、辽、金三史，为总裁官，参与修撰四朝实录、《经世大典》。有《圭斋集》传世。

　　鲍廷博跋见于上海图书馆藏清抄本。抄本保存的鲍氏校语较多，如："乾隆庚辰七月十四日校于知不足斋。"卷四："乾隆庚辰七月望，晨起校于知不足斋。"卷六："七月十六日晨起校毕。"卷八："七月十六日灯下校。"卷十："七月十九日校。"卷十一："七月二十日早校。"卷十二："七月二十日午校毕。"卷十三："七月二十一日早校。"卷十四："七月二十一日早校。"卷十五："七月二十二日尘（晨？）起校完，雨。"可知鲍廷博于乾隆二十五年（1760）用郑竺藏《圭斋文集》校勘是书，日夕不辍。

十四　《月屋樵吟》跋

　　庚寅十月初十日，从旧刻校完。旧刻极古，似宏□间所刊，上有"东湖毛氏图书印"、"西河季子之印"、"汲古后人"印。第四卷缺一翻，疑即此本所自出也。③

　　按刻本脱一页，抄本遂以《劝酒歌》上半接《玩月图》下

---

①　即卢文弨，见本书第三章第一节《知不足斋丛书》校勘述略。
②　即吴颖芳，字西林，自号临江乡人，仁和（今浙江杭州）人。著有《说文理董》《音韵讨论》和《金石文释》等。
③　按：《知不足斋序跋题记集录》（国家图书馆出版社2010年版，第280页）只录有此条题识。

半，致不可读。近得清常道人①手校本，补完此二篇，中间复补《田家词》一首，竟为完璧。自庚寅校此书，讫今已六载矣，每展阅，未尝不耿耿，今以无意中获全，真快事也。己亥八月十六日灯下志。

按，黄庚，字星甫，天台（今浙江台州）人。宋遗民。诗宗晚唐，风格婉约清远。著述有《月屋漫稿》。

鲍跋见于上海图书馆藏知不足斋抄本。通篇朱笔批校甚多。抄本有题识云："以旧藏知不足斋付刊《离骚》底本校笔核对，此乃鲍渌饮手校墨迹无疑。初园②。"此抄本题识落款虽无"鲍廷博"或"知不足斋"，但已经丁祖荫确认为鲍氏笔迹。

十五　《蜕庵诗》跋

（一）

右序从苏公文集录补，中云："公所作最多，掇拾其遗，尚五百余首。"按今集实五百九十三篇。别本有释宗泐跋云"选得九百首"，疑传写之讹。此序出自刊本，为得其实耳。嘉庆丙寅十二月廿五日，通介叟书于知不足斋，时年七十有九。（苏伯衡序末）③

按，张翥，字仲举，晋宁（今山西临汾）人，世称蜕庵先生。曾以翰林国史院编修官参修宋、辽、金三史。著述还有《忠义录》等。

鲍跋见于南京图书馆藏清嘉庆八年（1803）鲍正言抄本。鲍廷博

---

① 即赵琦美，原名开美，字仲朗，自号清常道人，常熟（今江苏常熟）人。以父荫补官太仆丞，迁刑部郎中。藏书颇丰。编著有《脉望馆书目》《洪武圣政记》和《容台小草》等。

② 即丁祖荫（1871—1930），原名祖德，字芝孙，号初我，别署初园居士，常熟（今江苏常熟）人。精于目录、校雠之学。藏书甚丰，所藏多得自常熟赵宗建旧山楼、独山莫棠铜井文房。编撰《常熟艺文志》，辑刻《虞山丛刻》等。

③ 按：《知不足斋序跋题记集录》（国家图书馆出版社2010年版，第296页）据《善本书室藏书志》卷三十四录有此则，惜将部分丁丙之语误入鲍廷博跋中，且不完整。

手录宗泐识于书末。此本还有鲍廷博批校之语，如序文眉批云："'惟唐有以后之降'二句，似有脱文。""'显融'，疑'显荣'，今仍刻本。"

此本卷二末鲍正言手录"顾生温文固儒者……此理精微可细论"一段文字，并撰题识曰："嘉庆十二年岁在丁卯七月二十四日，假□镇钱君右泉所藏《玉山赠言》补录于知不足斋，慕云生鲍正言记。"卷四又有："嘉庆八年岁次癸亥六月朔日书于知不足斋，鲍正言记。"鲍正言为鲍廷博三世孙，字慎父，号听香、衍香。《知不足斋丛书》三十集，是鲍廷博及其子鲍士恭、孙鲍正言，从乾隆至道光，经过三代人的苦心经营而最终刻成的。在知不足斋的藏书、校书、刻书活动中，鲍正言是鲍廷博晚年的得力助手，由国图藏清抄本《句曲外史贞居先生集》①、南图藏清抄本《蜕庵诗》等题跋，可见鲍正言积极抄录、校勘、辑补书籍的情况。

（二）

右录赵松雪藏书法于知不足斋。（下钤"以文"印）

嘉庆壬申九月十八日，介老人从《申斋集》录补，时年八十又五。

按，鲍跋见于上海图书馆藏知不足斋抄本。鲍廷博曾以厉鹗校本为底本，将张翥另一著述《蜕岩词》二卷刻入《知不足斋丛书》第六集。

十六　《雪杖山人诗集》跋

余未及见雪杖山人，于诗中见山人焉。至山人令子人表君则固真诚笃悱，为终身慕父母之君子，余严重其人为不可及。盖山人终窭且贫，仅以诗酒自豪，晚年需次广文，卒颢颀以没。人表少丁孤露，舌耕营葬，中年挟灵兰之术以干诸侯，遂游江淮山左者数十年，铢积寸累，以剞劂山人之集，可不谓克知大义、承先

---

① 是书有题识曰："铁厓卒于明洪武时，外史殁于至正八年戊子，安得有挽廉夫诗？此三首必他人所作，编集不考，误入之也。嘉庆丁卯七月廿日记。"下钤"正言之印"。

养志之孝子欤？余读山人诗，见山人性情之冲和，吐辞之醇雅，绝无怨尤悲悼之绪撄其笔端。于外间绮靡谐谑、刻画闺幨之作，直鸿沟桃源隔之，非泗泗大雅之风、戛戛生新之造哉？至山人学术之淳正，则在集中"安贫贱"一论，虽寂寥之短章，实持世之正鹄，非实有得于濂洛以上溯邹鲁，无此直捷明快也。使人人尽知此义，何至有下不安分而难乎为上之弊哉？余学术谫劣，不足仰窥山人，特于此得心印焉，故特为拈出以跋之。人表与余，暮年结契，相得甚欢。古称：求忠臣必于孝子之门，惜人表草泽瓠落，不克上应弓旌束帛之求耳。时相过从，古欢送日，于人表有厚望焉。区区校勘之役，何足云！何足云！时在嘉庆五年冬日，歙州后学鲍廷博拜志。

按，郑炎，原名源，字清渠，号雪杖山人，秀水（今浙江嘉兴）人。乾隆诸生。性嗜酒，耽吟咏，颇有疏狂之气。其诗稿身后由顾退飞选编、鲍廷博校勘，其子郑师尚刊刻行世，即此《雪杖山人诗集》也。

鲍廷博跋见于清嘉庆五年（1800）郑师尚刻本。是书卷八"安贫贱论"云："彼君子者，在庙堂之上则忧其民，处江湖之远则忧其君，用之则行，舍之则藏，其贫贱也，非君子之自贫而自贱也，世贫之而世贱之耳。"侃侃而论，浩然之气，靡不毕现。

十七 《西湖百咏》跋

右宋董嗣杲《西湖百咏》及明陈贽和诗二卷，传刊本于陆筱饮歓飞①，陆则借于黄小松易②，盖广仁义，学藏书也。元本楮墨极古，而无刊刻年月可考。按，《西湖志》云余姚陈贽即嗣杲元题依韵赓和凡九十六首，与嗣杲诗并刻。天顺癸未，南康知府

---

① 即陆飞（1719—?），字起潜，号筱饮，仁和（今浙江杭州）人。乾隆三十年（1765）解元。善画工诗。著有《筱饮斋稿》等。

② 即黄易（1744—1802），字大易，号小松、秋盦，钱塘（今浙江杭州）人。善篆刻、书画，为"西泠八家"之一，与丁敬并称"丁黄"。著有《小蓬莱阁金石文字》等。

钱塘陈敏政为之序。又载嘉靖丁酉周藩南陵王云楼子重刊序,云董倡居前,陈和居后,景凡九十六,诗共一百九十二,谓之"百咏"者,盖亦极言之耳。今此本首卷四十九题,次卷五十一题,共诗二百,是天顺、嘉靖二刻,俱非足本。此当是天顺癸未以前所刊,在当时已称难觏矣。惜多讹舛,版漶漫,虽就志乘及选家所录稍加订正,然阙疑处尚多也。又按,《志》以嗣杲为钱唐道士,及观卷首咸淳壬申自序,有"薄宦于雪,公事简辄是正完"之语,则知撰诗时,董方筮仕,其为黄冠师或在宋亡之后,有托而逃,殆南宋之逸民,不当仅以方外目之也。嗣杲,字明德,号静传,后入道孤山四圣观,改名思学,字无益,见周公谨《绝妙好词》。陈赟,字惟成,官太常少卿,其行事俟再考云。乾隆乙酉十月二日,积雨晚晴,得闲居士鲍廷博识于芦渚之借一轩。

旧刻标题云"和《西湖百咏》诗",虽分卷为两,而无"卷上"、"卷下"字,又和诗、原作俱平写录竟,颇于意有未慊,因重钞此本,稍更易之,并补编目录,以便检阅。是岁腊月十有二日覆勘毕,又识。

再按,《西湖志》所载周藩重刻序,陈惟成是英宗时人,则所谓天顺癸未陈敏政为序者,自是原刻,何以亦止九十六题。今《志》中不录敏政元序,殆纂《志》时,仅见周藩刊本,遂据其序所云九十六题者著于录,而周藩翻雕时,其底本或有脱页,当日亦未深考耳。予所借黄氏藏本,楮墨虽在嘉靖以前,而脱误纷如,其非元刻甚明。前跋所云天顺癸未以前刊本,究属臆度。终当觅元刻及周藩翻本对勘,方释此疑耳。是月望后一日,得闲居士再识。

按,董嗣杲,字明德,号静传居士。宋亡,入道孤山四圣观,改名思学,字无益,钱塘(今浙江杭州)人。著有《庐山集》《英溪集》等。《西湖百咏》所收皆为吟咏西湖之作,足备志乘之采。

鲍廷博跋见于清光绪七年(1881)钱塘丁氏嘉惠堂刻《武林掌故丛编》本《西湖百咏》附明陈赟和诗二卷。是书有明天顺七年(1463)刻本和明嘉靖十六年(1537)周藩南陵王重刻本等。鲍廷博于乾隆三十年（1765）连续撰写三跋对黄易藏本予以考证，订正前跋认为是"天顺癸未以前刊本"的观点。

十八 《南宋群贤小集》跋

右南宋陈起编刻《江湖群贤小集》，借钞于汪氏振绮堂主人讳宪，字千波①，号渔亭，钱塘人。汪本传自瓶花斋吴氏主人讳焯，字尺凫，号绣谷，又号鹅笼生，钱塘人。其传录始末，绣谷述之详矣。其云曹楝亭②所得宋刻归之郎温勤③，今见于家石仓书舍者，温勤为三韩郎中丞廷极，石仓则钱塘吴允嘉志上也④。宋刻最为温勤宝爱，常置座右，朝夕把玩。郎卒于官署，家人将并其平生服御烬之以殉。时石仓在郎幕，仓卒间手百余金赂其家僮，出之烈焰中，携归秘藏，非至好不得一见也。石仓没，家人不之贵，持以求售，厉征君鹗得之⑤，以归维扬马氏小玲珑山馆⑥。乾隆壬辰仲冬，予于吴门钱君景开⑦书肆见之，惊喜与以百金，不肯售，许借校雠，才及三之一，匆匆索去，以售汪君雪礓⑧。不数年，雪礓客死金阊，平生所藏书画，尽化为云烟，而是书遂不可踪迹矣。宋刻实六十家，装二十八册，绣谷云仅得其半，盖尔时石仓老人不肯全出示之耳。予钞是书在乾隆辛巳之春，维时亟于成书，友人

---

① 按："波"，当作"陂"。
② 即曹寅（1658—1712），字子清，号荔轩，又号楝亭。曹雪芹祖父。曾任苏州织造、江宁织造。主持扬州诗局刻书，奉旨刊刻《全唐诗》。著有《楝亭诗抄》和《楝亭词抄》等。
③ 即郎廷极，广宁（今辽宁北宁）人。湖南布政使郎永清次子。历任漕运总督，卒谥温勤。
④ 即吴允嘉，字志上，又字州来，号石仓，钱塘（今浙江杭州）人。藏书处有石甑山房、四古堂和得听居等。著有《石甑山房诗集》《石仓诗稿》和《四古堂文抄》等。
⑤ 即厉鹗（1692—1752），字太鸿，号樊榭，又号南湖花隐，钱塘（今浙江杭州）人。康熙五十九年（1720）举人。清代著名学者，浙西词派的代表，著有《樊榭山房集》等。
⑥ 即马曰琯（1688—1755），字秋玉，号嶰谷，祖籍祁门（今安徽黄山），迁居江都（今江苏扬州）。以盐业起家。著有《沙河逸老集》《嶰谷词》。弟马曰璐，字佩兮，号半槎。著有《南斋集》。时人称兄弟二人为"扬州二马"，藏书楼名小玲珑山馆。
⑦ 即钱时霁，字景凯，一字景开，号听默。有书肆萃古斋。清代著名书贾。
⑧ 即汪大榕，字中也，号雪礓，江都（今江苏扬州）人。汪舸子。

二严昆季兄杲，字敏达，弟诫，字力闇，姚君竹似家贤，字官之，潘君德园庭筠，字兰坨，郁君潜亭礼，字佩先，俱踊跃助予手钞录成。思请善书者人书一卷，重梓以行，事重费烦，时作时辍，因循迄今，汗青未就，弹指遂四十余年矣。一日，石门顾君松泉①在予案头见之，力任开雕，期年蕆事，其镂刻之工，较宋刻为尤胜。复就文澜阁恭录《钦定四库全书》中《江湖后集》附焉，而是书更无遗憾矣。所惜敏达、力闇、潜亭俱先后谢世，不及快睹其成，而予犹得与竹似、德园诸君旧雨重听，新编共读，晚年乐境，何以逾兹，叹息之余，又不觉掀髯自慰也。嘉庆辛酉七夕，歙鲍廷博识于知不足斋。②

  乾隆壬寅十一月初三日灯下宋刻校。（《菊涧小集》）

  乾隆壬寅十一月初四日雨窗宋刻校。（《梅屋吟》）

  乾隆壬寅十一月初五日雨窗宋刻校。（《北窗诗稿》）

  乾隆壬寅十一月初五日宋刻校。（《雅林小稿》）

  乾隆壬寅十一月十四日宋刻校正。（《西麓诗稿》）

  乾隆甲申正月十三日，初白庵本勘于知不足斋。（《橘潭诗稿》）

  乾隆壬寅十一月初五日宋刻校正。（《吾竹小稿》）

  乾隆壬寅十一月十四日宋刻校于知不足斋。（《皇荂曲》）

  乾隆壬寅十二月初五日，舟次杉青闸，宋刻校。（《竹庄小稿》）

  乾隆壬寅十一月初九日宋刻勘于知不足斋。（《竹所吟稿》）

  乾隆壬寅十一月初十日宋刻校于知不足斋。（《适安藏拙余稿》）

  乾隆壬寅十一月初五日宋刻校，廷博。（《疎寮小集》）

---

① 即顾修，字仲欧，号松泉，又号箓涯。与鲍廷博交好。刻有《读画斋丛书》《汇刻书目初编》等。著有《读画斋题画诗》和《读画斋偶辑》等。

② 按：《鲍廷博题跋集》（浙江古籍出版社2012年版，第257—258页）据费君清《〈南宋群贤小集〉汇集流传经过揭秘》（《绍兴文理学院学报》1999年第4期，第4页）所录不完整，无"复就文澜阁恭录《钦定四库全书》"至"嘉庆辛酉七夕歙鲍廷博识于知不足斋"一段文字，以及二十六条题识。

乾隆壬寅十一月初三日灯下宋刻校。(《秋江烟草》)

乾隆壬寅十一月初三日宋刻校。(《癖斋小集》)

乾隆壬寅十一月初八日知不足斋宋刻校定，廷博。(《招山小集》)

乾隆癸未九月，借汪氏振绮堂本写，廷博。(《无怀小集》)

乾隆壬寅十二月初五日宋刻校正。(《雪窗小集》)

乾隆壬寅十一月十一日灯下宋刻校。(《臞翁诗评》)

乾隆甲申二月十三日，初白庵本校于知不足斋，廷博。(《静佳乙稿》)

乾隆壬寅十一月十二日宋刻校正。(《心游摘稿》)

乾隆壬寅十一月十三日宋刻校于知不足斋，廷博。(《顺适堂吟稿》)

乾隆壬寅十一月十三日宋刻校于知不足斋，廷博。(《龙洲道人诗集》)

乾隆癸未十月，假赵荷村太守荆树山房本是正。廷博。(《汶阳端平诗隽》)

乾隆乙巳六月十四日知不足斋续录。(《增广高僧诗》附录《诸贤酬赠诗》)

乾隆壬寅十一月初六日宋刻校于知不足斋，廷博。(《增广圣宋高僧诗选续集》)

乾隆壬寅十一月十五日宋刻校定。(《前贤小集》拾遗)

按，鲍氏校跋见于天津图书馆藏清嘉庆六年（1801）顾修读画斋刻本《南宋群贤小集》九十种，一百六十九卷，八十册。宋陈起原编，清顾修重辑。

鲍廷博于乾隆二十六年（1761）、二十八年（1763）、二十九年（1764）、四十七年（1782）、五十年（1785）抄录是书，用宋刻本通体校正。嘉庆六年（1801）鲍廷博撰跋叙此书传刻源流及顾修刻书之缘起。从书中题识"嘉庆己未正月校写，桐乡顾氏开雕"（《招山小集》），"嘉庆己未五月桐乡顾修重校开雕"（《静佳乙稿》），"嘉庆庚申九月初二日校于鸳湖书院"（《清苑斋集》），可知从嘉庆四年

(1799)开始,顾修校刻是书。

十九 《建炎以来朝野杂记》跋

乾隆丙戌五月二十日写讫并勘过。芦渚寓庐志。(甲集卷二末)

十二卷"宦官节度使"条下云王德谦事,语在时事中,此卷等之,知非完书矣。丙戌八月晦日,芦渚寓舍记。(甲集卷七末)

乾隆丁亥正月四日,小雨乍晴,校于知不足斋。(甲集卷九末)

乾隆丁亥正月四日剪烛校一过,廷博志。(甲集卷十末)

乾隆丁亥正月六日立春,雨窗校勘。(甲集卷十一末)

丙戌九月初二日灯下毕此卷,是日锡峰自杭来□,八月廿八日严子淳夫之讣,为之啜泣,芦渚惇典堂寓舍记。(甲集卷十二末)

丁亥正月初九日,知不足斋写完并校。(甲集卷十三末)

乾隆丁亥二月二十二日校于绣溪寓舍。(甲集卷十四末)

丁亥二月二十六日校于绣溪寓舍,廷博。(甲集卷十五末)

丁亥二月二十六日绣溪寓舍校。(甲集卷十六末)

丁亥三月二十五日绣溪寓舍勘。(甲集卷十七末)

丁亥三月二十六日午前校完,绣溪寓舍记。(甲集卷十八末)

丁亥三月廿六日饭后校于惇典堂。(甲集卷十九末)

乾隆丁亥三月二十六日,同菽畦校于绣溪寓舍。(甲集卷二十末)

乾隆丁亥三月二十七日早,绣溪寓舍校。(乙集卷一末)

丁亥三月二十七日,绣溪寓舍午刻校完。(乙集卷二末)

乾隆丁亥三月二十日,饭后校于惇典堂。(乙集卷三末)

乾隆丁亥三月二十七日未刻校,四月朔晨起从赵清常本重勘一过,惇典堂记。

乾隆丁亥三月二十八日早,校于惇典堂,雷雨。廷博。(乙集卷五末)

丁亥三月二十八日校于惇典堂。（乙集卷六末）

丁亥三月二十八日校，巳刻完，廿九日灯下再从赵清常本校一过，凡改正五字，添一字。（乙集卷八末）

丁亥三月二十八日午后校。（乙集卷十末）

乾隆丁亥三月二十八日校于惇典堂。（乙集卷十一末）

丁亥三月二十八日惇典堂未刻校。（乙集卷十二末）

丁亥三月廿八日校于惇典堂。（乙集卷十三末）

丁亥三月二十八日申刻校。（乙集卷十四末）

乾隆丁亥三月廿九日校于惇典堂。（乙集卷十六末）

乾隆三十二年丁亥三月二十九日勘于绣溪寓舍。（乙集卷二十末）

按，李心传（1167—1244），字微之，井研（今四川乐山）人。赐进士出身。官至工部侍郎兼秘书监。著述有《建炎以来系年要录》《道命录》《春秋考》和《旧闻证误》等。

鲍氏题识见于国家图书馆藏清抄本《建炎以来朝野杂记》甲集二十卷，乙集二十卷，清孔继涵跋并临吴焯、鲍廷博校跋。鲍廷博于乾隆三十一年（1766）抄校《建炎以来朝野杂记》，后于三十三年（1766）用赵清常本校勘是书。《藏园群书经眼录》卷六所载为鲍廷博传写吴焯校本，续以赵清常本补校者也。①

二十　《玉山逸稿》跋

朱珪《名迹录》未见刻本，传钞多谬，此记与《玉山名胜集》所钞有显然错舛者，不欲遽改，以俟海内高明订正之。嘉庆庚午通介叟鲍廷博识，时年八十又三。②

嘉庆七年岁次壬戌除夕，写于知不足斋，长塘鲍正言识。（卷三末）

---

① 傅增湘：《藏园群书经眼录》卷六，中华书局2009年版，第407页。
② 按：此题识为卷二末"右诗七十三首，词一阕，记二篇，从《玉山草堂名胜集》辑录"之注文。

嘉庆癸亥榖日，书于知不足斋，正言。（卷四末）

嘉庆庚午十二月朔录补，通介叟时年八十又三。（续补末）①

按，顾瑛（1310—1369），字仲瑛，昆山（今江苏昆山）人。元末削发为僧，自号金粟道人。著有《玉山璞稿》。顾瑛所筑玉山草堂为文人雅集、诗歌唱和之所。

鲍氏题识见于天津图书馆藏《读画斋丛书》辛集，清嘉庆四年（1799）桐川顾氏刻本。《玉山逸稿》为鲍廷博于乾隆三十七年（1772）所辑，嘉庆七年（1802）、八年（1803）鲍正言抄录，嘉庆十五年（1810）鲍廷博又作了进一步的辑补工作，最终由顾修刻入《读画斋丛书》。

二十一 《东斋记事》跋

嘉庆辛酉三月，借嘉禾沈比部带湖先生②藏本对写，十三日校于知不足斋。

按，范镇（1007—1088），字景仁，华阳（今四川成都）人。宋仁宗宝元元年（1038）进士。官知制诰、翰林学士兼侍读。著有《范蜀公集》。

鲍氏题识见于国家图书馆藏清抄本。嘉庆六年（1801）鲍廷博借沈叔埏藏本抄并校《东斋记事》。

二十二 《夹漈遗稿》跋

乾隆乙亥六月二十七日重录一本毕。③

---

① 按：《鲍廷博题跋集》（浙江古籍出版社2012年版，第228—229页）已录乾隆壬辰（1772）鲍廷博跋，未录上述四条题识。

② 即沈叔埏（1736—1803），字剑舟，一字埴为，号双湖，秀水（今浙江嘉兴）人。乾隆五十二年（1787）进士，官吏部主事。著有《颐彩堂集》。

③ 按：《知不足斋序跋题记集录》（国家图书馆出版社2010年版，第232页）与《鲍廷博题跋集》（浙江古籍出版社2012年版，第148页）所录与此题识不同。

按，郑樵（1104—1162），字渔仲，南宋兴化军莆田（今福建莆田）人。隐居夹漈山，人称夹漈先生。高宗时，为右迪功郎，累官至枢密院编修官。著有《通志》《尔雅注》和《诗辨妄》等。

鲍氏题识见于国家图书馆藏清抄本。鲍廷博手书眉批云："汪西亭①本第一卷诗止此，无以下诸诗。"鲍廷博于乾隆二十年（1755）重抄《夹漈遗稿》。

二十三　《虚谷桐江续集》跋

乾隆丁丑正月写毕并校，原缺第三卷，绿饮记。（卷四）

乾隆丁丑二月十八日写毕，五月二十日校讫。（卷十三）

乾隆丁丑二月廿四日写毕，五月廿二日校讫。（卷十七）

乾隆丁丑四月十五日写毕，六月十八日校讫。（卷四十八）

方万里《桐江集》已不传，廑此序见于戴表元《剡源文集》中，因录于《续集》之首。至万里《桐江续集》自序一首，已列此集第四十八卷中，兹不赘录。乾隆丁丑七月初一日灯下志。②

右文二十九首，只二首载《续集》，余俱不载，当别钞一卷附后，又十首见《桐江集》。

瞿宗吉《归田诗话》上卷载方万里《唐三体诗·序》一篇，未知入《全集》否？

按，方回生平见《方虚谷桐江集》跋条。

鲍氏校跋见于南京图书馆藏鲍氏知不足斋抄本，存三十七卷。是书卷帙繁复，各册抄写字体不同，应出多人之手。扉页题"《桐江续集》，十册，八千卷楼插架"。《桐江诗集·序》为鲍廷博手迹，后有"知不足斋钞书"。"吊鹤赋"有鲍廷博墨笔眉批云："此小序元刻所无，从《桐江集》校。"乾隆二十二年（1757），鲍廷博抄校并辑录此书。

---

①　即汪立名，号西亭，婺源（今江西婺源）人。官至工部主事。清代藏书家。著有《钟鼎字源》和《今韵笺略》等。

②　按：《知不足斋序跋题记集录》（国家图书馆出版社2010年版，第279页）据《皕宋楼藏书志》卷九十五录有此条题识。

二十四　《履素斋稿》跋

　　此诗鄂氏新刻《环香堂法帖》为云林生作，其题云："予与清容久别，一旦会于九龙山僧舍，因出此卷见示，见苏、米二公之书如连城、夜光，并置一器，惟见光彩耀耳。随赋小诗于后，并叙远别之意。"云诗中惟弟二联作"奚囊锦绣光芒射，挥洒长篇古致妍"，余俱不更一字。此为云林手书而顾《选》作文肃诗，误矣。嘉庆十四年初冬，鲍正言记。①

　　右诗见《惠山集》，从鸳湖戴氏从好斋录补②。嘉庆壬申七月晦，八十五叟识。③

　　按，邓文原（1258—1328），字善之，一字匪石，绵州（今四川绵阳）人，寓居钱塘（今浙江杭州）。初为杭州学正，累官翰林待制，出佥浙西廉访司事，卒谥文肃。博学善书，著述有《读易类编》《内制集》和《巴西文集》等。

　　鲍跋见于国家图书馆藏稿本，清鲍廷博、鲍正言辑并校，抄纸版心为"《巴西集》"。书首鲍氏眉批云："重写时，中缝当改《履素斋稿》。"鲍氏眉批较多，如"《珊瑚网》题云《米元晖云山短卷》"；"《珊瑚网》又有小米《云山卷》，诗同而韵不同，二卷必有一伪，姑分注于每句之下。"抄本中多处原作《素履斋稿》，"素履"均被勾乙为"履素"。清钱大昕《元史·艺文志》卷九十④，清顾嗣立编《元氏诗选》二集卷七⑤，清嵇曾筠编《（雍正）浙江通志》卷二百四十八⑥，清嵇璜《续文献通考》卷一百九十⑦，清瞿中溶《古泉山馆题

---

① 按：鲍正言眉批中"此诗"指"忆昔相逢数十年，一朝解后碧山前。奚囊锦绣烟云湿，满目峰峦紫翠妍。岁月尽从忙里过，文章还向世中传。明朝无限东西路，马首仍怜各一天"。
② 即戴光曾，字松门，号彀园，嘉兴（今浙江嘉兴）人。清代藏书家、书法家，藏书楼名从好斋。著有《从好斋诗集》。
③ 按：补录《惠山夏日酌泉》："我生懒拙百不堪……隐隐孤舟沈暮岚。"
④ （清）钱大昕：《元史·艺文志》卷九十，清《潜研堂全书》本。
⑤ （清）顾嗣立：《元氏诗选》二集卷七，清文渊阁《四库全书》本。
⑥ （清）嵇曾筠编：《（雍正）浙江通志》卷二百四十八，清文渊阁《四库全书》本。
⑦ （清）嵇璜：《续文献通考》卷一百九十，清文渊阁《四库全书》本。

跋》① 等，著录是书均作《素履斋稿》。《铁琴铜剑楼藏书目录》卷二十二著录《履素斋稿》："旧传《巴西集》有文无诗，此出知不足斋鲍氏，采辑题画诗为多。"②

二十五 《清波杂志》跋

癸未八月初八日校于知不足斋。

癸未八月三十日灯下校。

癸未九月朔，晨起校。

乾隆甲申八月十二日，借丁氏龙泓馆旧钞本勘定，申刻毕此卷。

龙泓馆钞本有目录一卷，补录之，以便检阅。甲申八月十三日毕，知不足斋记。

甲申八月十六日，龙泓馆本重校于贞复堂。巳刻毕。③

甲申八月十七日，灯下丁本覆校。

乾隆乙巳六月十九日商本校此卷。

乙巳六月二十日商刻校，申刻毕此卷，热甚。

乾隆乙巳六月廿二日灯下校商本一过。

乙巳六月廿六日午刻商本校阅。

乙巳六月廿三日晨起商刻校。

按，周辉（1126—1198），字昭礼，海陵（今江苏泰州）人。周邦彦之子。南宋绍兴年间应试博学鸿词科，晚年隐居钱塘（今浙江杭州）清波门，以藏书为事。《清波杂志》多记文人轶事、典章制度和风俗习惯等，许多记载可补史传之不足，是一部较为重要的宋代笔记。

---

① （清）瞿中溶：《古泉山馆题跋》，清《藕香零拾》本。
② （清）瞿镛：《铁琴铜剑楼藏书目录》卷二十二，清光绪常熟瞿氏家塾刻本。
③ 按：《知不足斋序跋题记集录》（国家图书馆出版社2010年版，第147页）及《鲍廷博题跋集》（浙江古籍出版社2012年版，第75页）录有《知不足斋丛书》跋及《文禄堂访书记》卷三（上海古籍出版社2007年版，第209页）题识："乾隆甲申龙泓馆本重校于贞复堂。"

鲍氏题识见于国家图书馆藏清抄本《清波杂志》十二卷，附《别志》三卷。"《清波杂志》目录"下有鲍廷博题识云："目录系后人所编，非元本也。"卷一天头处鲍廷博手录周辉自序，并有批语云："此序当依《别志》例，列于目录之前。""原序在第二行，低一格写。"抄本鲍氏眉批较多，如"'仁宗云云'盖《曲洧旧闻》之言。丁本别为一则，误矣。""商刻'咸'。""以'亘'代'桓'，盖避钦宗讳耳。非误书也。""'似'字误，诸本同。"鲍廷博于乾隆二十八年（1763）八月至九月校勘《清波杂志》，次年八月用丁氏龙泓馆抄本重校，后于乾隆五十年（1785）六月用《稗海》本校勘，最终刻入《知不足斋丛书》第十八集。

二十六　《清波别志》跋

乾隆甲申八月二十六日，录完并校一过。
九月十有九日重阅一过，贞复堂记。
乾隆四十年乙未十月十九日灯下瓶花斋本校。
乾隆丙申二月十九日灯下瓶花斋本勘一过。
乾隆四十一年岁次丙申二月二十一日，晨起瓶花斋本校讫。

按，周辉生平见《清波杂志》跋条。

鲍氏题识见于国家图书馆藏清抄本《清波杂志》十二卷，附《别志》三卷。"《清波别志》卷上"有眉批云："吴本此一、二、三分卷目录仍作上、中、下。"鲍氏于乾隆二十九年（1764）八月抄校《清波别志》，九月重阅。后于乾隆四十年（1775）、四十一年（1776）用吴氏瓶花斋本校勘，刻入《知不足斋丛书》第十八集。

二十七　《吴下冢墓遗文》跋

乾隆辛丑三月传莲泾王氏龙池山房本①。知不足斋识。

---

① 即王闻远（1663—1741），字声宏，号莲泾，吴县（今江苏苏州）人。家富藏书，藏书处有孝慈堂、龙池山房等。编有《孝慈堂书目》。

据汲古阁刻本改定六字,补脱文二字,汲古阁本误字亦藉此是正。辛丑四月初九日记。(《顾府君墓志铭①》眉批)

《宝晋英光集》校过,辛丑四月十日灯下。(《乐园先生墓表》)

《啽呓集》校一过,四月十日灯下。(《吴逸士宋无自志》)

《侨吴集》校一过,辛丑四月十日申刻,凡集本俱○以别之。(《元故庐山陈处士墓志墓铭》)

《夷白斋稿》校一过,以○别之,四月十日灯下。(《陈隐君墓志铭》)

《侨吴集》校,四月十日酉刻再以《宁极斋稿》校是夕灯下。(《元故慎独处士陈君墓志铭》)

《侨吴集》附录校一过,四月十日灯下。(《元故遂昌先生郑君墓志铭》)

《甘白先生集》校,四月十日灯下。(《张子宜墓志铭》)

四月初十日校勘一过。(卷三末)

《名迹录》校,四月十一日午刻。(《元故迁善先生郭君墓志铭》)

《侨吴集》校一过,○以别之,四月十四日申刻。(《张子昭墓志铭》)

此《志》与朱珪《名迹录》所载不同,宜别录一通附耳。(《金粟道人顾君墓志》)

汲古阁《玉山草堂集》附刻本校。(《顾府君墓志铭②》)

按,都穆(1458—1525),字玄敬,号南濠,吴县(今江苏苏州)人。弘治十二年(1499)进士,授工部主事,官至太仆寺少卿。著有《周易考异》《寓意编》《都公谈纂》和《金薤琳琅》等。其《南濠诗话》刻入鲍廷博《知不足斋丛书》第三集。《吴下冢墓遗文》所收为石刻文献,对研究金石、历史裨益良多。

---

① 按:"铭",原作"墓",旁校改为"铭",当以"铭"为是。
② 按:"铭",原作"墓",旁校改为"铭",当以"铭"为是。

鲍氏题识见于北京图书馆藏清鲍廷博知不足斋抄本。① 抄本中鲍氏校改手迹甚多，如目录"朱先生长文"条有"《宝晋英光集》校过"；"宋逸士元"条有"《啽呓集》校过"；"陈处士征"条有"《侨吴集》校过"；"张子昭雯"条有"《侨吴集》校过"；"陈隐君谦"条有"《夷白斋稿》校过"；"卢处士观"条有"《名迹录》校过"；"陈处士植"条有"《侨吴集》校过"；"郑先生元祐"条有"《侨吴集》附录校过"；"郭先生翼"条有"《名迹录》校过"；"顾君仲瑛"条有"汲古阁刻本校过"；"顾府君仲瑛"条有"汲古阁刻本校过"；"张大使适"条有"《甘白先生集》校过"。鲍廷博于乾隆四十六年（1781）三月传抄龙池山房本，四月校勘是书，可见其用力之勤。

二十八　《司空表圣文集》跋

乾隆庚子十二月十二日宋刻校讫。②
嘉庆辛酉五月既望，知不足斋重录，鲍正言。

按，司空图（837—908），字表圣，虞乡（今山西永济）人。咸通十年（869）进士，官至中书舍人，后归隐。《司空表圣文集》又名《一鸣集》。

鲍氏题识见于国家图书馆藏清光绪三十一年（1905）《结一庐賸余丛书》本，章钰校跋并录清赵怀玉、鲍正言题识。序、目录及每卷首均注"《一鸣集》"。乾隆四十五年（1780）用宋刻本校勘，嘉庆六年（1801）鲍正言重录是书。

---

①《四库全书存目丛书》史部第278册据此本影印。
② 按：《四部丛刊》影印旧抄本《司空表圣文集》十卷，有题识云："乾隆庚子十二月十二日宋刻校于知不足斋。"又国家图书馆藏《司空表圣文集》十卷，清劳格道光二十二年（1842）抄本，劳格校跋并录何焯题识，劳权跋并录赵辑宁题识，鲍廷博、赵怀玉、杨复吉、沈叔埏校语，有题识云："庚子十二月十二日宋刻校讫。"

二十九 《词源》跋

嘉庆辛未五月,维扬秦敦夫①先生同新刻仿宋本《隶韵》及菉斐轩《词林韵释》寄赠。介叟记,时年八十有四。②

大清嘉庆十七年岁次壬申春正月廿日,通介叟校于知不足斋。

按,张炎(1248—?),字叔夏,号玉田。祖籍凤翔,寓居临安(今浙江杭州)。著有《山中白云词》等。与宋末词人蒋捷、王沂孙、周密并称为"宋末四大家"。《词源》探讨词的创作、鉴赏、批评等问题,是其晚年的词学专著。

鲍氏题识见于上海图书馆藏清嘉庆十五年(1810)秦氏享帚精舍刻本,清鲍廷博校,鲍士恭代笔。嘉庆十六年(1811)五月,秦恩复将其所刻《词源》等赠送鲍廷博,鲍氏于次年校勘。

三十 《拱和诗集》跋

乾隆己丑六月传钱塘汪氏振绮堂本。七月十一日校于知不足斋。

按,曹志,字伯康,号拱和居士,金华(今浙江金华)人。明初以遗逸荐。

鲍氏题识见于国家图书馆藏清鲍氏知不足斋抄本。鲍廷博从振绮堂抄录了不少书籍,乾隆三十四年(1769)抄录的《拱和诗集》便是其中之一,《四库全书总目》卷一百七十四著录者,即为"浙江鲍士恭家藏本"。

---

① 即秦恩复(1760—1843),字近光,号敦夫,江都(今江苏扬州)人。乾隆五十二年(1787)进士,改翰林院庶吉士,散馆,授编修。藏书处名石研斋。著有《享帚词》《石研斋集》。

② 按:《知不足斋序跋题记集录》(国家图书馆出版社2010年版,第352页)据《著砚楼书跋》只录有此条题识。

三十一 《张大家兰雪集》跋

乾隆己丑四月传小山堂赵氏钞本,二十七日完。知不足斋识。五月廿日绣溪寓舍校。

按,张玉娘(1250—1277),字若琼,自号一贞居士,松阳(今浙江丽水)人。与李清照、朱淑真、吴淑姬并称宋代四大女词人。是书又名《兰雪集》,收录其诗词作品一百余首。

鲍氏题识见于国家图书馆藏清乾隆三十四年(1769)知不足斋抄本。鲍廷博从赵昱、赵信兄弟之小山堂借抄了不少书籍。《知不足斋丛书》中《农书》《皇宋书录》《古今纪要逸编》《吴礼部诗话》都是据小山堂抄本刊刻的。

三十二 《金盖心灯》跋

愚按,此篇与金盖绝不相涉,何以亦列传于此?盖以其为吕云隐律师之妻。稽律师之开冠山一宗,实与金盖相峙阐扬,且尝至金盖,其门下亦多有居金盖者,为列传于《心灯》,宜矣。若江大师,虽未闻其至山,实为近时女贞班首,且其门下有来山修胡贞女塔院一事,其徒得传其师,若江大师,乌可不列传哉!况纪善不限以格,君子用心,正不必以其曾否至山而妄议删减也。不然,《道藏》所载金盖为古梅华岛,天下隐男贞居之,原不闻有女贞一流也,而近时既有数人,则因时制宜,自应列类矣。或有议此篇与金盖无涉,似应删去者,余故论及之。廷博识。①

按,闵一得(1758—1836),字小艮,别号懒云子,吴兴(今浙江湖州)人。清代道士,晚年隐居金盖山,主持纯阳宫。著有《道藏续编》《古书隐楼藏书》等。

鲍跋见于南京图书馆藏清光绪二年(1876)云巢古书隐楼刻本。

---

① 按:《知不足斋序跋题记集录》(国家图书馆出版社2010年版,第207—208页)只录有鲍廷博《金盖心灯·序》,未录此题识。

鲍廷博援引五十余种文献为道教文化典籍《金盖心灯》作注，并间有考辨。此书卷七有《知不足斋主人传》叙鲍廷博生平。

三十三　《斜川集》跋

右三诗见《味水轩日记》，嘉庆壬申二月廿九日犴叟记，时年八十又五。①

按，苏过（1072—1123），字叔党，号斜川居士，眉州（今四川眉山）人。苏轼之子，以荫补官，为右承务郎，其颍昌所居之地被称为"小斜川"。

鲍廷博手识见于上海图书馆藏清乾隆五十三年（1788）赵氏亦有生斋刻，嘉庆十六年（1811）唐仲冕增修本。书中有鲍廷博手书补录的《题郭熙平远》三首。鲍廷博据吴长元校抄《永乐大典》本，将《斜川集》刻入《知不足斋丛书》第二十六集。

三十四　《晋王大令保母帖》跋

按，王大令保母墓砖，宋嘉泰间出土未久即归秘省，当时摹揭甚少，世罕流传，独弁阳翁周公谨所遗钜卷，本朝藏高詹事士奇家。前模曲水砚式上有"晋献之"三字。帖存一百五字，颜行与戏鸿堂摹刻迥异，内云八百余年知为予之乳母，非七百年也。帖后题识多宋元名流篆隶真行，各擅其胜，白石道人小字二千余，备尽楷则，尤为希世之宝，不特赏其评鉴之确也。予偶得寓目，亟手录之，尽二十余纸，因校绍翁所记曲水砚事附刊卷末，庶几览者益加详焉。乾隆戊戌仲冬望后一日，知不足斋书。②

---

① 按：《知不足斋序跋题记集录》（国家图书馆出版社2010年版，第226—227页）录有《知不足斋丛书》鲍廷博跋，与此不同。

② （清）鲍廷博辑刻：《知不足斋丛书》第2册，中华书局1999年版，第221—222页。按：《鲍廷博题跋集》（浙江古籍出版社2012年版，第28—29页）未录此条题识。

按，鲍跋见于《四朝闻见录》戊集"秘书曲水砚"条末注文。乾隆四十三年（1778）鲍廷博将南宋以来诸名家《晋王大令保母帖题跋》一卷，录刻于《知不足斋丛书》第四集。

三十五 《湛渊遗稿》跋

右湛渊遗墨二帖，前帖抄自珊瑚屑，后帖毕氏灵岩山馆石刻也。菘町①俱不及见，录附卷末以竟亡友之志。廷博。②

右诗二首见《静斋至正直记》。道原，溧阳人。四诗，郑子实补图，子实为湛渊之婿，即《墓铭》所载常州路儒学正郑禾也。嘉庆乙丑十一月廿一日，偶阅《直记》，补录于此。③

按，白珽（1248—1328），字廷玉，号湛渊，钱塘（今浙江杭州）人。元初授太平路儒学学正，后转常州路教授，迁中书省儒学副提举，又转任淮东盐仓大使、兰溪州判官。晚年归隐西湖栖霞岭下，故号栖霞山人。著有《湛渊静语》等。

鲍跋见于《知不足斋丛书》第二十五集《湛渊遗稿》，鲍廷博辑补并作题识。《四库全书总目》卷一百六十六著录《湛渊集》一卷，为"浙江鲍士恭家藏本"，所据即为沈景梁辑本。

三十六 《湛渊静语》跋

案，陶宗仪《辍耕录》云宋王晟、刘忱尝为解释，今不复有，因据赵仁举笺注本传其句读，以便观览。又案，吴师道补注本跋云《记》二本，一为欧公集古清玩石刻，是樊自书；一则赵仁举本也。今湛渊所录与陶、吴本互异处颇多，文本艰涩，无从

---

① 即沈景梁，字敬履，号菘町，仁和（今浙江杭州）人。家极贫，不娶，无子。性嗜书及酒，尤好湛渊诗。

② （清）鲍廷博辑刻：《知不足斋丛书》第8册，中华书局1999年版，第484页。按：《知不足斋序跋题记集录》（国家图书馆出版社2010年版，第312—314页），《鲍廷博题跋集》（浙江古籍出版社2012年版，第104—105页）未录这两条鲍廷博题识。

③ （清）鲍廷博辑刻：《知不足斋丛书》第8册，中华书局1999年版，第484页。

正其是非，姑就元书校刻，览者宜恕其疏略云。廷博识。①

　　案，《简斋集》《陪诸公登南楼啜新茶》诗云"满月堕九天，紫面光磷磷"，湛渊盖指此也。又《石龟子施觉心长老》诗云"知君游世磨不磷，往作道人之石友"，亦作平声使。廷博识。②

　　案，《杜集》惟草堂本作"借"，别本俱误"惜"，汪氏《杜韩集韵》因之，归"十"、"一"、"陌"、"惜"字韵下，学者或不探本源作"惜"字，使转以杜为口实，则《集韵》之过也，谨附正之。又案，谢灵运《山居赋》"怨浮龄之如借"，亦叶入声，而元稹《代书一百韵》有云"逃席冲门出，归倡借马骑"，"借"字下注云"去声"，益知古人用字不苟也。廷博识。③

按，白珽生平见《湛渊遗稿》跋条。

鲍氏题识见于《湛渊静语》"或谓皇甫湜韩门弟子"条及"渊明杂诗气力渐衰损"条。此书鲍廷博据何焯抄本刻入《知不足斋丛书》第九集。

三十七　《沈下贤文集》跋

　　唐沈亚之《下贤集》十二卷，昔人谓其工为情语，善窈窕之思。观《集》中《秦梦记》《异梦录》《湘中怨词》《歌者叶记》等，信矣！然颇类传奇小说，姚铉概不之录，无亦以其诞谩不经也。至以沧寇李同捷之诛，朝廷与柏耆牵连同贬，实以两河诸将之谮，姑谪罚以悦其心耳。而晁公武遽以为亚之狂躁，辅耆为恶，愚矣哉！吾读下贤《与郑使君书》而悲之。④

---

① （清）鲍廷博辑刻：《知不足斋丛书》第3册，中华书局1999年版，第745页。
按：《知不足斋序跋题记集录》（国家图书馆出版社2010年版，第173页），《鲍廷博题跋集》（浙江古籍出版社2012年版，第48页）未录这三条鲍廷博题识。
② （清）鲍廷博辑刻：《知不足斋丛书》第3册，中华书局1999年版，第745—746页。
③ （清）鲍廷博辑刻：《知不足斋丛书》第3册，中华书局1999年版，第746页。
④ 王文进著，柳向春标点：《文禄堂访书记》卷四，上海古籍出版社2007年版，第264页。

按，沈亚之，字下贤，吴兴（今浙江湖州）人。宪宗元和十年（815）登进士第，工诗善文。

鲍跋见于《文禄堂访书记》卷四载清鲍以文抄本。是书有明万历刻本，以及清光绪叶德辉《观古堂丛书》本等。

三十八　《泠然斋诗集》跋

乾隆戊申六月初五日，寓两广会馆钞竟，计一百四十六纸。原本邵太史晋涵①录自《永乐大典》，脱误处无从校正，略以意改数字而已。午后校阅一过。士恭回青镇，将以八日束装赴楚，予诵东野"寸草"、"春晖"句送之，儿其念。乾隆乙卯八月初四日，恭诣西湖文澜阁，就钦颁《四库全书》是正一过，补《金陵杂咏》绝句一首，改定十余字。其谬误相同处，特加圆围别之。识于知不足斋，时年八十又三。

右诗四首，俱放翁作。前二首简赠召叟，后二首则题送其昆季赵叟、虞叟之作。偶检《剑南稿》，遂附录于召叟集后。时嘉庆十五年庚午正月二十二日，距戊申钞录此书已二十三年矣。同寓杭之方君兰如墓木已拱②，抚卷为之泣下。通介老人。③

按，苏泂，字召叟，山阴（今浙江绍兴）人。约宋宁宗庆元末前后在世。从陆游学诗。

鲍跋见于《文禄堂访书记》卷四载清鲍以文手抄本。书衣朱笔题曰："计一百四十六叶。《永乐大典》钞入《四库全书》本。恭诣文澜阁校正讫。"乾隆五十三（1788）年，鲍廷博据邵晋涵《永乐大典》辑本抄录，后于乾隆六十年（1795）用文澜阁《四库全书》本校勘，嘉庆十五年（1810）又从陆游《剑南诗稿》抄诗四首作为附录。

---

① 即邵晋涵（1743—1796），字与桐，号二云，又号南江，余姚（今浙江余姚）人。任四库馆编修，著有《南江诗文抄》《尔雅正义》和《旧五代史考异》等。
② 即方薰，见本书第四章第一节《知不足斋丛书》刊刻底本及校本考（上）之《山静居画论》条。
③ 王文进著，柳向春标点：《文禄堂访书记》卷四，上海古籍出版社2007年版，第311页。

三十九 《待清轩遗稿》跋

嘉庆三年岁次戊午五月初四日重钞并校,知不足斋识。①

按,潘音(1270—1355),字声甫,元绍兴新昌(今浙江绍兴)人。著有《读书录》等。

鲍跋见于《文禄堂访书记》卷四载清鲍以文校抄本《待清轩遗稿》一卷,附《真山民诗集》一卷。嘉庆三年(1798)鲍廷博重抄并校此书。

四十 《淮海长短句》跋

乾隆丙戌十二月二十日,鲍氏知不足斋收藏。②

按,秦观(1049—1100),字少游,又字太虚,号淮海居士,高邮(今江苏高邮)人。宋神宗元丰八年(1085)进士,官秘书省正字兼国史院纂修官。宋代著名词人。著有《淮海集》和《淮海后集》等。其《蚕书》刻入鲍廷博《知不足斋丛书》第九集。

鲍跋见于《文禄堂访书记》卷四载清钱遵王、何小山据宋校明李建芝刻本。鲍廷博于乾隆三十一年(1766)收藏《淮海长短句》。

四十一 《遁庵先生集》《菊轩先生集》跋

嘉庆十三年岁在戊辰闰月下旬,歙西长塘鲍氏知不足斋钞传。③

---

① 王文进著,柳向春标点:《文禄堂访书记》卷四,上海古籍出版社2007年版,第318页。
② 王文进著,柳向春标点:《文禄堂访书记》卷四,上海古籍出版社2007年版,第296页。按:傅增湘《藏园群书经眼录》卷十九(中华书局2009年版,第1337页)所载亦同。
③ 王文进著,柳向春标点:《文禄堂访书记》卷五,上海古籍出版社2007年版,第381页。

按，段克己（1196—1254），字复之，号遁庵，别号菊庄，稷山（今山西稷山）人。段成己（1199—1279），号菊轩。段克己弟。兄弟二人同为金正大七年（1230）词赋进士。礼部尚书赵秉文赏二人之才，称为"二妙"，孙段辅将二人诗词合刻为《二妙集》。

鲍跋见于《文禄堂访书记》卷五载清鲍以文抄本《遁庵先生集》六卷、《菊轩先生集》五卷，鲍廷博于嘉庆十三年（1808）抄传二书。

四十二　《二妙集》跋

二段先生诗编入《全金诗》者已经割裂，不复成集，此其元编也。予从钱塘汪氏抄得之。间以《全金诗》校勘，见其谬误特甚，且多遗漏。益信元本不可废弃，不特以多乐府二卷而已。字句有互异者，一一标存，以俟订定。补遗八首得之《河汾诸老集》中，此则《全金诗》所备载也。乾隆二十五年庚辰六月二十七日，知不足斋书。①

按，段克己、段成己生平见《遁庵先生集》《菊轩先生集》跋条。

鲍跋见于中国文物研究所藏知不足斋抄校本《二妙集》。是书为鲍廷博从汪氏振绮堂所抄，从乾隆二十五年（1760）至二十六年（1761）做了细致的校补工作，抄本中鲍氏朱墨批校甚多。是书有元刻本、明成化十七年（1481）刻本、明抄本和清抄本存世。

四十三　《雪溪诗》跋

嘉庆己未四月初一日校，次日用吴石仓②本重校。③

---

① 丙寅生：《中国文物研究所藏知不足斋抄校本〈二妙集〉》，《文物天地》1999年第5期，第17—19页。
② 即吴允嘉，见《南宋群贤小集》跋条。
③ 缪荃孙著，黄明、杨同甫标点：《艺风藏书记》卷六，上海古籍出版社2007年版，第153页。

按，王铚，字性之，汝阴（今安徽阜阳）人。自号汝阴老民，世称雪溪先生。著有《雪溪集》《四六话》《国老谈苑》和《侍儿小名录》等。是书多记宋代轶事，有资见闻。鲍廷博将其《默记》刻入了《知不足斋丛书》第八集。

鲍氏题识见于《艺风藏书记》卷六载知不足斋抄本《雪溪诗》五卷，附逸文补遗。鲍廷博于嘉庆四年（1799）用吴允嘉本重校《雪溪诗》。是书国家图书馆收藏有多种清抄本。

四十四 《洪龟父集》跋

乾隆己酉仲冬，借沈比部叔埏本对录①。庚戌四月初十日晨起重校，改正五字。

乾隆六十年岁次乙卯八月初四日阁本校正，补诗四首。鲍廷博识。②

按，洪朋（1060—1104），字龟父，号清非居士，豫章（今江西南昌）人。终身不仕，为江西诗派诗人。

鲍跋见于《艺风藏书记》卷六载传抄《永乐大典》本《洪龟父集》。乾隆五十四年（1789）鲍廷博从沈叔埏借本抄录，次年重校，乾隆六十年（1795）又用阁本校补此书。

四十五 《芸隐横舟稿》跋

宋刻此序每行十八格，上空二格，一行十六字，系横舟自书，最为精雅，惜未勾摹耳。③

按，施枢，字知言，号芸隐，丹徒（今江苏镇江）人，寓居湖州（今浙江湖州）。南宋端平三年（1236），为浙东转运司幕属。淳祐三

---

① 按：即沈叔埏，见《东斋记事》跋条。
② 缪荃孙著，黄明、杨同甫标点：《艺风藏书续记》卷六，上海古籍出版社2007年版，第416页。
③ （清）陆心源：《皕宋楼藏书志》卷九十一，中华书局1987年版，第1025页。

年（1243），知溧阳县。工诗。著有《芸隐倦游稿》等。鲍氏题识见于《皕宋楼藏书志》卷九十一载旧抄本。

四十六 《阳春白雪》跋

嘉庆丁卯收灯夜校于知不足斋，时年八十，通介叟识。（卷四）
丁卯收灯后一日校。（卷七）
嘉庆丁卯正月十八日校完，通介老人。（《外集》）①

按，赵闻礼，字立之，号钓月，临濮（今山东鄄城）人。曾任胥口监征。著有《钓月词》等。选两宋词二百三十余家六百七十余首为《阳春白雪》。

鲍氏题识见于北京图书馆藏抄本《阳春白雪》八卷，《外集》一卷。鲍廷博于嘉庆十二年（1807）校勘是书。是书有明刻本和道光十年（1830）瞿氏清吟阁刻本等。

四十七 《传世楼书目》跋

乾隆壬辰二月初三日，绣溪寓庐写完。②

按，徐乾学（1631—1694），字原一，号健庵先生，昆山（今江苏昆山）人。曾主持编修《明史》和《大清一统志》，著有《憺园文集》和《读礼通考》等。藏书甚富，有传是楼，《传世楼书目》为其藏书总目录。

鲍氏题识见于北京图书馆藏知不足斋抄本。鲍廷博于乾隆三十七年（1772）抄录《传世楼书目》。

四十八 《野谷诗稿》跋

癸未十一月初一，二校笔（毕），要补抄一叶。③

---

① 王重民：《中国善本书提要》，上海古籍出版社1983年版，第701页。
② 王重民：《中国善本书提要补编》，北京图书馆出版社1991年版，第124页。
③ 李盛铎著，张玉范整理：《木犀轩藏书题记及书录》，北京大学出版社1985年版，第303页。

按，赵汝鐩，字明翁，号野谷，宜春（今江西宜春）人。南宋嘉泰二年（1202）进士，官至刑部郎中。其别墅曰"野谷"，因以名集。

鲍氏题识见于北京大学藏清抄本。通卷有朱笔校字，第三卷缺第八页，系鲍廷博抄补。又卷中夹有一纸，抄《宋诗纪事》刘后村跋，末有此鲍廷博朱笔题识。

四十九　《西渡集》跋

嘉庆戊午重钞。十一日晨起校于柳湾寓舍。明日偶检曝书亭藏本，再校一过，午前事毕。①

按，洪炎，字玉父，豫章（今江西南昌）人。进士。洪朋、洪炎、洪刍、洪羽兄弟四人皆工诗文，号称"四洪"。黄庭坚之外甥，诗歌创作深受黄氏影响。

鲍氏题识见于静嘉堂文库藏旧抄本。嘉庆三年（1798）鲍廷博重抄《西渡集》，后用朱彝尊藏本校勘。是书有清《四库全书》本和清光绪二年（1876）惜分阴斋刻本等。

五十　《潋提集》题词

不图今有天池子，开卷令人喜欲狂。
莫插陶家书架上，亲留全帙付中郎。②

按，洪简，字辟支，号豆村，钱塘（今浙江杭州）人。诸生。诗人。

鲍氏题词见于清阮元辑《两浙轩录》卷二十六"洪简"条。

五十一　《宝峰集》跋

乾隆己丑六月，借钱唐汪氏刻本影写，七月八日毕，并校一

---

① 严绍璗编著：《日本藏宋人文集善本钩沉》，杭州大学出版社1996年版，第105页。
② （清）阮元辑：《两浙轩录》卷二十六，清嘉庆刻本。

过，知不足斋识。(卷二)①

按，赵偕，字子永，号宝峰，慈溪（今浙江宁波）人。宋宗室，入元不仕。著有《宝云堂集》等。

鲍氏题识见于周越然《书书书》著录之鲍氏知不足斋抄本，上海图书馆所藏即为此本。

五十二 《续宋编年资治通鉴》跋

乾隆辛卯九月二十三日，歙西鲍氏知不足斋收藏。(卷十八)②

按，李焘（1115—1184），字仁甫，一字子真，号巽岩，眉州（今四川眉州）人。绍兴八年（1138）登第。著有《六朝通鉴博议》和《春秋学》等。

鲍氏题识见于山东省图书馆藏清抄本。卷内有朱笔校。首册书衣有"乾隆三十八年十一月浙江巡抚三宝送到鲍士恭家藏《续编年资治通鉴》一部计书四本"长方朱记。乾隆三十六年（1771）鲍廷博收藏是书，三十八年（1773）由其子鲍士恭上呈四库馆。

五十三 《元秘史》跋

嘉庆乙丑元宵从刻本补写讫，通介叟记。(卷七)
嘉庆乙丑二月廿一日从刻本补写，七十八叟识。③(卷九)

按，《元秘史》，又称《元朝秘史》《蒙古秘史》，作者佚名。是书记载了蒙古民族形成、发展、壮大的历史，是记载古代蒙古史的重要文献，具有较高的历史学、民族学、语言学研究价值。

---

① 杜泽逊著，程远芬编：《四库存目标注》，上海古籍出版社2007年版，第2546页。
② 杜泽逊著，程远芬编：《四库存目标注》，上海古籍出版社2007年版，第505页。
③ 《致伯希和》，陈垣著，陈乐素、陈智超编校：《陈垣史学论著选》，上海人民出版社1981年版，第620页。

鲍廷博于嘉庆十年（1805）校补《元秘史》。国家图书馆收藏是书明洪武刻本，惜残存四卷。

五十四 《剡源戴先生文集》跋

此篇缺后半段，虽梨洲先生选刻亦未见也。顷从鲍从善钞本校补，惜世无知之者。介叟时年八十又五。①

按，戴表元（1244—1310），字帅初，一字曾伯，号剡源，奉化（今浙江奉化）人。宋咸淳年间进士。元大德八年（1304），被荐为信州教授。

鲍氏题识见于明万历九年（1581）戴洵刻本。卷四"唐画西域图记"后半脱去二百六十余字，鲍廷博墨笔补之，并于嘉庆十七年（1812）作此题识。

五十五 《诚斋诗话》跋

乾隆四十年岁次乙未三月二日，借鹤年先生②藏本，校于桐花馆③。是日，北风扬沙，尘埃满室，扃镝窗户，无少隙漏，如闭车箱中作新妇也。

四十五年庚午四月初二日，知不足斋。④

按，杨万里（1127—1206），字廷秀，号诚斋，吉水（今属江西吉安）人。绍兴二十四年（1154）进士。官至秘书监。与尤袤、范成大、陆游合称南宋"中兴四大诗人"。著有《诚斋集》和《诚斋易传》等。

鲍氏题识见于日本静嘉堂文库藏鲍廷博手抄本，劳弇轩手校。金

---

① 沈津：《元代别集》，《文献》1991年第2期，第185—186页。
② 按：即金德舆，见《读画斋偶辑》序条。
③ 按："花"，当作"华"。
④ ［日］河田罴：《静嘉堂秘籍志》卷四十九，上海古籍出版社2016年版，第2010页。按：《知不足斋序跋题记集录》（国家图书馆出版社2010年版，第335—336页）据《皕宋楼藏书记》所录无此条题识。

德舆为鲍廷博莫逆之交①，《知不足斋丛书》中《画诀》《画筌》《相台书塾刊正九经三传沿革例》和《画梅题记》都是据"桐华馆订正本"刊刻的。乾隆四十年（1775），鲍廷博借金德舆藏《诚斋诗话》校勘是书。

鲍廷博序跋内容丰富多样，字里行间流露出对书籍的热爱、对校勘事业的投入和对友人的深情厚谊。人们常以"黄跋"、"顾校"、"鲍刻"概括黄丕烈、顾广圻、鲍廷博为清代学术发展所做出的突出贡献，实为中肯之论。但值得重视的是，鲍廷博倾尽毕生心血刻书同时所撰写的序跋，集学术性与文化性于一体，是古籍研究的珍贵文献。目前仍有鲍氏序跋散落各处，未被辑录，希望今后能够引起更多学者的关注。

第四节　《鲍廷博年谱》订补

刘尚恒先生的《鲍廷博年谱》，是目前鲍廷博研究中最为厚重的研究成果之一，该书详尽具体地记述了谱主访求图书的经过，《四库》献书的事迹，校刻书籍的贡献，以及与藏书家、学术名流的应酬交往情况，为了解清代学术发展，书林藏书掌故及古籍版刻流传提供了详实可信的研究资料。本节通过文献的仔细爬梳，对关涉鲍廷博生平行迹的诸多问题，又有研究所得，故尝试对此《年谱》订补一二，以就教于方家。

一　《年谱》订正
（一）沈侍御芦士非沈德潜

《年谱》乾隆四十五年（1780）条，鲍廷博《履斋四明吟稿》跋提及"沈芦士"，云"邵二云以《南湖集》见寄，云在沈芦士先生处。沈，不知何处人，当往觅之"②。《年谱》乾隆四十六年（1781）

---

① （清）赵怀玉：《亦有生斋续集》卷六《恩赐举人鲍君墓志铭》，清道光十二年（1832）刻本。
② 刘尚恒：《鲍廷博年谱》，黄山书社2010年版，第103页。

条,《南湖集》有刘先生按语云:"'沈侍御芦士'不详,疑或为沈德潜(确士)。"①

沈德潜生于清康熙十二年(1673),卒于乾隆三十四年(1769)②。字确士,号归愚,长洲(今江苏苏州)人。乾隆四十五年(1780)、四十六年(1781)沈德潜早已亡故,因而此人非沈德潜。至于沈氏究竟为何人,仍需进一步查考。

(二)《湛渊静语》非据吴焯藏本刊刻

《年谱》乾隆四十八年(1783)条,谈及《湛渊静语》时,刘先生按语云:"是书鲍氏据吴氏瓶花斋藏本付梓。"③

刘氏云据瓶花斋藏本,实则不然。《知不足斋丛书总目》稿本云此书底本为"何义门抄本,有跋"④,故据何焯藏本刊刻。刘先生盖因书末跋语之落款"康熙壬辰八月既望,焯记"⑤,误以为是吴焯。

(三)《庆元党禁》鲍廷博跋质疑

《年谱》乾隆五十一年(1786)条,刘先生言及《庆元党禁》时,曾谓鲍廷博跋云:"文公(朱熹)梦奠语蔡沈曰:'道理只是恁地,但须做些坚苦工夫,能甘其苦于禁盛行之时,而不少坚忍于禁已解之日,岂不甚可惜也。'尝谓庆元党祸不幸,如大愚西山(真德秀)身死于谪,虽曰天不慭遗,然全其节,以立千万世守道者之标准,未为无所赖也。文公卒于庆元之庚申(六年,1200),学禁弛于嘉泰之辛酉(元年,1201)天也。文公在天下出处,惟公是视而士节益光明矣。西山临终别文公,有书曰:'天下不患无人才,但师道不立,为可忧。'噫,师道之立,非人才扶植之也。长堤屹然,众流归顺,无复东奔西决之忧,善人之多,良以此也。至此益信善类真是为天下福,师儒真足为善类主,而庆元之学禁,为人心祸真酷且深也。余既以其首末遗帖并刻,因并取侯氏之说,以俟后之君子。"⑥

---

① 刘尚恒:《鲍廷博年谱》,黄山书社2010年版,第112页。
② 江庆柏编著:《清代人物生卒年表》,人民文学出版社2005年版,第368页。
③ 刘尚恒:《鲍廷博年谱》,黄山书社2010年版,第119页。
④ (清)鲍廷博辑刻:《知不足斋丛书》第1册,中华书局1999年版,第15页。
⑤ (清)鲍廷博辑刻:《知不足斋丛书》第3册,中华书局1999年版,第763页。
⑥ 刘尚恒:《鲍廷博年谱》,黄山书社2010年版,第138—139页。

此跋下有刘氏按语云："是书《丛书》本鲍跋末未有署年，而影印鲍氏家藏《知不足斋丛书》本，则跋文未署鲍廷博名。"①

刘氏按语所云不知为何。此段文字是否为鲍廷博所撰值得怀疑。首先，此段文字完全见载于文渊阁《四库全书》本，《庆元党禁》久已散佚，幸有《四库》馆臣从《永乐大典》中辑出，始得睹其面貌。《知不足斋丛书总目》稿本明确指出鲍刻本底本为《永乐大典》本，鲍氏据馆臣辑本之传抄本刊刻，《四库全书》本与《知不足斋丛书》本同出一源，显而易见。既然《四库全书》本已有此段文字，则必非鲍氏所撰明矣，断无馆臣所据为鲍氏之本，并将鲍氏跋语抄入《四库全书》之理。校勘《四库》本与鲍刻本的部分内容，发现两本有一些异文，至于是馆臣在抄入《四库全书》时改动了辑录之本，还是鲍廷博在刊刻时对传抄本又作了校改，仍需进一步考察。其次，宋代《两朝纲目备要》卷七有"文公梦奠语蔡沈曰……而庆元之学禁为人心祸真酷且深也"一段文字②，只是无"余既以其首末遗帖并刻，因并取侯氏之说，以俟后之君子"二十三字，亦可为证。再次，通观《知不足斋丛书》长篇大字鲍廷博跋语，除《斜川集》之《吴丽煌寄示〈斜川集〉志喜》诗无题款外，其余跋文涉及年月、籍贯、知不足斋、宝绘堂、贞复堂、鲍廷博、通介叟、得闲居士等内容，有的一条题款几者俱全，最简略的亦有"知不足斋记"，"鲍廷博谨识"等，各种题款方式均表明与鲍廷博有关，而此段文字末无题款，与鲍廷博撰跋体例不符。《知不足斋序跋题记集录》及《鲍廷博题跋集》均收录此条。③ 但此段文字为鲍廷博所撰的真实性，令人深为质疑。

（四）《江淮异人录》非据伍光忠本刊刻

乾隆五十二年（1787）条，刘先生按语云："据黄丕烈《士礼居

---

① 按：刘先生此处所云之"《丛书》本"指何本，云此本"未有署年"，是否指有鲍廷博署名？而"影印鲍氏家藏《知不足斋丛书》本"，应指中华书局影印本，云此本"未署鲍廷博名"，是否指有署年呢？但中华书局本此跋既无署名，亦无署年，不知刘氏之言所据为何？（刘尚恒：《鲍廷博年谱》，黄山书社2010年版，第139页。）

② （宋）佚名：《两朝纲目备要》卷七，文渊阁《四库全书》本。

③ 季秋华辑：《知不足斋序跋题记集录》，国家图书馆出版社2010年版，第38页。周生杰、季秋华辑：《鲍廷博题跋集》，浙江古籍出版社2012年版，第57页。

藏书题跋记》卷四《江淮异人录》不分卷，鲍刻入《丛书》者乃据明嘉靖伍氏本刊入，非以鲍据宋本校正者。"①

刘氏对黄丕烈跋的解读有误。《士礼居藏书题跋记》卷四云："鲍校伍氏刊本，余亦见之，所据以入《丛书》者，非此校本也。"②又鲍廷博跋云："是录明嘉靖中伍光忠本，稍经润色，尚未失真。近刻首列明皇游月宫事，展卷即知其伪矣。喜得善本，特梓以存其旧云。"③可知鲍氏所刻非伍光忠本，而是据其所云之善本付梓，鲍刻本有三条校勘记为"伍刻作某某"或"伍刻某"，说明伍光忠本为鲍氏采用的校本。但此善本具体为何本，鲍廷博未予交代，《知不足斋丛书总目》稿本只云底本为"足本"。黄丕烈又云："续校鲍刻《丛书》本，非即初次所校，渌饮跋云'喜得善本，特梓以存其旧'。盖又一本矣，妙处多与顾本合，稍有异同，殊琐屑也。"④黄氏认为鲍氏所刻非其手校之明嘉靖伍光忠本，所据之善本多与顾氏秀野草堂本合，而顾本正是黄丕烈认为的"触处多妙处"的善本⑤，故此善本应与顾氏秀野草堂本同出一源。鲍廷博对《江淮异人录》的刊刻，可谓费尽心思，对各种版本的优劣了如指掌，认为近刻卷首有窜入他书的内容，伍光忠本也经人改动，已非原貌，但非失真，故未将手校之明嘉靖伍光忠本刻入《丛书》，而是千方百计觅得一善本，精心校勘后方才入刻。《知不足斋序跋题记集录》按语亦沿刘氏之误。⑥

（五）《侯鲭录》底本非《稗海》本

《年谱》嘉庆十八年（1813）条，刘先生录《皕宋楼藏书志》卷六十三鲍廷博跋，有按语云："《侯鲭录》八卷，鲍氏于嘉庆八年刻入《知不足斋丛书》第二十二集。《四库全书》据内府藏本录入子

---

① 刘尚恒：《鲍廷博年谱》，黄山书社2010年版，第143页。
② （清）黄丕烈著，潘祖荫辑，周少川点校：《士礼居藏书题跋记》卷四，书目文献出版社1989年版，第163页。
③ （清）鲍廷博辑刻：《知不足斋丛书》第4册，中华书局1999年版，第557页。
④ （清）黄丕烈著，潘祖荫辑，周少川点校：《士礼居藏书题跋记》卷四，书目文献出版社1989年版，第164页。
⑤ （清）黄丕烈著，潘祖荫辑，周少川点校：《士礼居藏书题跋记》卷四，书目文献出版社1989年版，第164页。
⑥ 季秋华辑：《知不足斋序跋题记集录》，国家图书馆出版社2010年版，第204页。

部·小说家类。二者均出商氏《稗海》本。鲍氏读卢校二卷本后，感其优于商氏本而自己却无力再行付梓公世，心有遗憾。"①

刘氏按语有误。《知不足斋丛书》本嘉庆八年（1803）鲍廷博跋云："《侯鲭录》近惟《稗海》本行于世，误书脱简，殊不耐观。予家塾藏有三本：一芸川书院本，不知刊于何时，脱误与《稗海》略同，似即商本所祖也；一明天启间海虞三槐堂坊刻，密行细字，颇具雅致，而缪戾时复不免；一旧抄本，分上、下卷，较诸本为胜，惟删削'辨传奇莺莺事'一卷耳。暇日参合校订，又时检他书，证其异同，虽不敢信为善本，以较商刻则径庭矣，刊以质诸藏书家。"② 鲍廷博指出《稗海》本非善本，其以芸窗书院本、明海虞三槐堂坊刻本和旧抄本参合校订后刻入《丛书》。《知不足斋丛书总目》稿本云底本为旧抄本，以明刻本校。故鲍刻本底本绝非《稗海》本。

刘先生所云之卢校二卷本，《皕宋楼藏书志》卷六十三有载，《日本藏宋人文集善本钩沉》所载之鲍以文、卢文弨手校手识旧抄本即为此本，现藏于日本静嘉堂文库，有乾隆四十六年（1781）卢氏手跋云："此书分上下两卷，而明商氏梓于《稗海》中者，则为八卷，与赵希弁《读书附志》所载卷数合。盖在当时，外间有二本，传者不同，而以《志》相校，则此本为胜。商本第五卷全载王性之辨《会真记》事，而演其事为鼓子词十二章，全类俳优，此书不载，盖本不当载也。"③ 卢氏云王性之辨《会真记》事此本不载，与鲍刻本跋文所述"一旧抄本，分上、下卷，较诸本为胜，惟删削'辨传奇莺莺事'一卷耳"相合④。可证《知不足斋丛书》本鲍跋所云之旧抄本，为鲍氏校勘中使用的其中一个校本，刘氏所谓鲍廷博据《稗海》本刊刻此书后，于晚年才得见此本的观点有误。而且刘氏将此本中未署年的鲍廷博跋系于嘉庆十八年（1813）条下，亦误，此跋撰写时间必在嘉庆八年（1803）鲍氏刊刻《侯鲭录》之前。《知不足斋

---

① 刘尚恒：《鲍廷博年谱》，黄山书社2010年版，第243页。
② （清）鲍廷博辑刻：《知不足斋丛书》第8册，中华书局1999年版，第116页。
③ 严绍璗编著：《日本藏宋人文集善本钩沉》，杭州大学出版社1996年版，第225—226页。
④ （清）鲍廷博辑刻：《知不足斋丛书》第8册，中华书局1999年版，第116页。

序跋题记集录》按语亦沿刘氏之误。①

（六）系年有误

1.《年谱》乾隆四十五年（1780）条，刘先生根据《拜经楼诗集》卷三《雨夜与绿（渌）饮自落星庵至武原》，云："是年某月，鲍廷博与吴骞雨夜自落星庵至武原，吴骞有诗记其事。"②但未交代此诗系年之依据。

此条系年有误。鲍廷博与吴骞游武原之事，明崇祯三年（1630）马元调刊本《容斋随笔》十六卷、《续笔》十六卷、《三笔》十六卷、《四笔》十六卷、《五笔》十卷有吴骞跋云："乾隆辛丑春日，偕鲍君以文游武原，有书估谒予舟次，携钞本《容斋五笔》求售，有朱笔评校，盖陈宋斋先生笔也，因售以直得之。复从鲍君借所藏何义门先生评校本，用蓝笔点次。鲍君本末复有筠溪煦一跋，不具录。壬寅冬日，兔床吴骞记。"③可知此事发生于乾隆四十六年（1781），而非上一年。

2.《年谱》乾隆六十年（1795）条，刘先生根据《善本书室藏书志》，将鲍廷博据明正统刻本校清康熙吴调元刻本《林和靖先生诗集》系于此年，并云："跋文未署年，姑置于此。"④

其实，刘氏所据之《善本书室藏书志》所录鲍廷博跋中误入了部分丁丙之语，此书现存于南京图书馆，其中有三条鲍廷博跋，题跋末题款分别为"己亥正月四日灯下记"；"壬寅十一月初十日，得闲居士拟作"；"丁卯十月十九日，嘉禾舟中记"，即乾隆四十四年（1779），乾隆四十七年（1782），嘉庆十二年（1807），故将此条系年于乾隆六十年（1795）不当。

（七）《花韵轩咏物诗存》版本补正

刘先生论及鲍廷博著述时，根据各种书目的著录，云《花韵轩咏物诗存》"只有国家图书馆、中山大学图书馆、安徽省图书馆三家有

---

① 季秋华辑：《知不足斋序跋题记集录》，国家图书馆出版社2010年版，第137—138页。
② 刘尚恒：《鲍廷博年谱》，黄山书社2010年版，第104页。
③ 傅增湘：《藏园群书经眼录》卷八，中华书局2009年版，第585页。
④ 刘尚恒：《鲍廷博年谱》，黄山书社2010年版，第172页。

抄本，且均列为善本书，故世人难得一见，评介也就无从说起"①。

其实此诗抄除上述三馆收藏外，上海图书馆、南京图书馆亦有收藏。具体版本情况，详见本书第一章第二节南京图书馆藏《花韵轩咏物诗存》的文献及文学价值——兼及鲍廷博诗词辑佚。

（八）乾隆皇帝御题《武经总要》

《年谱》乾隆三十九年（1774）条，刘先生言及《武经总要》时有按语云："乾隆弘历为是书作的题诗，遍查《御制诗余》《御制文二集》以及今人顾志兴《浙江藏书史》，任继愈主编的《中国藏书楼》，傅璇琮、谢灼华主编的《中国藏书通史》均未得，函请范凤书、郑伟章先生亦无所告。"②

其实，《浙江采集遗书总录》载有此御制诗，兹录如下：

题宋仁宗《武经总要》 六韵 知不足斋

论兵千载如聚讼，真是徒工纸上谈。居重驭轻自不易，困民养卒则何堪。

若云爱物斯诚有，以日知军或未谙。庞籍太多意犹觟，韩琦救后虑惟覃。

第观卅卷称综古，讵足武经为指南。旗籍绿营维内外，慎遵祖制万方戡。

乾隆甲午御笔。③

此外，《年谱》亦偶有小误，如卷首注释第二十三条云"鲍廷博《山房笔记跋》"④，此书书名应为《山房随笔》；《年谱》清雍正六年（1728）条的世系图中，将鲍廷博曾祖名误作"鲍永顺"⑤，据《恩赐

---

① 刘尚恒：《鲍廷博年谱》，黄山书社2010年版，卷首第17页。
② 刘尚恒：《鲍廷博年谱》，黄山书社2010年版，第63页。
③ 沈初等著，杜泽逊、何灿点校：《浙江采集遗书总录》，上海古籍出版社2010年版，第756页。
④ 刘尚恒：《鲍廷博年谱》，黄山书社2010年版，第21页。
⑤ 刘尚恒：《鲍廷博年谱》，黄山书社2010年版，第6页。

举人鲍君墓志铭》所载,应为"鲍光顺"①。

二 《年谱》补遗

笔者在研究鲍廷博与《知不足斋丛书》的过程中,收集了较为丰富的文献资料,兹按年份,大致仿刘先生所编年谱体例,略作简谱,以补《鲍廷博年谱》《〈鲍廷博年谱〉补遗》②《〈鲍廷博年谱〉再补遗》③所未载,希冀对鲍廷博生平行迹的研究有所助益。

乾隆十九年(1754)甲戌 二十七岁

鲍廷博与魏之琇订交。④

乾隆二十四年(1759)己卯 三十二岁

七月二十七日,鲍廷博从樊榭山房借《郭天锡日记》,八月初一日抄毕,与汪洽田同校于知不足斋。⑤

乾隆二十五年(1760)庚辰 三十三岁

鲍廷博从汪氏振绮堂传抄《二妙集》九卷,用《全金诗》校勘,据《河汾诸老集》补诗八首。⑥

七月初一,鲍廷博重录《郭天锡日记》,将旧时抄本赠予古澹斋主人。⑦

七月十六日,鲍廷博借卢文弨从江阴归来所携之《徐霞客游记》

---

① (清)赵怀玉:《亦有生斋续集》卷六,清道光十二年(1832)刻本。
② 刘尚恒:《〈鲍廷博年谱〉补遗》,《历史文献》第16辑,上海古籍出版社2012年版,第481—526页。
③ 刘尚恒:《〈鲍廷博年谱〉再补遗》,《历史文献》第18辑,上海古籍出版社2012年版,第544—576页。
④ (清)魏之琇:《岭云诗钞》一卷,南京图书馆藏清乾隆二十一年(1756)鲍氏知不足斋刻本。魏之琇自序云:"予幼而孤贫,长益落度,以手业自给几二十年矣。居恒好为韵语以自娱,无意于人之知也。甲戌岁获交以文,以文工诗而富于书,每商略前人,与予见多合,而尤爱予诗。"
⑤ (元)郭畀著,(清)劳权辑:《郭天锡日记》不分卷,附录一卷,南京图书馆藏清劳权抄本。
⑥ 丙寅生:《中国文物研究所藏知不足斋抄校本〈二妙集〉》,《文物天地》1999年第5期,第17—19页。
⑦ (元)郭畀著,(清)劳权辑:《郭天锡日记》不分卷,附录一卷,南京图书馆藏清劳权抄本。

校勘。①

七月十七日，鲍廷博与郑竺、吴颖芳遇雨。②

乾隆二十六年（1761）辛巳　三十四岁

春，郁礼等帮助鲍廷博抄录《南宋群贤小集》二十四卷。③

乾隆二十八年（1763）癸未　三十六岁

八月初八，鲍廷博校《清波杂志》。④

十一月，鲍廷博校补《野谷诗稿》。⑤

乾隆二十九年（1764）甲申　三十七岁

八月十七日，鲍廷博用龙泓馆本重勘《清波杂志》。是日收卢文弨书信。⑥ 翟晴江还所借宋元人集，又向鲍廷博借《洪盘洲集》《云麓漫钞》和《四朝闻见录》。⑦

乾隆三十年（1765）乙酉　三十八岁

二月初七，皇上阅视海塘，鲍廷博第四次得见圣颜，内心喜悦。⑧

乾隆三十三年（1768）戊子　四十一岁

正月初七，鲍廷博为《真迹日录》中草书九帖撰跋。⑨

六月，丁传在鲍廷博之贞复堂校勘《徐公文集》。⑩

乾隆三十四年（1769）己丑　四十二岁

二月二十六日，鲍廷博用梁溪侯氏刻本校勘《虚斋乐府》。⑪

---

① （元）欧阳玄：《圭斋文集》十六卷，上海图书馆藏清抄本。
② （元）欧阳玄：《圭斋文集》十六卷，上海图书馆藏清抄本。
③ （宋）陈起辑，（清）顾修重辑：《南宋群贤小集》一百六十九卷，天津图书馆藏清嘉庆六年（1801）读画斋刻本。
④ 王文进著，柳向春标点：《文禄堂访书记》卷三，上海古籍出版社2007年版，第210页。
⑤ 李盛铎著，张玉范整理：《木犀轩藏书题记及书录》，北京大学出版社1985年版，第303页。
⑥ 王文进著，柳向春标点：《文禄堂访书记》卷三，上海古籍出版社2007年版，第210页。
⑦ 王文进著，柳向春标点：《文禄堂访书记》卷三，上海古籍出版社2007年版，第210页。
⑧ （金）刘祁：《归潜志》十四卷，附录一卷，南京图书馆藏清抄本。
⑨ 周生杰、季秋华辑：《鲍廷博题跋集》，浙江古籍出版社2012年版，第199页。
⑩ （宋）徐铉：《徐公文集》三十卷，南京图书馆藏鲍氏知不足斋抄本。
⑪ （宋）赵以夫：《虚斋乐府》二卷，南京图书馆藏明抄本。

四月，鲍廷博传录赵氏小山堂本《张大家兰雪集》，二十七日录完，五月二十日校勘。①

六月，鲍廷博影写钱塘汪氏刻本《宝峰集》，七月八日抄毕并校勘。②

六月，鲍廷博传抄汪氏振绮堂本《拱和诗集》，七月十一日校勘。③

乾隆三十五年（1770）庚寅　四十三岁

三月二十五日，鲍廷博在贞复堂以《新安文献志》校《方虚谷桐江集》之《晦庵集抄序》。④

三月二十六日，鲍廷博校勘《方虚谷桐江集》，是日晚与沈蓝圃、孙澄宇、顾伟光、奚铁生，吴嘉玉同集于桐啸轩。⑤

乾隆三十六年（1771）辛卯　四十四岁

四月，鲍廷博于书肆购藏《昆仑河源汇考》。⑥

九月二十三日，鲍廷博收藏清抄本《续宋编年资治通鉴》。⑦

乾隆三十七年（1772）壬辰　四十五岁

二月初三，鲍廷博抄毕《传世楼书目》。⑧

五月初三，鲍廷博校《高峰先生文集》于绣溪寓馆。⑨

乾隆三十八年（1773）癸巳　四十六岁

十月，鲍廷博校勘清抄本《寓简》十卷。鲍士恭复校。⑩

---

① （元）张玉娘：《张大家兰雪集》二卷，附录一卷，国家图书馆藏鲍氏知不足斋乾隆三十四年（1769）抄本。
② 杜泽逊著，程远芬编：《四库存目标注》，上海古籍出版社2007年版，第2545—2546页。
③ 王文进著，柳向春标点：《文禄堂访书记》卷五，上海古籍出版社2007年版，第349页。
④ （元）方回：《方虚谷桐江集》四卷，南京图书馆藏清抄本。
⑤ （元）方回：《方虚谷桐江集》四卷，南京图书馆藏清抄本。
⑥ （清）汪璐辑：《藏书题识》卷一（上海古籍出版社2009年版，第45页）云："乾隆辛卯四月，吾友鲍渌饮得抄本一册于书肆，余假归东轩，属友人抄为一册。"
⑦ 杜泽逊著，程远芬编：《四库存目标注》，上海古籍出版社2007年版，第505—506页。
⑧ 王重民：《中国善本书提要补编》，北京图书馆出版社1991年版，第124页。
⑨ （宋）廖刚：《高峰先生文集》七卷，南京图书馆藏清抄本。
⑩ （宋）沈作喆：《寓简》十卷，国家图书馆藏清抄本。

十月十四日，鲍廷博与何琪、陈灿畅谈。①

十月十六日，鲍廷博从吴葆良借明崇祯年间刻本校勘《寓简》。②

乾隆三十九年（1774）甲午　四十七岁

鲍廷博为《知不足斋丛书》后印本《石墨镌华》撰跋。③

鲍廷博出示收藏的文天祥手札，与张燕昌、朱方衡等共观。④

五月，朝廷颁赐《古今图书集成》一部。⑤

乾隆四十年（1775）乙未　四十八岁

春日，鲍廷博与张燕昌访黄树谷子小松，易唐天宝铜造像于武林门外。⑥

十一月二十三日，张燕昌于鲍廷博知不足斋观宋刻本李雁湖注《王荆文公诗》。⑦

鲍廷博携元倪云林书画合璧卷，与金嘉炎赏玩。⑧

乾隆四十一年（1776）丙申　四十九岁

二月二十一日，鲍廷博用瓶花斋本校《清波别志》。⑨

乾隆四十四年（1779）己亥　五十二岁

正月四日，鲍廷博为《林和靖先生诗集》撰写题识。⑩

---

① （宋）沈作喆：《寓简》十卷，国家图书馆藏清抄本。
② （宋）沈作喆：《寓简》十卷，国家图书馆藏清抄本。
③ （明）赵崡：《石墨镌华》八卷，南京图书馆藏《知不足斋丛书》后印本第三集。
④ （清）胡敬：《胡氏书画考三种·西清札记》卷四（清嘉庆刻本）云："文丞相空坑兵败后手札世有二本，以一峰所跋毛氏者为真，见郑善夫《少谷集》。今为吾友鲍君以文鉴藏，珍如拱璧。乾隆甲午九秋，鲍君出示燕昌，与祖香、朱方衡同观，因少谷跋已不复存，为钞录如右，郑跋末语疑有误字，当求善本是正也。盐邑张燕昌用方于鲁墨敬书。"
⑤ （清）严辰：《光绪桐乡县志》，清光绪十三年（1887）刻本。
⑥ （清）吴昌绶：《定盦先生年谱》，清光绪三十四年（1908）刻本。
⑦ （清）吴庆坻：《蕉廊脞录》卷五（民国《求恕斋丛书》本）云："乾隆乙未冬十一月二十三日，余于杭城好友鲍以文知不足斋灯下得观李雁湖注《王荆文公诗》宋椠不全本。"
⑧ （清）庞元济：《虚斋名画录》卷二（清宣统乌程庞氏上海刻本）云："乾隆乙未谷雨前三日小雨，乍晴，萧斋清寂，正试龙井新茗，适吾友鲍子携高士画卷见示，展玩一过，觉苍润之气溢于纸墨之外，笔札亦极古雅冲澹，真可宝也。用志时日漫题于后，竹泉居士金嘉炎识。"
⑨ 王文进著，柳向春标点：《文禄堂访书记》卷三，上海古籍出版社2007年版，第210页。
⑩ （宋）林逋：《林和靖先生诗集》四卷、《省心录》一卷、《林集诗话》一卷，南京图书馆藏清康熙四十七年（1708）吴调元刻本。

乾隆四十六年（1781）辛丑　五十四岁

三月，鲍廷博传抄王莲泾龙池山房本《吴下冢墓遗文》，四月校勘。①

乾隆四十七年（1782）壬寅　五十五岁

十一月初十，鲍廷博读《林和靖先生诗集》，拟作《赋雪》一首。②

乾隆五十五年（1790）庚戌　六十三岁

鲍廷博借抄沈叔埏藏《东堂集》十卷。③

四月初十，鲍廷博重校《洪龟父集》二卷，改正五字，并题识。④

四月初十，鲍廷博重校《西渡集》，改正五字。⑤

乾隆五十六年（1791）辛亥　六十四岁

二月初一，鲍廷博校勘《东堂集》。⑥

乾隆六十年（1795）乙卯　六十八岁

八月初四，鲍廷博用阁本校勘《洪龟父集》，补诗四首，并作题识。⑦

八月初四，鲍廷博用阁本校正《西渡集》，补诗四首。⑧

嘉庆三年（1798）戊午　七十一岁

鲍廷博重抄《西渡集》，并校跋。⑨

---

① （明）都穆：《吴下冢墓遗文》三卷，《四库存目丛书》史部第 278 册据北京图书馆藏清鲍廷博知不足斋抄本影印。

② （宋）林逋：《林和靖先生诗集》四卷、《省心录》一卷、《林集诗话》一卷，南京图书馆藏清康熙四十七年（1708）吴调元刻本。

③ 缪荃孙著，黄明、杨同甫标点：《艺风藏书记》卷六，上海古籍出版社 2007 年版，第 148 页。

④ 缪荃孙著，黄明、杨同甫标点：《艺风藏书续记》卷六，上海古籍出版社 2007 年版，第 416 页。

⑤ 周生杰、季秋华辑：《鲍廷博题跋集》，浙江古籍出版社 2012 年版，第 251 页。

⑥ 缪荃孙著，黄明、杨同甫标点：《艺风藏书记》卷六，第 148 页。

⑦ 缪荃孙著，黄明、杨同甫标点：《艺风藏书续记》卷六，第 416 页。

⑧ 周生杰、季秋华辑：《鲍廷博题跋集》，浙江古籍出版社 2012 年版，第 251 页。

⑨ 严绍璗编著：《日本藏宋人文集善本钩沉》，杭州大学出版社 1996 年版，第 105 页。

五月初四，鲍廷博重抄并校《待清轩遗稿》。①

嘉庆四年（1799）己未　七十二岁

七月，鲍廷博为《北窗炙輠录》撰跋，此书后来刻入《读画斋丛书》丁集。②

嘉庆五年（1800）庚申　七十三岁

四月，赵辑宁抄赠《郭天锡日记》，鲍廷博校并跋。③

鲍廷博校并跋《雪杖山人诗集》。④

嘉庆六年（1801）辛酉　七十四岁

八月二十六日，鲍廷博校《彝斋文编》并作题识。⑤

嘉庆十年（1805）乙丑　七十八岁

鲍廷博据刻本补写传抄的《永乐大典》本《元朝秘史》。⑥

嘉庆十一年（1806）丙寅　七十九岁

十二月二十五日，鲍廷博为《蜕庵诗》撰跋。⑦

腊月，鲍廷博将《默庵先生文集》借予赵辑宁。⑧

嘉庆十二年（1807）丁卯　八十岁

十月十九日，鲍廷博为《林和靖先生诗集》撰写题识，感慨当年未借顾抱冲家所见宋刻本校勘此书。⑨

---

① 王文进著，柳向春标点：《文禄堂访书记》卷四，上海古籍出版社2007年版，第318页。

② （宋）施德操：《北窗炙輠录》二卷，清嘉庆四年（1799）刻《读画斋丛书》本。

③ （元）郭畀撰：《郭天锡日记》一卷，国家图书馆藏清嘉庆四年（1799）赵之玉抄本。

④ 按：此条蔡文晋《鲍廷博年谱初稿》（下）（《中央图书馆刊》1995年第1期，第176页）据北京人文科学研究所藏知不足斋乌丝栏抄校本，置于嘉庆六年（1801）条下。笔者据清嘉庆五年（1800）郑师尚刻本《雪杖山人诗集》，鲍跋题款"时嘉庆五年冬日，歙州后学鲍廷博谨志"，系于嘉庆五年（1800）条下。

⑤ （宋）赵孟坚：《彝斋文编》四卷、补遗一卷，上海图书馆藏清抄本。

⑥ 《致伯希和》，陈垣著，陈乐素、陈智超编校：《陈垣史学论著选》，上海人民出版社1981年版，第620页。

⑦ （元）张翥：《蜕庵诗》四卷，南京图书馆藏清嘉庆八年（1803）鲍正言抄本。

⑧ "中央图书馆"编印：《标点善本题跋集录》，1992年版，第567页。

⑨ （宋）林逋：《林和靖先生诗集》四卷、《省心录》一卷、《林集诗话》一卷，南京图书馆藏清康熙四十七年（1708）吴调元刻本。

嘉庆十三年（1808） 戊辰 八十一岁

鲍廷博传抄《遁庵先生集》六卷、《菊轩先生集》五卷，并作题识。①

六月，鲍廷博传抄《青村遗稿》一卷。②

鲍廷博传抄《玉井樵唱》三卷。③

嘉庆十四年（1809） 己巳 八十二岁

鲍正言抄录《紫岩于先生诗选》三卷，鲍廷博阅。④

六月三日，鲍廷博至苏州，黄丕烈往访于阊门，二人相谈良久。⑤

嘉庆十五年（1810） 庚午 八十三岁

鲍廷博为《读画斋偶辑》撰序。⑥

正月二十二日，鲍廷博翻检《剑南稿》，附录四首诗于《泠然斋诗集》后。怀念方薰，潸然泪下。⑦

嘉庆十七年（1812） 壬申 八十五岁

正月二十日，鲍廷博校《词源》二卷于知不足斋。⑧

二月二十九日，鲍廷博为《斜川集》撰写题识。⑨

鲍廷博为《清溪严氏家谱》作序。⑩

---

① 王文进著，柳向春标点：《文禄堂访书记》卷五，上海古籍出版社 2007 年版，第 381 页。

② 周生杰、季秋华辑：《鲍廷博题跋集》，浙江古籍出版社 2012 年版，第 252 页。

③ 周生杰、季秋华辑：《鲍廷博题跋集》，浙江古籍出版社 2012 年版，第 257 页。

④ （宋）于石著，（元）吴师道选：《紫岩于先生诗选》三卷，上海图书馆藏清嘉庆十四年（1809）鲍正言抄本。

⑤ "中央图书馆"编印：《标点善本题跋集录》，1992 年版，第 390 页。

⑥ （清）顾修等编：《读画斋偶辑》不分卷，附《读画斋题画诗》十九卷，南京图书馆藏清读画斋刻本。

⑦ 王文进著，柳向春标点：《文禄堂访书记》卷四，上海古籍出版社 2007 年版，第 312 页。

⑧ （宋）张炎：《词源》二卷，上海图书馆藏清嘉庆十五年（1810）秦氏享帚精舍刻本。

⑨ （宋）苏过：《斜川集》六卷、附录二卷、订误一卷、补遗二卷、续抄一卷、附录一卷，上海图书馆藏清乾隆五十三年（1788）赵氏亦有生斋刻，嘉庆十六年（1811）唐仲冕增修本。

⑩ 按：俞尚曦《桐乡现存若干谱牒资料管窥（上）》（《桐乡档案杂志》2008 年第 4 期）云："嘉庆十八年修的《严氏家谱》，著名藏家、知不足斋主人，时寓乌镇东郊杨树浜的鲍廷博为之作序，他在序中言及'予侨寓兹十一有年'，末署'嘉庆十七年孟夏，歙西通介老人序，时年八十有五'。"上海图书馆藏有《清溪严氏家谱》，笔者曾专程查阅，惜此谱残缺，不能出库，未能得见，故此处据俞文系年。

七月，鲍廷博据《惠山集》，为《履素斋稿》补录诗歌。①

九月十八日，鲍廷博据《申斋集》对《蜕庵诗》作了辑补。②

鲍廷博从鲍从善抄本校补《剡源戴先生文集》卷四《唐画西域图记》脱文二百六十余字。③

嘉庆十八年（1813）癸酉　八十六岁

鲍廷博造访千墨庵，与贝墉商量刊刻《丛书》之事，并赠《斜川集》。④

嘉庆十九年（1814）甲戌　八十七岁

四月，鲍廷博为《吴江费氏族谱》作序。⑤

作为后生晚辈，在研读刘尚恒先生耗费多年心血编撰而成的《鲍廷博年谱》时，可谓获益无穷。此次撰文，略作订补，非为吹毛求疵，旨在推动鲍廷博及其相关研究的不断深入。

第五节　知不足斋藏书总量及《四库》献书之初探

一　知不足斋藏书总量的考察

（一）《四库全书总目》著录之进呈者、进呈本考

《四库全书总目》著录的进呈者、进呈本有时与《浙江采集遗书总录》《四库采进书目》存在差异，而确切的结论对于考察知不足斋藏书总量有一定的意义。下文通过五种书籍的考察以阐明观点。

---

① （元）邓文原：《履素斋稿》二卷，国家图书馆藏稿本。
② （元）张翥：《蜕庵诗》四卷，上海图书馆藏清鲍氏知不足斋抄本。
③ 沈津：《元代别集》，《文献》1991年第2期，第185—186页。
④ （宋）苏过：《斜川集》六卷、附录二卷，订误一卷，上海图书馆藏清乾隆五十三年（1788）赵怀玉亦有生斋刻本。贝氏跋云："《斜川集》两册，长塘鲍丈渌饮家藏本，曾校正数字，并补录《题郭熙平远》三诗、遗事一则于后。嘉庆癸酉仲夏，鲍丈过余千墨庵中商刻《丛书》，出此持赠。今于甲戌仲冬重装展读，丈已归道山四月矣，不胜黯然。参茶居士贝墉志。"
⑤ （清）费登墀、费廷琮、费廷熙编著：《吴江费氏族谱》十卷，南京图书馆藏清光绪十三年（1887）抄本。

1. 《南濠诗话》

《知不足斋丛书》本乾隆三十八年（1773）鲍廷博跋云："都少卿《诗话》，前明刻本有二：其一黄桓刻于和州，凡七十二则；其一文衡山刻于吴郡，仅四十二则。两本诠次不同，互有增损，予因正其谬误，合而刊之，庶为完善矣。黄本传自厉氏樊榭山房，文本则从书局借范氏天一阁旧藏也。"①鲍氏据传抄的黄桓本和文征明本合校后刊刻。鲍廷博据以校勘的文衡山本，是从书局借抄的天一阁藏本。《知不足斋丛书总目》稿本即云底本为明黄桓本、文衡山本合校。

《四库全书总目》卷一百九十七著录《南濠诗话》一卷，为"浙江范懋柱家天一阁藏本"，云"其书世有二本：一为黄桓所刻，凡七十二则；一为文璧所刻，凡四十二则，较黄本少三十则，而其中三则为黄本所无。近鲍廷博始以两本参校，合为七十五则，即此本也"②。据《提要》所云，《四库》本所据为鲍廷博《知不足斋丛书》本，为何成了"浙江范懋柱家天一阁藏本"？天一阁藏本为鲍氏校勘中使用的其中一个校本。对于此点，杜泽逊先生云："所谓书局，即为四库馆采办书籍之浙江书局，乾隆三十八年范氏天一阁献书即经该书局进呈，鲍氏借用当在进呈之前。依《提要》，馆臣所据实为鲍氏新刻本，并沿用鲍氏跋语。而书下注藏家仍为范氏天一阁，即书名亦取自范氏藏文璧刻本。是则不无抵牾也。"③

2. 《洛阳搢绅旧闻记》

《四库全书总目》卷一百四十著录《洛阳搢绅旧闻记》五卷，为"浙江巡抚采进本"。《四库采进书目》中此书凡两见④，分别为《浙江省第一次书目》，《浙江采集遗书总目简目》闰集。又《浙江采集遗书总录》闰集载《洛阳搢绅旧闻记》五卷，为知不足斋写本，云"右洛阳张齐贤辑。撷拾五代旧事，共二十一则，皆据所闻于搢绅与

---

① （清）鲍廷博辑刻：《知不足斋丛书》第1册，中华书局1999年版，第774页。
② （清）纪昀：《钦定四库全书总目》卷一百九十七，中华书局1997年版，第2769页。
③ 杜泽逊著，程远芬编：《四库存目标注》，上海古籍出版社2007年版，第3612页。
④ 吴慰祖校订：《四库采进书目》，商务印书馆1960年版，第77、300页。

正史稍异者，兼存而录之"①。可知《四库全书》所据之"浙江巡抚采进本"，更为具体地说，是知不足斋写本。

3.《五国故事》

《四库全书总目》卷六十六著录《五国故事》二卷，为"浙江鲍士恭家藏本"。《四库采进书目》中《五国故事》凡四见②，分别为《两江第一次书目》《两淮盐政李绩呈送书目》《浙江省第四次吴玉墀家呈送书目》以及《浙江采集遗书总录简目》。以上进呈书目中未见有鲍士恭呈送本，《浙江省第四次鲍士恭呈送书目》中亦无《五国故事》，故《四库全书总目》之"浙江鲍士恭家藏本"，不确。

《浙江采集遗书总录》丁集所载之《五国故事》二卷，为天一阁写本，有吴焯跋："编中称刘为彭城。考《吴越备史》，凡刘皆称彭城，避武肃讳也。"③ 王欣夫先生为清乾隆紫藤书屋刻本《五国故事》撰跋时指出："《四库》提要所据为吴焯藏钞本。"④ 故《四库全书总目》应著录为"浙江吴玉墀家藏本"，吴焯进呈的是天一阁写本。

4.《五总志》

《四库全书总目》卷一百二十一著录《五总志》一卷，为"浙江巡抚采进本"，云："此本与《永乐大典》所收者检勘相合，盖犹原本也。"⑤《四库采进书目》中《五总志》凡二见⑥，分别为《浙江续购书》《浙江采集遗书总录简目》之知不足斋写本。又《浙江采集遗书总录》闰集载："《五总志》一册，知不足斋写本。右宋吴坰撰。援古证今，据所见闻，参考史事居多。"⑦ 可知《四库全书总目》著

---

① 沈初等著，杜泽逊、何灿点校：《浙江采集遗书总录》，上海古籍出版社2010年版，第771页。
② 吴慰祖校订：《四库采进书目》，商务印书馆1960年版，第33、59、86、247页。
③ 沈初等著，杜泽逊、何灿点校：《浙江采集遗书总录》，上海古籍出版社2010年版，第166页。
④ 王欣夫著，鲍正鹄、徐鹏标点整理：《蛾术轩箧存善本书目》辛壬稿卷二，上海古籍出版社2002年版，第491—492页。
⑤ （清）纪昀：《钦定四库全书总目》卷一百二十一，中华书局1997年版，第1614页。
⑥ 吴慰祖校订：《四库采进书目》，商务印书馆1960年版，第77、302页。
⑦ 沈初等著，杜泽逊、何灿点校：《浙江采集遗书总录》，上海古籍出版社2010年版，第793页。

录之"浙江巡抚采进本",实际上是知不足斋写本。

5.《伯牙琴》

《四库全书总目》卷一百六十五著录此书一卷,为"浙江巡抚采进本"。《四库采进书目》中《伯牙琴》凡两见,为《浙江省第四次鲍士恭呈送书目》及《浙江采集遗书总录简目》之"知不足斋写本"①。又《浙江采集遗书总录》壬集载《伯牙琴》一卷,为"知不足斋写本"②。可知《总目》著录的"浙江巡抚采进本",实际上是鲍士恭进呈的知不足斋写本,故《四库全书总目》著录为"鲍士恭家藏本"更为确切。

由上可知,《四库全书总目》著录《南濠诗话》为"浙江范懋柱家天一阁藏本",实际上为鲍廷博《知不足斋丛书》本;《四库全书总目》著录《五国故事》为"浙江鲍士恭家藏本",不确,实际上是"浙江吴玉墀家藏本";还有如《四库全书总目》著录《洛阳搢绅旧闻记》为"浙江巡抚采进本",更为具体地说,应是知不足斋写本;《四库全书总目》著录《五总志》为"浙江巡抚采进本",实际上可以确知为知不足斋写本,以及《四库全书总目》著录《伯牙琴》为"浙江巡抚采进本",考察后可知为"鲍士恭家藏本",即"知不足斋写本"。

此外,《四库全书总目》卷一百六十五著录《真山民集》一卷,为"浙江巡抚采进本",云:"此本出浙江鲍氏知不足斋,较他本为完善。"③幸有《浙江省第四次鲍士恭呈送书目》中著录此书,统计时不至于遗漏。又《四库全书总目》卷一百四十九著录《宗玄集》三卷,附录《玄纲论》一卷,《内丹九章经》一卷,为"浙江巡抚采进本",云:"此本为浙江鲍氏知不足斋所抄。"④而此书却不见于《知不足斋宋元文集书目》《浙江省第四次鲍士恭呈送书目》和《浙江采集遗书总录》,像这样的书籍,如果不细读提要,恐怕也会在统

---

① 吴慰祖校订:《四库采进书目》,商务印书馆1960年版,第92、284页。
② 沈初等著,杜泽逊、何灿点校:《浙江采集遗书总录》,上海古籍出版社2010年版,第595页。
③ (清)纪昀:《钦定四库全书总目》卷一百六十五,中华书局1997年版,第2194页。
④ (清)纪昀:《钦定四库全书总目》卷一百四十九,中华书局1997年版,第2001页。

计知不足斋藏书总量时被遗漏。

（二）藏书总量统计中存在的问题

知不足斋的藏书总量，因无鲍廷博的藏书总目传世，一直是学者颇为关注的一个问题。鲍廷博一生致力于书籍的收藏和《知不足斋丛书》的编刻工作，直至生命的最后一刻，仍在为《丛书》的刊刻尽心竭力，也许正是在如此忙碌的一生中，没有来得及为自己的藏书编制总目。

对于知不足斋藏书总量，刘尚恒先生认为："如果将鲍氏《宋元文集书目》《进呈书目》《四库总目》著录及本书所附《抄校本书辑目》相加，去其重复，鲍氏知不足斋藏书状况大概可十得八九。"① 所言切中肯綮。此外，《浙江采集遗书总录》所载的知不足斋写本、知不足斋藏刊本、知不足斋藏影宋椠写本、知不足斋影写宋本、知不足斋藏宋刊本、知不足斋藏元刊本共计一百种，其中有十一种不见于"鲍士恭家藏本"，《浙江省第四次鲍士恭呈送书目》以及《知不足斋丛书》，亦可作为补充，分别为：《春秋比事》二十卷；《宋宰辅编年录》二十卷；《读史方舆纪要》一百三十卷；《湛囦集》一卷；《玉井樵唱》三卷；《唐书直笔》四卷；《东坡物类相感志》十八卷；《东原录》一册；《续夷坚志》四册；《后村诗话》九卷；《徐花潭先生集》二卷。② 还有，《知不足斋丛书》所收诸书也应置于考察的范围。

需要指出的是，必须对《四库全书总目》著录的进呈者作全面的清理式的考察，并尽可能地根据文献推知进呈底本具体为何本，方能得出较为可信的结论。目前尚无法统计出鲍廷博藏书量较为准确的数据，如若只是根据现已云及之各种书目等所载参合统计，所得之数据只是大概，尚不能完全令人信服。

二　《四库》献书的数量、下落、副本及现存之鲍士恭进呈本

（一）《四库》献书七百余种

关于《四库》献书的数量，周生杰认为"鲍氏献书总数应该为

---

① 刘尚恒：《鲍廷博年谱》卷首，黄山书社2010年版，第7页。
② 沈初等著，杜泽逊、何灿点校：《浙江采集遗书总录》，上海古籍出版社2010年版，第91、173、257、605、616、771、771、792、793、793、796、800、800、809、810、839页。

717种"①，郑玲指出"乾隆开四库馆鲍家进呈书目共计718种"②，无论怎样，鲍氏献书七百余种是可以肯定的。

此外，尚有两则材料未经其他学者指出，可作为鲍廷博献书七百余种的佐证：如《花韵轩咏物诗存》嘉庆十年（1805）阮元叙云："中朝开四库馆，进书至七百种以上名动。"③ 尤为值得重视的是，《诗存》之《书厨》诗的鲍廷博自注云："乾隆甲午诏求遗书，恭进七百种，抄入《四库全书》后，仍许给还原本。"④ 七百种殆取整数而言，鲍氏自言之七百种当为确证，可证翁广平《鲍渌饮传》、阮元《知不足斋鲍君传》，以及《四库采进书目》等多种文献记载进呈书籍为"六百余种"或"六百二十六种"之误。

（二）献书之下落

黄爱平《四库全书纂修研究》利用中国第一历史档案馆所编《纂修四库全书档案史料》，以第一手的资料，还原出《四库全书》纂修过程的基本面貌，具有较高的学术价值。其研究结论对了解鲍廷博《四库》献书后的藏书状况很有帮助，故整段摘引如下：

> 从最初计划发还进呈书籍到最终庋置翰林院底本的全过程来看，完全发还的书籍，仅仅是各省书局挑剩后留存的那一部分，而呈送至四库馆的数以万计的书籍，除某些经乾隆题咏的珍本及少量存目书外，绝大多数没有发还……直到乾隆五十一年，总共只发还了三百九十种书籍，尚有近万种存目乃至未入存目之书，仍贮于翰林院库内，其后又移贮武英殿，堆置于书库中。而那些曾经数次缮写的三千余种著录书籍，也在七份《四库全书》办理完竣后被当作副本正式贮藏在翰林院，成为藏书家的"非常荣

---

① 周生杰：《鲍廷博藏书与刻书研究》，黄山书社2011年版，第193页。
② 刘尚恒：《鲍廷博年谱》附录三《乾隆开四库馆鲍家进呈书目》，黄山书社2010年版，第285页。
③ （清）鲍廷博：《花韵轩咏物诗存》，广东省立中山图书馆、中山大学图书馆编：《清代稿抄本》第25册，广东人民出版社2007年版，第545页。
④ （清）鲍廷博：《花韵轩咏物诗存》，广东省立中山图书馆、中山大学图书馆编：《清代稿抄本》第25册，广东人民出版社2007年版，第546页。

幸"了。

　　征书活动也给私人藏书事业带来了不容忽视的消极影响。许多藏书家无论自愿还是不自愿都不得不把家藏善本进献出来，少则数十种，多则数百种，这些书籍在《四库全书》编纂完毕之后，绝大部分都没有归还。致使不少藏书家多年珍藏为之一空，此后再也未能恢复元气。如浙江慈溪郑大节二老阁藏书，"半轶于《四库》采辑"。进书最多的马裕、范懋柱、鲍士恭、汪启淑四大家，除范氏天一阁幸得保存下来而外，鲍氏此后不再以藏书著称，而马、汪两家更是一落千丈，从此绝无影响。①

　　对此，杜泽逊先生表达了同样的观点："乾隆皇帝亲自倡议并一再坚持的原本发还计划就这样一步一步缩小范围，最终取消了。《四库》存目书进呈本有明确记载的发还只有两淮三百种。""《四库》进呈本在《四库全书》修成后一直存放在翰林院，其中原计划发还的私人进呈书并未发还。"②郑伟章先生对郑氏二老阁藏书的研究较为深入，言及进呈书时指出："这些书，高宗虽有'钞竣发还'之谕，但后来发还时，有的被翰林院截留，有的在省垣被封疆大吏取去，还阁者极少。姚椿《樗寮日记》云：'至鹤浦，访郑氏二老阁，规制略似范氏天一阁，但范阁下有屋，此仅离地数尺耳。主人云：'乾隆丙午间，曾被焚毁，又进呈书皆未领回。'此二事后来考文献者不可不知。"③《四库》献书使藏书家蒙受巨大损失，这是毋庸置疑的事实。

　　纂修《四库全书》时，鲍廷博命长子鲍士恭献书七百余种，基本为其所藏之善本，占到了目前所统计的鲍氏藏书量的大概十分之七，而所献之书除经御笔题咏的《武经总要》和《唐阙史》等少量书籍外，其他书籍并未发还，故献书活动使鲍廷博的藏书规模和实力大受影响。

（三）献书之副本

　　那么鲍廷博进献的这七百余种书籍，是否有副本留存呢？对此问

---

①　黄爱平：《四库全书纂修研究》，中国人民大学出版社1989年版，第191、36页。
②　杜泽逊：《四库存目书进呈本之亡佚及残余》，澹江大学中国文学系主编：《两岸四库学——第一届中国文献学学术研讨会论文集》，学生书局1998年版，第115、121页。
③　郑伟章：《书林丛考》（增补本），岳麓书社2008年版，第643页。

题，有两篇题跋值得注意。清抄本《存悔斋诗》有鲍正言跋云："家塾旧藏《存悔斋诗》，屡经吾祖手校，乾隆癸丑呈送四库馆，收入《全书》矣。老人近理故箧，出所存副本展玩，丹黄满卷，嫌妨病目，令言重录清本。以娱晚景。"① 又《竹素山房诗集》鲍廷博跋云："乾隆癸巳朝廷开四库馆，予别缮洁本进呈乙览，业诏儒臣采入《全书》，以不朽之矣。"② 由此可知，鲍氏进呈四库馆的某些书籍尚有副本留存家中，上呈者或为誊清抄本，或为批校原本。至于鲍廷博所献之书究竟有多少副本留存其家，如今已无法一一考知。

（四）现存之鲍士恭进呈本

兹列沈津、王重民、杜泽逊三位先生记载及笔者寓目之鲍士恭进呈本十种如下：

1.《孙明复小集》一卷，宋孙复撰。附录一卷，宋石介等撰。南京图书馆藏。③

2.《易说》二卷，旧本题宋吕祖谦撰。中国台湾"中央图书馆"藏。④

3.《国朝典汇》二百卷，明徐学聚撰。原北平图书馆藏书，现存台北故宫博物院。⑤

4.《南北史续世说》十卷，题唐李垕撰。原北平图书馆藏书，现存台北故宫博物院。⑥

5.《续宋编年资治通鉴》十八卷，旧本题宋李焘经进。山东省图书馆藏。⑦

6.《戏瑕》三卷，明钱希言撰。原北平图书馆藏本，今存台北故

---

① 沈津：《书城挹翠录》，上海社会科学出版社1996年版，第220页。
② 季秋华辑：《知不足斋序跋题记集录》，国家图书馆出版社2010年版，第285页。
③ 沈津：《书城挹翠录》，上海社会科学出版社1996年版，第184—185页。
④ 杜泽逊：《四库存目书进呈之亡佚及残余》附录《四库存目书进呈本知见录》，淡江大学中国文学系主编：《两岸四库学——第一届中国文献学学术研讨会论文集》，学生书局1998年版，第131页。
⑤ 杜泽逊：《四库存目书进呈本之亡佚及残余》，淡江大学中国文学系主编：《两岸四库学——第一届中国文献学学术研讨会论文集》，学生书局1998年版，第156页。
⑥ 杜泽逊：《四库存目书进呈本之亡佚及残余》，淡江大学中国文学系主编：《两岸四库学——第一届中国文献学学术研讨会论文集》，学生书局1998年版，第172页。
⑦ 杜泽逊著，程远芬编：《四库存目标注》，上海古籍出版社2007年版，第505页。

宫博物院。①

7.《才鬼记》十六卷，明梅鼎祚撰。上海图书馆藏明万历三十三年（1605）蝉隐居刻《三才灵记》本。②

8.《吴都文粹》十卷，原题"苏台郑虎臣集"。美国国会图书馆藏。③

9.《碧鸡漫志》一卷，宋王灼撰。上海图书馆藏。

10.《玉楮诗稿》八卷，宋岳珂撰。南京图书馆藏。

从以上各书来看，认定为鲍士恭进呈本的依据主要有两点：首先，书首钤翰林院满汉文大方印。其次，书衣有"乾隆三十八年十一月浙江巡抚三宝送到鲍士恭家藏某书几部计书几本"的长方朱记。现今保存下来的这些进呈书籍的价值弥足珍贵。

---

① 杜泽逊著，程远芬编：《四库存目标注》，上海古籍出版社2007年版，第1896页。
② 杜泽逊著，程远芬编：《四库存目标注》，上海古籍出版社2007年版，第2367页。
③ 王重民：《中国善本书提要》，上海古籍出版社1983年版，第485页。

结　　语

　　清代乾嘉盛世，社会政治稳定，经济发展迅速，朝廷和私人藏书丰富，一大批古代典籍亟待校勘整理，为考据学的发展提供了良好的环境。乾嘉学者投身于朴学研究，学风严谨，功底扎实，重视文字、音韵、训诂之学，致力于书籍版本、目录、校勘和辑佚研究，促进了古籍整理的繁荣与发展。加之清代印刷业发展水平较高，为古本秘籍的出版发行提供了重要的外部条件。

　　鲍廷博在朴学发展的良好氛围中，在长期的文献校勘和整理实践中，认为只有将古籍善本刊刻行世，才能使古人精神留存后世，故而自觉地将传刻古籍作为义不容辞的责任，将传承古代文化作为自己的神圣使命，一生努力践行，成为清代乾嘉时期藏书家和刻书家的杰出典范。鲍廷博为古代珍本文献的保存和传播作出了卓越贡献，在中国古代藏书史、出版史，乃至清代学术史上产生了深远的影响。

　　在鲍廷博一生的藏书、校书、刻书活动中，最值得一书的，就是其倾注一生心血，耗尽全部家资刊刻的《知不足斋丛书》。鲍廷博每刻一书，将校勘作为首要之务，力求将古本、旧本、名家校本作为底本。积极搜罗各种版本，通过众本互勘，广泛他校，综合运用多种方法进行校勘。不仅亲自校勘，还延请卢文弨、顾广圻、钱大昕、李锐等著名学者校勘群籍，保证了知不足斋较高的校勘质量。《丛书》中随处可见的校勘记，考证案语，附录的存疑、附订、校勘条目、校补等，无一不显示出鲍廷博对校勘的高度重视。即使以宋本为底本的书籍，亦经过其精心校勘后刊刻，可见其不迷信宋本，态度审慎客观。《丛书》所收诸书大多附录相关资料，以保存文献，如《宋遗民录》各卷末均有附录，且有案语说明，保持了书籍原貌，符合文献学规范。知不足斋刻书有析出单行的特点，有些卷帙繁复的书籍，鲍廷博只将其中最有价值的部分抽出单行，如《丛书》中《古今伪书考》《经筵玉音问答》《阳春集》和《放翁家训》等的刊刻便是如此。《知不足斋丛书》前、后印本在文字、序跋、补遗等方面存在差异，因而在使用《知不足斋丛书》时，需对前、后印本予以比较，择善而从。鲍廷博重视辑佚，不仅在《知不足斋丛书》中刊刻《永乐大典》辑佚书，如《南湖集》《金楼子》《逍遥集》和《百正集》等，使散佚之书重新在世人中流传，而且在抄书、校书中，注重辑录佚文，《丛书》所收之《伯牙琴》《张子野词》等，是鲍廷博做了大量的辑佚工作后刊刻的。鲍廷博在《知不足斋丛书总目》稿本中注明了大多数书籍的刊刻底本和校本，为后人了解鲍刻本的版本情况提供了重要依据。并在刻书时保留底本序跋，并亲自撰写跋语、题识，述及书籍的作者、版本、校勘和流传等情况，为后人察考该书奠定了文献基础。

鲍廷博百计搜求中土久佚的海外汉籍，使《知不足斋丛书》蜚声海外，其中刊刻的《古文孝经孔氏传》《全唐诗逸》《孝经郑注》《论语集解义疏》和《五行大义》，在国外产生了不小的影响。《古文孝经孔氏传》和《全唐诗逸》等书被刻入《丛书》后，便传回日本，很快在日本翻刻行世[①]，受到国外学者的重视。

鲍廷博辑刻的《知不足斋丛书》对清代私家刻书产生了积极影响，顾修《读画斋丛书》便是仿《知不足斋丛书》体例刊刻的，鲍廷爵《后知不足斋丛书》也是紧步其后的一部重要丛书。《知不足斋丛书》校刻精善，受到时人重视，如清马俊良辑刻《龙威秘书》本《御题唐阙史》《赤雅》《归田诗话》《临汉隐居诗话》《潭南诗话》《离骚草木疏》《农书》《蚕书》《江南余载》《五国故事》《故宫遗录》《离骚集传》《江淮异人录》和《鬼董》等，均是据《知不足斋丛书》本刊刻的。清丁丙辑《武林掌故丛编》本《武林旧事》《钱塘先贤传赞》和《梦梁录》等，亦是据《知不足斋丛书》本校刻的。

---

① 参见蔡毅：《市和宽斋与〈全唐诗逸〉》，香港浸会大学编：《人文中国学报》第8期，上海古籍出版社2001年版；顾永新：《日本传本〈古文孝经〉回传中国考》，《北京大学学报》2004年第2期，第106页。

而今,《知不足斋丛书》中所收的很多书籍被作为影印和排印的底本,如上海古籍出版社《续修四库全书》本《榕城诗话》,齐鲁书社《四库存目丛书》本《南濠诗话》,书目文献出版社《二十四史订补》本《两汉刊误补遗》等,均据《知不足斋丛书》本影印。还有,中华书局《丛书集成初编》本《唐阙史》《寓简》《两汉刊误补遗》《涉史随笔》《客杭日记》《七颂堂识小录》《公是先生弟子记》《经筵玉音问答》《碧溪诗话》和《独醒杂志》等,均据《知不足斋丛书》本排印。此外,《知不足斋丛书》在古籍整理中更是发挥了重要作用,如《全宋笔记》本《寓简》,《唐宋史料笔记丛刊》本《玉壶清话》,《宋元笔记小说大观》本《梁溪漫志》,上海古典文学出版社《澹生堂藏书约》等大量的点校本,均是以《知不足斋丛书》本为底本整理的。

当然,知不足斋刻书亦有其缺点及局限性,如《知不足斋丛书》第二集刊刻《赤雅》时,鲍廷博因"惧为先生辱",故将"旧有怀宁两阮序引,削而不录"[①],破坏了古书原貌,违背了其《丛书》凡例所云:"至于原本跋语,虽仅记年月,无关书指者,亦悉仍旧观,不敢湮没也。"[②] 鲍廷博迫于清廷高压政策,在《论语集解义疏》的后印本中据《四库全书》本挖改原版疏文,以及南京图书馆藏《吹剑录外集》底本中以意补字的一例,说明鲍廷博校勘和整理古籍偶有态度不够严谨的一面。

综上,作为藏书家,鲍廷博倾尽家资收藏书籍,保存古代典籍,为《四库全书》的编纂积极出力。作为出版家,鲍廷博将收藏精本刊刻行世,为古籍延续生命。作为文献学家,鲍廷博重视版本,精于校勘,积极辑佚,整理古籍,促进了学术研究的发展。鲍廷博将毕生的心血献给了热爱的书籍事业,由此奠定了其在中国古文献学史和学术史上的重要地位。

---

① (清)鲍廷博辑刻:《知不足斋丛书》第1册,中华书局1999年版,第540页。
② (清)鲍廷博辑刻:《知不足斋丛书》第1册,中华书局1999年版,第10—11页。

附录一：南京图书馆藏《花韵轩咏物诗存》

花韵轩咏物诗存叙

  咏物之体滥觞于荀卿之赋蚕，风舟于屈子之颂橘，由是鹧鸪、鸳鸯、落花、春草纷纷不一。至李峤、谢宗可始专为一集，其刻画微至，直欲使难绘之神，靡不毕露而后已。歙县鲍君以文少有书癖，搜罗繁富，凡古人之长笺小疏、谰言剩语，一一掌录。中朝开四库馆，进书至七百种以上，名动当宁，因刻其所得《知不足斋丛书》二十余集，虽明人如虞山毛子晋无以逾之，余赠诗所谓"当世应无未见书"者，此也。中年后尤耽吟讽，杖笠所至，一草一木，流连竟日，如"夕阳"一题，多至二十咏，可谓极体物之妙矣。而隶事渊雅，即于小注中见其一二，因裒为《咏物诗存》一册，请书其缘起。余思君生清时，无荀卿、屈子之境遇，而又不若李、谢之切切于时名，模山范水，独标冲澹之旨，不蕲名而名自至。昔"鲍清风"以《孤雁》一篇，至今口之不置，若斯之多且美者，后之人宜若何矜惜之邪？今君年近八十矣，因书此以为之寿。嘉庆十年春，扬州阮元序。

花韵轩咏物诗存

歙 鲍廷博以文

书香

重帷深下暗香饶,班马传来一脉遥。雪案暖和兰气袭,月宫寒带桂花飘。子孙能读留应久,笔砚微沾洗不消。海舶谩夸名品贵,试开芸帙斗清消。

书味

一编相向食先忘,玩索回时味转长。要识中边宁有别,欲求烹饪却无方。酸咸与俗原殊嗜,辛苦从前总备尝。残睡乍醒初掩卷,更于胸次觅余香"睡余书味在胸中","掩书余味在胸中",俱放翁诗。

书声

一灯青处久琅琅,闲带东风出苑墙。醉读《离骚》音激楚,冷吟蟋蟀韵谐商。月中飘去和仙乐,花底传来袭暗香。最惜夜深帘幙静,却将弦管误诸郎。

其二

键户咿唔手一编,晨鸡未动响先传。澜翻不竭倾瓶水,圆美初调转轸弦坡诗"儿声自圆美,琅然如玉琴"。时慰老怀来枕上,已占佳兆在灯前。鸣皋清唳君曾听,嗷嗷犹能彻九天。

书厨

曹仓邺架隐相俟,万卷宁愁散不妆。愧我岂惟输两脚,笑君偏似省双眸。版扉勤启防新蠹,银钥严扃避巧偷。莫诮深藏同韫玉,当年曾副石渠求乾隆甲午诏求遗书,恭进七百种,抄入《四库全书》后,仍许给还元本。

书灯

清漏谁能枕上闻,短檠特与继斜曛。前修薪火犹堪续,懒妇脂膏岂足焚。囊解焰还萤自照,案明光谢雪重分。他年墙角休轻弃,银烛金莲看策勋。

其二

青藜吹焰灿银台,漫共烧棋赌酒猜。未许携归妆阁去,何妨分自佛厨来。影嗔侍婢添香暗,窗待邻翁乞火开。借问西园谁秉烛,花前蜡泪柱成堆。

其三

向晚相依似乐群，纸窗竹屋助劬勤。壁间影瘦怜儿共，机上丝明喜妇分。未免有情偷弄月，可能无愧梦为云。此中佳趣难持赠，寒烬重挑敢寄闻。

其四

共说南濠都少卿，书窗灯影夜连晨。花争然处春常在，味似儿时老益亲。续焰与留烧叶火，回光不到下帷人。还怜凿壁分余照，大有书生胜我贫。

枕

一觉游仙梦醒迟，钗零粉涴剩相思。锦衾有烂欣同荐，长簟空闲懒自支。囊底书奇人未见，床头金尽汝先知。何当重走邯郸道，更乞回翁借少时。

蠹鱼

夕泳朝涵俨在渊，金题玉躞走翩然。剩偿投老耽书癖放翁诗"投老爱书心未已，来生恐堕蠹鱼中"，更结多生食笋缘坡诗"多生味蠹简，食笋乃余债"。逐队何心游学海，脱钩有字饵神仙。芸香莫漫轻相辟，或恐分身是米颠。

当票

空箱检点怕重开，幻得无情片楮来。凛凛三章严似律，青青一面冷于苔。架防虫鼠心徒切，势杂龙蛇字费猜。次第刚成前后序邝露有《前》《后当票序》，西风早遣拒霜催拒霜号催典花，见项平庵诗。

秋桑

蚕月匆匆节叙迁，井梧消息遍桑田。入林萧飒凉风爽，绕舍青黄夕照妍。戴胜初飞犹昨日，罗敷重见又明年。条空却值新醅熟，更锡嘉名到酒边桑落酒。

菜花

肉味何如菜味长，喜看花发满江乡。遍栽亭馆应无地，才出城闉便有香。四月秋成连小麦，十分春色占中央。洛阳漫斗千红紫，争及田家一陇黄。

其二

重到元都春事深，谁从陌上散黄金唐张翰菜花诗"黄花散若金"。青红肯逐群芳队，烂漫全舒老圃心。习习有香分麦垄，漫漫无路迹桑林。餐英不入《离骚》谱，此味由来未易寻。

柳絮

已为花飞不自聊，那禁弱絮又辞条。云迷野渡晴尤活，雪满春城暖未消。似我愁怀空渺渺，比人身世更飘飘。何缘巧避儿童捉，却上残书慰寂寥。

其二

醉踏淮南第一州，马蹄无处避轻浮。檐收宿雨初辞树，帘卷东风乱入楼①。便旋偏工回雪舞，飘零不共落花愁。谁教轻点萧郎鬓，误使青春怨白头。

其三

曾向离筵扑酒樽，青衫犹误旧啼痕。客愁漠漠嘉陵岸，春思蒙蒙白下门。一阵东风偏作恼，二分流水最消魂。宁知不放前尘断，碧涧银塘再托根。

其四

非花非雾白纷纷，狂搅青冥到夕曛。时复近人如见昵，争先挽马若为群。吹来满店香和酒，飞入谁家梦化云。只有禅心共消歇，尊前红袖漫殷勤。

燕巢

拾翠衔红几夕阳，经营曾是一春忙。将雏渐喜儿齐户，破睡还惊曲绕梁。未恨羁栖远乡国，绝胜饮啄在官仓。明年重过乌衣巷，别检金泥上玉堂。

其二

鸦藏金柳凤栖桐，独占闲房在绮栊。落月照梁分小冷，余花粘户带危红。楼居合是神仙侣，穴处犹存太古风。拣尽寒枝留雪爪，冥冥天际任飞鸿。

---

① 按："楼"，失韵，当为"楼"字之误。

其三

罨画楼东阆苑西,一枝安稳许双栖。三秋赋别门还设,二月言归路不迷。自有鸡窠容我并,何妨凤字任人题。无端却笑隋天子,偏向空梁妒落泥。

其四

花间牖户费绸缪,巧抵灵乌拙笑鸠。愿受一廛聊自足,家徒四壁又何求。愁经谢傅闲门巷,梦断张家旧舞楼_{燕子梦寻关盼盼}。却羡忘机是鸥鸟,云飞水宿傲沧洲。

帘

绣额琼钩小押银,傍檐一片碧粼粼。疏明雅爱临棋簟,仿佛还能见舞茵。犹记卷时纤引手,最怜垂地寂无人。倾城消息重重隔,多恐王昌报未真。

其二

冉冉春云薄薄霞,多情长傍绣窗纱。寒声疏隔垂檐雨,午韵晴穿照槛花。高卧静看香引篆,小开怕误燕还家。双钩晚上西楼玉,一面新妆恼月华_{坡诗"月下新妆半出帘"}。

其三

破尽工夫织得成,重纹叠影遍檐楹。都缘妾面羞郎面,为放灯明避月明。双挽玉钩通燕燕,满头花草忆莺莺。日高深院知谁倚,赢得闲吹柳絮声。

其四

春风一面见何曾,惆怅垂垂绣额绫。但觉衣香和影度,不知湘泪为谁凝。闲房暗坐偏宜雨,隔院迷藏却怕灯。拟托微波通小语,竹烟花雾漫层层。

再赋帘

映额钩鞋眼漫狂,小楼何处捉迷藏。斑斑湘泪分残靥,寸寸回波学断肠。借问几时才卷雨,不知底事欲留香。凭谁一放春风入,细数金钗十二行。

剪刀

屈环交股淬方成,快似并州旧擅名。彩胜新裁初试手,文鸳轻破若为情。平分墨界纤无迹,误落银床碎有声。小把不嫌纤玉冷，一灯偏傍绿窗明。

其二

镂月雕云用最奇，闺房利器久相推。并头花样关心避，透骨霜威入手知。未破新正闲一月，潜移清漏弄多时。细将杨柳偷裁出，不信春风也似伊。

蝶

翩翩宫眉学寿阳，蘧蘧清梦化蒙庄。栖香宿粉双双懒，绕砌穿篱处处忙。扑影狸奴空斗捷，近花丞相不嗔狂。坏裙遗袂无踪迹，说与前尘合断肠。

其二

西园南陌去来频，好倩滕王为写真。冉冉风光三月暮，离离金粉六朝春。芳菲原野狂游迹，潇洒林亭小主人。好与秦宫分活计，一生花里度闲身。

其三

缕金曳翠晕双蛾，问柳寻花兴若何？飘荡情怀闲最少，风流性格睡还多。艳将粉本留裙衩，惊去香痕满扇罗。金谷园林洛阳陌，年时曾否再经过。

其四

贞魂仙蜕互疑猜，齐趁东风暖翅开。悄度芳踪声袭袭，淡分春色白皑皑。闹红影乱过墙去，剪翠衫宽入袖来。乞与新诗三百首，不知若个解怜才。

其五

桃花李花参差开，一双高下因风来。涂金傅粉偶然耳，汉殿秦台安在哉？分甘羞与蜂争蜜，怕冷懒随逋探梅。锦衣华屋不同梦，寄语莺燕徒为猜。

其六

漫认莺莺燕燕侪，翩然标格出罗浮。和云入夜都萦帐，与絮相高欲上楼。自恋香浓依露宿，不缘节去共蜂愁。还应梦破千红紫，来点青青百草头。

蟋蟀

露湿苔阶玉宇清，不平时傍小窗鸣。漫悲葛岭平章事，微助欧公叹息声。客枕梦回灯半烬,空廊人静月孤明。无端听鸩闻鹃后,百感凄然为尔生。

雪

梨花淡淡絮轻轻,朵朵飞来寸寸盈。晓径惜和云共扫,晚窗喜与月添明。帐中羔酒何嫌俗,画里芭蕉与斗清。蓑笠寒江致奇绝,却教驴背小诗成。

灯花

灵根一线毓膏兰,奕奕宵分吐渥丹。小剔翠煤横玉杖,仰承清露湛金盘。问晴私就红闺卜,隔雾轻垂碧帐看。远寄邯郸迟驿使,短檠先与报平安郝经诗"应是灯花怜久客,故随人意报平安"。

其二

煜煜寒斋瑞锦凝,金蕤玉蕊缀银灯。明姿不共春光老,繁艳翻从火色腾。喜报红窗先占鹊,香飘黄卷巧逢僧。夜阑棋子闲敲处,待得郎来落未曾。

其三

一穟分从火树来,小揎红袖与亲栽。夜长浑欲留春住,枝暖还疑向日开。金粟玉虫争灿烂,南油西漆互滋培。何缘却落群芳籍,我欲重将花史裁。

其四

顷刻春回雁足铜,谁令火速代天工。纷争晚谢蜂和蝶,交妒深藏雨又风。吐尽芳心增锦灿,映来人面胜桃红。多情谁信潮阳守,曾道花然锦帐中。

其五

谁放春风入户来,小红一朵上银台。远征佳客连宵发,喜斗新谢称意开见坡诗。好语似和人共说,芳心忍与烛同灰。还怜翠黛宵分减,更与殷勤扫落煤。

绵鞋

吴蚕熟后履綦临,东郭宁愁雪霰深。顿觉阳乌升厚地,绝胜汤姥共重衾。小分塞上毡裘福,宽称田间老懒心。寄语芒鞋牢挂壁,踏青时节再相寻。

其二

漫笑先生屦不完,解令足下有余欢。蹑云仙峤宁输软,立雪师门最耐寒。踵膝相忘安布袜,头颅未称谢貂冠。古人肯共绨袍赠,感并乌靴赤舄看。

泥孩

百金价重满匡床,那羡人间琢玉郎。丹颊巧旋花靥小,雪肤嫩沁土脂香。不啼梨栗偏安分,解读诗书定异常。绣袱锦绷乔约束,可堪携抱送眉娘顾眉生事,见《板桥杂记》。

笠

相揖车前荷笠多,影团圞处照烟波。数枝醉插宜红蓼,一领闲披称绿蓑。午戴骄阳镃南亩,晚冲残雨上东坡。华缨貂珥宁无价,奈尔头颅老去何?

其二

此公笠名合上钓鱼船,露箬香清满覆肩。带雨芭蕉声蔌蔌,映波荷叶影田田。遮藏须鬓浑瞒老,俯仰江湖别有天。漫道头衔不相称,笠翁佳号久相沿。

杖

孤往年来发兴新,一筇端欲了平生。过头略喜长于我,健足从跨捷似神放翁诗"老夫拄杖捷有神"。荷笠入山同上座,打门赊酒恼比邻。引年却老交相倚,谁是悬崖撒手人。

纸窗

绣幌银屏昨梦空,小窗新策剡藤功。清辉交映虚生白,尘隙微穿软漏红。野马日光还自惜,残年灯火更谁同。只应深掩寒宵雨,坐对萧萧竹屋中。

其二

雅与琉璃丽质殊,天然双展白云图。把书相就冬曦暖,剪烛重听夜雨孤。瓮牖绳枢因朴陋,直棂方格示廉隅。还愁茅屋秋来破,障得西风一面无。

其三

轻于绡素冷于霜,矮称茅檐密护房。戛玉有声传急雪,摇金不定荡回光。绣绒小唾红犹湿,名迹双钩墨尚香唐人双钩于纸窗取影。似为彭城传竹派，一梢瘦影弄斜阳。

其四

皎皎明姿玉女同，冰肌鹤骨耿方瞳。一圭冷进窥书月，侧扇微通醒酒风。也用蕉阴分与绿，还教灯影染将红。与君共领萧闲趣，多在斜阳小阁中。

其五

傍檐玉骨瘦棱棱，轻隔桃花纸名影一层。剩喜云封烧药灶，不愁风弄读书灯。无心入画偏缘破高房山有《破窗风雨图》，刻意求明更染冰。莫怪醉来闲里手，怕因涂抹恼山僧《道山清话》云：陕府有县令，因入村少憩僧房。案上有酒一瓢，戏吸之，题诗纸窗上，为僧截取，诉于府。

其六

不染朱门一点尘，湘帘棐几最相亲。秋来饶有吟风兴，春去浑瞒读易人。江总文章凭起草江总为文章得意，则起草于窗上，姜夔乐府藉文身苏召叟吊姜白石云"乐章起草遍窗身"。碧纱青琐从佳丽，自耐山家白屋贫。

其七

白板双扉翠竹栏，纸窗谁复笑儒酸。醉题燕子韶华丽放翁诗"醉里题窗记燕来"，窘放蜂儿世界宽见《传灯录》。共守一编常向晚，相依十载不知寒。却嫌壁上空枰挂，着眼分明着手难。

其八

冰雪肌肤玉立身，西风恋恋楮生贫。不愁晚减雠书课，却怕晨惊转枕人。梧叶频敲凉似雨，竹枝低扫净无尘。芦帘纸阁相辉映，装点风光一色新。

琵琶

江上谁将幽恨传，荻花枫叶总凄然。悄移离思归商调，小摘愁心奈子弦。扑面风沙来马上，满怀恩怨诉灯前。人间别泪知多少，偏洒浔阳送客船。

其二

一面檀槽恨万重，嘈嘈切切诉离惊。调弦初出红莲手，歇拨犹遮白雪胸。天际真人愁落想，江南贺老怅重逢。不知弹落浔阳月，青到庐山第几峰。

阑干

远引修郎复绕宫，山篱水槛逊玲珑。愁生私语凭肩候，宛在回文织锦中。花院月来阶卧影，江楼人倚衷添红。可能最是如侬意，处处相寻曲曲通。

其二

卍字冰文宛转工，曲廊短榭折旋通。暗霏清露晨犹湿，小借斜晖晚更红。有约频敲花底月，多情时拂柳梢风。前欢漫道无踪迹，只在千回百绕中。

其三

百缭层城匝露台，夕阳迤逦画屏开。倒波红冷偏依藻，抱柱阴深欲上苔。一剪柳丝风约住，半廊花影月移来。无端为尔牵吟思，不记闲巡日几回。

其四

小立闲欹意总便，真堪与我作周旋。施朱太赤花应妒，倚玉无人月也怜。蜿蜒乍惊风沼里，延缘忽近绣帏前。凉飔懒弄芭蕉叶，一曲回廊共悄然。

其五

偎红倚翠愁千匝，缭碧萦朱锦一方。宵露悄欺罗袂薄，秋千斜拂彩绳长。空去穿蜂蝶花临砌，影乱楸梧月转廊。到处勾留君莫讶，相牵元似九回肠。

其六

循廊倚柱巧萦纡，转石穿云乍有无。坐觉青霄端可上，醉来红里不须扶。园林藉尔添幽折，衣服从人袨丽都。占断小楼西一角，那知身在范宽图。

其七 以下二首寓拨云巢作

偏绕琼楼十二间，丹砂谁炼好容颜。登临陡失层霄险，徙倚私偷半日闲。敢厌循墙多曲折，最怜拾级有跻攀。玉窗珠户遥相映，曾与仙人共往还。

其八

十二阑干绕翠鬟，碧城如画俯尘寰。万家井邑凭临外，千古兴亡指顾间。但觉一回增缱绻，不知几度换朱殿。却疑玉笛无人听，可是仙神也欠闲放翁诗"珥貂老仙期不来，空倚阑干吹玉笛"。

秋蝶

悄来庭院弄秋光，节去蜂愁蝶自忙。才筬齐纨惊渐定，重寻庄梦夜初长。翩翩南陌春风影，恋恋东篱晚节香。翻怪画堂双燕子，几曾相伴过重阳。

花幔

玉津金谷影沉沉，别有藏娇翠幄深。过雨不妨倾国貌，窥园早见惜芳心。浅深色映连书幌，覆被思多抵绣衾。明日绿章封事达，海棠遍为乞轻阴。

酒旗

知近轩辕第几星，玉鞭遥指影娉婷。招邀风月归花县，点染溪山入画屏。江岸晴飘诗思迥，河桥晚带别愁青。等闲占断萧闲境，竹里高楼面水亭。

其二

酒熟江城喜见招，河阳风月字新标。春情淡荡花闲飐，雪意荒寒竹外挑。相望不离楼角近，来寻何惜马蹄遥。还嫌寂寞斜阳里，时借东风一动摇。

其三

水村山郭影悠悠，斗酒还应向尔谋。晚照半竿篱落外，春风一片树梢头。旧游宛尔新丰市，诗思飘然李白楼。曾为梨花远相趁，依稀风景记杭州。

同作钱塘魏之琇玉衡

似与诗家别有情，山桥野店足平生。白头共守怜司马，青眼相看爱步兵。跌宕偶霑花雨重，超邀时趁柳风轻。江南好景谁能写，一弄长竿落照明。

纸山同何春渚作

争裁楮叶捣桑皮，装点南条缀北支。春水几经前渡浣，夏云陡起数峰奇。方惊六六鳌难驾，谁信空空鬼可移。尽把千翻拖半壁，洛阳价贵复奚疑。

其二

迤逦云蓝入望赊,量移楮国近山家。一湾活欠流云水,满坞浓蒸蕈彩花。高起势机凌太华,买来价只抵麻沙。寒窗别有书城拥,万卷崔嵬老眼遮。

原作

裹就云蓝色浅深,俨然丘壑气萧森。也知装点工原费,只恐跻攀力不任。戢业纵饶千仞势,坚贞难信一生心。奇姿好是空濛里,却怕斜风细雨侵。

其二

仿佛含晖晓月初,一泓只欠绕清渠。休思观海扶筇上,大好摩崖纵笔书。体似膨脝终骯髒,貌加涂饰只空虚。五丁省却推移力,挟取横行任所如。

其三

莫认耐交呼石丈,须知渠是楮先生。买来翻笑钱空费,聚处终输米易成。逸少库中应弃物,季扬谱内漫争名宋杜绾,字季扬,著有《石谱》一卷。秦邮两岸山光好,赖尔多情伴我行。

其四

良匠模山见未曾,可勘破费剡溪藤。涧声绝少潺潺落,云气何由续续升。谁借浣花心最苦,我怜炼石技兼能。一般玩好归淳朴,冷笑平泉柱自矜。

笔洗

一勺聊为润笔酬,玉壶湘管契偏投。江花饱吸垂枝露,毛颖深窥古井秋。几脱腕时方燥吻,得抽身处且埋头。漫嘲日事无何饮,会放词源倒峡流。

其二

管城来买玉壶春,饮水而甘若饮醇。户小请君先脱帽,杯分与客共沾唇。渴来落纸愁奔骥,醉后挥毫觉有神。却笑墨卿嫌饮湿,麝囊豹筪稳藏身。

墨床

磨人磨墨暂相忘,小为龙宾置一床。坦腹尚应松入梦,支头还借豹为囊。眠多偏喜临池暇,睡起仍供点笔忙。自分此身穿铁砚，肯因高卧谢钟王。

笛声

谁喷霜竹作龙吟，凄断空庭月下砧。高响漫惊山石裂，缓歌相和武溪深。一声乍破红楼梦，万里遥传紫塞心。多少江南未归客，莫教楚调转吴音。

其二

一尺玲珑翠管横_{陈陶《小笛弄》云"一尺玲珑握中翠"}，散飘愁思满江城。临风嫋嫋秋无际，入夜萧萧雨有情。杨柳折来空怅望，梅花落去更凄清。桓伊三弄空千古，不抵倚楼人一声。

角声

呜呜画角语城头，冷带西风度戍楼。塞雁一行惊欲断，元戎千乘凛如秋。哀笳未动愁先引，刁斗无声气转遒。唤起玉门关外梦，几人投笔慕封侯。

花浇

忽漫天瓢入手中，无云篱落雨蒙蒙。金莲丁倒千丝挂，玉藕玲珑万窍通。遍润灵苗宁小补，立回枯卉有奇功。壶中造化人谁识，辛苦斜阳抱瓮翁。

辣酱

老将辣手授厨娘，丹鼎新调十二香_{酱名}。适口我如虫食蓼，攒眉客诮鼠搬姜。辛盘此日欣重荐，苦菜频年与并尝。更有吴酸初透瓮，及时梅子雨中黄_{谓梅酱}。

护膝

稳称双趺厚袭稀，膝行前席软如茵。微官一缚躬难直，高士潜加_{借用加膝字}躅转低。密赞萧娘同拜佛，忍教郑婢独沾泥。翻嫌促束依穷袴，不及鞋儿玉手提。

其二

青鞋布袜足平生，谨护尤于两膝诚。陛肃老矜臣虎拜，金多羞附嫂蛇行。屈伸由我元无碍，冷暖相关暗有情。从此长吟闲抱处，真堪脱屣到公卿。

屐

一双蜡后着来轻，千古犹高阮屐名。雪满阶除深有迹，泥干巷陌渐无声。寻山转觉登时稳，爱酒还防醉后倾猩猩事。珠履三千君莫羡，能消几两了平生。

伞

高密侯封近毕星高密侯，见《清异录》，影团团处雨冥冥。不教点滴沾衣袂，真似游行在户庭鲁班妻造伞，谓其夫曰：君为人造居室，固不能移，妾为人所造，能移千里之外。一片云移头上黑，几时眼换马前青用青凉伞事。解嘲只作寒窗下，淅沥芭蕉侧耳听。

洋钱

白水真人隔渺茫，天教飞渡越重洋。娇分妃面妆才半，雅负兄名孔欠方。齷齪岂甘铜并臭，团圞却喜月争光。雪肤花貌丰圜好，轻薄何堪配沈郎。

四花诗同方铁珊作

稻花

扫尽春风桃李场，此花端合冠群芳。英英已作云腴色，郁郁先含饭甑香。望里珠光辉万亩，意中玉粒满千仓。东阡南陌循行遍，大胜闲游到洛阳。

豆花

东篱未放菊花黄，戢戢蛾儿翅尾张《群芳谱》：扁豆花，其状如小蛾，有翅尾形。风雨声繁阴渐密，龙蛇影动蔓滋长。垂青荚饱三危露，幂翠庭延一夏凉。最是宵来清韵别，疏灯络纬映茅堂。

蓼花

满丛开近白苹洲，冷艳新添水国秋。拜雨揖风翻有态刘后村《蓼花诗》云"拜雨揖风江汉秋"，粉零香碎不胜愁。低枝簇簇依鸥鸟，弱影垂垂弄钓舟。谁似何郎解相赏，崇台贞石小诗留何承矩筑爱景台，植蓼花，日至其处，吟诗刻石，见《后山丛谈》。

荻花

蟹舍渔乡一白同，霜华闲淡雪迷濛。愁连漠漠江烟外，秋满萧萧月影中。露下怀人天水碧，风前吹笛夕阳红。夜来暖入青绫被，别有清香晓梦通。

小舫

乌篷一叶买江天，企足吹箫枕手眠。管领烟波三万顷，平章书画二千年。曾因载菊人传逸，宁待骖鸾我已仙。乞得鉴湖缘底事，醉来骑马不乘船。

其二

破浪乘风又一时，舵楼晚饭自哦诗。浮家误认玄真子，载酒惭非杜牧之。篷背雨声春睡稳，沙头灯影夜归迟。无人解唱江南乐，乞与吴娘玉笛吹。

其三

烟波十里兴悠哉，面面吟窗手为开。茶灶笔床无俗韵，绿蓑青笠绝纤埃。闲欹恰喜鸥相近，共载还因月自来。一笑推篷有奇事，艨艟谁驾汴州回。

其四

兰桡桂楫渺何之，醉酹船头酒一卮。逝水滔滔宁复返，洞箫嫋嫋岂胜悲？江山似昔凭谁识，风月无私教客知。徙倚篷窗倍惆怅，两游赤壁不同时。

附词

沁园春 题小舫

狎鹭盟鸥，爱尔飘然，似一叶轻。倩碧纱面面，闲钩山色，青帘幂幂，密护箫声。放鹤寻僧，囊琴幞被，小作安排缓作程。疏髯弄，更《离骚》醉读，禊帖重评。风波满眼休惊，且略就花枝缺处横。慨舳舻千里，鱼龙寂寞，琵琶一抹，烟月凄清。夜雨敲篷，春云绕舵，谁伴江南载酒行。君知否，有桃根桃叶，打桨相迎。

诗

入海冥搜拥被吟，闭门消息最深深。百篇斗酒乘高兴，两句三年破苦心。寓世更无他事业，开编转惜旧光阴。依稀似听秋坟唱，未信人间少赏音。

其二

漫道诗中用力深，鸳鸯谁与度金针。问天敢作牢愁语，呈佛应生欢喜心。自有性灵从我出，那烦门户傍人寻。却怜一滴空阶雨，时伴寒灯入苦吟。

其三

羚羊挂角是邪非，曾向禅关觅指归。茶熟香温空妙境，鸟啼花发任天机。穷难着想翻生巧，淡不求工转入微。惭愧阿婆三五日，枉抛心力学妃豨。

其四

耽诗性癖过烟霞，语未惊人敢自夸。老去律严师杜甫，醉来胆大仆刘叉。灯前笑乞围红袖，壁上轻笼待碧纱。贪向麒麟标第一，功成转惜鬓毛华_{司空图诗"侬家自有麒麟阁，第一功名只赏诗"，又唐人诗"得句将成功"。}

其五

池草江枫绕梦思，酒徒禅侣断闻知。主持风雅惭非任，报答年光幸有辞。玉尺衡才方此日，金丹换骨定何时。砌蛩窗月床头雨，并作星星鬓上丝。

其六

霜眉落尽雪髭残，投老初知此事难。补我精神陈酒脯，倾君囊橐出心肝。重编甲乙谁相定，一字推敲久未安。庭院无人花冷落，几回倚遍曲栏干。

其七

不知何物酿诗愁，春恨才消又感秋。入梦床棱犹枕手，出游马上只低头_{见朱庆余诗}。无人说项名谁识，有日瞻韩价始酬。从此亟须谋斗酒，月明花发快登楼。

其八

闭门万事不吾知，只有吟情似旧时。身健冷亲书案早，心闲小把酒杯迟。孤飞寒雁萧萧影_{鲍当}，独出饥鹰矫矫姿_{鲍照}。深愧吾宗老孙子，别成一卷鲍家诗。

其九

寸心得失尽分明，忍俊难禁手自评。偶遣微词报风月，谁传佳句到公卿。尚嫌外少酸咸味，不恨中多儿女情。抚卷自怜还自笑，辅轩录上未登名_{阮芸台中丞新编《两浙辅轩录》，采风初以来诗人三千余家，存者例不入选，故戏及之。}

其十

迩来诗外有工夫_{放翁句},觅得诗中消息无。借助才情风月笛,抛荒文字也之乎。未能泾渭分清浊_{见遗山诗},那免邯郸学步趋。儿辈请招刽剧氏,手先题作_诊力政切痴符。

自题咏物诗后

懒整词坛旧鼓旗,重寻笔砚事儿嬉。凿开浑沌都忘老,画出虚空亦自奇。搏兔枉抛狮子力,雕虫宁复壮夫为。百篇瞿谢规模远,聊助匡君一解颐。

夕阳同魏玉横郑弗人作

飞辔何人策六龙_{司空图诗"六龙飞辔长相簪,更忍乘危自着鞭"},西垣急晷少停踪。惊心漫向中庭觅,倦足偏于半道逢。背我青春同荏苒,饶人白发肯从容。宁知老眼增明处,瞥到云山第一峰。

二

一匝人间市又朝,晚来依旧满闲寮。疏分霜叶秋容淡,细点征帆别思遥。袅袅欲随寒角尽,青青犹映翠帘遥。迷藏渐匿西楼影,不信春愁尚未消。

三

草暖沙明一片秋,栖乌啼上柳梢头。偶乘小睡还偷去,肯恋微吟更少留。转眼却如花易落,无情不挽水西流。几时拼得闲踪影,遍倚江南卖酒楼。

四

谁复挥戈似鲁阳,放教容易上西墙。片时春梦无踪迹,一霎秋山乍老苍。隐隐笛声牛背冷,匆匆鞭影马蹄忙。何由更买长绳系,暂晒相思鬓上霜。

五

再拜金卮酒满盛,为君重唱短歌行。百年身世宾鸿影,万里关山画角声。征马云边驱转急,归舟天际望偏明。倚栏何限苍凉意,费尽闲心写得成_{唐人诗"闲心落照前"}。

六

醉里回头问不应,若为东上却西腾。阏支塞远愁频出,韩信坛荒懒重登。马上看山多倦客,溪边扫叶有闲僧。黄流入海争奇观，谁在高楼最上层。

七

几度繁华几战争，能消几度小檐明。宁愁一去踪难觅，却恐重来事转生。樵客出山遥带影，渔村晒网晚贪晴。竖儒千载真痴绝，瘦马回鞭别渭城。

八

悠悠万事竟何成，深院斜廊寂寂明。懒趁樵苏争晚市，愁随鸟雀入空城。猕猴拾虱频窥影，络纬迎凉渐试声。忽送闲情来眼底，小红一捻晒檐楹。

九

匆匆弹指去来今，怕见残阳阁远岑。阵带风回鸦万点，影先月写竹千寻。问谁闲里遮西手，老我空怀再少心。肯与春宵同论价，直须一刻万黄金。

十

落日亭亭景最奇，那须追恨上山迟。金泥照海闲供画，石壁翻江幻入诗。急管弦中争一刻，曲阑干畔立移时。不知晚思能多少，占断垂杨十万丝。

十一

又送谁家燕子来，乌衣巷口共徘徊。漫盘秦岭千重出，曾照潼关四扇开。漠漠烟中明白鹭，凄凄雨后满苍苔。可应华发羞红里，醉拍阑干首重回。

十二

晓窗明后晚窗明，谁为飞光缓去程。高下楼台鸲鹆观，参差烟树武昌城。依依向我浑无语，淡淡留人自有情。重换一帘花弄影，小轩寒月上初更。

十三

云边和雁落桑乾，雨后怜香泣牡丹。恨不少迟墙一角，悔曾高卧竹三竿。疏烟篱落添秋爽，残雪帘栊减暮寒。魏国山河汉陵阙，为渠抆触总无端。

十四

一枝瘦影卓闲筇，冷送千山紫翠重。天为吟边留短景，时于松际见高踪。自嫌杜牧寻春晚，谁信冯唐到老逢。艳杀采莲舟上女，小敧荷叶障秋容。

十五

横陈山色隐随潮，枌社同寻不费招。秋水寒雅时点点①，西风落木共萧萧。独来小阁三层倚，谁与残棋一局消。只有诗愁足千古，相将携手上河桥。

十六

一湾流水绕孤村，送尽归雅影渐昏。迟暮相依如有约，兴亡阅尽竟无言。谁能更作千年调，我为重销万古魂。山外有山看不足，几回倚杖立柴门。

十七

西窗一半影悠悠，晚景天应为我留。远引钟来云外寺，渐分灯上酒家楼。水蒲风絮浑无赖，帽影鞭丝各自愁。肯惜烟波三万里，尽情乞与两沙鸥。

十八

芦花江上晚烟空，满眼西风落照中。汉口斜连孤鸟度，长安近接软波红。争船野渡无闲客，曳杖秋林有醉翁。破帽手遮君莫笑，旗亭话别惜匆匆。

十九

迥与朝曦景不同，感人最是沉寥中。坏垣雨歇添莎绿，古寺僧归射笠红。半榻留为禅寂侣郑谷《夕阳》诗"僧窗留半榻"，千山去作退闲翁。悠悠今古谁能管，尽付楼头一笛风。

二十

绕廊闲步傍江行，欲绊余晖好句成见坡诗。酌酒劝龙天帝笑，攀条弄雪玉人惊。芙蓉花外高楼暝，芦荻洲前野艇明。晚景一川吟不尽，凭谁唤起谢宣城唐人诗"若使谢宣城不死，定应吟尽夕阳川"。

---

① 按："雅"，当作"鸦"，此后从略。

附录一：南京图书馆藏《花韵轩咏物诗存》

读魏玉横郑弗人夕阳诗感念畴昔怆然于怀再题卷后玉横名之琇，钱塘人，严力庵为书"诗如云态度，人似柳风流"一联，人称柳洲先生，有《岭云诗钞》《柳洲遗稿》传世。弗人，名竺，慈溪人，寒村先生曾孙。时养疴湖上，与予及玉横倡和甚多。及秋，病剧，归思渐深，吟至"残柳归雅"一联，凄然搁笔，挂帆亟去，竟返道山，不复唱渭城矣。诗中特为拈出，以志人琴之感。

老去诗人魏柳洲，新词写尽夕阳愁。斜兼远雁沉沙尾，细点寒鸦过石头_{柳洲联}。东郭有书谁借读，西湖无伴懒闲游。伤心一带红阑影，仍在黄公旧酒楼_{柳洲诗云"安得诗如摩诘手，写将烟景上黄炉①"}。

右题魏作

觅句愁中尚闭门，夕阳已是近黄昏。秋风一去难为客，春梦重寻似有痕。残荻萧萧明鹳浦，归雅点点认寒村_{弗人联}。病怀乡思分明在，谁复能招别后魂。

右题郑作

书沈菘町夕阳诗后景良，字敬履，号菘町。穷居北郭，课童钞书以自给，吟诗、饮酒之外，无余事也。老年诗稿为人窃去，怅怏而卒。尝辑元人白珽诗为一编，跋后署菘町而不名，《四库全书》即著于录，亦艺林佳话也。何春渚为作传，惜未及之。

北郭先生老忍穷，酒钱谁复赠青铜_{黄小松自济宁归，赠以酒资，先生有即事诗云"酒人归访故山栖，怪我葫芦久不提。笑赠青铜三百斤，晚来依旧醉如泥"}。罂罍种菊荒篱下，盖展钞书漏屋中。自号长留丁字库，遗诗不返楚人弓。十年空下陈蕃塌，赢得西窗晚照红。

兰如鄂岩相继下世重题诗后以寄哀思

风流云散怆平生，检点韶光暗自惊。谁与石屏商好句_{事见《石屏集》}，徒惭春水擅才名。相望落落晨星影，那更萧萧夜雨声。从此闭门称独赏，不须折简报诗成。

重感夕阳悼兰如即用前韵

弹铗归来便隔生_{客杭经年，归未半月而逝}，轻尘弱草只堪惊。贫推画作家常计，诗任儿传身后名_{遗诗未刊，嗣子之任也}。剪烛那堪听旧雨，开门无处觅秋声。小窗一抹轻红影，半是相思泪

---

① 按："炉"，据下文魏之琇《夕阳》（其三），当作"垆"。

染成。

再用前韵悼鄂岩

誓向西湖毕此生，无端一语我心惊。老轻书画兼金直_{藏弄书画、法帖数千金，晚年脱手散去，不计直也}，死避穷愁两字名。诗卷新排宁有意，酒杯笑掷已无声_{方与予晚酌，烛未见跋，把杯一笑而逝}。电光石火须臾景，除是斜阳写得成。

秋日独游湖上追念柳洲弗人昔时倡酬之乐今夕阳遍野而二君墓木已拱诵昔人花前洒泪之句不禁涕洟之集也口占一律以写哀思

青山满眼送凄凉，谁复歌呼共野航。隐隐寒笳动城郭，时时清泪湿衣裳。松楸入望新诗冢，歌吹无声旧酒场。我亦相思愁老去，可堪回首问斜阳。

别有所感再用前韵

萧疏残影柳堤荒，信意闲行称意长。野艇偎蒲如我懒，寒云出岫为谁忙。旧游步步追陈迹，小雨时时点夕阳。满眼凄灵春梦冷，不烦西子更红妆。

题夕阳诗后 仁和沈景良 敬履

来何暮也去何频_{训急也}，俯仰之间迹已陈。吊影冷陪垂钓客，无聊闲趁倚楼人。曝余书卷方堆屋，吟罢诗愁尚满身。更复随时爱光景，一篝灯火晚相亲。

阳湖赵怀玉 味辛

人间最重晚晴时，好事参军更咏诗。绝唱肯教孤雁占，春愁惟许夕阳知。直将倩女魂呼出，不管才人鬓易丝。我亦倚楼吟倦客，只贪花坞影来迟。

古杭何琪 春渚

怪底吟声尽是商，一编入手剧苍凉。词人昔有张春水，诗老今传鲍夕阳。半岭又看横暮紫，百年消得几昏黄。倚楼都是关情处，输与吴儿木石肠。

石门方薰 兰如

词人老去惜流芳，尽把诗愁付夕阳。楼外寒山自今古，林间清影足徜徉。真成云汉为图手，便是神仙驻景方。笑我问天无好句，空持杯酒劝飞光。

桐乡金德舆鄂岩

知消几刻晚窗红，费尽诗人百炼功。未肯一般施面目，真能五色画虚空。染来猩血词偏艳，剥到蕉心思不穷。俊逸参军孤雁鲍，从来别自有家风。

仁和郁礼佩先

诗人好句夕阳多，偏耐闲窗细揣摩。愁思茫茫接榆塞，余情渺渺托烟波。何人肯赠金丹诀，无计能停玉女梭。只有玲珑知此曲，晚来还为使君歌。

附同人作

夕阳 钱塘魏之琇玉横

一抹微茫晚更愁，雨余烟歇未全收。斜兼远雁沉沙尾，细点寒鸦过石头。红树有情还北向，绿波无语自东流。江山满目同今古，莫倚危栏豁倦眸。

其二

穿林隔浦极苍凉，望远登高正渺茫。红衬晚霞明雉堞，碧摇秋水上鱼梁。马头客去旗亭杳，牛背人归崦路长。无恨寂寥无恨思，不堪怀古共思乡。

其三

依依脉脉下平芜，啼煞江南旧鹧鸪。残角沉瀓闲故垒，片帆明灭淡重湖。无多草树含情思，一半楼台入画图。安得思如摩诘手，写将烟景付黄垆。

其四

绮霞江练费愁思，落景亭亭更有诗。山外远山山远处，雨余微雨雨微时。白鸥野岸浮渔艇，黄叶孤村映酒旗。最是蒹葭收不尽，晚风吹上古台基。

夕阳 慈溪郑竺弗人

予有幽忧之疾，老母命渡江养疴湖上，日与柳洲、渌饮倡酬为乐。入秋，归思颇切，会社中有拈此题者，即景言愁，勉占一律，不自知其言之悲也。

劝尔飞光酒一樽，几时江上送王孙。懒随归艇催帆影，忍上征衫照泪痕。残荻萧萧明鹳浦，归鸦点点认寒村予家慈溪之鹳浦。寒村，先曾祖之别字也。遥怜慈母停针线，立尽黄昏未闭门。

夕阳 沈景良_{敬履}

扶桑才挂晓暾弓，又上西墙故恼公。未肯迟留花坞里，却教明灭乱流中。长绳可买凭谁系，破帽聊遮谅我穷。拟借浊醪持劝尔，晚来自笑瓦盆空。

夕阳 钱塘范廷甫_{圣谟}

寒鸦飞尽水悠悠，中有斜阳一段愁。不觉顿生迟暮感，那堪重忆少年游。千山红树离亭酒，匹马黄沙塞角秋。输与牧儿鼾睡起，一声短笛跨归牛。

夕阳

漫为儿曹作殷忧，请君醉里一回头。只饶天上春难老，且放人间事少休。驿路萧萧愁去马，柴门两两见归牛。西园桃李明如昼，秉烛何人又夜游。

夕阳 仁和吴长元_{丽煌}

莫怅韶光逝水流，西窗残照尽优游。儿增晚课诗初就，客算残棋局未收。亚字阑干斜转影，菊花篱落静移秋。月明老子乘高兴，清啸还能上庾楼。

夕阳 仁和戴镐_{肇周}

有客凭阑豁倦眸，西风残照正当楼。遥添山外千重翠，别是诗中一种愁。高下云帆争破暝，参差烟树远酣秋。不嫌寂寞黄昏近，更上湘帘咏玉钩。

自题夕阳诗后

自古诗人爱夕阳_{黄九烟句}，至今与我共徜徉。蕉心莫向愁边剥，蔗尾须从老处尝。室有琴书消永昼，天无风雨损韵光。掀髯弄笔西窗下，相送年年度粉墙。

其二

那便羲和返斾驰，桑榆晚景却迟迟。浇花晒药浑多暇，徙竹移松寂不知。邨步系船归钓后，湖桥曳杖看山时。偶然收拾奚囊锦，便是秋来漫与诗。

其三

仿佛寒蝉抱叶吟，怕教返景入深林。凄清三弄楼头笛_{唐人}

"落日楼台一笛风"，重叠千家屋角金。落落壮怀空自许，骎骎老境已相寻。山阴禊叙秋声赋，同此无聊一片心。

庭花八咏

梅

冷蕊疏香恨不禁，天寒何处觅知音。雪来高士门前扫，诗到孤山寺里寻。出竹一枝苏玉局，插瓶全树陆山阴。凄凉最是城头角，说尽平生铁石心。

桃

霞明锦灿遍郊闉，开到桃花始是春。观里诗留前度客，门中红映去年人。早输博士先成赋，那许渔郎再问津。万树绕阶楼四面，竟须乞作主林神。

李

雪压云迷自一村，肯同凡艳灼公门。潮横匹练偏宜夜，霜入千林不厌繁。强索风前还解笑，相逢月底却无言借用放翁梅花句。只缘邀得卢仝赏，独占风情在小园。

杏

江南春色近如何，十里红香走马过。词客自怜才思减，玉人微觉酒颜酡。传来消息楼头雨，占断风情帕幅罗。看得宝儿憨态足，古铜瓶子一枝多。

梨

不傅胭脂学海棠，随宜梳里淡容光。朱门寂寂深扃雨，玉露泠泠净洗妆。野店山村寒食节，风清月冷白云乡。遥怜一片清旗影，更就文君索酒尝。

玉兰

玉兰堂久擅佳名，瑶蕊琼蕤放晓晴。皎皎羞持银烛照，亭亭讶见雪山明。煎酥忍出焚兰计，落砌惊闻碎玉声。自是早邀青帝宠，百花头上许相迎宋人目为迎春花。

海棠

东君作意恼红妆，乞与天孙锦七襄。惊见齐奴开步帐，愁令蜀妓减容光。求全微抱无香恨，饱看须寻不死方。堪笑诗人忙底事，朝朝走马碧鸡坊。

绣球

满相圆姿月露团，何人抛向曲阑干。倚风荡漾娇无力，映日玲珑雪未干。不惜春工裁出巧，却教天女散来难。玉阶漫托承恩最，须倩傍人仔细看。

题后

群芳队里雪须髯，老去风怀却自嫌。尚觉情多如杜牧，只愁才尽似江淹。拈来信手诗千首，散作缠头锦百缣。重剪桐花烟一篆，平教春色十分添。

团扇

入手团圞画扇开，齐纨早为合欢裁。分明镜出秋娘抱，自有风从月殿来。花径相逢羞掩映，玉阶无伴影徘徊。香痕金粉依稀在，知是西园扑蝶回。

卖花声

箫声吹彻卖饧天，侧耳谁将花信传。曲折穿来深巷里，殷勤送到晓窗前。误从枕上惊残梦，潜劝钗头换夕蔫。多谢儿郎偷唤出，泥他亲数买春钱。

再赋杏花

红红白白闹青柯，月下曾闻载酒过东坡事。渐喜故园归计近，那嫌客枕雨声多。窥墙静掩扉双扇，题帕香销墨一螺。争向尊前斗繁艳，红儿舞罢雪儿歌。

再赋团扇

轻如蝉翼望如空，怀袖团圞出好风。少女偷临夷则镜，封姨误入广寒宫。多情旧记歌桃叶，好事新传画放翁。葛屦蕉衫修竹径，相逢都在月明中。

拐杖

等身未及恰当胸，刚半蛮方九节筇。村社潜携藏老熊，洞云深卓觅仙踪。灯前分影双丁侍，花底寻诗短李逢。还笑百钱无挂处，时时赊酒向临邛。

秋灯

曾随灯火闹春宵，渐觉寒檠耐寂寥。映壁余光声蟋蟀，隔窗凉影透芭蕉。春村一点深穿树，渔浦千星远弄潮。我亦感秋诗欲就，起寻笔研手亲挑。

竹烟管和顾蓁厓

淇水湘江寄迹孤，无端托契淡巴菰。毕生几欲长相守，一日真成不可无。入手便兴云暧靆，到头须失雪肌肤。何由鼻观同参透，敢惜将身化玉壶。

汤婆

老抱衾裯漫自猜，比肩枕臂愧粗才。戒寒不怕秋奴妒，送暖须愁燕玉来。古井无波情转热，阳春有脚律先回。却怜闭置车箱里，腹已膨脐背早鲐。

竹夫人

荐寝偏宜夏日长，玉肌无汗自清凉。不蒙绨绤方当暑，岂信温柔更有乡。角枕锦衾谁旧宠，银床冰簟早专房。敢辞憩臂嫌休膝，凭仗诗人再品量。

旧竹夫人和顾蓁厓

专宠银床几阅秋，炎乡偕老胜温柔。啼痕自觉随时浅，汗渍还怜隔岁留。辗转终全清节操，玲珑久逊旧歌喉。抱衾却笑汤家媪，嫁得萧郎已白头。

其二

珊珊玉骨可怜生，惯历寒暄老渐成。笛簟横陈谙蜡味，笭房独卧减云情。几经白帝新更令，渐忘青奴旧改名。留得徐娘标格在，纱厨纨扇再卿卿。

晓月

挂柳明珠一颗孤，晓风吹送入菰蒲。草根泫露明犹滴，花影移窗淡欲无。茅店荒鸡频喔喔，秦城残角远乌乌。凭将碧海青天恨，写出霜娥惜别图。

其二

不管黄鸡天上催，且随青女暂徘徊。脆生牙板低悬柳，冷彻铜铺寂上苔。淡淡移将寒影去，泠泠分送晓光来。更知何处偷灵药，转入儿家玉镜台。

雨声

入夜催花信渐通，多情欹枕旧房栊。梦回万瓦淋浪里，诗在空阶点滴中。阑角静怜蕉未绿，墙头愁勒杏初红。不知谁买青楼醉，帐冷灯昏唱恼公。

其二

滴砌敲窗侧耳频，潇潇彻夜误连晨。焚香默坐浑成懒，剪烛重听转益亲。拨触春愁初到枕，闲思往事最伤神。谁怜漏断灯花落，更有联床对话人。

附录二：鲍廷博相关诗词辑录

春日鲍秀才廷博招同人谦集西湖

吹花擘柳几番风，暇日还欣载酒同。十里湖山比西子，一船书画近南宫。论交都在咸酸外，吊古偏宜寂寞中是日寻张苍水墓。幸有写图奚处士，不教此会迹成空钱唐奚冈作纪游卷。①

题文信国书为钱塘鲍文学廷博并序

书凡三百四十七字，前幅已缺，文载《清河书画舫》。向在李中丞鹿山处，今归于鲍。后有一峰跋语，谓是空坑败后所寄。一峰不知姓氏，小印署"冰蘖"二字，殆亦宋遗民也。王光禄鸣盛以书中"入汀"一语疑之，辨其非空坑作，其他跋语颇多，皆近人，故不及焉。

半间堂筑西湖幽，法书名画倾公侯。木棉庵中携不得，化作劫烬无人收。当时岂索信公书，至今尺纸逾天球。鲍生家亦居湖滨，物不贵异惟其人。牙签锦贉几千轴，得此谓可空其群。寥寥三百卌七字，空坑败后从容寄。幅残似耻瓦欲全，色黤还思泪深渍。已教八口堕虎穴，忍令孤城怯螳臂。间关久置成败算，颠仰尚兼家国计。临危示法先示信，检点残军收札印。人亡纵失将伯助，天意不教以疾困公书云在瑞金，一病甚可忧。可怜覆巢难复全，生儿夭折女弃捐。魂从朱鸟返天上，心照青简传人间。传疑传似任史臣，黄冠故里恐非真。况为曲笔掩正气，大元革命邦维新。浮踪偶向闽海寄，聚讼争若鸿沟分。如公可死死亦矫，龙首黄扉致身早。殁殊葛公节义传，生胜睢阳宰辅表。后来岂少登科名，豪

---

① （清）赵怀玉：《亦有生斋集》诗卷五，清道光元年（1821）刻本。

华但学公平生。读书不识忠孝字,翰墨亦称稽古荣。①

十月十七夜鲍秀才廷博招宿湖上玩月

夕阳下南郭,初月出东岭。之子寻幽期,招携泛孤艇。初看树色微,渐觉水光靓。晶莹镜圆灵,照耀及万顷。掀篷受高寒,荡桨入虚迥。衣裳散风露,林薄满光景。何如剡溪游,绝胜辋川境。迢迢凤林钟,中宵发深省。

境清不能寐,素心乐无违。愿言永今夕,灭烛延寒辉。交欢布瑶卮,寄怨弹金徽。气寒偪姑射,语秘搜灵威。有时遂孤往,嗒焉殊忘归。横斜澹星斗,晃漾明楼台。顿令身世弃,岂虑年华催。何当挟飞仙,御风溯九闳。②

六月廿一夜鲍大廷博招饮湖上

前年夜泛西湖中,寒蟾一镜波光融。今年夜泊西湖畔,夏木千章雨声战。我来听雨秉烛游,白日那比清宵幽。区区尊酒亦足乐,何必丝竹兼觥筹。舟轻一苇不施橹,荡入荷花迷处所。徐闻水面生暗香,岂识人间有炎暑。主人好书兼好奇,瞑车郭象搜无遗。自是厌谭尘世事,非关喜唱秋坟诗。诗成手击如意断,炙冷杯残夜方半。萤火如磷近著人,树阴似鬼遥蹲岸。平生快意惟朋簪,今日之乐何时寻。当筵有客况远别,转眼踪迹萍浮沉。云霄岩壑任管领,光景无多失俄顷。枕藉舟中各倦眠,惺忪篷底吾深省。此时雨歇初见星,披衣独上湖心亭。天河倒垂北斗直,万籁寂寂云冥冥。寺钟渐稀星渐没,篙师解缆恩恩发。湖明山黯两有情,回首南屏隐残月。③

鲍大廷博方大薰有卜居之约索余诗实之

几年长水结为渔,又向名山赋卜居。张壁故宜宗炳昼,纳楹早有晏婴书。但期辟竹时通径,何苦疏泉定异渠。准拟与君分席地,蜗牛随意筑吾庐。④

---

① (清)赵怀玉:《亦有生斋集》诗卷五,清道光元年(1821)刻本。
② (清)赵怀玉:《亦有生斋集》诗卷五,清道光元年(1821)刻本。
③ (清)赵怀玉:《亦有生斋集》诗卷五,清道光元年(1821)刻本。
④ (清)赵怀玉:《亦有生斋集》诗卷五,清道光元年(1821)刻本。

岁暮自桐乡归里留别金大德舆兼呈同志

半载依亲串，高斋愧授餐。为师是人患为金大课子，好客到君难。桂玉生谁裕，风霜岁又阑。此行虽暂隔，别有意增酸。

先后归乡里，同为无母人。尔惟怜弱子，我已奉偏亲。凄耳乌啼夜，惊心草入春。令名酬罔极，努力未衰身。

才爱方干老薰，交怜鲍叔知廷博。差能消客况，但各苦年支。何处青山好，相要白首期。清荧灯火里，莫忘盍簪时。①

方大薰尝向鲍大廷博借书因作还瓻图以报为赋此诗

得闲居士万卷积，寓安居士六法秘。借书还画一瓻偿，小变束修羊旧例。湾环长水舴艋舟，缥缃瓮甋坐雨头。却疑西塞山前客，来作谟觞石室游。何当同结岁寒友，再许相从十年久。红蟫绿蚁我兼收，尽读奇书醉名酒。②

方大薰病危处分家事甚悉独以诗稿惓惓于鲍大廷博金大德舆及余三人知其平生所最切也今闻痊愈却寄是诗

闻说方干病，今还庆更生。一编真托命，九死见交情。花月逢宜赏，溪山近便行。再休劳七尺，薄产与浮名。③

题风雪闭门图为鲍大

雪满衡门老木疏，此中大似汝南居。知君别有排冬计，新买丛残几寸书。

木榻长穿管幼安，纸窗竹屋且磐桓。人间不少羊羔酒，也只消磨一饷寒。④

偕鲍明经廷博李处士芝金比部德舆过借秋阁观咸平三年所进贝叶经明慈圣李太后赐画九莲观音像

寒林霜净鹫峰幽，高阁来登已过秋。病后闲踪佳客共，劫余名迹老僧收。册番贝叶佉卢字，九色莲花大士舟。都是华胥梦中物，深宫想见几焚修。⑤

---

① （清）赵怀玉：《亦有生斋集》诗卷九，清道光元年（1821）刻本。
② （清）赵怀玉：《亦有生斋集》诗卷九，清道光元年（1821）刻本。
③ （清）赵怀玉：《亦有生斋集》诗卷十，清道光元年（1821）刻本。
④ （清）赵怀玉：《亦有生斋集》诗卷九，清道光元年（1821）刻本。
⑤ （清）赵怀玉：《亦有生斋集》诗卷十一，清道光元年（1821）刻本。

书鲍大廷博夕阳诗后

人间谁重晚晴时，多事参军自咏诗。绝唱肯教孤雁占，新愁唯许夕阳知。直将倩女魂呼出，恐惹春人鬓易丝。我是倚楼吟倦客，只贪花坞影来迟。①

金氏园林杂咏并序

金少权以后圃五景属方兰士写之便面，并作诗文纪之。今来桐乡，两君皆已殂谢。少权子承荫出以索题，遂各系断句，志人琴之感焉。

空亭傍东郭，想见昔登临。遗墨双悬处，重来惨客心亭榜为兰士书，柱帖为少权书盍簪亭。

硬黄日在手，摹拓多妙迹。金石以人传，人寿非金石响揭廊。

金带真如梦，将离作永离。药栏犹在目，乘兴竟无期芍药柴。

生计托灌园，在山泉自好。方羡晚节香，西风何太早酿花泉。

老友凋零尽，唯余鲍叔留。夕阳西下易，我愿挽东流延渌轩为鲍渌饮作也。②

乌镇访鲍明经廷博

桐华溪上判风烟，杨柳浜头又泊船。草草十年劳远梦，依依竟日话前缘。缣缃赠喜归装富，堂构胜知后起贤。倚榻莫愁腰脚倦时君病足，重来会访地行仙。③

追挽老友鲍孝廉廷博

乌戍丹枫昔系舟，殷殷执手话床头辛未秋访君，君时病足卧榻。江湖别作重泉隔，鸡黍邀曾竟日留。长物家犹余万卷，旷观身早定千秋。乙科晚荷君恩重，也算平生素愿酬。天涯沉痼幸生还，恶耗迟闻老泪潸。德寿世谁如后福，显扬子亦继名山哲嗣士恭方续刻《丛书》。明湖莲叶波常冷君尝招饮西湖看荷，高馆桐华客莫攀桐乡桐华馆，妇弟金少权所居，君与方兰士及余过从最密，今金、方已先后物故。忍把前尘更追忆，独怜衰病滞人闻。④

---

① （清）赵怀玉：《亦有生斋集》诗卷十一，清道光元年（1821）刻本。
② （清）赵怀玉：《亦有生斋集》诗卷十九，清道光元年（1821）刻本。
③ （清）赵怀玉：《亦有生斋集》诗卷二十八，清道光元年（1821）刻本。
④ （清）赵怀玉：《亦有生斋集》诗卷三十二，清道光元年（1821）刻本。

乾隆壬寅亡友方兰士薰**为鲍志祖**士恭**仿云林松石卷屈指四十九年矣卷中兰士与金鄂岩**德舆**皆有题句今两人已久归道山毛秀才**庆善**自吴门寄此索诗为书三绝句于后**

方壶绘事仁山句，自昔曾闻艺苑传。回首故人俱宿草，重披遗迹一凄然。

老迂笔墨迥难攀，相赏心同松石间。太息峨峨易摧折，何人携种北邙山。

此卷初归鲍叔藏，无端什袭属毛苌。要知各有因缘在，忽忽经过五十霜。①

秋日邀同潘德园王妙闻鲍绿饮陆古渔项秋子邵右庵戴松门泛舟湖上过净慈寺茶话有作

挈侣言登郭外舟，迎门开士得汤休。斜阳满院石幢冷，空翠一房林磬幽。闲访名山多住佛，老来词客不宜秋。煎茶漫说无生谛，黄叶萧萧打白头。②

寿鲍渌饮七十

名山事业老蟫鱼，万卷琳琅重石渠。已是九重知姓氏，不须应诏上公车渌饮藏书甲江浙，曾进呈，录入《四库全书》。

语溪高士好相于，读画风流足隐居谓方兰士。茶灶笔床行乐地，一编笠泽录丛书。

家赀已为购书贫，剩有清癯鹤立身。爱向西泠桥畔住，夕阳楼上倚诗人渌饮短而癯，以夕阳诗得名。

人间何事胜丹铅，白发飘萧七十年。不用真形图五岳，娜嬛古洞住神仙。③

鲍绿饮文博④**张芑堂**燕昌**相继殂谢慨然成咏**

短鲍闻先逝，癯张近亦殂。天都万卷在绿饮刻有《知不足斋丛书》进呈，石鼓一亭孤芑堂为余所举孝廉方正，家筑石鼓亭，钱官詹竹汀为之记。特

---

① （清）赵怀玉：《亦有生斋续集》卷二，清道光十二年（1832）刻本。
② （清）秦瀛：《小岘山人集》诗集卷十，清嘉庆刻增修本。
③ （清）秦瀛：《小岘山人集》诗集卷十一，清嘉庆刻增修本。
④ 按："文"，当作"廷"。

奏名俱重，斯人骨易枯。夕阳楼上望，萧瑟是西湖向余识两人于西湖上。①

鲍以文

七十老经生，形癯眼尚明。一湖浮宅小，万卷赐书盈。陈起桐阴卧，陶潜菊径行。羡君奚不足，鹤梦有余情。②

祝鲍渌饮七十寿

芙蓉浦上结庐深君家乌镇，两板稀闻剥啄音。秘本天家储凤阁，异书海外购鸡林君进呈孔安国《孝经注》、皇侃《论语疏》，皆购自日本国者。宗之爱萃江湖集，明远工为乐府吟。报道西泠虹贯斗，襄阳船泊白堤阴。

绕屋梅花绝点尘，斋名不足御题新。饥同曼倩癯逾健，箧富湘东老更贫。万卷图书围燕座，一湖烟月访诗人君尝作夕阳诗三十首，《西湖百咏》。平生饱吃神仙字，脉望千年是后身。③

题鲍渌饮先生遗照

古人无今人，古人名早陨。伏生值秦火，遭际亦何幸。传一古人书，名与古人永。翁昔事丹铅，披揽独强敏。浩然悲古贤，大半归沉泯。著书书不传，身世滋忧悯。蠹简剔丛残，智暗尽彪炳。快若春风来，枯枝发新颖。古人藉翁寿，只手千秋拯。古人亦祐翁，科名锡晚景。余虽邻翁居，翁颜迄未省。今日披翁图，百感忽交并。人生若隙驹，百年亦易尽。纷纷金紫多，倏若朝露等。置身徒青云，功勋孰钟鼎。岂无著作才，嘤嘤类秋蚓。亦或嗜捃摭，凿空智妄逞。翁独比老彭，好古心耿耿。但述而不作，足为世儒警。余发已渐苍，愀然惭短绠。俯仰天地间，托足渺何境。师翁事编摩，惟翁或心肯。终恐才力薄，望洋叹沧溟。④

西湖赠吴兴鲍处士廷博

博雅吴兴客，高名重石渠。华林颁秘籍，海国问新书君以进呈古书最多，拜《图书集成》之赐，所刊《知不足斋丛书》，日本国人购藏之。岩谷

---

① （清）秦瀛：《小岘山人集》诗集卷二十四，清嘉庆刻增修本。
② （清）谢启昆：《树经堂诗续集》卷八清风堂草下，清嘉庆刻本。
③ （清）谢启昆：《树经堂诗初集》卷十四蓬峦轩草，清嘉庆刻本。
④ （清）朱方增：《求闻过斋诗集》卷四，清光绪十九年（1893）朱丙寿刻本。

栖神久，湖山著录初。诗情亦幽绝，吟到夕阳疏君以夕阳诗得名，人称"鲍夕阳"。①

自乌镇迂道五里访鲍处士廷博赋赠

草堂苕水上，五里不愁迂。充屋赐书富，开厨粒米虚。乍痊抛药里，奇窘蓄钞胥。轺轩他年传，应同孟子居。子部偏同史，编排二十三时《知不足斋丛书》已刊至二十三集。榻前无客到君已久病，窗外有鸡谈。处士元仍素，诸生青出蓝。以君方孝绪，前哲定蒙惭。②

谢鲍丈廷博惠书

珠林玉海世争传，便是嫏嬛古洞天。过眼云烟应著录丈所藏极佳，宋刻及旧钞久已散佚，今之所存非其至者，余劝其作书目传世，闲身岁月任怀铅。借书以外更无客，开卷之余即是仙。邺架频过分惠屡，归装添压仆夫肩。③

寄知不足斋主人时蒙恩赐举人

衰翁与世久相忘，天语传来姓氏香。自分羽陵随蠹老，敢希天禄借藜光。冥搜不惜丹铅瘁，老健宁愁鬓发苍。莫羡诸郎通桂籍，殊荣应比伏生强。

君开三径我羊求，风雨萧斋与较雠。一自滥竽趋禁闼，几回清梦绕沧洲。尺书迢递无鸿翼，踪迹飘零少凫舄。却盼秋风决归计，好分烟水狎群鸥。④

歙县鲍明经廷博以文⑤

刊尽丛残宛委披，江湖陈起是吾师。绛云汲古都销歇，玉轴牙签好护持。冶有梅根空素业，炉焚柏子写乌丝。夕阳传得骚人咏，想见微吟倚杖时。⑥

---

① （清）陈文述：《颐道堂集》外集卷三，清嘉庆十二年（1807）刻道光增修本。
② （清）洪亮吉：《更生斋集》诗续集卷四《径山大涤集》，清光绪三年（1877）洪氏授经堂增修本。
③ （清）李赓芸：《稻香吟馆集》诗稿卷一，清道光刻本。
④ （清）余集：《梁园归棹录》，清道光刻本。
⑤ 按：怀友诗十四首之一。
⑥ （清）吴翌凤：《与稽斋丛稿》第十四湘春漫与下，清嘉庆刻本。

夕阳八首和鲍以文

余与以文别九年矣,江湖间盛传其夕阳诗二十首。心甚艳之。惜未能寓目也。旅馆多暇,遥和八章,异日东归,当出以相质焉。

料峭轻寒院宇幽,夕阳一片冷光留。分来西岭无边绮,收入东隅不尽秋。澹澹只愁消画角,微微犹自恋红楼。休嫌薄暝黄昏近,早见天边挂玉钩。

向晚楼台一笛吹,林梢弄色最多姿。远随极浦归帆落,暝入遥空雁背知。疏柳渔村看向夕,深春花坞度何迟。西湖记得催吟屧,生怕严城上锁时杭州门禁甚严,游西湖者有"背驮红日进钱塘"之谚。

每见飞随雁影来元李裕诗"夕阳常共雁飞来",更无人处一裴衷。颓垣敛采难重觅,倦马驮看又几回。红蓼滩荒多落羽,乌衣巷冷有苍苔。分明浅绛南宫画,莫霭平铺一角开。

屋角风微散酒颜,苍黄景色最相关。红归高柳游车少,澹到平芜倦鸟还。老我生涯原落拓,多君留影尚斓斑。阑干曲曲凭来遍,看尽分明山外山宋诗"夕阳山外山"。

闲倚枯藤眺望奢,弯环流水绕堤斜。采菱舟散擎荷覆五代李珣词"竞折团荷遮晚照",驱犊人归折箬遮。冉冉窗纱余旖旎,林林人影乱尘沙。一旗尚有残红飐,指点前村酒可赊。

雨过遥村噪暮蝉,诗人门巷未阑珊。千林黄叶渲晴色,几叠青峰护晚寒。望里玉鞭随路杳,谁家红袖倚楼看。无惨闲共山僧话,扫径凉风堕箨冠。

废苑荒台是处同,古今寥落感何穷。光残老树归鸦外,秋在闲门倚杖中。天意有心存晚节,客怀无际瞰长空。转愁一霎流光变,化作轻霞几缕红。

半掩柴扉心迹清,一林乌桕更分明。孤村短笛迟归牧,芳草长亭促去程。带得闲云留古刹,引将独客上荒城。爱他一段昏黄景,不是韦庄赋不成昔人称韦庄诗篇篇有夕阳。①

---

① (清)吴翌凤:《与稽斋丛稿》第十四湘春漫与下,清嘉庆刻本。

赠鲍丈渌饮

瞬迹三年久，淡心半日闲。旧闻探学海，虚愿入书山。比舫双溪下，扬镳两浙间。故人珍重意，交道慎终艰。①

鲍渌饮先生遗像_{有序}

嘉庆二十年，牧堂自南来，奉其大父渌饮丈遗像属题。弼幼时即追陪杖履，谵笑吟酬，多历年所。今归道山，而展册敬观，如亲道范。因簿领，无暇晷，稽留数月，至冬月偶暇，敬题长句以归牧堂，存殁之感，不胜怆然。

苇花蓼叶铺满湖，望中直似西溪图。溪水万顷碧如镜，破浪一叶渔舟孤。幼识先生桐花溪，形臞貌古苍髯须。蔼如春风入庭树，朗如秋月悬冰壶。一舟牙签置万轴，沧江虹气连三吴。校雠秘籍付梨枣，手扫落叶频研朱。有时感物寄吟咏，夕阳诗句曾唱予。契敦三世古谊重，鹤翁_{桐乡金鹤年表叔}樗老_{石门方樗龛世丈}交不渝。稽古荣受先帝赐，图书天禄收珣玗。今皇孝廉特锡宠，禁榜取义宸翰濡_{御制知不足斋诗有"斋名沿鲍氏"之句}。耆旧灵光重山斗，竚见征召蒲轮趋。已岁西泠我小住，道貌重见添清腴。依然矻矻事简毕，湖山笑傲供嬉娱。登岩最乐木瓢饮，行路不用藤杖扶。我意后会必可卜，先生曰嘻安能须。去年文孙在京国，曾寄诗卷达精庐。秋风忽起赍松柏，噩梦早已通菰蒲。人生著述不朽事，旗常功伐原子虚。先生多闻兼直谅，书城勋业其久乎。知足斋中夜题册，引余乡思归菟鲈_{余寓金鳌玉蝀之东，先师文正公赐第斋曰"知足斋"}。②

鲍丈_{廷博}以《汪水云集》见贻即题其后四首

天水黯然碧，飘零戎马中。酒人燕市去，诗史杜陵同。许剑谢皋羽，投书王鼎翁。匹夫多就义，相望哭秋风。

痛绝降王表，佥名谢道清。河山无半壁，魂梦是归程。幸免青衣辱，能完白首贞。君王不重色，别馆月分明。

亦有文丞相，拘囚历苦辛。抱琴时独往，流涕向孤臣。老作幽州客，生同汐社民。快心柴市日，亲见上星辰。

---

① 严绍璗编著：《日本藏宋人文集善本钩沉》，杭州大学出版社1996年版，第186页。
② （清）朱为弼：《蕉声馆集》诗集九，民国八年（1919）朱景迈刻本。

去国十三载,将归倍惨然。相看如隔世,此别即重泉。已尽故人酒,难回彭蠡魟。长留诗卷在,泣血录同编。①

雨渡钱江却寄绿饮

饱挂轻帆出乱峰,茫茫何处托离踪。银涛打岸春三折,碧海粘天雨万重。修禊兰亭人已远,探奇宛委兴徒浓。相知剩有孤飞雁,尺素休辞一再封_{鲍当以孤雁诗得名,人称"鲍孤雁"}。②

同绿饮铁生过心上人山舫

漫携三笑侣,言访六朝僧。竹暗还幽径,云深最上乘。钵泉松火沸,香饭野蔬蒸。错忆同孤棹,流连晚兴增。③

雨夜与绿饮自落星庵至武原

残星能化石,远溆转多风。一雨秦溪至,扁舟鲍叔同。披蓑惊宿鹭,灭烛听归鸿。不分征途上,犹余两断蓬。④

海昌城外与绿饮别

握手辞浔水,移灯过海城。酒欺双鬓短,书放两船轻。不待鸡初唱,似闻潮欲平。东风和别恨,并作雨千声。⑤

初夏雨后同陆白斋鲍绿饮陈河庄西湖泛舟

玛瑙坡前唤渡航,清游容易感流光。铺来弱絮堤浑软,洗尽秾花水更香。黛影也如云意淡,离愁莫共雨丝扬。只期鱼鸟邻同结,妻子琴书聚一庄。⑥

同绿饮游茶磨山许九杞先生故居

振衣千仞俯孱颜,岳庙西来第几湾。东海至今通散浦,南云从古护青山_{青山在茶磨之南}。输粮鹤喜田多岁,解组人言须未斑。杜曲冈边空翠里,高风犹对碧萝间。⑦

---

① (清)陆元鋐:《青芙蓉阁诗钞》卷五,清刻本。
② (清)吴骞:《拜经楼诗集》卷一,清嘉庆八年(1803)刻增修本。
③ (清)吴骞:《拜经楼诗集》卷二,清嘉庆八年(1803)刻增修本。
④ (清)吴骞:《拜经楼诗集》卷三,清嘉庆八年(1803)刻增修本。
⑤ (清)吴骞:《拜经楼诗集》卷三,清嘉庆八年(1803)刻增修本。
⑥ (清)吴骞:《拜经楼诗集》卷三,清嘉庆八年(1803)刻增修本。
⑦ (清)吴骞:《拜经楼诗集》卷三,清嘉庆八年(1803)刻增修本。

七月十六夜陈亦亭招集湖舫观荷达曙

重湖水云外，夜久苍烟空。清光似不速，先客来芙蓉。亭亭薄媚姿，倚此中宵风。铅华既不御，态以含颦工。乍疑洛川人，掩泪辞魏宫。凌波一微步，十里香溟濛。纷吾逐清景，欣与数子同。舣榜古曲院，闲寻水仙踪。座有鲍子都绿饮，主得陈孟公。自余殷何辈，各擅文酒雄。玄珠探赤水，象罔难为功。稠叠题我襟，醉墨为之红。人生百年内，会欸别苦丰。驾言陶嘉月，奚必秋正中。山水有清音，安事丝与桐。迟迟花间漏，隐隐云林钟。不知海门日，已复生于东。①

夏日闲居闻绿饮文渔诸君涉园雅集却寄二首

绿竹名园旧凤阿，沧江逸兴起酣歌。永嘉南渡才尤少，汉上题襟句孰多。花落几惊春婉娩，乌啼莫问夜如何。也知吴质新来病，不得缔衣挂薜萝。

公子归来晚更忙，莺莺燕燕此相羊。桃源不似人间世，濠濮居然水一方。镜里芙蓉凄露粉，岩前松桧饱风霜。好留第五风流在，重醉陶家九日觞。②

愚谷晚集 时绿饮将归武林一如将适越

调痾惬中园，守拙乐环堵。林昏日沉夕，风至凉在户。同心二三子，啸傲嵇阮侣。洗杓岩下泉，弹琴松间坞。调冷虑逾澄，赏新趣弥古。虽非河朔欢，庶以涤烦暑。侵寻白露下，竹月澹初吐。仰视天宇旷，双星限河渚。抱此离恨端，脉脉不得语。人生亦何常，前路修且阻。愿言永兹夕，莫问花外橹。③

读绿饮珠泪诗题后三首

鲍家小女离魂日，句漏仙人徙宅时。肠断青溪花下路，一棺秋雨瘗琼枝。

月上归来月未斜，萋萋芳草奈天涯。维摩示病渠真病，始悟拈花是扫花。

---

① （清）吴骞：《拜经楼诗集》卷三，清嘉庆八年（1803）刻增修本。
② （清）吴骞：《拜经楼诗集》卷三，清嘉庆八年（1803）刻增修本。
③ （清）吴骞：《拜经楼诗集》卷三，清嘉庆八年（1803）刻增修本。

那复围棋伴谢公，青鸾一去渺无踪。彩云易散流离碎，也算麻姑小劫终_{女凤工手谈，奕势有麻姑十三著，女年适符其数}。①

小寒食同兰坻乌青泛舟即事三首

触棹和风杏酪香，拂檐轻燕为谁忙。乌青戍畔双流水，迸照桃花到夕阳。

蠹鱼堆里辟蚕丛，踪迹年来似转蓬。野水平桥寻宋堡，人间何处鲍清风_{绿饮移居宋堡}。

寒食东风草又青，谢家飞絮满江汀。悬知社酒千家醉，不抵鳜鱼一夜醒_{时云庄比部以梅溪上塚，不及同游}。②

夏夕从小桐溪泛舟径硖石至乌青访绿饮道中即事二首

微凉生远梦，竹露月初明。紫硖连星动，青溪浴鸟惊。故人葛句漏，词客庾兰成。萧瑟乡关计，何时感慨平。

渔火淞汀白，蘋香到枕浓。忽闻歌水调，知已出云峰。草没乌墩戍，风传宋堡钟。平明聊倚棹，隔岸见晨春。③

绿饮文渔过访南祠因同晚步湖塘即事三首

户凿烟霞窟，庭垂橘柚阴。往来逢二妙，臭味本同心。白鹭沧洲阔，青山碧里深。紫芝能共采，聊此散幽襟。

迢递中湖路，招邀惬晚情。天高群雁下，木落万峰横。入寺僧迎屐，看松鹤舞坪。郎官流赏后，能不素心倾。

欲去频携手，将前趣复延。云泉垂孟姥，霞岭界谈仙。塔隐中峰磬，人收下溁田。苍苍石门路，海月逗初圆。④

同鲍渌饮家枚庵访杨慧楼进士于松陵小集湖楼王西庄光禄适至二首

蹑屐下姑苏，扬帆径石湖。为怜扬子宅，可钓季鹰鲈。屏拓峰千叠，楼高酒百壶。此中容啸傲，身世一菰芦。

远塔垂虹外，孤城钓雪边。碧萝三径雨，芳树五湖烟。客至巾初垫，春移景未迁。三高祠下水，相与定忘年。⑤

---

① （清）吴骞：《拜经楼诗集》卷四，清嘉庆八年（1803）刻增修本。
② （清）吴骞：《拜经楼诗集》卷四，清嘉庆八年（1803）刻增修本。
③ （清）吴骞：《拜经楼诗集》卷四，清嘉庆八年（1803）刻增修本。
④ （清）吴骞：《拜经楼诗集》卷五，清嘉庆八年（1803）刻增修本。
⑤ （清）吴骞：《拜经楼诗集》卷四，清嘉庆八年（1803）刻增修本。

予以庚子岁筑藏书之楼名以拜经顷绿饮游新安购得明郑旼画拜经图见贻率酬二绝

学古名楼事偶符，故人携赠出天都。只缘个里诗书气，不共烟云化绿芜。

三径荒烟带草青，千竿纤竹自娉婷。主人未必全如我，不解穷经只拜经。①

题鲍绿饮茂才韵花轩咏物诗后五首②

玉尺纱厨汗简量，白头涵泳尚青箱。定香亭下清风在，争看诗人鲍夕阳君以夕阳诗著名，见《定香亭笔谈》。

野鹤孤云意自如，遐搜万卷注虫鱼。九重欲遂高人愿，不赐头衔只赐书。

旧恨新愁组织成，沉吟往事一凄清。短篷芦渚三更梦，夜雨桐华廿载情。

探骊剩有珠盈握，涉笔皆成龙点精。可但鸡林传纸贵，长埼岛外识君名。

唱和松陵偶寄踪，齐云采药悔疏慵。何时更把宣城句，吟上光明顶上峰君家天都，予居白岳，家山咫尺，遥相望也。③

试灯夕喜绿饮文学过访二首

九帙遐龄叟，春王五夜灯。暗尘随杖屦，华发兴飞腾。酒借银花祝，诗凭玉漏增。素娥尤好客，先破早梅冰。

金吾不禁夕，白雪愿丰谣。裹药存吴质，烹葵及鲍昭。长恩祠晚岁，脉望载仙桡。却喜传柑会，偏归十二桥。④

病疸戏作呈鲍以文

柳洲居士食无肉，食笋要待将成竹。鸠形自与鹤争瘦，菜色由来蛙比绿。唯余浊醪不可无，日读《离骚》醉几壶。不令渴羌受靰鞿，时听枯肠鸣辘轳。岂虞快意逢轲轹，湿热侵淫作黄疸。未能学佛聊学禅，初祖金容壮观览。亲旧时劳致问频，劝余药裹

---

① （清）吴骞：《拜经楼诗集》卷五，清嘉庆八年（1803）刻增修本。
② 按，"韵花轩"，误，当作"花韵轩"。
③ （清）吴骞：《拜经楼诗集》续编卷二，清嘉庆八年（1803）刻增修本。
④ （清）吴骞：《拜经楼诗集》续编卷二，清嘉庆八年（1803）刻增修本。

搜茵陈。笑而不答心自了，地下未要穷诗人。绿饮先生独殊众，酒钱日日还相送。夜间藏神来入梦，尚有黄虀三百瓮。①

鲍以文赠眼镜

西洋巧匠天下无，水晶琢镜奁铰殊。年衰藏耗目力减，得之功比刮眼膜。贾胡居奇轻性命，梯航万里来姑苏。百年中国人竞宝，价昂不敢论锱铢。我方病眸苦昏暗，白昼把卷犹模糊。杞菊地黄饵无效，看花隔雾恒嗟吁。故人鲍叔最知我，宝匣持赠双明珠。插鼻初疑闪岩电，回头不觉惊妻孥。昨来日中误点墨，今者灯下能研朱。玉鉴冰壶光照座，坐令年少钦夫夫。从夸老眼更如月，陶阴亥豕难逃逋。琅玕玉盘岂足报，藏书与校当勤劬。②

鲍以文得姜西溟所藏十七帖

常恨少年不学书，至今白首惭钞胥。宝刻纵横列几案，如以钟鼓供鹦鹉。以文出示十七帖，秋蚓春蛇乍相接。行间欲读口屡呿，墨黲楮韧聊缱绻。座中闻说兰亭好，宋揭唐摹称至宝。此本亦刻贞观中，遥同定武分真草。我于八法全未窥，况别时代衡妍媸。但从题跋看前辈，一一赏鉴扬鬓眉。西溟在昔书有神，明窗想见常相亲。以文二子好纸笔，收藏自足传家珍。嗟予老懒不周匝，把册摩挲漫开阖。买椟还珠世不乏，馨香三鼾古楠匣。③

鲍以文新得华秋岳万竿烟雨图奚纯章为摹余便面

清风草堂不知夏，烟雾溟濛雨声泻。谁遣幽篁当座生，新罗山人秋岳华。山人平生擅花鸟，此幅当年为谁扫。岂惟松雪补房山，直挟米颠合坡老。水痕墨迹交模糊，枝叶可数青珊瑚。英皇有泪干不得，落日似闻啼鹧鸪。洞庭之幽龙所都，嘘吸云气连苍梧。君山老父笑吹笛，汉水佳人愁弄珠。我今衰疾畏炎暑，独对此图心自语。安得披蓑入水云，苍茫一艇横洲渚。奚子笔端擅亭毒，片时贻我湘天绿。君能更作千万幅，何处人间有烦溽。④

---

① （清）魏之琇：《柳洲遗稿》卷上，清同治十一年（1872）刻本。
② （清）魏之琇：《柳洲遗稿》卷上，清同治十一年（1872）刻本。
③ （清）魏之琇：《柳洲遗稿》卷上，清同治十一年（1872）刻本。
④ （清）魏之琇：《柳洲遗稿》卷上，清同治十一年（1872）刻本。

鲍以文在桐溪久迟不归

伏枕思悠悠，桐溪入梦流。碧云蝉噪暮，明月鹊惊秋。病逐年时变，贫招世俗尤。数年劳纸墨，遗稿属谁收。①

鲍以文移居桐溪

年来有兴狎樵渔，卜宅桐溪计未疏。家具满船无长物，牛腰笋束半图书。

蛱蝶翩翩趁舵牙，临平过去藕初花。儿童乍见溪山景，笑指丹青觅画叉。

地偏心远竟如何？一榻南窗荫绿萝。尘事自从今日减，著书应比旧时多。

屈指平生几素心，廿年回首一沉吟。清风旧筑依然好，莫遣苔痕取次侵。②

挽鲍母顾太夫人

金萱一夕陨繁霜，忍听哀声动北堂。二十九年沉痛在，不堪重忆蓼莪章先慈下世二十九年矣，时予甫十岁，风木之哀，有余憾焉。

令子肩随好弟兄，谊同诸母数叨荣。后堂今日瞻遗挂，禁得彭宣涕泪横。

懿德宁唯耳熟闻，丈人高谊更凌云。鹿车同挽成千古，不独桓家有少君。

白鹤还来吊女宗，间阎怀惠泣相逢。含毫几欲书全德，却恨文章愧蔡邕。

盘匜潘瀡荐蘋蘩，至孝何人有间言。赢得佳儿与佳妇，此风长远继清门。

长康蔗境晚逾佳，林下清风老未偕。四十年来心力尽，箧中闻有旧蒿钗。

鼚龙前岁长孙枝，正是宁馨绕膝时。惆怅眼前昏嫁了，只教平子独含饴。

亲宾满座酒盈尊，荆布相看俨鹿门。身后休嗟无长物，书田

---

① （清）魏之琇：《柳洲遗稿》卷下，清同治十一年（1872）刻本。
② （清）魏之琇：《柳洲遗稿》卷下，清同治十一年（1872）刻本。

劝广遗儿孙。

人寿难期竟若何，子贤行见表山阿。伤心内寝天年日，较我先慈一倍多母年五十有八，长先慈一岁。①

鲍以文秋江夜泛图

溶溶漾漾长江水，白练平铺一千里。蓼花芦叶摇疏烟，寒碧倒涵天似洗。绿饮居士玄真流，乘兴自挐莲叶舟。苍茫万顷去何处，孤棹划开南浦秋。鸥眠鹭宿兰汀悄，啼雁忽来枫树老。一曲沧浪人不知，明月在天天越好。玉露瀼瀼银汉斜，凉风飒飒吹蒹葭。伊人宛在天之涯，天之涯水之中，虚无疑与潇湘通。江山风月俨无价，尺幅鹅溪烟景空。然而我怪丹青手，但写琴书不载酒。他时我若与同游，教尔兼须谋一斗。②

鲍以文招同汪洽田吴砺黄雨中泛湖

以文谓我近来无奇句，邀我湖上看山看水看云看烟树。天公知我曹当今日来，先教风雨收拾笙歌俗游去。于时出郭门，登楼船，横桂棹，扣兰舷。三千六百顷之琉璃田，夷犹窅窱如行天。水晶宫殿在何处，我欲乘兴呼飞仙。须臾水面狂飙作，白浪抬头掀雨脚。雷鞭一震万山驰，四顾茫茫动魂魄。主人亟呼命酒来，鸬鹚大枓鹦鹉杯。一饮尽一石，五斗不须催，兴酣耳热，凭陵大叫汪子与吴子，人生适志耳，胡为乎哉！乐极哀来，君不见林君复友猿鸟，亲麋鹿，身死千年春草绿。又不见苏子瞻学士眼神仙髯，徒以不能饮酒遗笑于陶潜。古人不复起，吾今亦已醉，掷下洪荒抱天睡，以文以文，莫谓今日之来无好诗，狂吟犹恐蛟龙知。③

黄山歌送以文

咄嗟哉，黄山之高兮，高不知几千万仞。深兮，深不知几千万重。下有二十四溪之澎湃，上有一十八洞之溟濛。乾坤为其蔽亏兮，日月与之磨舂。或喷而为云，薄而为雾，则岩有虎豹兮，呼而为风，吸而为雨，则潭有蛟龙，渐江走其西，闽海抱其东。

---

① （清）魏之琇：《岭云诗钞》，清乾隆二十一年（1756）鲍廷博刻本。
② （清）魏之琇：《岭云诗钞》，清乾隆二十一年（1756）鲍廷博刻本。
③ （清）魏之琇：《岭云诗钞》，清乾隆二十一年（1756）鲍廷博刻本。

是为三天子之都，仙翁佛子之所聚，圣贤豪杰之所钟。我欲造乎其间兮，望云门而心忪。硿砑岸崿，磊砢龍嵷，高不知几千万仞，深不知几千万重。乃吾子飘然而长往兮，无一介之追从，蹑双凫之屐，曳九节之筇，历驼蹲而象伏兮登危石，仰虬蟠而虹挂兮攀乔松，披烟霞之晻霭，出草树之丰茸，云梯岌岌以拂面，石梁矫矫而当胸，激汤泉之潺潺，荡云海之汹汹，谒容成而问讯，把浮邱以春容。琼台贝阙，绀殿珠宫，苍鸾白鹤，飞翔上下绕幡盖。惊涛急瀑，荡潏冲撞，和鼓钟，觉四时之气候，为暮春，为初夏，而无秋冬，或山魈木客之为厉兮，一抚剑而潜踪，手持绿如意，脚踏青芙蓉，指挥万象胥朝宗。噫嘻！黄山之高兮，高与天逢，下视扬州兮，点点尘浓，安得与子兮，携手于莲华之峰。①

酬以文病中有怀湖上见寄

烟郊细雨荡湖船，寒食东风燕子天。杜曲重逢修禊事，兰亭却忆永和年。故人云散风流外，佳节残花剩酒边。遥想吴江明月好，一尊无计共樊川。②

酬以文夜坐见怀

十载金阊忆旧游，故人词赋又淹留。锦帆吊古凭谁问，香径寻春独自愁。多病马卿仍作客，少年王粲莫登楼。五湖归棹秋风远，一夜吟诗欲白头。③

题以文所藏萧照江山无尽图

萧君名照真奇士，少年豪气几难当。出身曾为绿林客，弯弓跃马雄太行。一朝翻然易前辙，折节以师事李唐。李唐画手得名久，岂知青出尤芬芳。是时汴京已残破，白马南奔驻禹航。四海壮夫皆荷戟，山河举目多悲凉。萧君乃能不好武，重以绘事供朝常。自昔思陵屡叹赏，至今画苑余辉光。犹有丹青在人世，阅六百载逾珍藏。江山无尽图一卷，卷轴触手闻古香。设色太重昔人品，以予观之殊未尝。黛葱铅蓓自生活，笔浓意淡除矜庄。野芳

---

① （清）魏之琇：《岭云诗钞》，清乾隆二十一年（1756）鲍廷博刻本。
② （清）魏之琇：《岭云诗钞》，清乾隆二十一年（1756）鲍廷博刻本。
③ （清）魏之琇：《岭云诗钞》，清乾隆二十一年（1756）鲍廷博刻本。

杂树互幽秀，平峦截巘分青苍。贾樯泊处村落近，渔艇归迟烟水长。有时孤云映城郭，有时返照浮津梁。吴头楚尾向天末，咫尺奚啻万里强。太平气象乃如此，此境由来非靖康。古人命意自不苟，能事之外别有肠。是图阅人已多矣，畴能抚物窥忠良。以文鲍子雅好古，为予披览言之详。在昔宋祖御寰宇，梯山航海胥来王。虽无幽燕与宁夏，幅员已广徒不方。迨逼金源弃钟簴，园陵花木非洛阳。绍兴版图仅半壁，中原之复何所望。照在当时无言责，亟欲建白无乃狂。聊以深心托毫素，刍荛之献诚以将。不然曷不画楼阁，不然曷不图松篁。写出江山无尽势，意欲观者知感伤。九重百辟若垂注，新亭涕泪须浪浪。岂谓朝廷不出此，坐看沈陆殚封疆。江山无尽竟有尽，秦封禹凿空茫茫。世代即今凡几易，此图流落随沧桑。良工苦心究莫喻，徒以挥洒称擅场。以文具眼独相识，九原意气重激昂。匣以沉檀装以玉，宝之况复如琳琅。读毕令予再三叹，古来奇士真难量。①

秋日同吴砺皇戴绍姬鲍以文游宝石塔下

宝石千年塔，亭亭耸翠微。龙蛇销劫火，鸟雀聚斜晖。断碣眠蚕暗，空塍牧马肥。如何怀古意，对酒欲沾衣。②

其二

想见当年盛，驱驰十四州。黄金方布地，白马竟朝周。城郭清如画，江山淡入秋。遗民千载下，空对夕阳愁。③

藏书歌一首赠倚文

造化生成满天地，斯民嗜好各以偿。贱者布帛贵锦绣，众者菽粟希璆琅。迩来贤达尚宝玩，商彝汉鼎夸珍藏。胪列轮囷且光怪，于人无补空侈张。倚文鲍子正不尔，生平寝食唯缥缃。不惜多金为广购，十年坐见成书庄。有库之名弗诲盗，有田之誉无征粮。牙签锦缥拥前后，南面奚啻诸侯王。大江以南号文薮，家庠户序犹坊厢。或守一编为枕秘，或操一策为津梁。六经古史置高

---

① （清）魏之琇：《岭云诗钞》，清乾隆二十一年（1756）鲍廷博刻本。
② （清）魏之琇：《岭云诗钞》，清乾隆二十一年（1756）鲍廷博刻本。
③ （清）魏之琇：《岭云诗钞》，清乾隆二十一年（1756）鲍廷博刻本。

阁，诸子百家尤望洋。倚文身长只五尺，博学强记莫禁当。下逮元明上姚姒，左图右籍恣丹黄。文通笔花梦精舍，康成书带敷草堂。酒徒词客日满座，座中往往闻铿锵。塞床克栋动高兴，聊厨插架争辉煌。名山广内不足数，金马石渠殊等量。吾闻铁矿生朱银生绿，其积斯厚流斯光。又闻江水生潮海生市，其存也深发也长。倚文倚文无长物，唯此四部连三仓。取之无禁用不竭，膏腴之产无许良。出则为华国之黼黻，处亦为盛世之圭璋。圣贤述作裕经济，子孙继起仍书香。丈夫传家有如此，底须万贯论资囊。①

和以文咏阑干

十二环轩手重扪，朱横玉曲势犹存。忽看倒影摇庭沼，已带斜阳转戟门。花外几行沾别泪，蕉阴一角尚余温。剧怜红袖当风处，回首高楼欲断魂。

画桥扶处兴还乘，扳过危梯试独登。一笛楼高横缥缈，六朝山远俯崚嶒。深怜拂槛花无色，寒见穿廊月有棱。几许闲情空转折，广庭风露有谁凭。②

过鲍绿饮村居

豆花棚下结书堂，秋到窗前引兴长。久住渐知耕凿趣，爱闲翻为校雠忙。偶烹野蔬如兼味，每借奇书润薄装。如此村居良不俗，劝君何必羡潇湘自注君拟作楚游，未果。③

赠鲍以文

闭门散帙便忘餐，与俗难谐结古欢。自合岩居穷道要，忽邀天笔洒丛残。江山南宋留僧话，烟月西湖载鹤看。老去耽书心未了，丹铅狼藉手频刊。④

鲍志祖有倪迂画松石至佳为人购去以款书故仍归寓斋出展顿还旧观

山窗重展眼俱青，依旧松风拂翠屏。要识桓厨难赚去，方知妙画果通灵。

---

① （清）魏之琇：《岭云诗钞》，清乾隆二十一年（1756）鲍廷博刻本。
② （清）吴翌凤：《怀旧集》卷九，清嘉庆刻本。
③ （清）吴翌凤：《怀旧集》卷九，清嘉庆刻本。
④ （清）方薰：《山静居遗稿》卷二，清嘉庆八年（1803）刻本。

沧浪漫士笔无前，去后重逢宿有缘。知尔烟霞成痼疾，不从富贵作神仙倪自号沧浪漫士。①

雨窗同鲍以文夜话

为怜久别转相亲，小泊乌篷寂寞滨。爱友一生多有道，买书百计不辞贫。灯前话雨尝连夜，客里看花又过春。他日湖山宜送老，卜居先订作比邻。②

喜绿饮载书借仆口占志感

琐语卮言见古先，宋编元录各搜研。休轻小说寻行墨，佺有当年掌故传。

摘句寻章比碎金，却从身后遇知音。由来豪杰嗟多少，篆刻雕虫苦用心以上宋元诗话等书。

诗集中州有典型，谷音多半泣精灵。金源一代征文献，却在元家野史亭《中州集》。

丛残入手佺堪娱，友道如君幸不孤。莫笑一瓻偿亦少，载书来借有人无。③

鲍大以文移家乌清

桑麻墟落似樊川，百里移家意佺便。孟尉盈车无俗物，葛翁举室是神仙。平安最好扶墙竹，酝酿须凭种秫田。水榭风帘鸡犬静，此中小住阅华年。

虽未为邻兴不孤，往来一水便相呼。门横应设丛书版，壁画还谋润笔图用东坡语。却笑先生住南郭，何曾梦寐忘西湖。百篇新著花游曲，传唱清溪弄棹姝。④

绿饮诵同人咏帘诸诗戏为赋之

湘波一以隔，深不异重门。卷去连花影，疏来入草痕。春残犹挂雨，歌断别销魂。怅望高楼晚，风先紫燕掀。

十二随廊曲，桐阴窣地拖。恨先窥半面，辞敢托微波。待月

---

① （清）方薰：《山静居遗稿》卷三，清嘉庆八年（1803）刻本。
② （清）方薰：《山静居遗稿》卷三，清嘉庆八年（1803）刻本。
③ （清）方薰：《山静居遗稿》卷三，清嘉庆八年（1803）刻本。
④ （清）方薰：《山静居遗稿》卷三，清嘉庆八年（1803）刻本。

如钩上,看山卷雨过。绣床差不远,红惹吐绒多。①

次吴兔床泛舟清溪 其三

墟落迢迢夕照中,相携问讯鲍清风。幽居半亩桑阴里,两版门横书一丛访鲍兄以文不值。②

茆篷僧饷笋同鲍以文作

晓阴才散便晴暄,紫竹抽萌乱入藩。离垢几枝如琢玉,夙根来自给孤园。

清腥却爱此君风,便佐山庖趣不同。略得个中甘苦味,已看放箸满盘空。

女阳亭畔好林塘,菜圃瓜邱半已荒。一尺落花三径冷,竹孙应过别家长。

题诗刻竹记同俦,不独旻公意旧游僧自伊师祖莲宗饷笋始。江燕来时樱子熟,残春风味酒人愁。③

鲍大以诗索画墨竹

诗来属画竹,竹意君已会。便娟在清疏,荆棘徒丑怪。胸中有淇渭,笔底出痛快。君非眉山翁,参得湖州派。④

画竹同以文作

野夫墨戏剧荒寒,浥露揹烟落纸看。一几清阴常不改,何须旦旦问平安。

寒玉琤琤作凤鸣,寂寥池馆在秋声。清宵酒醒浑无寐,看影沿阶扫月明。

潇雨湘烟笔底收,琅玕千个叶笼秋。举杯合唤王猷起,六曲屏山作卧游。

争向衡门乞画来,轻纱多为墨君裁。何妨写换梅花帐,未便闲抛作袜材。

两竿挺挺势摩空,不转孤根与石同。瘦硬莫嫌如饿隶,节高才见首阳风。

---

① (清)方薰:《山静居遗稿》卷三,清嘉庆八年(1803)刻本。
② (清)方薰:《山静居遗稿》卷三,清嘉庆八年(1803)刻本。
③ (清)方薰:《山静居遗稿》卷三,清嘉庆八年(1803)刻本。
④ (清)方薰:《山静居遗稿》卷三,清嘉庆八年(1803)刻本。

看到新梢欲暮春，却从疏密见精神。生平食肉君休笑，笔底原无一点尘。

凌云老笔见高怀，雪壁看同月影筵。谁得东坡香一瓣，从今低首石蒲斋。

石室高情老画禅，彭城一派少言筌。万竿烟雨收方寸，破砚真成小渭川。

涂抹平生亦自憨，梅花何处道人庵。乃知画竹还师竹，叶叶清风笔下参。

柯亭节叶舞霜飙，瘦影分明窗上描。持赠何人解幽意，忽闻江畔弄清箫。①

燕巢和鲍大以文

社后风前接翅呼，半衔花絮半塘蒲。藏身恰类空仓雀，寄迹番怜绕树乌。口籥新泥何处稳，影投旧巷得归无。此间费尔经营力，来岁循檐别引雏。

双飞曾向郁金堂，入幕穿帘底事忙。人去妆楼遗故垒，歌残别院落空梁。卑栖敢望鹓鸾集，穴处真惭鸟鼠藏。莫笑生涯浑不定，爪痕泥雪总茫茫。②

又二首

将雏早在落花天，点席污茵往复还。过客竞先庭雀喜，因君藉甚屋乌贤。久居未免营三窟，暂止应须借一椽。小雨隔帘同午梦，神楼悬处误游仙。

传舍相看西复东，乌衣门巷类壶中。丸泥小讶封函谷，椒粉潜疑起汉宫。见系反称时乐鸟，幽栖那及信天翁。殷勤漫作儿孙计，几见华堂瓮盎同。③

酒后为以文画松

今何索画松，前者乞画竹。松亦竹之流，落落冠群木。且使画兴豪，乃借香醪浊。徂徕取苍秀，黄海最奇倔。掀翻墨瀋浓，

---

① （清）方薰：《山静居遗稿》卷三，清嘉庆八年（1803）刻本。
② （清）方薰：《山静居遗稿》卷三，清嘉庆八年（1803）刻本。
③ （清）方薰：《山静居遗稿》卷三，清嘉庆八年（1803）刻本。

挥扫笔尖秃。腕有毕双管，眼无马一角。要凭尺幅看，势具寻丈足。贾勇酒力增，信手天机触。我酣欲濡头，君笑先捧腹。离披见高情，荒率该俗目。黛色寒蒙蒙，元气湿渌渌。能于画外赏，古意君可掬。若非渊明流，即是通明属。剡藤卷凄烟，阴障雪壁绿。夜来江涛声，或恐撼老屋。①

五月七日同以文鄂岩过鸳湖有感

双湖一水漾温暾，春涨鸥边认旧痕。同调及时怜老友，孤舟伤逝黯吟魂。岸花风里分香浦，塔影湾头学绣村。正有情怀追往事，挂篷新月已黄昏。②

余老耽简籍贫不能购时从以文借阅比还又无以为报因援胥山樵画酒瓶答友之例作还书图赠之并系以诗

万卷丛残抱古心，不辞折简屡相寻。藏过许叔奇无限，贫比甄琛嗜更深。例说一瓶仍画饼，假尝千卷抵分金。收函启椟何曾厌，欲为耽书忏目淫。③

以文期余入山卜居诗以订之

不耦耕时便耦渔，好同吾子卜幽居。泉声云影中移榻，竹露松风里著书。可意只凭山得得，会心岂在屋渠渠。一区先觅盘如谷，隔断尘鞅其结庐。④

还书图题寄以文

树拥峰回惬隐居，三椽多半贮蟫余。我来时复可君意，贫不求人只借书。

写图为券我何难，邺架曹仓任饱看。未免君家僮仆笑，一瓶常罄载书还。⑤

次绿饮登湖上僧楼韵

都君幽意古人如，邀我登楼共挽裾。白雨吹湖寒钓艇，绿阴沉郭暝村居楼头光景如此。养疴小住维摩室，肥遁偏宜处士庐楼对孤山。准

---

① （清）方薰：《山静居遗稿》卷三，清嘉庆八年（1803）刻本。
② （清）方薰：《山静居遗稿》卷三，清嘉庆八年（1803）刻本。
③ （清）方薰：《山静居遗稿》卷三，清嘉庆八年（1803）刻本。
④ （清）方薰：《山静居遗稿》卷三，清嘉庆八年（1803）刻本。
⑤ （清）方薰：《山静居遗稿》卷三，清嘉庆八年（1803）刻本。

拟卜邻依此地，一房山并一床书。①

陈二西招同绿饮泛湖至南山而还

明湖一棹溯清虚，旧侣同游慰索居。酒半放眠宜病客，饭余投粒试驯鱼。磨崖遍读家人卦，贝叶闲翻梵笑书。日午掀篷空翠里，四山倒影雨晴初。

随意游舨泊水隈，漪园深处柳烟开。人从荷气蘋香去，鸟向山光树影来。抱杖尚迟苍藓路，晚钟催下夕阳台。琉璃万顷浮归艇，此乐平生第几回。②

菜花和绿饮

芸薹也复斗芳菲，桃李初残柳絮飞。钿朵不逢村女髻，水田真似道人衣。繁开篱脚滋春雨，远眺原头带夕晖。野老行吟随处好，丛花扶屐绕畦归。③

绿饮出第二作再和一章

蔬英烂漫老农夸，垄亩高低望眼赊。三月风光连宿麦，一年生计半春花。香来莫辩周禺圃，黄处多应江泌家。先付徐公图野逸，南唐粉本上吴纱 徐熙多画菜甲药苗，时称徐家野逸。④

和绿饮帘钩

弯环悬处画檐深，小挽湘波若不禁。燕蹴误鸣双曲玉，婢慵迟上一钩金。轻撩云髻钗声溜，频捻春黄粉腻侵。坐觉纤风吹不定，莫教捎起下花阴。⑤

其二

烂烂偏怜屈作银，双垂珠箔见来真。当头却似初三月，引手还思第一人。玳瑁隔窗悬晓日，珊瑚别院挂残春。无端影落平池里，惊著游鱼避欲频。⑥

---

① （清）方薰：《山静居遗稿》卷四，清嘉庆八年（1803）刻本。
② （清）方薰：《山静居遗稿》卷四，清嘉庆八年（1803）刻本。
③ （清）方薰：《山静居遗稿》卷四，清嘉庆八年（1803）刻本。
④ （清）方薰：《山静居遗稿》卷四，清嘉庆八年（1803）刻本。
⑤ （清）方薰：《山静居遗稿》卷四，清嘉庆八年（1803）刻本。
⑥ （清）方薰：《山静居遗稿》卷四，清嘉庆八年（1803）刻本。

纸窗和绿饮

放格疏棂屈戍装，衍波明处达房廊。残年况味供坡老，旧梦凄凉对孟光。雨引蜗涎书琐碎，月笼竹影画昏黄。白间把卷宜衰眼，当槛先排曲录床。

一冬补缀一秋残，南牖迎曦北牖寒。得罅酸风来鬼笑，迷方故纸耐蜂钻。雪声乱作敲篷听，文稿糊同覆瓿看。未试冰油已生白，短垣鹿麌不须宽。

轻薄桃花也隔尘，安排六扇拓檐唇。闲凭正赖青山列，妥置偏怜白屋贫。剪烛朋侪娱卜夜，占年儿女贴宜春。此中隐几原多净，响搨书成最有神。

一枕羲皇以上风，寄身安问屋西东。此间恨不十年读，眼底何妨四壁空。云母懒开当户白，夜灯深见隔林红。愁来叉手巡檐立，细作秋声打暗虫。

蠡壳蝉纱雅不如，翛然达向爱吾庐。僧评绘影黄华笔，买赚熏香若水书 倪若水窗间叠置书籍。是处溪藤宜滑笏，非关松月亦清虚。宋鸡唤起相思梦，一夜江花正放初。①

颜鲁公铜印歌为绿饮作

鲍髯老眼海月明，勘书烛古无遁情。手摩铜章是唐制，瘦蛟贯钮铿有声。土花苍寒周四角，篆勒玉箸文真卿。当公出守遘时衅，平原贼噪鼙鼓震。军书如火上蜡丸，夏云无光照银印"夏云照银印"，岑补阙送公出守平原诗。此非官印用必常，势欲从公与城殉。得全一郡宁非天，白头再见中兴年。摩崖碑中印合缝，乞米帖后钤余笺。平生忠信凭遗物，千载劫灰磨不灭。子孙失守鬼神护，岂独老髯深爱惜。当时不容公亦得，不死卢杞死希烈。靴中几作临淮刀，怀内何惭太尉笏。印乎印乎无口说，饮鸩蹈火完公节。②

题绿饮夕阳诗后

德源吟兴老逾狂，一片诗愁寄夕阳。杖外山寒几今古，水边楼迥倚苍凉。真成云汉为图手，便是神仙驻景方。却有未经人道

---

① （清）方薰：《山静居遗稿》卷四，清嘉庆八年（1803）刻本。
② （清）方薰：《山静居遗稿》卷四，清嘉庆八年（1803）刻本。

语，味如啖蔗到根长。①

再题绿饮夕阳诗

冥搜斜照人清哦，题处僧廊塔院多。懒我策无夸父杖，输君笔似鲁阳戈。渐随上界钟声落，缓送西湖舫影过一作"遥烘树色花初发，近抹山容酒后酡"。谁与鲍诗争第一，旗亭遍已试新歌。②

千里镜同鲍渌饮作

远供寻山客，奇观出海童。离朱眸可假，网象境无穷。巧制惊天造，退收括鬼工。华严弹指现，元囿凿虚通。寸寸琉璃界，重重碧落宫。登楼入荒徼，缩地有全功。管可窥天外，山能纳芥中。显微分野马，短视送冥鸿。去水吹唇绿，来花鞯鬘红。千乡俱觌面，一目几重瞳。③

舟次绿饮村居 时君初病起

故人稀问讯，寂寞卧邱园。积潦疑无路，孤村近有门。老惟婴病怯，贫拥赐书尊。执手情先慰，离怀且漫论。

蹉跎卜邻计，何日定郊垧。野色开衡宇，桑阴出户庭。避人成小隐，与我竟忘形。所惜催回棹，斜阳上远汀。④

绿饮不戒于火诗以慰之

丹铅万卷竟成灾，辛苦平生较勘来。直欲搜罗空鲁壁，何期落劫等秦灰。古人岂负为君累，造物因兼忌尔才。检点百城余几辈，焦头烂额尽邹枚。

家具无多一炬残，偏逢露次雪风寒时值严冬。频年托画神楼易昔人卜居不得，文待诏为作《神楼图》，举室牵船住岸难。生计客愁焚后尽，赐书天护老来欢。世无杜甫诗中屋，乞与妻孥得暂安。⑤

丹崖过话知不足斋赋此遣意

我屋北窗下，绿天展寥廓。望之蔚然深，涉趣殊不恶。硌砑卷石间，一缕油云作。飘忽好风来，人静檐花落。忘情狎鱼鸟，

---

① （清）方薰：《山静居遗稿》卷四，清嘉庆八年（1803）刻本。
② （清）方薰：《山静居遗稿》卷四，清嘉庆八年（1803）刻本。
③ （清）方薰：《山静居遗稿》卷四，清嘉庆八年（1803）刻本。
④ （清）方薰：《山静居遗稿》卷四，清嘉庆八年（1803）刻本。
⑤ （清）方薰：《山静居遗稿》卷四，清嘉庆八年（1803）刻本。

逃暑厌杯酌。俯仰一身间，尘羁那可缚。况兹素心人，相遭澹与泊。日暮红霞飞，孤怀向林壑。①

赠鲍以文廷博

清名即是长年诀，当世应无未见书。何处见君常觅句，小阑干外夕阳疏。②

校录《斜川集》寄鲍以文 仁和吴长元丽煌

蜑烟蛮雨独相从，笔下波澜嗣乃公。人诵高名琼海外，天留遗稿玉函中钞自《永乐大典》。清游乍识匡庐面旧时行世皆赝本，晚景还倾靖节风叔觉晚景以渊明自况。寄语隐湖毛处士，苏门曾策汉青功。③

六月朔鲍廷博载酒过翠玲珑馆用王集到郡与同官会饮韵

雨气冥濛满城郭，虹影参差挂楼阁。羁人枕簟喜粗安，狂客觥筹犹横索。或捉卧瓮酌言尝，旋举匏尊愿言酢。此中自有埋照人，较似竹林无此乐。④

鲍生志祖以重价购得宋拓晋唐人法帖一册索跋题二绝句

莫将寒具轻相触，日向晴窗展百回。异日若逢华盖叟，人间毡蜡尽舆台。

艺苑争传阿父痴，典衣求古日孜孜。而今弓冶知攸属，不数敫文米虎儿。⑤

梅和鲍丈渌饮庭花诗

迥出繁华冠岁华，风情占断是梅花。谁将东阁诗人种，散向西湖处士家。影瘦雪中三径静，香疏烟外一枝斜。清缘结得松筠在，不住山巅便水涯。

一赋惊撑铁石肠，白云冻合雪添香。癯仙岳远琼迷树，老鹤亭空月满塘。山馆古琴横瘦石，江村流水淡斜阳，独标孤韵情何

---

① （清）百龄：《守意龛诗集》卷四，清道光读书乐室刻本。
② （清）阮元著，邓经元点校：《揅经室集》四集诗卷四，中华书局1993年版，第816页。
③ （清）鲍廷博辑刻：《知不足斋丛书》第9册，中华书局1999年版，第463页。
④ （清）杭世骏：《道古堂全集》诗集卷二十六《送老集》，清乾隆四十一年（1776）刻，光绪十四年（1888）汪曾唯修本。
⑤ （清）余集：《忆漫庵賸稿》不分卷，清道光刻本。

限。依旧年年压众芳。

万枝破鼻一番新,愁绝江南处处春。烹雪香中传韵事,掀篷图里识幽人,唤来翠羽催题句,看到苔枝欲写真,莫谓园林甘冷淡,翻教素艳认前身。

新腔玉笛隔年华,休唱江城五月花。邓尉香探春尚浅,罗浮梦去路非赊,韵添茅屋疏还密,影落山篱整复斜,记取东风初入律,半窗晴雪看霜葩。①

和鲍大以文西湖嬉春词

乍启严城湖舫开,晓烟初散水潆洄。岸花明处莺声滑,一抹朝阳橹背来。

树影笼堤绕六桥,乍晴乍雨作花朝。湖亭目断阑干曲,翠袖禁寒上画桡。

山桃撩眼出墙红,小构湖庄云水中。锁断春光人不到,只凭双燕入檐栊。

高躅真如陶隐居,孤山小筑一蘧庐。梅花赋罢心如铁,骈体何妨谢聘书。

岳鄂王祠湖水滨,南枝千载独凭神。儿童也识怀忠愤,折得杨枝打铁人。

梵林绀宇影层层,水榭云廊恁意登。饱眼湖光饮山绿,一生却羡此闲僧。

恰恰流莺接树啼,买春相约玉壶携。暖风扶醉斜阳里,雪舞杨花过白堤。

驴背看山送此生,建炎时事最难平。暮潮隔岭喧罗刹,犹作沿江战鼓声。

乡民歌唱有遗思,岁岁花开陌上时。五季浙江谁保障,表忠石是岘山碑。

红闺一愿礼慈云,多买旃檀三竺焚。有约湖边渡春水,绿漪深处好湔裙。

此间贤守伫风流,曾忆香山玉局游。农话溉田疏港汊,市歌

---

① (清) 顾修:《菉崖诗钞外集》卷一,清刻本。

大布欲成裘。

千顷琉璃镜里行，谁家平舫坐吹笙。南屏暝色催钟起，新月衔山一玦明。

画船归去水悠悠，柳暗花冥送远眸。山影一痕留夕照，吟情只在酒家楼。

青鬓无情奈老何，扶红倚翠竞笙歌。床头底用黄金在，直得消磨尽此锅。①

再和以文西湖嬉春

莺啼残月落窗纱，蚤有湖船系水涯。堤上踏歌人欲到，柳条为扫夜来花。

度柳穿花去棹迟，湖烟吹作雨丝丝。断肠人倚东风里，何处女郎歌竹枝。

碧瓦朱扉庙枕湖，司花神亦半名姝。含情私语间儿女，似子修娥美且都。

劫火频嗟绀塔非，拈花犹自示禅机_{雷峰塔顶有桃花枝}。春阴欲散人扶屐，贪看斜阳挂翠微。

竹院寻僧偈句传，游方之外老坡仙。风骚尚有缁流在_{让山、大恒皆一时诗僧}，同是参寥一井泉。

沙堤围在定香中，小院何人凭晓风。叶露泻凉鸥梦醒，万花无语立危红。

秋湖渺渺远空含，老铁来游兴颇酣。一笛破云天在水，醉看凉月吐三潭。

路入西泠苏小坟，冶游犹自为伤春。落花满地斑如锦，却认当时旧舞茵。

除是山厓便水厓，平生几辆费吟鞋。揭来湖上春如许，懊恼风光触酒怀。

小部分曹脆管弦，春流一棹总宜船。珠喉雪面盈盈隔，愁绝萧郎上巳天。

酝藉湖山已属君，六桥烟水两峰云。逸才合让参军笔，逋客

---

① （清）方薰：《山静居遗稿》卷三，清嘉庆八年（1803）刻本。

清诗未策勋自来湖上诗，君以和靖为冠。①

法曲献仙音

鲍绿饮赋夕阳诗甚工，余尝和之，意有未尽，复填此词。

难系长绳，乱催清角，纱窗一霎红浅。远水浮光，落霞成绮，明到荻芦江岸。正返照柁楼赤，菱歌欲凄断。

漫依黯，问东风、几番红翠，又巷冷、乌衣旧家池馆。一片古今愁，但寒烟、废绿空晚。不忍登楼，恁萧疏、偏引望眼。对千山黄叶，历历断鸿声远。②

沁园春·赠鲍以文即酬寄怀之作

古歈青衫，羁旅钱塘，星霜几更，有老屋三间，然脂夜辑，明驼千里，负箧晨征。名重萧斋，题褒宸翰，特许多多益办。能恩稠，叠更秘书宠，锡旷代殊荣。

新词寄我柴荆，爱俊逸，参军句有声。愧飞阁层楼，豪情难遣，纸窗竹屋，野景初成。红蓼滩边，绿杨矶畔，管领鱼凫老此生。待良友，把吟笺对劈，酒盏同倾。③

---

① （清）方薰：《山静居遗稿》卷三，清嘉庆八年（1803）刻本。
② （清）吴翌凤：《与稽斋丛稿》第十八曼香词下，清嘉庆刻本。
③ （清）陶元藻：《泊鸥山房集》卷三十八，清刻本。

参考文献

一 著作

(一) 古代文献

(汉) 郑玄注、(唐) 孔颖达疏：《礼记正义》，北京大学出版社 1999 年版。

(宋) 陈振孙著，徐小蛮、顾美华点校：《直斋书录解题》，上海古籍出版社 1987 年版。

(元) 脱脱：《宋史》，中华书局 1977 年版。

(明) 张丑：《真迹日录》，清文渊阁《四库全书》本。

(明) 张丑：《清河书画舫》，上海古籍出版社 1991 年版。

(明) 毛扆：《汲古阁珍藏秘本书目》，《士礼居丛书》影明抄本。

(清) 鲍廷博辑：《知不足斋随笔》，北京大学图书馆藏清抄本。

(清) 周二学：《一角编》，国家图书馆藏清鲍廷博抄本。

(清) 钱曾：《钱遵王述古堂藏书目录》，清钱氏述古堂抄本。

(清) 魏之琇：《岭云诗钞》，清乾隆二十一年 (1756) 鲍廷博刻本。

(清) 胡敬：《胡氏书画考三种》，清嘉庆刻本。

(清) 吴翌凤：《与稽斋丛稿》，清嘉庆刻本。

(清) 阮元辑：《两浙輶轩录》，清嘉庆刻本。

(清) 范邦甸：《天一阁书目》，清嘉庆文选楼刻本。

(清) 方薰：《山静居遗稿》，清嘉庆八年 (1803) 刻本。

(清) 吴骞：《拜经楼诗集》，清嘉庆八年 (1803) 刻增修本。

（清）吴骞：《愚谷文存续编》，清嘉庆十九年（1814）刻本。

（清）赵怀玉：《亦有生斋集》，清道光元年（1821）刻本。

（清）赵怀玉：《亦有生斋续集》附《收庵居士自叙年谱略》，清道光十二年（1832）刻本。

（清）汪辉祖：《病榻梦痕录》，清道光三十年（1850）龚裕刻本。

（清）阮元：《畴人传》，清道光《文选楼丛书》本。

（清）魏之琇：《柳洲遗稿》，清同治十一年（1872）刻本。

（清）闵苕勇著，鲍廷博注，鲍鲲评：《金盖心灯》，南京图书馆藏清光绪二年（1876）云巢古书隐楼刻本。

（清）杨绍和：《楹书隅录》，清光绪二十年（1894）聊城海源阁刻本。

（清）瞿镛：《铁琴铜剑楼藏书目录》，清光绪常熟瞿氏家塾刻本。

（清）丁丙辑：《善本书室藏书志》，清光绪刻本。

（清）庞元济：《虚斋名画录》，清宣统乌程庞氏上海刻本。

（清）钱泳：《履园丛话》，中华书局1979年版。

（清）朱孝臧：《彊村丛书》，江苏广陵古籍刻印社1980年版。

（清）李斗著，汪北平、涂雨公点校：《扬州画舫录》，中华书局1980年版。

（清）赵翼著，王树民校证：《廿二史札记校证》（订补本），中华书局1984年版。

（清）陆心源：《皕宋楼藏书志》，中华书局1987年版。

（清）阮元辑：《宛委别藏》，江苏古籍出版社1988年版。

（清）黄丕烈著，潘祖荫辑，周少川点校：《士礼居藏书题跋记》，书目文献出版社1989年版。

（清）叶昌炽著，王欣夫补正，徐鹏辑：《藏书纪事诗附补证》，上海古籍出版社1989年版。

（清）黄虞稷著，瞿凤起、潘景郑整理：《千顷堂书目》，上海古籍出版社1990年版。

（清）卢文弨著，王文锦点校：《抱经堂文集》，中华书局1990年版。

（清）阮元著，邓经元点校：《揅经室集》，中华书局1993年版。

（清）国史馆编纂：《清国史》，中华书局1993年版。

（清）张鉴等著，黄爱平点校：《阮元年谱》，中华书局1995年版。

（清）黄虞稷、周在浚：《征刻唐宋秘本书目》，《丛书集成续编》第68册，上海书店出版社1995年版。

（清）钱大昕著，孙显军、陈文和点校：《十驾斋养新录》，江苏古籍出版社1997年版。

（清）钱大昕：《嘉定钱大昕全集》，江苏古籍出版社1997年版。

（清）纪昀：《四库全书总目》，中华书局1997年版。

（清）鲍廷博辑刻：《知不足斋丛书》，中华书局1999年版。

（清）黄丕烈著，屠友祥校注：《荛圃藏书题识》，上海远东出版社1999年版。

（清）周广业：《四部寓眼录补遗》，国家图书馆编：《国家图书馆藏古籍题跋丛刊》第5册，北京图书馆出版社2002年版。

（清）鲍廷博编：《知不足斋宋元人文集书目》，林夕主编：《中国著名藏书家书目汇刊》（明清卷）第23册，商务印书馆2005年版。

（清）丁申：《武林藏书录》，《澹生堂藏书约》（外八种），上海古籍出版社2005年版。

（清）吴翌凤：《逊志堂杂钞》，中华书局2006年版。

（清）鲍廷博：《花韵轩咏物诗存》，广东省立中山图书馆、中山大学图书馆编：《清代稿抄本》第25册，广东人民出版社2007年版。

（清）李桓编：《国朝耆献类征初编》，广陵书社2007年版。

（清）顾广圻：《顾千里集》，中华书局2007年版。

（清）钱曾著，管庭芬、章钰校正，余彦焱标点：《读书敏求记校正》，上海古籍出版社2007年版。

（清）吴寿旸著，郭立暄标点：《拜经楼藏书题跋记》，上海古籍出版社2007年版。

（清）顾广圻著，黄明标点：《思适斋书跋》，上海古籍出版社2007年版。

（清）汪璐辑：《藏书题识》，上海古籍出版社2009年版。

（清）陆心源著，冯惠民整理：《仪顾堂书目题跋汇编》，中华书局2009年版。

（清）傅以礼：《华延年室题跋》，上海古籍出版社2009年版。

（清）周中孚著，黄曙辉、印晓峰标校：《郑堂读书记》，上海书店出版社 2009 年版。
（清）沈初等著，杜泽逊、何灿点校：《浙江采集遗书总录》，上海古籍出版社 2010 年版。
（清）卢文弨著，杨晓春点校：《钟山札记》，中华书局 2010 年版。

（二）近现代文献

吴慰祖校订：《四库采进书目》，商务印书馆 1960 年版。
赵尔巽：《清史稿》，中华书局 1976 年版。
傅增湘：《藏园遗稿》，艺文印书馆 1983 年版。
李盛铎著，张玉范整理：《木犀轩藏书题记及书录》，北京大学出版社 1985 年版。
李致中：《中国古代书籍史》，文物出版社 1985 年版。
支伟成：《清代朴学大师列传》，岳麓书社 1986 年版。
瞿冕良：《版刻质疑》，齐鲁书社 1987 年版。
杨立诚、金步瀛合编，俞运之校补：《中国藏书家考略》，上海古籍出版社 1987 年版。
顾志兴：《浙江藏书家藏书楼》，浙江人民出版社 1987 年版。
张秀民：《张秀民印刷史论文集》，印刷工业出版社 1988 年版。
傅增湘：《藏园群书题记》，上海古籍出版社 1989 年版。
黄爱平：《四库全书纂修研究》，中国人民大学出版社 1989 年版。
李庆：《顾千里研究》，上海古籍出版社 1989 年版。
上海新四军历史研究会印刷印钞分会编：《历代刻书概况》，印刷工业出版社 1991 年版。
李春光：《古籍丛书述论》，辽沈书社 1991 年版。
中央图书馆特藏组编：《标点善本题跋集录》，中央图书馆 1992 年版。
黄裳：《清代版刻一隅》（增订本），齐鲁书社 1992 年版。
王彦坤：《古籍异文研究》，广东高等教育出版社 1993 年版。
顾志兴：《浙江出版史研究——元明清时期》，浙江古籍出版社 1993 年版。

徐学林：《徽州出版史叙论》，安徽美术出版社1995年版。
[美] 艾尔曼：《从理学到朴学——中华帝国晚期思想与社会变化面面观》，赵刚译，江苏人民出版社1995年版。
严绍璗编著：《日本藏宋人文集善本钩沉》，杭州大学出版社1996年版。
沈津：《书城挹翠录》，上海社会科学出版社1996年版。
中国科学院图书馆整理：《续修四库全书总目提要》（稿本），齐鲁书社1996年版。
张振铎编著：《古籍刻工名录》，上海书店出版社1996年版。
来新夏主编：《清代目录提要》，齐鲁书社1997年版。
中国第一历史档案馆编：《纂修四库全书档案》，上海古籍出版社1997年版。
曹书杰：《中国古籍辑佚学论稿》，东北师范大学出版社1998年版。
漆永祥：《乾嘉考据学研究》，社会科学出版社1998年版。
姚伯岳：《黄丕烈评传》，南京大学出版社1998年版。
梁启超：《清代学术概论》，上海古籍出版社1998年版。
郑伟章：《文献家通考》，中华书局1999年版。
黄裳：《来燕榭书跋》，上海古籍出版社1999年版。
周少川：《藏书与文化——古代私家藏书文化研究》，北京师范大学出版社1999年版。
瞿冕良编著：《中国古籍版刻辞典》（增订本），齐鲁书社1999年版。
傅璇琮等主编：《中国诗学大辞典》，浙江教育出版社1999年版。
张㧑之等编：《中国历代人名大辞典》，上海古籍出版社1999年版。
吴士余、刘凌主编：《中国学术名著大词典》，汉语大词典出版社2000年版。
陈先行等编：《中国古籍稿钞校本图录》，上海书店出版社2000年版。
杭州徽州学研究会编印：《徽学研究文集》，2000年版。
任继愈主编：《中国藏书楼》，辽宁人民出版社2001年版。
傅璇琮、谢灼华主编：《中国藏书通史》，宁波出版社2001年版。
范凤书：《中国私家藏书史》，大象出版社2001年版。

黄裳：《来燕榭读书记》，辽宁教育出版社 2001 年版。

国家图书馆编：《国家图书馆藏古籍题跋丛刊》，北京图书馆出版社 2002 年版。

潘景郑：《著砚楼读书记》，辽宁教育出版社 2002 年版。

王欣夫著，鲍正鹄、徐鹏标点整理：《蛾术轩箧存善本书录》，上海古籍出版社 2002 年版。

黄建国、高跃新主编：《中国古代藏书楼研究》，中华书局 2002 年版。

陈先行：《打开金匮石室之门——古籍善本》，上海文艺出版社 2003 年版。

刘尚恒：《徽州刻书与藏书》，广陵书社 2003 年版。

黄爱平：《朴学与清代社会》，河北人民出版社 2003 年版。

祝尚书：《宋人总集叙录》，中华书局 2004 年版。

徐领志主编：《中国历代藏书史》，江西人民出版社 2004 年版。

叶树声、许有才：《清代文献学简论》，安徽大学出版社 2004 年版。

张舜徽：《中国古代史籍校读法》，华中师范大学出版社 2004 年版。

倪其心：《校勘学大纲》，北京大学出版社 2004 年第 2 版。

江庆柏编著：《清代人物生卒年表》，人民文学出版社 2005 年版。

戴均良等编：《中国古今地名大词典》，上海辞书出版社 2005 年版。

王立中著，郑玲点校：《鲍以文先生年谱》（《清代徽人年谱合刊》），黄山书社 2006 年版。

王雨著，王书燕编：《古籍版本经眼录》，上海古籍出版社 2006 年版。

曹之：《中国古籍版本学》，武汉大学出版社 2007 年版。

薛贞芳：《徽州藏书文化》，安徽大学出版社 2007 年版。

杜泽逊著，程远芬编：《四库存目标注》，上海古籍出版社 2007 年版。

缪荃孙著，黄明、杨同甫标点：《艺风藏书记》，上海古籍出版社 2007 年版。

王文进著，柳向春标点：《文禄堂访书记》，上海古籍出版社 2007 年版。

余嘉锡：《四库提要辨证》，中华书局2007年第2版。
江庆柏主编：《皖志列传稿》，广陵书社2007年版。
张钧衡：《适园藏书志》，中国书店出版社编：《海王村古籍书目题跋丛刊》第6册，中国书店出版社2008年版。
徐世昌等编，沈芝盈、梁运华点校：《清儒学案》，中华书局2008年版。
王桂平：《清代江南藏书与刻书研究》，凤凰出版社2008年版。
郑伟章：《书林丛考》（增补本），岳麓书社2008年版。
王幼敏：《吴翌凤研究——乾嘉姑苏学界考略》，上海文艺出版社2008年版。
谢国桢：《江浙访书记》，三联书店2008年第2版。
史广超：《〈永乐大典〉辑佚述稿》，中州古籍出版社2009年版。
傅增湘：《藏园群书经眼录》，中华书局2009年版。
［美］周绍明：《书籍的社会史》，何朝晖译，北京大学出版社2009年版。
刘尚恒：《鲍廷博年谱》，黄山书社2010年版。
季秋华辑：《知不足斋序跋题记集录》，国家图书馆出版社2010年版。
喻春龙：《清代辑佚研究》，上海古籍出版社2010年版。
陈登原：《古今典籍聚散考》，华东师范大学出版社2010年版。
张升：《〈永乐大典〉流传与辑佚研究》，北京师范大学出版社2010年版。
许逸民：《古籍整理释例》（增订本），中华书局2011年版。
吴家驹：《古籍丛书发展史》，南京师范大学出版社2011年版。
周生杰：《鲍廷博藏书与刻书研究》，黄山书社2011年版。
周生杰、季秋华辑：《鲍廷博题跋集》，浙江古籍出版社2012年版。
周生杰、杨瑞：《鲍廷博评传》，凤凰出版社2014年版。
邓邦述著，金晓东整理，吴格审定：《寒瘦山房鬻存善本书目》，上海古籍出版社2014年版。

二　论文

袁同礼：《〈宛委别藏〉现存书目及其板本》，《图书馆学季刊》1932年第 2 期。

徐无闻：《跋鲍廷博手校张奕枢本〈白石道人歌曲〉》，《西南师范学院学报》1982 年第 3 期。

顾洪：《皇侃〈论语义疏〉释文辨伪一则》，《文史》第 25 辑，中华书局，1985 年。

郑清土：《鲍廷博和〈知不足斋丛书〉》，《安徽史学》1985 年第 4 期。

李春光：《鲍廷博和〈知不足斋丛书〉》，《文献》1986 年第 4 期。

戈金：《鲍廷博与知不足斋——古为今用随笔》，《黑龙江图书馆》1989 年第 1 期。

郑伟章：《鲍廷博知不足斋刻书》，《出版工作》1989 年第 8 期。

郑伟章：《搜奇揽胜到东瀛的〈知不足斋丛书〉》，《出版工作》1989 年第 9 期。

张弛：《浅评清代藏书家鲍廷博》，《图书馆学研究》1994 年第 1 期。

蔡文晋：《鲍廷博年谱初稿》（上），《中央图书馆馆刊》1994 年第 2 期。

蔡文晋：《鲍廷博年谱初稿》（下），《中央图书馆馆刊》1995 年第 1 期。

徐学林：《以书为命的古籍整理大家鲍廷博》，《徽州出版史叙论》，安徽美术出版社 1995 年版。

钱杭：《萧吉与〈五行大义〉》，《史林》1999 年第 2 期。

费君清：《〈南宋群贤小集〉汇集流传经过揭秘》，《绍兴文理学院学报》1999 年第 4 期。

丙寅生：《中国文物研究所藏知不足斋抄校本〈二妙集〉》，《文物天地》1999 年第 5 期。

汪嘉麟：《鲍廷博和〈知不足斋丛书〉》，《图书馆杂志》1999 年第 9 期。

林夕：《藏书家的眼光》，《藏书家》第 4 辑，齐鲁书社 2001 年版。

张健、汪慧兰：《清代徽籍藏书家鲍廷博》，《安徽师范大学学报》2001 年第 2 期。

何庆善：《评〈知不足斋丛书〉的文献价值和历史意义》，《安徽大学学报》2001 年第 6 期。

蔡毅：《市和宽斋与〈全唐诗逸〉》，香港浸会大学主编：《人文中国学报》第 8 期，上海古籍出版社 2001 年版。

胡春年：《鲍廷博与〈知不足斋丛书〉》，《四川图书馆学报》2003 年第 4 期。

杨成凯：《清代版本散论》，《文献》2004 年第 2 期。

顾永新：《日本传本〈古文孝经〉回传中国考》，《北京大学学报》2004 年第 2 期。

王世伟：《版本目录学家潘景郑先生藏书聚书考略》，王世伟主编：《历史文献论丛》，上海科学院出版社 2004 年版。

杜泽逊：《乾隆赵怀玉刻本〈斜川集〉跋》，《历史文献》第 7 辑，上海古籍出版社 2004 年版。

林夕：《初印和后印——古书版本知识》，《藏书家》第 9 辑，齐鲁书社 2004 年版。

林夕：《丛书的版本和收藏——古书版本知识》，《藏书家》第 10 辑，齐鲁书社 2005 年版。

桑良之：《长塘鲍氏藏书世家》，《江淮文史》2005 年第 1 期。

张健：《鲍廷博与"知不足斋"藏书》，《大学图书情报学刊》2005 年第 3 期。

郑玲：《鲍以文先生年谱的史料价值》，《古籍研究》2007 年总第 51 期。

刘尚恒：《首创有功，记事有憾》，《古籍整理出版情况简报》2008 年总第 477 期。

唐桂艳：《山东省图书馆藏〈四库全书〉进呈本考略》，《文献》2008 年第 3 期。

张力：《清代乾嘉二帝褒奖的藏书家鲍廷博》，《图书馆杂志》2008 年第 12 期。

［日］松浦章：《江户时代唐船が中国へ持ち帰った日本书籍——安徽鲍氏〈知不足斋丛书〉所收の日本刻书》，复旦大学历史地理研究中心主编：《跨越空间的文化——16—19世纪中西文化相遇与调适学术研讨会论文集》，2008年。

陈尚君：《〈钓矶立谈〉作者考》，《汉唐文学与文献论考》，上海古籍出版社2008年版。

张晓丽：《鲍廷博在古籍版本学方面的贡献浅探》，《皖西学院学报》2009年第4期。

季秋华：《新见鲍廷博墓志铭一则考述》，《图书馆研究与工作》2009年第4期。

刘尚恒：《鲍廷博由杭州迁桐乡时间考述》，《图书馆研究与工作》2010年第1期。

何朝晖：《从经济的角度关照我国古代书业史——"印刷与市场"国际学术研讨会综述》，《出版发行研究》2010年第3期。

何朝晖：《试论中国传统雕版书籍的印数及相关问题》，《浙江大学学报》2010年第1期。

陈尚君：《述国家图书馆藏〈分门纂类唐歌诗〉善本三种》，《文献》2011年第4期。

刘尚恒：《鲍廷博研究三题》，《大学图书情报学刊》2011年第5期。

周生杰：《何处见君常觅句，小阑干外夕阳疏——略论藏书家鲍廷博的咏物诗》，《淮北师范大学学报》2011年第5期。

周生杰：《鲍廷博刻书理念述论》，《图书馆工作与研究》2011年第2期。

周生杰：《论鲍廷博开放的藏书思想》，《国家图书馆学刊》2011年第2期。

周生杰：《〈知不足斋丛书〉底本选择述略》，《图书馆理论与实践》2011年第7期。

艾珺：《难能可贵的藏书家"三德"——清代藏书家鲍廷博礼赞》，《文化学刊》2011年第3期。

付嘉豪：《鲍廷博与〈四库全书〉》，《图书馆理论与实践》2011年第6期。

郭建平：《论明清时期的画学著书风气——以知不足斋本〈南宋院画录卷〉鲍廷博题跋为线索》，《首都师范大学学报》2011 年第 5 期。

李永强：《古代书画书籍之"浙江鲍士恭家藏本"的若干问题研究》，《内蒙古大学艺术学院学报》2011 年第 2 期。

马功兰、左雪梅：《徽州藏书家鲍廷博的藏书实践与理念》，《理论建设》2012 年第 3 期。

相宇剑、周生杰：《知不足斋主鲍廷博校勘理念探微》，《图书馆理论与实践》2012 年第 3 期。

陈志平：《论鲍廷博、吴骞对〈金楼子〉的整理》，《兰台世界》2012 年第 12 期。

周生杰：《鲍廷博迁居桐乡考——兼补证刘尚恒先生"鲍廷博由杭州迁桐乡时间考述"》，《图书馆工作与研究》2012 年第 4 期。

刘尚恒：《〈鲍廷博年谱〉补遗》，《历史文献》第 16 辑，上海古籍出版社 2012 年版。

刘尚恒：《〈鲍廷博年谱〉再补遗》，《历史文献》第 18 辑，上海古籍出版社 2012 年版。

周生杰：《略论鲍廷博藏书与刻书序跋文献价值》，《传统中国研究辑刊》第 11 辑，2013 年。

周生杰：《徽商刊刻明清小说的心理认同与文化意义——以鲍廷博襄刻青柯亭本〈聊斋志异〉为中心》，《文学评论丛刊》2013 年第 1 期。

周生杰：《鲍廷博〈花韵轩咏物诗存〉钞本的文献价值》，《文献》2013 年第 2 期。

石梅：《鲍廷博未刊诗集〈花韵轩咏物诗存〉抄本考述》，《蚌埠学院学报》2014 年第 6 期。

杨洪生：《〈知不足斋宋元文集书目〉考实》，《文献》2014 年第 5 期。

孙革非：《范钦与鲍廷博的藏书思想比较》，《河南图书馆学刊》2014 年第 7 期。

黄伟：《鲍廷博知不足斋旧藏善本流传考述》，《图书馆工作与研究》2014 年第 7 期。

刘尚恒、季秋华：《"定香亭下清风在，争看诗人鲍夕阳"——鲍廷博的诗作》，《图书馆研究与工作》2015年第1期。

吴月英：《藏书家鲍廷博与乌镇》，《图书馆研究与工作》2015年第4期。

韦力：《鲍廷博批校〈宋林和靖先生诗集〉跋考》，《图书馆研究与工作》2016年第1期。

沈秋燕：《分级著录、逐层添加——以〈知不足斋丛书〉为例谈大型丛书普查著录的问题与对策》，《图书馆理论与实践》2017年第12期。

黄伟：《清代旅浙徽州藏书家鲍廷博与吴骞的交往考察》，《西南石油大学学报》2018年第2期。

周怀宇：《论徽商鲍廷博对〈四库全书〉的贡献》，《四库学》2018年第1期。

蔡斐雯：《鲍廷博〈知不足斋丛书〉之研究》，硕士学位论文，台湾大学，1994年。

陈长华：《〈金楼子〉异文研究》，硕士学位论文，复旦大学，2004年。

王爱亭：《昆山徐氏所刻〈通志堂经解〉版本学研究》，博士学位论文，山东大学，2009年。

华蕾：《〈梅花喜神谱〉版本考》，硕士学位论文，复旦大学，2010年。

后　　记

　　2011年8月我曾至浙江乌镇之杨树湾，这里是鲍廷博从乾隆四十九年（1784）离开杭州迁居的地方，在这个环境清幽的小村落，鲍廷博度过了他人生中自49岁至87岁长达39年的时光。但令人惊讶的是，在问询当地的众多人中，竟已无人知晓当年盛名一时的鲍廷博和赫赫有名的知不足斋，不免让人感到遗憾。知不足斋昔日的光辉，在历史的演进中似乎已随风飘逝。惋伤之余，使我深切认识到历史文献记载的珍贵，正是有鲍廷博收藏、校勘的抄本仍保存在图书馆，正是有鲍廷博刊刻的众多书籍仍在读书人中流传，才使这样一位嗜书如命的藏书家的丰功伟绩，不至于被历史湮没，也让我切身体会到学术研究的价值所在。

　　本书是在我的同名博士学位论文的基础上修改完成的，选题是在导师武秀成教授的指导下选定的，在论文写作的整个过程中，老师给予了悉心的指导。武老师精深的学问、严谨的学风以及谦逊的为人，使我终生受益。南京大学莫砺锋、程章灿、严杰、赵益、张伯伟、巩本栋、徐雁平等诸位教授的学术启迪，使我真正进入了学术研究的广阔世界。研究过程中，查阅文献克服了不少困难，得到了上海图书馆陈先行、中华书局许逸民、学者柳和城、南京图书馆徐家恺等诸位先生的帮助，在此致以由衷的感谢。同窗好友付星星、许净瞳，以及赵庶洋、王晓静等同门师兄妹也对论文的写作提供了无私的帮助。我的亲人的理解和支持，是取得一切成绩的坚实基础，藉此表达我内心深深的感恩。

　　博士论文完成于2012年5月，转眼间，我参加工作已有8年，期间陆续对论文予以修改，渐成书稿。修改前后，参阅并借鉴了诸多同行前辈学者的相关研究成果。书稿出版得到西北民族大学一流学科建设引导专项经费（甘肃省一流特色学科"中国语言文学"）的资助，得到了学科负责人多洛肯教授及汉语言文学学院院长宁梅教授的大力支持。中国社会科学出版社的编辑田文老师不辞辛劳，反复审阅和校对书稿，付出了心血。国家图书馆、南京图书馆和上海图书馆无私提供的18张珍贵古籍书影，为本书佐证增色，功不可没。在此，对本书的撰写和出版给予帮助的所有人一并表示谢意。

如今书稿即将出版，但却无轻松之感，诸多问题由于本人学术水平的限制，仍未能得到很好的解决，只能在后续研究中沉淀与完善，敬祈各位专家与读者不吝赐教。

马培洁
2020年3月于甘肃兰州